RITUALIDADES LATINOAMERICANAS
RITUALIDADES LATINO-AMERICANAS

Martín Lienhard (coordinador)

Colección Nexos y Diferencias N° 5

Colección nexos y diferencias
Estudios culturales latinoamericanos

Enfrentada a los desafíos de la globalización y a los acelerados procesos de transformación de sus sociedades, pero con una creativa capacidad de asimilación, sincretismo y mestizaje de la que sus múltiples expresiones artísticas son su mejor prueba, los estudios culturales sobre América Latina necesitan de renovadas aproximaciones críticas. Una renovación capaz de superar las tradicionales dicotomías con que se representan los paradigmas del continente: civilización-barbarie, campo-ciudad, centro-periferia y las más recientes que oponen norte-sur y el discurso hegemónico al subordinado. La realidad cultural latinoamericana más compleja, polimorfa, integrada por identidades múltiples en constante mutación e inevitablemente abiertas a los nuevos imaginarios planetarios y a los procesos interculturales que conllevan, invita a proponer nuevos espacios de mediación crítica. Espacios de mediación que, sin olvidar los nexos que histórica y culturalmente han unido las naciones entre sí, tengan en cuenta la diversidad que las diferencian y las que existen en el propio seno de sus sociedades multiculturales y de sus originales reductos identitarios, no siempre debidamente reconocidos y protegidos.

La **Colección nexos y diferencias** se propone, a través de la publicación de estudios sobre los aspectos más polémicos y apasionantes de este ineludible debate, contribuir a la apertura de nuevas fronteras críticas en el campo de los **estudios culturales latinoamericanos.**

Directores

Fernando Ainsa
Lucia Costigan
Frauke Gewecke
Margo Glantz
Beatriz González-Stephan
Jesús Martín-Barbero
Sonia Mattalia
Kemy Oyarzún
Andrea Pagni
Mary Louise Pratt
Beatriz Rizk

Consejo asesor

Jens Andermann
Santiago Castro-Gómez
Nuria Girona
Esperanza López Parada
Kirsten Nigro
Sylvia Saítta

RITUALIDADES LATINOAMERICANAS

RITUALIDADES LATINO-AMERICANAS

Un acercamiento interdisciplinario
Uma aproximação interdisciplinar

Simposio interdisciplinario de Monte Verità
(Ascona, Suiza) 2001

Martín Lienhard
(coordinador)

Colaboración de Gabriela Stöckli,
Maria Conti, Marília Mendes y Annina Clerici

IBEROAMERICANA ● VERVUERT ● 2003

Bibliographic information published by Die Deutsche Bibliothek
Die Deutsche Bibliothek lists this publication in the Deutsche Nationalbibliografie;
detailed bibliographic data is available in the Internet at http://dnb.ddb.de

Esta publicación se realizó con el apoyo de la Fundación Universitaria
(Hochschulstiftung) de Zurich

Esta publicação foi realizada com o apoio da Fundação Universitária
(Hochschulstiftung) de Zurique

© Iberoamericana, 2003
Amor de Dios, 1 – E-28014 Madrid
Tel.: +34 91 429 35 22
Fax: +34 91 429 53 97
info@iberoamericanalibros.com
www.ibero-americana.net

© Vervuert, 2003
Wielandstr. 40 – D-60318 Frankfurt am Main
Tel.: +49 69 597 46 17
Fax: +49 69 597 87 43
info@iberoamericanalibros.com
www.ibero-americana.net

ISBN 84-8489-065-1 (Iberoamericana)
ISBN 3-89354-612-X (Vervuert)

Depósito Legal: M. 19.148-2003

Diseño de la cubierta: Diseño y Comunicación Visual

Ilustración: Martín Lienhard. *Desfile de los apaches*. San Nicolás, Cuajinicuilapa,
Guerrero, México, 16 de septiembre de 2000.

The paper on wich this book is printed meets the requirementes of ISO 9706

Impreso en España por Imprenta Fareso, S. A.

ÍNDICE

EL RITUAL COMO FIESTA DE LA PALABRA /
O RITUAL COMO FESTA DA PALAVRA

LOS RITUALES Y SU REINTERPRETACIÓN POR EL CINE, EL TEATRO Y LA LITERATURA /
OS RITUAIS E SUA REINTERPRETAÇÃO PELO CINEMA, O TEATRO E A LITERATURA

ACERCA DE ESTE LIBRO

Este libro reúne las versiones definitivas de las ponencias que se presentaron en el simposio internacional *Ritualidades latinoamericanas - Un acercamiento interdisciplinario / Ritualidades latino-americanas - Uma aproximação interdisciplinar*, realizado bajo la coordinación del autor de estas líneas entre el 29 de abril y el 4 de mayo de 2001 en el Centro Stefano Franscini de Monte Verità, Ascona (Suiza). Sus autoras y autores son antropólogos, historiadores, estudiosos literarios, musicólogos, escritores y cineastas procedentes de numerosos países de América Latina, el Caribe, Norteamérica y Europa. Tercero de una serie de encuentros dedicados a dilucidar la naturaleza y la dinámica de los procesos de transformación cultural que vienen experimentando las comunidades o colectividades «populares» de América Latina y el Caribe, este simposio fue la continuación lógica de otro anterior, *La memoria popular y sus transformaciones - América Latina y países luso-africanos* (1998), cuyas actas se publicaron en esta misma editorial en 2000.

En América Latina y el Caribe, los rituales vienen pautando, en una medida muy apreciable, la vida social de las comunidades rurales y los sectores populares urbanos. Si *ritualidad* se define como el «lenguaje» específico que se emplea en un acto ritual, ¿qué es lo que singulariza, en términos formales y en cuanto a su relevancia social, las ritualidades populares del presente y del pasado en esta parte del mundo? ¿Cuáles son los «mensajes» —en particular políticos y religiosos— que transmiten los diferentes rituales? ¿Cómo explicar la evidente coexistencia y/o interpenetración, en el seno de la misma comunidad o del mismo sector social, de formas o prácticas rituales tradicionales, modernas y «masivas»? ¿Hasta qué punto, los sectores o grupos populares o «subalternos» han logrado, superando su condición de meras comparsas, «controlar»

—o marcar con su sello— ciertos rituales oficiales? ¿En qué medida, la ritualidad de los sectores populares latinoamericanos se ha venido transformando bajo el impacto de los procesos de modernización y en el contexto de la «globalización»? ¿Cómo y con qué resultados, los rituales (co)protagonizados por los sectores populares han sido vistos por los antropólogos, los historiadores, los periodistas y los estudiosos de las culturas populares, y a qué motivaciones obedece su reinterpretación o recreación artística, en particular literaria, teatral y cinematográfica? Éstas son algunas de las preguntas fundamentales que subyacen a los ensayos reunidos en este volumen colectivo e interdisciplinario. Sin dejar de aludir a los «ritos» de la vida cotidiana, sus autoras y autores se centran en las prácticas rituales de índole pública que se suelen —o solían— realizar en fechas más o menos fijas o en situaciones relevantes para la vida de las comunidades o los colectivos implicados.

Patrocinado por la Escuela Politécnica Federal de Zurich (ETH) y el Fondo Nacional Suizo para la Investigación Científica (FNSNF), nuestro encuentro de Monte Verità contó también con el apoyo de la Swiss Commission for Research Partnerships with Developing Countries (KPFE), la Academia Suiza de Ciencias Humanas y Sociales (ASSH), la Fundación Universitaria de Zurich (Hochschulstiftung) y la Rectoría de la Universidad de Zurich. La Fundación Universitaria de Zurich (Hochschulstiftung) contribuyó, además, a los gastos de publicación del presente volumen. A todas las instituciones mencionadas van nuestros agradecimientos más sinceros.

Quiero agradecer la excelente acogida que la editorial Iberoamericana/Vervuert brindó, una vez más, a un proyecto nuestro, así como la amable colaboración de Ariadna Allés en la producción del libro.

A mis colaboradoras Gabriela Stöckli, Marília Mendes, Maria Conti y Annina Clerici van, por fin, mis agradecimientos más cordiales por su decisiva contribución a la edición del presente volumen.

Martín Lienhard

SOBRE ESTE LIVRO

Este livro reúne as versões definitivas das comunicações apresentadas no simpósio internacional *Ritualidades latinoamericanas - Un acercamiento interdisciplinario / Ritualidades latino-americanas - Uma aproximação interdisciplinar*, realizado entre 29 de abril e 4 de maio de 2001 no Centro Stefano Franscini de Monte Verità, Ascona (Suíça), sob a coordenação do autor destas linhas. Suas autoras e seus autores são antropólogos, historiadores, estudiosos da literatura, musicólogos, escritores e cineastas procedentes de numerosos países da América Latina, do Caribe, da América do Norte e da Europa. Terceiro de uma série de encontros dedicados a elucidar a natureza e a dinâmica dos processos de transformação cultural que as comunidades ou coletividades «populares» da América Latina e do Caribe têm vindo experimentando, este simpósio foi a continuação lógica de outro anterior, *A memória popular e suas transformações – América Latina e países luso-africanos* (1998), cujas atas foram publicadas nesta mesma editora em 2000.

Na América Latina e no Caribe, os rituais têm marcado de forma considerável a vida social das comunidades rurais e dos setores populares urbanos. Se *ritualidade* se define como a «linguagem» específica empregue num acto ritual, o que singulariza, em termos formais e quanto à sua relevância social, as ritualidades populares do presente e do passado nesta parte do mundo? Quais são as «mensagens» —em particular políticas e religiosas— transmitidas pelos diferentes rituais? Como explicar a evidente co-existência e/ou interpenetração, no seio de uma mesma comunidade ou do mesmo setor social, de formas ou práticas rituais tradicionais, modernas e de «massas»? Até que ponto conseguiram os setores ou grupos populares ou «subalternos», superando a sua condição de meros comparsas, «controlar» —ou imprimir a sua marca sobre— certos rituais oficiais? Em que medida a ritualidade dos setores populares latino-americanos se tem transformado sob o impacto dos processos de modernização e no contexto da «globalização»? Como e com que resultados os rituais (co)protagonizados pelos sectores populares vêm sendo observados por antropólogos, historiadores, jornalistas, estudiosos das culturas populares, e a que motivações obedece a sua reinterpretação ou recriação artística, sobretudo literária, teatral e cinematográfica? Estas são algumas das questões fundamentais que subjazem aos ensaios reunidos neste volume coletivo e interdisciplinar. Sem deixar de aludir aos «ritos» da vida cotidiana, suas autoras e seus autores centram-se nas práticas rituais de índole pública que normalmente se realizam —ou deveriam realizar— em datas mais ou menos fixas ou em situações relevantes para a vida das comunidades ou das coletividades em causa.

Patrocinado pela Escola Politécnica Federal de Zurique (ETH) e pelo Fundo Nacional Suíço para a Investigação Científica (FNSNF), o nosso encontro de Monte Veritá contou também com o apoio da Swiss Commission for Research Partnerships with Developing Countries (KPFE), a Academia Suíça de Ciências Humanas e Sociais (ASSH), a Fundação Universitária de Zurique (Hochschulstiftung) e a Reitoria da Universidade de Zurique. A Fundação Universitária de Zurique (Hochschulstiftung) contribuiu, além do mais, para a publicação do presente volume. A todas as instituições mencionadas vão os nossos mais sinceros agradecimentos.

Agradeço o excelente acolhimento com que a editora Iberoamericana /Vervuert brindou, mais uma vez, um projeto nosso, bem como a amável colaboração de Ariadna Allés na produção do livro.

Para terminar, quero agradecer cordialmente às minhas colaboradoras, Gabriela Stöckli, Marília Mendes, Maria Conti e Annina Clerici pela sua inestimável contribuição à edição do presente volume.

Martín Lienhard

INTRODUCCIÓN / INTRODUÇÃO

LOS RITUALES, SU OBSERVACIÓN
Y SU (RE)INTERPRETACIÓN: PERSPECTIVAS

Martín Lienhard
Universität Zürich

PERCIBIR

Hace dos siglos y medio, en su *Carta sobre los ciegos*, Diderot (2000) apuntó que un ciego de nacimiento, al alcanzar la vista gracias a una operación, no «reconoce» nada[1]. ¿Cómo, en efecto, podría *re*-conocer los objetos que se ofrecen a su vista si nunca antes los conoció? «Reconocer» un objeto significa relacionarlo con otros objetos análogos que uno ya conoce. Así, para captar un ritual que observamos por primera vez, lo relacionaremos espontáneamente con otros análogos que ya «conocemos» por haber participado en ellos, por haberlos observado o por haber recibido alguna información sobre ellos.

Ahora, ¿qué clase de «objeto» es un ritual? En términos comunicativos, podemos entenderlo como una especie de «texto», un *mensaje* multimedial que uno o varios *emisores* (por ejemplo determinados grupos que forman parte de una comunidad) le transmiten a uno o varios *receptores* (por ejemplo a la comunidad en su conjunto). La operación de transmisión supone la existencia de un *canal* (o un *medio*) —que llamaremos «ritualidad»— y de un sistema de normas compartidas por los emisores y los receptores para la *codificación* y la *descodificación* del

---

[1] «... on ne voit rien la première fois qu'on se sert de ses yeux» (Diderot 2000: 72).

«texto» ritual. Además de los actores concretos y presentes en el terreno, la comunicación ritual supone también la presencia oculta de dos «personajes» más. El primero es el *destinador* o *mandante*, es decir la instancia abstracta que «ordena» la realización del ritual, mientras que el segundo, el *destinatario*, es la instancia a la cual, en definitiva, se «destina» el ritual. En los rituales religiosos, tanto el destinador como el destinatario suelen ser entidades sobrenaturales, «divinidades» o «fuerzas de la naturaleza»; en los de tipo patriótico, es la «nación» que desempeña ambos papeles; en los de tipo político-reivindicativo, pongamos por caso un desfile del 1° de mayo, el *destinador* solía ser, tradicionalmente, la «clase obrera», y el *destinatario*, además de la propia «clase obrera», la «burguesía»... Como cualquier acto de comunicación, un acto ritual se realiza en un *contexto* temporal, espacial, social y cultural que determina, en buena medida, el sentido que se le pueda atribuir.

Si el *significado* inmediato —el *referente*— de un mensaje ritual está como «a la vista», el *sentido* (profundo) de un acto ritual, lejos de revelarse directamente al observador, es el resultado de una interpretación que varía según la ubicación, los conocimientos, las inclinaciones y los intereses de quien la realice. Importa anotar que por lo general, un ritual no tiene el mismo sentido para quienes participan en él y para quienes sólo lo observan o interpretan. Los actores de un ritual —como los hablantes de una lengua— no suelen ser plenamente conscientes de las normas de codificación y de descodificación del «lenguaje» que van empleando.

Documentar: una secuencia fotográfica

Para explicitar mejor los problemas que plantea la percepción de un acto ritual, se presentará aquí el «film» de un desfile ritual (el de los «apaches») que presencié, el 16 de septiembre de 2000, en la comunidad de San Nicolás Tolentino, municipio de Cuajinicuilapa (Guerrero, México). [Véase páginas 18-20].

Las fotos aparecen según el orden en que las tomé, sin «montaje». Se trata, pues, de un material previo a cualquier interpretación consciente. Sin embargo, la elección de determinados «motivos», la posición de la cámara, los ángulos y la frecuencia de las tomas implican, ya de por sí, una «toma de posición». Las tomas fotográficas se centran en uno solo de los grupos participantes, el de los «apaches» y su reina, «la América». Casi no aparece lo que fue aconteciendo en el «otro lado», el de los coheteros, salvo al final: en medio de la confusión que provocaron los cohetes, acabé ubicado, sin haberlo premeditado, en el «lado opuesto». Al tomar imágenes en blanco y negro, soslayé además algo que, según el caso, podría haber llamado la atención: el color rojo muy vistoso del atuendo de los «apaches».

Lo que se ve en estas imágenes es básicamente una «guerra» fingida entre dos bandos. La actuación de los «apaches» obedece, claramente, a una puesta en escena premeditada, mientras que la del otro bando, aparentemente «espontánea», puede recordar las imágenes de la *intifada* palestina que vemos cada día en la pantalla de la televisión. Eso en cuanto a lo que se puede ver; es mucho más, de hecho, lo que *no* se puede ver: lo que sucede «fuera de cuadro», en otro espacio o en otro tiempo (por ejemplo antes o después del desfile de los «apaches»). Sólo una imposible mirada ubicua e insomne sería capaz de observarlo todo en cada momento y lugar y desde cada ángulo.

La escaramuza entre los «apaches» y sus adversarios simboliza la guerra de emancipación de los «americanos» contra los españoles. Los «apaches» son los «americanos»; quien los capitanea es «la América». Líder del otro bando es la «reina de España» (invisible por hallarse, en el momento de la batalla, en el cabildo de la comunidad); cabe suponer, pues, que ese otro bando representa a los españoles, pero sus integrantes —jóvenes de la comunidad— no llevan ningún disfraz o atuendo particular. Hasta aquí las evidencias que se desprenden de la mera observación de este ritual.

Documentar: relatos

Los rituales son una «realidad», pero a partir del momento en que empezamos a aludirlos, a comentarlos, a evocarlos mediante imágenes, sonidos o palabras, se transforman en «discurso», en una «narrativa» o una interpretación. Ni una simple secuencia de imágenes fotográficas o cinematográficas puede considerarse como un mero registro de una realidad existente. Recordemos, a este propósito, el famoso debate entre el cineasta Eisenstein y el crítico Bazin acerca de la naturaleza del cine (Aumont *et al.* 1994: 50-62). Para Bazin, el cine sirve para «mostrar» una realidad. Para Eisenstein, lo que muestra el cine no se relaciona directamente con la realidad; el montaje de imágenes sirve para crear un *discurso*. En su óptica, los planos son un equivalente (por lo menos

aproximativo) de los *significantes* —fonemas, palabras, frases— con los cuales se construye un discurso verbal.

Menos aún que el discurso cinematográfico, el discurso verbal tiene la capacidad de «mostrar» una realidad —a no ser que se trate de una realidad meramente verbal. A pesar de ello, los archivos de la «literatura» (en un sentido amplio) abundan en textos que pretenden «pintar» la realidad mediante la palabra. En el caso de la literatura etnográfica, esa realidad corresponde, a menudo, a una acción ritual. Veamos cómo en el texto de un jesuita del siglo XVI, atribuido a Fernando Cardim, se describe la penúltima fase de un ritual antropofágico de los «indios de Brasil»:

> [...] e como o matador os não pode enganar ameaçando sem dar, sob pena de lhe darem uma apupada, e elles lhe adivinham o golpe, de maneira que, por mais baixo que venha, num assopro se abatem e fazem tão rasos que é cousa extranha, e não é menos tomarem a espada aparando-lhe o braço por tal arte que sem lhe fazerem nada correm com ella juntamente para baixo e a metem de baixo do sovaco tirando pelo matador, ao qual, se então não acudissem, o outro o despacharia, porque têm elles neste acto tantos agouros que para matar um menino de cinco annos vão tão enfeitados como para matar algum gigante, e com estas ajudas ou afouteza tantas vezes dá, até que acerta alguma e esta basta, porque tanto que elle cae lhe dá tantas até que lhe quebra a cabeça, posto que já se vio um que a tinha tão dura, que nunca lha puderam quebrar, porque como a trazem sempre descuberta, têm as cabeças tão duras que as nossas em comparação dellas ficão como de cabaças, e quando querem injuriar algum branco lhe chamam cabeça molle (Cardim 1978: 118-119).

El narrador habla desde la posición de un observador, de una persona ajena al grupo que protagoniza el acto ritual. Lo primero que llama la atención es la aparente «objetividad» de su relato. Impersonal, el narrador no exterioriza los sentimientos que podría haberle inspirado el acto observado[2]. Con bastante precisión y detalle, se describe —bajo la forma de un «duelo» entre el verdugo y su víctima— la matanza de un prisionero destinado a un banquete antropofágico. En una primera lectura, la

---

[2] Según Antonello Gerbi (2000: 100-101), las alusiones - -ya presentes en Gonzalo de Oviedo— a la dureza de las cabezas de los indios forman parte de una argumentación destinada a defender la esclavitud indígena; se supone que la cabeza dura esconde un intelecto deficiente.

vivacidad de los apuntes no deja espacio para dudar de la veracidad de lo narrado: todo se «muestra», en efecto, como en una pantalla cinematográfica. Sin duda, un coreógrafo, sirviéndose de este texto como de un guión, podría representar ese «episodio» en el escenario o la pantalla. Una lectura más atenta, sin embargo, no deja de suscitar una serie de dudas. Lo que se lee, en efecto, no es exactamente la descripción de un acontecer ritual concreto, sino (en el mejor de los casos) la presentación de una serie de informaciones muy genéricas acerca de cómo los «indios de Brasil» —¿cuáles exactamente?— solían matar —¿cuándo, dónde?— a sus prisioneros. El supuesto etnógrafo no afirma explícitamente haber presenciado la ejecución de un prisionero, pero se expresa como si así fuera. En rigor, podemos sospechar que si realmente hubiera observado un hecho como el que describe, no hubiera dejado de precisar, como solía hacerse en otros textos de la misma procedencia, el lugar, el tiempo y los protagonistas del mismo. Podemos comparar su descripción de un ritual antropofágico con otras análogas como las que ofrecieron, con anterioridad, el franciscano francés André Thévet (1557), el conquistador protestante alemán Hans von Staden (1557) y Jean de Léry (1578), calvinista francés al servicio de Ginebra. Thévet, sin ofrecer mayores pruebas, afirma que los «salvajes de toda América» son antropófagos. «No se encuentra en la historia —agrega— ninguna nación, por bárbara que fuese, que haya demostrado tan excesiva crueldad» (cap. XVII). Meramente ideológicas, tales generalizaciones descalifican su relato en tanto protocolo de una observación directa. Más convincentes resultan, por lo menos a primera vista, las narrativas de los dos «Juanes», Hans von Staden y Jean de Léry, porque ambos autores, además de lograr un efecto de espontaneidad narrativa, enfatizan y *escenifican* su propia presencia en el ritual antropofágico supuestamente observado:

> Jean de Léry: Hallándome un día por acaso en una aldea de la isla grande, llamada *Piravi-jou*, donde una mujer prisionera estaba a punto de ser matada de esta manera, me acerqué a ella y le dije, acomodándome a su lenguaje, se recomendase a *Tupã* (porque entre ellos, *Tupã* no significa [realmente] Dios, sino el trueno) y le rezara tal como yo se lo iba a enseñar. Me contestó meneando la cabeza y burlándose de mí, diciendo: «¿Qué me darás para que yo haga lo que tú me digas?»[3] (Léry 1994: 359-60).

---

[3] «M'estant un jour inopinément trouvé en un village de la grande isle, nommée *Piravi-jou*, où il y avoit une femme prisonnière toute preste d'estre tuée de ceste façon:

Hans Staden: Lo arrastraron [al prisionero] hasta la cabaña del capitán Guaratinga. Dos hombres tenían que sostenerlo, porque estaba tan débil que ni entendía lo que planeaban hacer con él. Aquel a quien se lo habían regalado para que lo matara, lo golpeó en la cabeza haciéndole salir los sesos. Lo dejaron fuera de la cabaña porque tenían la intención de comerlo. Yo se lo desaconsejé: «No lo hagan; este hombre estaba enfermo, y ustedes podrían también enfermarse [comiendo su carne]». No supieron qué hacer; por fin, un hombre salió de mi cabaña, les ordenó a las mujeres prendiesen un fuego al lado del cadáver y le cortó la cabeza (Staden 1988: 167-168).

No se trata aquí de discutir la veracidad —discutible (*cf.* Menninger 1995)— de los relatos de Staden y Léry. La *impresión de veracidad* que se desprende de ellos se debe, en primer lugar, a la construcción cuidadosa de un yo testigo ocular y a la abundancia de detalles aparentemente anodinos que contienen sus narrativas. Es posible que el autor del texto atribuido a Cardim haya echado mano, para documentarse, de este tipo de informes. Algunos detalles de su texto —como la reproducción, en portugués, de fragmentos de cantos rituales indígenas[4]— sugieren también otra «fuente» posible: los posibles relatos indígenas sobre rituales antropofágicos o guerreros.

De hecho, la literatura —propiamente etnográfica o no— abunda en testimonios nativos de actos rituales. Por lo común, tales testimonios no se refieren a cómo, alguna vez, se realizó un ritual determinado, sino a cómo se debería realizarlo. Más que de «testimonios» sobre cómo se realizó un acto ritual concreto, se trata, pues, de «guiones» almacenados en la memoria colectiva, de relatos que dicen cómo se suele — o se solía— realizar tal ritual. En la *Suma y narración de los Incas* de Juan de Betanzos (1987 [hacia 1550]), cronista andino vinculado, por matrimonio, al clan del Inca Atahuallpa, encontramos las huellas de un «guión» de este tipo. Betanzos presenta lo que parece, a primera vista, una descripción muy detallada de los ritos que se realizaron en el entierro del

en m'approchant de elle et pour m'accommoder à son langage, luy disant qu'elle se recommandast à *Toupan* (car *Toupan* entre eux ne veut pas dire Dieu, ains le tonnerre) et qu'elle le priast ainsi que je luy enseignerois: pour toute réponse hochant la teste et se moquant de moy, dit: Que me bailleras-tu, et je feray ainsi que tu dis?»

[4] El cuarto día del ritual, mientras los hombres amarran al prisionero con unas cuerdas, las mujeres cantan versos como *Nós somos aquellas que fazemos estirar o pescoço au passaro* y *Si fores papagaio, voando nos fugiras* (Cardim 1978: 116).

Inca Yupanqui (cap. XXX y ss.). De hecho, se trata de la transcripción de las instrucciones que —según la tradición— dio el Inca, antes de morir, para su propio ritual fúnebre. El cronista transcribe, pues, una tradición oral que no relata los ritos fúnebres efectivamente realizados, sino que transmite el «guión» que el Inca todavía vivo elaboró para esa ocasión. El Inca se refería a un ritual futuro; en la narrativa de Betanzos, sin embargo, la puesta imaginada por el soberano se lee como la descripción de un ritual ya realizado. A menudo, los etnógrafos modernos completan la descripción de los ritos observados a partir de lo que les relatan sus informantes. Al proceder de esta manera, es probable que terminen procesando «datos» que no remiten a actos rituales efectivamente realizados, sino a una ritualidad virtual y, a menudo, ya caduca.

LA OBSERVACIÓN «EXTÁTICA»

Al observar un ritual que estamos presenciando por primera vez, vamos viendo no sólo lo que se ofrece a nuestra vista, sino también lo que nos inspira nuestra experiencia anterior de observadores y de estudiosos de rituales. En un texto de 1942, el escritor guatemalteco Luis Cardoza y Aragón observa y comenta el carnaval indígena de Huejotzingo (México). La danza de los indios coloca al etnógrafo (improvisado) en una especie de estado de trance que le hace adivinar, detrás de los actores indios presentes, a los indios del pasado prehispánico. «Les veo danzar hoy en el atrio de la iglesia como entonces danzaron celebrando la lluvia o el maíz, algún rey de leyenda, la luna o las estrellas de su calendario» (Cardoza y Aragón 1942: 203). En su éxtasis, Cardoza percibe

> rastros de los carnavales de la antigua Grecia y de la antigua Roma y claros, vigorosos ecos del antiguo Anáhuac, mezclados con una crónica de episodios recientes, hasta el swing de los negros de Chicago, de San Luis o de Harlem, que aún se recuerdan, al mismo tiempo, sin saberlo, (¡Oh Johny... ¡Oh Johny...) del sueño de lodo de los cocodrilos y la crucecita sobre la frente, en el miércoles definitivo (Cardoza y Aragón 1942: 208).

Para justificar su percepción extática, Cardoza aduce que la observación fría —al estilo de una cámara cinematográfica— no permite comprender la esencia de una danza indígena. «La cámara —dice— registra, en color, dinámica y sonido; pero su exactitud no puede desentrañar lo que se me antoja su verdad» (205). Y agrega: «Tenemos que colocarnos dentro de ellos [los indios], en donde ellos están sin saberlo» (204). ¿Caso límite de un observador particularmente inspirado? No parece. En un artículo escrito el mismo año de 1942 sobre otro carnaval, el del pueblo andino de Tambobamba (Perú), el futuro antropólogo José María Arguedas, terminando de reproducir un canto de carnaval quechua, comenta:

> Una incontenible desesperación despierta este canto, una tristeza que nace de toda la fuerza del espíritu. Es como un insuperable deseo de luchar y perderse, como si la noche lóbrega dominada por la voz profunda del río se hubiera apoderado de nuestra conciencia, y se canta sin descanso, cada vez con más ansia y con más angustia [...]. Espero llegar a Tambobamba [...], y cantarlo en la plaza, con cincuenta guitarras y tinyas, oyendo la voz del gran río, confundido en este canto que es su fruto más verdadero, su entraña, su imagen viviente, su voz humana, cargada de dolor y de furia, mejor y más poderosa que su propia voz de río, río gigante que cavó mil leguas de abismo en la roca dura (Arguedas 1985: 154-155).

A diferencia de Cardoza, Arguedas, intelectual andino quechuahablante, adopta una perspectiva de observación muy cercana, aunque no idéntica, a la de los indios. Pero él también demuestra que lo que está «viendo» al observar un ritual está lejos de reducirse a lo que se va desarrollando ante sus ojos... Si la actitud de Cardoza se caracteriza por la movilización de toda su erudición personal, la de Arguedas se singulariza, más bien, por la voluntad subjetiva de pasar de observador a participante.

INTERPRETAR

¿Qué es un «ritual»? Las definiciones existentes, todos lo sabemos, son extremadamente variadas y divergentes. Para algunos estudiosos, cualquier comportamiento repetitivo, rutinario o estereotipado merece el nombre de ritual. Otros, al contrario, reservan este término a los momentos de reconexión colectiva con lo sagrado que se observan en las sociedades arcaicas[5]. Para no perderme en las playas arenosas de la in-

---

[5] En su libro *Los rituales del caos*, dedicado a la ciudad de México, Carlos Monsiváis (1995) reúne, sin distinguirlas, situaciones o prácticas que corresponden a ambos tipos de

definición, me basaré en la siguiente definición —restrictiva— de Albert Piette: «La noción de ritual no designará los rituales individuales (de tipo neurótico), sino los rituales colectivos, y entre éstos, no los rituales llamados cotidianos, sino aquellos, religiosos o seculares, que se encuadran en un espacio-tiempo específico y que se reproducen en fechas fijas»[6].

¿Cómo interpretar el ritual de los «apaches» de San Nicolás que se «mostró» al comienzo de esta exposición? El desfile de los guerreros y su reina es, en San Nicolás, el momento culminante de la celebración local de la fiesta nacional mexicana. Lo que percibimos puede parecer una teatralización de la famosa «visión de los vencidos»: una manera «indígena» de interpretar la historia que —según un estudioso como Nathan Wachtel (1976)— se puede rastrear desde los testimonios dejados por los informantes de Sahagún hasta el discurso indígena actual, pasando por las «danzas de la conquista» y otras manifestaciones indígenas verbales o rituales. Al celebrar la fecha del «Grito de Dolores» (comienzo de la guerra de independencia) con la escenificación de una guerra entre los indios y los españoles, se sugiere que la emancipación mexicana es algo como la revancha de los indios vencidos en la guerra de conquista del siglo XVI: una interpretación poco conforme con la historia e inspirada, sin duda, en la ideología del nacional-indigenismo mexicano. Lo curioso es que esa puesta en escena de la victoria de los indios sobre los españoles tenga lugar en una comunidad que poco tiene de «indígena». Para los antropólogos, San Nicolás Tolentino (Cuajinicuilapa, Guerrero) es una típica comunidad «afromestiza», compuesta básicamente por descendientes más o menos remotos de esclavos africanos[7]. Las aldeas pobladas por «afromestizos» de los estados de Guerrero y Oaxaca se hallan como «cercadas»

---

definición, desde el cotidiano viaje en metro hasta la celebración anual del Viernes Santo en Iztapalapa. Constatamos que hasta el viaje cotidiano en metro parece cumplir con uno de los criterios típicos que entran en numerosas definiciones de lo ritual: la manifestación de un espacio-tiempo particular. En el viaje en metro, en efecto, los cuerpos se desinflan mágicamente para recuperar su tamaño normal a la salida...

[6] [La notion de rituel] «ne désignera non pas les rituels individuels (de type névrotique) mais les rituels collectifs, et, parmi ceux-ci, pas les rituels dits de la vie quotidienne, mais ceux qui sont cadrés dans un espace-temps spécifique et qui se reproduisent à date fixe (qu'ils soient religieux ou séculiers)» (Piette 1993: 236).

[7] Según Aguirre Beltrán (1989 [1958]), hasta ahora el único estudioso que trató de desentrañar la historia de la instalación de los negros en «Cuijla», ésta se realizó en por lo menos tres fases sucesivas.

por comunidades indígenas (amuzgas, mixtecas, etcétera). ¿En qué medida, los «afromestizos» manifiestan un punto de vista propio —distinto a la vez del de los indios y del de los mestizos o criollos— en la conmemoración del Grito de Dolores? Según algunos de los participantes, las «cadenas» de papel que adornan la sala del cabildo

y que se rompen al final de la «guerra» representan las de la esclavitud de los africanos en América. En el himno nacional que se canta en la misma oportunidad, esas «cadenas», sin embargo, remiten más bien a la opresión que sufrieron los mexicanos —en particular los criollos— por parte de España.

En su libro Carnavais, malundros e heróis, el antropólogo brasileño Roberto DaMatta (1997) propone ver los rituales colectivos como «dramatizaciones sociales», es decir como prácticas que manifiestan, en momentos más o menos fijos, las tensiones que atraviesan la sociedad que forma su contexto inmediato. DaMatta distingue tres «dramatizaciones» que son, a sus ojos, fundamentales para la autocomprensión de los brasileños: la parada (militar), la procesión (religiosa) y el carnaval[8]. Según DaMatta, muy esquemáticamente, la parada, ceremonia patriótica, apunta a confirmar el «orden» existente; el carnaval, protagonizado por la malandragem, es un espacio-tiempo que auspicia la suspensión de ese orden; la procesión, finalmente, es la búsqueda de otro orden, de la tierra pro-

---

[8] Dígase de paso que ya en los años 1930, Cecília Meireles (1983) había identificado, en el carnaval y en los rituales de la Semana Santa, las dos vertientes de la idiosincrasia brasileña.

metida. Si tratáramos de interpretar la «guerra de los apaches» a partir de este paradigma creado a partir de la ritualidad nacional brasileña, ¿cuáles serían nuestras conclusiones? El desfile de los «apaches», en su transparente función de reafirmar de la «mexicanidad», podría visualizarse, a primera vista, como una especie de «parada militar»; no se trata, sin embargo, de una parada de verdad: sus actores sólo *actúan* de soldados —y ni siquiera de soldados del ejército nacional. Desde luego no se trata de una procesión religiosa; lo que no podemos excluir es que en esta «guerra» se escondan anhelos colectivos de cambio social. ¿Y qué decir de sus posibles aspectos carnavalescos? Si la vinculación con una fecha de conmemoración patriótica impide ver en el ritual de los apaches una mera escaramuza de carnaval, el acontecer observable no deja de recordar, en el «desorden» que provoca, un desorden carnavalesco. El ritual de los «apaches» auspicia, sin duda, diferentes lecturas. Desde una perspectiva «nacionalista», el conjunto del ritual, con la omnipresencia del tricolor, no es sino una ceremonia patriótica rutinaria; la «nación» (México) funge a la vez de *destinador* y de *destinatario*. Partiendo de la especificidad «étnica» de la comunidad enfocada, podemos conjeturar que los *emisores*, al disfrazarse de «indios» que guerrean contra los «españoles», representan de hecho su propia historia de «afromestizos». Si consideramos, por fin, el dato de que los actores de esta «guerra» son, en su mayoría, jóvenes migrantes con experiencia norteamericana, la violencia que se despliega en la fase final de la guerra podría interpretarse como una forma de «exorcización» del malestar que no puede dejar de provocarles su situación de desarraigados. Sospecho[9] que cualquiera de esas lecturas capta algo del «sentido» que puede tener ese ritual. En términos más generales, lo que parece fuera de cuestión es que la variedad de las interpretaciones que autoriza un mismo acontecer ritual demuestra, por si fuera necesario decirlo, su naturaleza inevitablemente polisémica.

Reinterpretar

En los discursos de inspiración predominantemente artística, la representación de rituales no obedece exactamente a un propósito de «documentar» o de «interpretar», sino más bien a aquel de «re-interpretar».

---

[9] Al tratarse de una investigación apenas iniciada, prefiero prescindir de cualquier «conclusión».

Muy abundante en el cine y en la narrativa latinoamericanos de los años 1920-1940, época de gran efervescencia nacionalista, la representación más o menos ficcionalizada de rituales suele apoyar un discurso de tipo nacionalista, populista o «nativista». Si la representación de determinadas realidades en la literatura es percibida, por el lector, como «ficción», tal no sucede siempre ante las representaciones visuales de actos rituales. El cine, como sabemos, se caracteriza por el hecho de *mostrar* fragmentos de una realidad visible. En las películas documentales, la realidad enfocada existe independientemente de su registro cinematográfico, mientras que en las de ficción, se muestran a la vez aspectos de una «realidad real» y otros que corresponden a una realidad creada o recreada para la filmación. Desde luego, la frontera entre cine documental y cine de ficción no resulta siempre nítida. El cine documental escenifica o encuadra a su manera la «realidad real» que evoca, mientras que el cine de ficción, aun cuando parece mostrar una realidad recreada, no puede dejar de enseñarnos, de paso, elementos de una «realidad real». Una película muy rica en representaciones de rituales y que transgrede sistemáticamente la frontera entre documento y ficción es *¡Que viva México!* de Serguei Mihailovich Eisenstein (1930-1932).

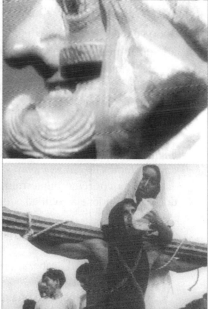

Las imágenes reproducidas muestran la subida ritual al santuario de la Virgen de Guadalupe, planos de una «danza de la conquista» y una escenificación indígena de la pasión de Jesucristo. No hay nada en la manera de filmar y de encuadrar estos sucesos que permita al espectador distinguir claramente las tomas que corresponden al registro de una realidad «auténtica» de las que son el producto de una puesta (más o menos ficcional). Según la escasa información que existe sobre el particular, sólo la secuencia de los monjes y las calaveras sería pura ficción; las demás serían «documentales». Se puede sospechar, sin embargo, que el cineasta también *re-escenificó* los demás actos rituales. ¿Por qué y con qué propósitos, Eisenstein mezcló «documento» y «ficción»? En sus *Memorias*, el cineasta apuntó que su película era la «historia de la transformación de una cultura, ofrecida no verticalmente —en años y siglos, sino horizontalmente— según una coexistencia geográfica de los estadios más variados de la cultura —unos al lado de otros, cosa que vuelve México tan sorprendente» (Eisenstein 1978: 300). Lejos de querer realizar el registro cinematográfico de determinados ritos mexicanos, Eisenstein pretendía, con las imágenes de *¡Que viva México!*, ofrecer una «visión» de la historia de México. A sus ojos, esa historia podía leerse, sin necesidad de volver al pasado, en el mero *palimpsesto* del presente. Bastaba moverse en el espacio para dar con testimonios de un pasado todavía vivo. Para él, los diferentes estratos del pasado se manifestaban, ante todo, en las prácticas rituales populares. Las peregrinaciones indígenas le permitían mostrar cómo el pasado sobrevivía y se articulaba con el presente. Veamos, por ejemplo, tal como Eisenstein la escribió, la secuencia de la subida de los peregrinos a la pirámide prehispánica coronada por una iglesia colonial:

La danza embriaga con su melopea monótona. Gritos de los niños de los peregrinos. Las madres les meten el pecho por la boca. Sonidos de órganos. Humos de cirios. Fiebre y frenesí.

Y una corriente ininterrumpida de figuras humanas mojadas de sudor, arrastrándose arrodilladas desde el pie de la pirámide hasta su cima sagrada.

Las rodillas están recubiertas de trapos. A veces, una almohada rasgada se les halla atada.

A menudo, en la cabeza, un fantástico penacho (cofradía de los danzantes).

La cabeza envuelta en una toalla.

El sudor corre.

Unos viejos envueltos en unos chales baratos de color azul claro —el rebozo— sujetan una disciplina debajo del brazo.
Jadeando se alcanza el último peldaño (Eisenstein 1978: 180-181).

Al fragmentar la realidad visible, las «tomas» —en este caso verbales— van componiendo una imagen conformada por elementos extraídos de un presente eminentemente heterogéneo y cargado de testimonios del pasado: peldaños de la pirámide prehispánica; coronas de pluma de tradición prehispánica; melopeas indígenas; cirios, órganos, rebozos y disciplinas católicas; pechos y sudores sencillamente humanos. Esta secuencia debe leerse en el contexto del montaje de inspiración cubista que singulariza la obra del cineasta soviético. El discurso se construye mediante la sucesión rapidísima —casi una superposición— de planos realizados a partir de distancias o ángulos diversos. En *¡Que viva México!*, el cineasta llega a articular, en una misma secuencia, imágenes de diferentes rituales: para él no se trata, como sabemos, de registrar un ritual determinado, sino de construir un discurso visual sobre la historia del país. La peregrinación indígena le permite, sin necesidad de recrearlo, aludir un ritual prehispánico, y en la danza de la conquista se repite, cada vez que se representa, la irrupción de los españoles. Inspirada en dos cuadros de *El Greco*[10], la escena ritual protagonizada por un grupo de monjes y tres calaveras reitera la conquista espiritual y enfatiza el poder (letal o mortífero) de la Iglesia. Ahora, si Eisenstein se sirvió de determinados rituales para elaborar un discurso sobre la historia de México, su reinterpretación de los mismos, como se desprende de sus diarios, no es meramente subjetiva:

> Las peregrinaciones del tiempo presente aparecen como una rara mezcla de épocas. En ellas participan unas extrañas órdenes de bailarines, los *danzantes*, que repiten de un alba a la otra, sin retomar aliento, su único e invariable movimiento rítmico de los pies —en honor de la Virgen. ¿Quién sabe si es en honor de la Virgen? ¿Y no en honor de una divinidad más antigua, una madre de los dioses que sólo finge haberle cedido su lugar a su rival extranjera —la madre de dios del cristianismo, pero que no cambió a lo largo de las generaciones cambiantes de los herederos de quienes fundaron su culto? (Eisenstein 1978: 180).

[10] *Cf.* Vega Alfaro 1997: 59.

Eisenstein señala aquí —como ya lo había hecho el franciscano Sahagún en el siglo xvi— las dos interpretaciones divergentes que auspician estas procesiones indígenas: homenaje a la Virgen católica y/o homenaje a Tonantzin, la madre de los dioses. Si para Sahagún, la superposición de las dos religiones —azteca y católica— fue un motivo de preocupación, para Eisenstein es la clave que le permite mostrar la historia mexicana como un proceso en el cual siguen compitiendo, constante y oscuramente, fuerzas del pasado y del presente. En suma, el cineasta soviético no se acercó a la ritualidad indígena a la manera de un etnógrafo, sino con la intención de trascenderla, integrándola, aunque no arbitrariamente, a un discurso sobre la historia.

Palabras finales

Como se habrá comprendido, la pregunta básica que subyace a toda mi exposición es la de las relaciones que existen o se tejen entre un acontecer ritual y los discursos —verbales o no, etnográficos o artísticos— que se van formando sobre o a partir del mismo. Para terminar, podemos preguntarnos todavía en qué medida el propio acontecer ritual prefigura ya los «textos» (documentales o interpretativos) que suscita. De hecho, muchos rituales colectivos presentan una dinámica que parece acercarlos a un discurso narrativo. El desfile de los «apaches» de San Nicolás, por ejemplo, ostenta la forma de un drama épico, con su comienzo y su fin; el observador podría optar, pues, por ordenar los datos de su observación de acuerdo a las pautas de la narración épica. Sucede, sin embargo, que un «texto ritual» no es un texto narrativo *finito* o «cerrado» ni autónomo, sino un acontecer real con personajes reales que se desarrolla en un contexto real. «Signos» del texto ritual, los actores de una acción ritual son, al mismo tiempo, hombres y mujeres que «actúan» en el mundo del acontecer histórico y social. La dinámica y las tensiones del mundo social no pueden dejar de repercutir —de una manera u otra— sea en la *performance* de la acción ritual, sea en el «sentido» que los participantes le atribuyen. El ritual es a la vez «texto» y acontecer social real. Ahí, precisamente, en esa fundamental ambigüedad de la realidad ritual, reside, a mi modo de ver, la dificultad básica de la representación, la «lectura» y la interpretación de los rituales.

Bibliografía

Aguirre Beltrán, Gonzalo: *Cuijla. Esbozo etnográfico de un pueblo negro.* Fondo de Cultura Económica, México, 1989 [1958], Obra antropológica, VII.

Arguedas, José María: «El carnaval de Tambobamba». En: *Indios, mestizos y señores*, Edición de Sybila de Arguedas. Horizonte, pp. 151-155, Lima, 1985 [1942].

Aumont, Jacques/Bergala, Alain/Marie, Michel/Vernet, Marc: *Esthétique du film.* Nathan, 2e édition revue et augmentée, Paris, 1994.

Betanzos, Juan de: *Suma y narración de los Incas.* Edición de María Carmen Martín Rubio. Atlas, Madrid, 1987 [1548/1556].

Cardim, Fernão: «Do princípio e origem dos índios do Brasil e de seus costumes, adoração e ceremônias». En: *Tratados da terra e gente do Brasil.* Edição de Batista Caetano Capistrano de Abreu e Rodolfo Garcia. Companhia Editora Nacional, São Paulo, 1978 [século XVI].

Cardoza y Aragón, Luis: «Flor y misterio de la danza - El carnaval de Huejotzingo». En: *La cultura popular vista por las élites (Antología de artículos publicados entre 1920 y 1952)*, Edición de Irene Vázquez Valle. UNAM, pp. 201-208, México, 1989 [1942].

DaMatta, Roberto: *Carnavais, malandros e heróis - Para uma sociologia do dilema brasileiro.* Rocco, Rio de Janeiro, 1997.

Diderot, Denis: *Lettre sur les aveugles.* Flammarion, Paris, 2000 [1749].

Eisenstein, S. M.: *Mémoires/1.* Traduction et édition par Jacques Aumont. Union Générale d'Éditions, Paris (=10/18 no. 1189), 1978.

Gerbi, Antonello: *La disputa del Nuovo Mondo - Storia di una polemica (1750-1900).* Nuova edizione a cura di Sandro Gerbi. Adelphi Edizioni, Milano, 2000.

Greimas, A. J.: *Sémiotique et sciences sociales.* Seuil, Paris, 1976.

Léry, Jean de: *Histoire d'un voyage fait en la terre du Bresil.* Édition de Jean-Claude Morisot à partir de celle de Genève, 1580. Droz, Genève, 1975 [1578].

Meireles, Cecília: *Batuque, samba e macumba – Estudos de gestos e de ritmo 1926-1934.* FUNARTE/Instituto Nacional do Folklore, Rio de Janeiro, 1983.

Menninger, Annerose: *Die Macht der Augenzeugen - Neue Welt und Kannibalen-Mythos 1492-1600.* Franz Steiner, Stuttgart, 1995.

Monsiváis, Carlos: *Los rituales del caos.* Era, México, 1995.

Piette, Albert: «Quand faire, ce n'est pas vraiment dire ou le jeu rituel». En: Gabriel Gosselin (ed.): *Les nouveuax enjeux de l'anthropologie.* L'Harmattan, pp. 229-238, Paris, 1993.

ROSALDO, Renato: *Culture & truth. The remaking of social analysis*. Beacon Press, Boston, 1989.

STADEN, Hans von: *Brasilien - Die wahrhaftige Historie der wilden, nackten, grimmigen Menschenfresserleute*. Herausgegeben von Gustav Faber; Übersetzung aus dem Frühneuhochdeutschen von Ulrich Schlemmer. Franz Greno, Nördlingen, 1988 [1557].

THÉVET, André: *Les singularités de la France antarctique*. Édition par Frank Lestringant. La Découverte/Maspéro, Paris, 1983 [1557].

VEGA ALFARO, Eduardo de la: *Del muro a la pantalla - S. M. Eisenstein y el arte pictórico mexicano*. Universidad de Guadalajara, Guadalajara, 1997.

WACHTEL, Nathan: *Los vencidos*. Alianza, Madrid, 1976.

EL RITUAL COMO PRÁCTICA DE RECONEXIÓN CON LAS FUERZAS CÓSMICAS /

O RITUAL COMO PRÁTICA DE RECONEXÃO COM AS FORÇAS CÓSMICAS

SAN MIGUEL ARCÁNGEL.
LAS ANDANZAS ICONOGRÁFICAS
DE NUESTRO DON, EL MAÍZ

Jesús Morales Bermúdez
CESMECA—UNICACH, San Cristóbal de Las Casas

INTRODUCCIÓN

Martín Lienhard y los organizadores del coloquio «Ritualidades Latino-americanas del pasado y del presente» han tenido la gentileza de invitar-me a dar esta conferencia en la que debiera comentar, a partir de mi tra-bajo narrativo, cómo se presentan en él los rituales populares. No puedo no pensar que la realidad es más sorprendente que la imaginación y que el ejercicio del escritor guarda irresponsabilidad. *Memorial del tiempo o vía de las conversaciones* (Morales Bermúdez 1987) comienza con una celebración religiosa en la festividad de San Francisco (4 de octubre), una festividad de la que yo mismo participé por cinco años, en los setenta, al igual que de las Semanas Santas, pero el personaje que se apropia del re-lato es San Miguel Arcángel. Irrumpe el arcángel desde un sueño vivido, tal como está narrado, por un conocido mío pero no por el personaje na-rrador de *Memorial*. Quien lo vivió fue un mestizo joven en la ribera de Acala, tal como cuenta el narrador que le ocurrió a un muchacho que él mismo conoció (p. 114). Es lo que perdura del sueño «real». Como es-critor recurrí al suceso, como a tantos otros, para urdir en un texto la elip-se coherente de un mundo cultural que me impactó y transformó mi vida. El ejercicio del escritor guarda irresponsabilidad, anoté atrás, y es que a la experiencia de esa urdimbre cobré conciencia de haber caído en una de las claves simbólicas de los ch'oles del siglo XX y no pude pronto entender su significación. Muchas más cosas habrían de pasar. Con mi gratitud por compartir este momento y espacio con ustedes, permítanme contarles retazos de realidad, retazos de experiencia e imaginación.

Decurso

1998. Concluye en Monte Verità el simposio internacional «La memoria popular y sus transformaciones». Dos semanas después, en Roma, alcanzo a conocer que Chiapas ha sido declarada «zona de desastre» debido a la incontenible expansión del fuego: es el estío; a la prolongada sequía se suman las quemas que preceden a la siembra: una arraigada y ancestral tecnología. El Vaticano prepara entonces el postrer viaje del Papa a tierras mexicanas. El yermo del sur se llena de esperanzas. No llueve en Chiapas hasta avanzado el mes de junio; como nunca el espanto en los habitantes cundió.

Hacia los primeros días del mes de julio me fue posible visitar la selva. El enorme pesar de observar la gran devastación se vio acrecentado conforme avanzábamos las rutas, conforme la marca del fuego evidenciaba la fragilidad humana, y su irresponsabilidad. El celebradísimo respeto de los indígenas a la naturaleza, su sabio manejo del medio no parece ahora sino discurso sin sustento, anhelo de que tal pueda ser un día.

Un día de aquellos, azorados ante la devastación incalculable que por vez primera en la selva secó los pastizales y cobró la vida de varias cabezas de ganado, los pobladores de una región se congregaron para dirimir entre sí la causa del desastre y decidir algunas soluciones, si las había. Bajo la guía de los tuhuneles o diáconos católicos y de las autoridades ejidales la discusión se extendió. Bien pronto, sin embargo, llegaron a una conclusión: «es necesario —se dijeron— buscar a quienes sepan y conozcan las formas de los rezos de antes; tenemos que volver a la celebración de la Santa Cruz, de San Miguel o de Santa Rosa; perdimos por completo nuestra costumbre, ya nos anda ganando el olvido y no sabemos cómo se pide la lluvia». Los presidentes de ermita, entonces, convencieron a los diáconos y catequistas, con formación religiosa progresista, de volver los ojos a la tradición. Recorrieron la zona en busca de los hombres de mayor edad que todavía recordaran las anteriores celebraciones, y la forma en que se las llevaba a cabo en sus lugares de origen. Congregaron a cinco de ellos de diferente tradición y les conminaron a recordar lo más que pudieran. Al cabo de una semana aquellos cinco hombres emitieron su juicio y dispusieron la celebración. Ejido por ejido, comenzando por el de Granizo, congregaron a los pobladores y entre rezos, incienso y velas se estuvieron tres días y tres noches en los ojos de agua solicitando las lluvias y la generosidad de la tierra. Las lluvias llegaron, en efecto, y las atribuyeron a la eficacia de la celebración tradicional. «No lo vas a creer —me comentaron— pero apenas se acabaron las celebraciones comenzó a llover y lo miraron tanto los compañeros que nos llamaron de los otros ejidos y allá fuimos con los hombres mayores y rezamos y también llovió; sólo en esos lugares donde no lo creyeron ni nos llamaron no llegamos y hasta el día de hoy no llueve todavía.»

Con la experiencia de aquella celebración, tardía en términos del ciclo agrícola tradicional, convinieron en repetirla en el tiempo preciso y en recuperar aquellas otras, necesarias para la buena marcha de la comunidad. El año siguiente llevaron a cabo el ritual de la Santa Cruz, el tres de mayo, invitando a los creyentes evangélicos a la celebración en el ojo de agua. Un año después, el 2000, los diáconos católicos invitaron a sus pares ministeriales de las otras congregaciones religiosas para integrar la totalidad de creyentes en la celebración de la Santa Cruz. Convinieron en llevar a cabo, cada cual en su templo, las mismas dos lecturas de la Biblia y un mismo guión de predicación; hacia el medio día se congregarían todos en el ojo de agua para llevar a cabo el ritual tradicional bajo la guía de los hombres mayores. Y así fue. Hubo velas, incienso, rezos y comida común; excluyeron el aguardiente por considerarlo enemigo y causa de la división. Parte central del ritual es la de derramar una jícara de caldo de gallina en la tierra y enterrar las mejores presas de la gallina cocidas en ese caldo cubiertas con tortillas recién hechas, como alimento para la tierra y los dioses de la tierra y para que ellos a su vez vuelvan sus rostros y renueven los alimentos para los hombres. Este año la celebración proseguirá y resurgirán novedades.

Una de esas novedades resurgidas tiene que ver con el bagaje mítico, según diferentes versiones. Por un lado está el libro *Antigua palabra, narrativa indígena ch'ol* (Morales Bermúdez 1999), que me fuera solicitado para su uso en la región y, por otro, el novísimo *Catecismo* (Diócesis de San Cristóbal de las Casas 2000) preparado por los jesuitas de la Misión de Arena, con una lectura de la sabiduría maya desde las visiones de los arqueólogos y etnólogos norteamericanos y europeos. Lo cristiano, para ese *Catecismo* sería parte de esa sabiduría, como noción o como virtud subyacente e inmanente y la iglesia, desde sus ministros, la guía y la cultora de esas virtudes. El supuesto liberacionismo de la teología ocupada para la catequesis en la selva da un giro transportador hacia el paradigma de la tradición. La tradición, sin embargo, cuenta con muchas más variables que aquellas aparentes en los trabajos arqueológicos o religiosos. Una de las tradiciones de importantísimo rango, por ejemplo, es la celebración de San Miguel Arcángel, una festividad que, religiosa como es, poco tendría que ver con el horizonte antiguo asumido por los jesuitas de Arena. Mas es una celebración de hondura.

En los pueblos ch'oles de San Miguel (Salto de agua), Shushupá (Sabanilla) o Tumbalá a los que me fuera posible llegar a la celebración, ocurría ésta de la siguiente manera: desde temprana hora el tañer de campanas, hondear de banderas, fresco follaje a la entrada de la ermita del ejido, música incesante de tambor, de guitarra, violín y carrizo. Se ejecutaba la música tradicional de los ch'oles: *Sacramento, Anunciación* y *Malintzin*. En la explanada de la ermita, al mismo tiempo cancha de básquetbol, se disponía mesas en buen concierto, para el festejo de la comunidad. Cada familia llevaba su parte, para compartir entre todos una comida común. Desayuno, comida y cena, se servía en los tres casos el mismo alimento: tamales de elote o con frijol, atole de maíz, pozol, tortillas de maíz nuevo, elotes cocidos y asados, y finalmente pinole. La alegría era desmesurada y a cual más los habitantes no cesaban de beber o de comer las viandas de ese día: todas elaboradas con maíz. Indudablemente, entonces, la festividad de San Miguel no era otra cosa en el fondo sino una festividad del maíz. La fase final de un ciclo agrícola, el gusto ante la abundancia del alimento. No en balde el viejo Tumbalá (ombligo del mundo) tuvo por nombre durante la colonia el de San Miguel Cucubits (Flores Ruiz 1985). Poco a poco habría de conocer uno los principios filosóficos caros a los ch'oles (y en general a los mayas): *si hay maíz hay felicidad, hay gusto, si no hay maíz hay hambre y hay tristeza.* No de inmediato me percaté de la festividad de San Miguel como festividad ligada al maíz. Llamaba mi atención, solamente, el que cualquier comunidad ch'ol a la que fuera, guardaba veneración particular por San Miguel (vería lo mismo después entre tzeltales y todavía es reconocible entre tojolabales y mínimamente entre tzotziles). Mas el hecho de acceder a la comprensión de la relación entre la festividad de San Miguel y el alimento maíz no había conducido a la explicación del por qué el arcángel de referencia, o su iconografía, simbolizara a la planta del maíz o a sus bondades alimentarias.

En las largas tardes de conversación con los naturales de Sabanilla, de Tila y de Tumbalá pude anotar los elementos de un rompecabezas sólo a la larga ensamblados, como ejercicio de interpretación. Ha sido necesario, también, recurrir a conversaciones especializadas y a la lectura de fuentes de carácter religioso.

Los escasos tratados episcopales (constituciones, en algunos casos) poca cuenta dan del proceso de evangelización en el estado de Chiapas, y particularmente en la zona de los ch'oles. No deja de llamar la atención el que el celebérrimo Obispo de Chiapas don Francisco Núñez de la Vega introduzca sus *Constituciones diocesanas* (1702) con el relato de la renovación milagrosa del Cristo de Tila, en el año de 1693. En tan temprana fecha (siglo y medio después de la erección de la Diócesis de Chiapas, 1539, y siglo y cuarto después del paso de Fray Pedro de Laurencio, 1559, el notable evangelizador de los indios) ya la devoción por el Cristo de Tila era importante, si hemos de creer en el gran deterioro de la imagen, a causa de sobaciones y besos. Poco menos de diez años después de la renovación milagrosa de que da cuenta el Obispo Núñez ocurrió la sublevación indígena más importante del período colonial en Chiapas, y única desde entonces hasta el pasado siglo en que tomaran parte los ch'oles del norte del estado (Viqueira Albán y Ruz 1995).

En enero de 1993, en el poblado de Xochiltepec, municipio de Tuzantán, una enorme multitud congregada con motivo de la fiesta, celebraba a dos imágenes, nos dijeron: la de un Cristo pequeño que es la de mayor antigüedad (unos 50 años) y la de un Cristo grande, réplica muy similar a la del auténtico Esquipulas de Guatemala, traído haría cosa de cinco años. Quiso el poblado hacer la restauración del Cristo pequeño, por el alto deterioro que ya presentaba, mas de la noche a la mañana, apareció renovado por sí mismo, suceso acaecido el año anterior. Hacia la misma fecha y hasta el día de referencia, el Cristo grande dio por sudar de las axilas y el pecho, en fenómenos ambos tan sorprendentes que convocaron las grandes romerías y la necesidad de que el propio Obispo de Tapachula (Felipe Arizmendi) llegara a testificar. Dos años después de este suceso se manifestaba ante la opinión mundial el postrer levantamiento de indios, con presencia importante de ch'oles del norte del estado y la selva.

Coincidencia, claro, pero también eslabonamiento del simbolismo y de la geografía. Entre Tila 1693 y Xochiltepec 1993 media un tiempo de trescientos años. Además, Tila se encuentra en el norte y Xochiltepec en el sur del mismo estado. La selva, el otro sitio de la manifestación armada asienta en el este y al oeste los pueblos zoques de tradición diferente de la maya. Los cuatro puntos cardinales, desde el centro de elección del actual movimiento armado (San Cristóbal), signan la cruz que sostiene o formula al universo en su armonía (Soustelle 1959) y que en lo inmediato sostiene al Cristo de Esquipulas, o más genéricamente a la Cruz.

En ambos casos la renovación de los Cristos significa en realidad la renovación de los pueblos, o si nos atenemos a la tradición, la renovación de la tradición, del universo, del cosmos. El mundo, el cosmos, emerge, según el mito ch'ol, como la fruta emerge de la planta; desde un ombligo se prolonga y en una como confusión de parto cobra forma. En la noche de los tiempos El Hacedor realizó trabajos para hacer del mundo un lugar propicio para la vida de los hombres. Sujetó a las entidades dañinas en el interior de cuevas y a entidades benignas encomendó los sitios diversos para favorecer armonía y bienestar. Pero no eliminó a aquéllos, de modo que pueden tener presencia en el mundo como para trastocarlo y obligar a los hombres a restituir la armonía, en sujeción a la voluntad manifiesta de *Ch'ujtiat*, El Hacedor.

Planta, como es el mundo, fruto de una planta, exige del cuidado de los hombres. A semejanza del maíz, fruto de una enconada lucha con los elementos y de una no menos enconada espera, el mundo ha sido también espera y ha sido y es objeto de las fatigas de los hombres a efecto de su permanente renovación. Luchar entre los elementos (tierra, agua=lluvia, fuego=rayo, viento) es ascender al paso verdadero de la vida. En el proceso formativo de los pueblos mesoamericanos existió otro tipo de alimentos con anterioridad al maíz. Cuando Beatriz Barba interpreta la Estela 5 de Izapa y lee en ella la primera parte del *Popol Vuh*, hace notar la importancia del ramón antes que la de cualquier otro alimento. Pero el ramón, en tanto alimento silvestre, no conduce a formulaciones ni cultuales ni culturales. Este hecho ocurre sólo con el cultivo agrícola, sedentario, del maíz. A partir de ese momento, de la congregación humana, puede hablarse ya de un ascenso cultural (probablemente hacia el primer milenio antes de Cristo). El mismo *Popol Vuh* conservará en su elaboración la sustancia de ese fenómeno: los dioses en asamblea, a semejanza de las asambleas comunitarias; el diluvio como anegamiento cuando el maíz se aguachina; la formación de los hombres a partir del maíz, etcétera.

Esto quiere decir que el cultivo del maíz obligaba a los pueblos que dependían de él a tenerlo como base fundamental de su existencia por lo que lo expresaban en su arte, en su religión. Desarrollaron un humanismo de los elementos, el «humanismo del maíz». Por un lado, el maíz les dio origen, lo mismo que a todos los mayas: «acerca de la creación y la

formación de nuestra primera madre y padre: de maíz blanco se hizo su
carne; de masa de maíz se hicieron los brazos y las piernas del hombre.
Únicamente masa de maíz entró en la carne de nuestros padres, los cuatro hombres que fueron creados», nos recuerda el *Popol Vuh* (Raynaud
1993). Pero, por otro lado, ellos dieron existencia al maíz.

> Oídlo:
> El maíz es nuestra vida.
> Él es el que se pone de pie, él es el que se mueve, él es el que se ale-
> gra, el que se ríe, el que vive; el maíz (*Chilam Balam*, véase Barrera
> Vásquez 1948).

Esta dualidad o dialéctica de relación apareja una existencia que
hace posible el principio de la sabiduría: *si hay maíz hay vida, hay felicidad; si no hay maíz hay hambre, hay desgracia*. No es fortuito que los
ch'oles en su lengua nombren, «chol» a la milpa y que a ellos se les conozca como choles, es decir, «milperos». No es casual que el ciclo de su
vida esté ordenado por el del maíz: tiempo de rozadura, tiempo de siembra, tiempo de limpia, tiempo de cosecha; fiesta del maíz nuevo, fiesta
del sembrar y el cosechar. El alimento es el maíz. Todo el día, todos los
días, se toma pozol; a diario se echa las tortillas; por temporadas se toma
el atole del maíz y por temporadas se come los tamales del maíz.

El proceso de reflexión que culmina con la formulación del *Chilam
Balam* que acabamos de anotar, considera al maíz como un sujeto, con
virtud en sí mismo y con el cual necesariamente se establece una actitud dialogal con la que cobra sentido la existencia: la milpa es milpa independientemente de que en algún año específico no ofrezca sus frutos.
El hombre sabe que está situado ante la milpa (el sujeto); que tiene una
relación ante ella, que en un momento se van a ver frente a frente; que
por lo mismo puede hacer presente, ahora, como real ante sí, cualquier
objeto pasado del que sabe que ha pasado pero que está, ahí está, afirmando su existencia. De allí la necesidad de una relación respetuosa y
armónica. Como sujeto dialogal el maíz deviene muestra ejemplar del
sentido no objetual sino activo (sujeto) de todos los fenómenos y sitios
de la naturaleza: monte, agua, nube, animal, tierra, viento; los cuales poseen funciones específicas. La relación, entonces, con todo, guardará el
debido respeto. Muestra de lo cual será el ciclo agrícola, la construcción
vital más armónica de los mayas antiguos, y base del desarrollo de la
economía y la cultura.

El maíz... esencia y vida de los indios. Luego de los largos procesos de Colonización, Independencia y Reforma, finalmente llegaron a la posesión parcelaria de la tierra, gracias a las dotaciones ejidales. Viviendo en acasillamiento y peonaje, muchos, por generaciones, no alcanzaron a conocer la forma del cultivo del maíz, aun cuando no fue desplazado de su alimentación, y su significado les ha permanecido. De allí su tendencia a poseer la tierra. Consuelo y paz como sería su entraña también permitiría encontrarse con el maíz, principio de la vida, hendidura de donde emerge. Los ch'oles y tzeltales modernos gustan de desplazarse hacia nuevas tierras. En general aducen la carencia de ésta, su insuficiencia, y la carencia o insuficiencia del maíz para lograrlo. Derivan de tal carencia el «tener hambre». Por ello marchan. Sin embargo, cuando los indios acceden a la tierra muy pronto desplazan el cultivo del maíz por aquellos de mayor auge en el mercado: café, chile, ganado, macadamia, flores... Comienza la carencia, el ansia de buscar nuevas tierras, marchar una vez más; en el fondo de ellos aletea la sentencia; *tal vez en el final, en el confín, se encuentre la verdadera entraña: el principio*, una ruptura con el *continuum* de la tradición.

La tierra en tanto aspiración transmuta en utopía y en *ethos*. La garantía del encuentro con ella y del encuentro de lo propio en ella se asegurará a través del ahondarse en el elemento, volverse hacia el elemento, devenir lealtad ante la terrenalidad, ante la elementalidad. Así como de su entraña surgen los frutos y se donan el hombre se dona ante la tierra y se fructifica para ella. Su fruto es la celebración, el ritual. El ritual, entonces, asciende como instante del encuentro, de la cabalidad. En él se da la liga y la lectura de la vida. Por eso la celebración ininterrumpida.

Desde este nivel encontramos una tríada de elementos que coexisten de manera unitaria o substitutiva: *ethos*, utopía, y ritual. Señalaremos algunas generalidades que nos permitirán entender el culto hacia San Miguel, al Cristo de Tila o Cruz y la aspiración política de restauración del mundo.

ETHOS

Entendemos por ethos el sentido más antiguo de «actitud radical ante la vida». En tal dimensión el maíz organiza y regula los aspectos todos de la vida. El ch'ol es ch'ol porque hace milpa; desprovisto de ese hecho deviene en otro tipo de ser humano. Poseer la tierra, organizarse comunitariamente, compartir trabajo colectivo, buscar la cura de cualquier enfermedad, discutir los verdaderos problemas, no es otra cosa sino ocuparse de las formas de conocimiento y de uso práctico del maíz. Un enfermo ch'ol, por ejemplo, no vive las enfermedades de la ciudad. Sus enfermedades son el espanto, la vergüenza, el calor de estómago, el sueño de un mal, etcétera. No falla en esa enfermedad. Su cura se logra a través de un curandero tradicional (*xwujt*) o de un Sanmiguelero. En ambos casos se requiere de un ritual preciso y del ofrecimiento de viandas, entre las cuales cuentan de manera necesaria las tortillas y el pozol. Tanto el curandero tradicional como el Sanmiguelero cuentan con facultades derivadas bien del Señor de Tila, bien de San Miguel. Reciben el encargo a través de un sueño o a través de alguna enfermedad extraña, curable solamente vía interpretación del sueño y del ordenamiento de la vida en concordancia con las exigencias manifiestas en ese sueño.

El maíz, el espíritu del maíz favorece la salud, la alegría, la hospitalidad, el resguardo ante los acechos de entidades negativas. Los relatos dan cuenta, por ejemplo, de las ofrendas de maíz en los cimientos de una casa a efecto de evitar enfermedad, intromisión maligna o muerte (Morales Bermúdez 1984); o bien, resguardo de los espíritus malignos merced al humo del nixtamal en cocción (Morales Bermúdez 1989); o salvación de los demonios al resguardo de una troje repleta de maíz (Morales Bermúdez 1989; Alejos 1988). También dan cuenta de la libación alegre del espíritu del maíz o de la abundancia del mismo o su escasez de acuerdo a la disposición generosa o mezquina de quien lo cultiva (Morales Bermúdez 1984). Sobre todo, hablan de las montañas o rocas donde el maíz se genera (a semejanza de algunos escarpados de Tumbalá, de Tila y en menor medida de Sabanilla) y de los trabajos a invertir para lograr su florecimiento. Como bien señala Norman Thomas (1992) este último caso deviene en *motifeme* que manifiesta «carencia», la cual, debida al bajo rendimiento de la cosecha anual (a causa de factores muy diversos) es identificada con el *allomotif* del «hambre». Resolver el hecho hambre se logra a través de dos mediaciones: por el trabajo y por la colonización de nuevos territorios.

El trabajo, reflexiona Alejos, «define y juzga la calidad de vida y [a través de él] se interpreta el tiempo histórico. En este discurso, la autodefinición del campesino ch'ol y por eso mismo, también la definición del otro, se realiza a partir del trabajo. El *winik*, el «hombre», es quien cultiva la tierra y la hace producir alimentos, riqueza material, mientras

que el otro es el-que-no-trabaja, el-que-vive-del-trabajo-del-hombre... el
concepto trabajo [es] el elemento principal de la diferencia y del antagonismo sociales» (Alejos 1994). En suma, el trabajo sobre la tierra es
el que define la naturaleza misma del ser humano. De ahí que el ch'ol,
campesino él mismo y solo él, pues que a él le fue entregada la sabrosura de la tierra, guarde como aspiración la conquista de nuevos territorios. *Grande la tierra*, dirán, *grande la bendita tierra la hizo Dios para
el disfrute de los hombres verdaderos* (Morales Bermúdez 1992).

UTHOPÍA

El acuñamiento de esta última expresión sintetiza la utopía de los ch'o-
les. Alejos ha discutido, en su brillante libro sobre el discurso agrarista
entre los ch'oles (1994), el carácter pesimista o esforzado del *ethos* indígena. No abundaremos en ello. Sin embargo no podemos soslayar el
doble principio de razón suficiente bajo el cual se sustenta el *uthopos* de
este pueblo: por un lado el agotamiento de la tierra (bien por degradación, bien por sobrepoblación), y por otro, la reproducción del principio
cultural del *ethos* tierra-trabajo. Acertadamente ha observado el mismo
Alejos, cómo «el 'campo' es un espacio importante donde grupos de
iguales varones intercambian mensajes y reproducen su discurso social.
Es un ambiente natural y cotidiano de la reproducción ideológica del
agrarismo y de la cultura en general». No les asiste en ello «un interés
por el registro sistemático por 'la historia' misma», antes bien, se trata
«de un ejercicio en esencia ideológico cultural por razones de orden
práctico». Es decir, el de aspirar a nueva posesión de espacios agrícolas.
   En esta aspiración cuenta, también, un sustrato de carácter mítico.
Aquel que identifica el principio con el final. Dice el *Popol Vuh*:

> He aquí el comienzo de cuando se celebró consejo acerca del hombre,
> (de) cuando se buscó lo que entraría en la carne del hombre. Los llamados
> Procreadores, Engendradores, Constructores, Formadores, Dominadores
> Poderosos del Cielo, hablaron así: «Ya el alba se esparce, la construcción
> se acaba. He aquí que se vuelve visible el sostén, el nutridor, el hijo del
> alba, el engendrado del alba. He aquí que se ve al hombre, a la humanidad,
> en la superficie de la tierra», dijeron. Se congregaron, llegaron, vinieron a
> celebrar consejo en las tinieblas, en la noche. Entonces aquí buscaron, dis-
> cutieron, meditaron, deliberaron. Así vinieron, a celebrar consejo sobre la
> aparición del alba; consiguieron, encontraron, lo que (debía) entrar en la

carne del hombre. Ahora bien, poco (faltaba) para que se manifestasen el sol, la luna, las estrellas; encima, los Constructores, los Formadores.

En Paxil, en Cayalá, así llamadas, nacían las mazorcas amarillas, las mazorcas blancas. He aquí los nombres de los animales que trajeron el alimento: Zorro, Coyote, Cotorra, Cuervo, los cuatro animales anunciadores de la noticia de las mazorcas amarillas, de las mazorcas blancas nacidas en Paxil, y del camino de Paxil. He aquí que se conseguía al fin la substancia que debía entrar en la carne del hombre construido, del hombre formado; esto fue su sangre; esto se volvió la sangre del hombre; esta mazorca entró en fin (en el hombre) por los Procreadores, los Engendradores.

Se regocijaron, pues, de haber llegado al país excelente, lleno de cosas sabrosas; muchas mazorcas amarillas, mazorcas blancas; mucho cacao (moneda), cacao (fino); innumerables los zapotillos rojos, las anonas, las frutas, los frijoles paternoster, los zapotes matasanos, la miel (silvestre); plenitud de exquisitos alimentos (había) en aquella ciudad llamada Paxil (cerca de Cayalá, la) Mansión de los Peces. Subsistencias, de todas clases, pequeñas subsistencias, grandes subsistencias, pequeñas sementeras, grandes sementeras, (de todo esto) fue enseñado el camino de los animales. Entonces fueron molidos el maíz amarillo, el maíz blanco, y Antigua Ocultadora hizo nueve bebidas. El alimento se introdujo (en la carne), hizo nacer la gordura, la grasa se volvió la esencia de los brazos, (de) los músculos del hombre. Así hicieron los Procreadores del Cielo, como se dice. Inmediatamente fue (pronunciada) la Palabra de construcción, de Formación de nuestras primeras madres, de nuestros primeros padres... (Raynaud 1993).

El relato hasta allí bien parece estar para la recordación. Sin embargo, en las conversaciones con los ch'oles o con los tzeltales uno descubre el anhelo por esa tierra llena de cosas sabrosas, de abundancia de maíz, frutos y miel... tierra donde puedan verse, ellos y sus mujeres, nacidos a la gordura, una gordura que es manifestación verdadera de la belleza y de la salud.

Cuando leemos en los estudiosos de la selva contemporánea la explicación de procesos migratorios hacia ella, como consecuencia de éxodos bíblicos que culminan en el asentamiento en una tierra de promisión (Leyva y Ascencio 1996; Aubry 1994), no podemos no reconocer, ciertamente, el peso de una catequesis cristiana (católica o evangélica) pero no podemos tampoco no pensar en los ecos del alma mítica en el alma de los indios advenidos a ella. Ya el Padre Ximénez, en el primer tomo de su obra monumental, da cuenta de cierta inquietud entre los indios conversos, pues identificaban el Paraíso terrenal de los cristianos con las vegas promisorias de su mítico Paxil. Un par de siglos después el erudito tabasqueño Marcos E. Becerra, valiéndose de las notas de Brasseur de Bourbourg no duda en fijar la ubicación de Paxil en el seno mismo de la selva, en el abra formada por el Usumacinta y sus tributarios.

En las historias de los verdaderamente ancianos pobladores de la selva, perdura la memoria de una gesta de colonización hacia la misma, partiendo del poblado de Bachajón, en las primicias del siglo pasado. Animaba a ello el deseo de belleza y bienestar (gordura), sobre todo que confirmaba la posibilidad de lograrlo en la selva el interés de empresarios campechanos y tabasqueños que pretendían una red carretera para comerciar. Sumados algunos a la empresa extraviaron en el interior de la selva a varios de los empresarios, de entre los cuales uno murió, dos quedaron locos, otro perdido definitivamente y los demás decididos a desistir de su proyecto. Cuando los empresarios, y soldados que les acompañaban, se hubieron ido, muchos de los indios poblaron la entrada de la selva y formaron el todavía ejido de nombre Paxilá.

Ritual

Cuentan los ancianos ch'oles de Sabanilla, de Tila y de Tumbalá, cómo anteriormente celebraban rezos y mediaciones en los templos de la cabecera. Llevaban siempre un rezandero especial, o mediador como le llaman, para que su ceremonia tuviera efectividad. Fuera de la puerta del templo comenzaba ésta y progresivamente se acercaban hacia el altar mayor. A lo largo del trayecto, tanto el mediador como los participantes en la ceremonia hincaban, acuclillaban o recostaban para la entonación de la salmodia o de la letanía. Acompañábanlas a estas últimas con libaciones de aguardiente, tabacos que fumaban en abundancia y, si lo había, sahumando con incienso o con copal. «Era nuestra forma así, dicen, porque no conocíamos de respeto para entrar en la iglesia. Así fuéramos hasta hoy, ignorantes, si no es que llega el sacerdote para quedarse a vivir en el pueblo. Como es muy bravo el padre que llega, de plano prohíbe fumar y beber en la iglesia y nos regaña de una vez.» (Entrevistas con Mateo López, Diego Álvarez, Lucio Hernández. Sabanilla 1976)

Y es que las empresas pastorales de la nueva evangelización atacaron de frente las prácticas tradicionales, razón por la que muchos fieles se sintieron expulsados de su templo. Gracias a la emergencia de líderes jóvenes, devenidos en catequistas, muy pronto se logró la mutación de los rituales. Aquellos tradicionales quedaron reducidos a los espacios domésticos o a las significaciones familiares. Aun en Tila, donde a pesar de todo, perdura sólida la estructura de cargos.

La mutación formal no quiere decir sustitución o abandono. Por lo menos no, en términos generales. Quienes estudian procesos religiosos y de poder saben bien de la existencia de creyentes innovacionistas, de quienes cambian de credo y de aquellos otros que atrincheran en «la tradición». En la convivencia cotidiana los tres tipos de creyentes se retroalimentan los unos a los otros, a pesar de sus conflictos y resguardos de ortodoxia. Tal pasó en ese tránsito de los ch'oles, y no podía ser de otra manera. Los mediadores, rezanderos, curanderos y algunos otros jóvenes elegidos tenían por larga experiencia el ser portadores de los problemas de las potencias del cielo, de la tierra, de las cuevas o del viento, casas las cuatro signadas en cruz y coincidentes en armonía las cuatro para el largo bienestar: la milpa. Porque las potencias de la vida, la milpa, son dialogales con el hombre, así lo sean a través de un mediador. ¿Cómo dialogan, cómo hablan con los mediadores? De manera directa, a través de señales, y sobre todo, a través de sueños. Claro que para acceder a la comunicación es preciso presentar oraciones y ofrendas, con trago, tabaco, incienso, velas y algún ave de corral. En el momento en que lo juzgue prudente la potencia se comunicará.

Un sueño o comunicado, puede ser una corazonada en los albores del amanecer. Manuel, por ejemplo, se levantará con pesar y tristeza pues «sabe» a ciencia cierta que en su rozadura hay culebra, señal de mala cosecha ese año. Buscará conjurar el mal invitando a sus amigos y familiares y a un mediador. La ceremonia en su parcela concluye con el avance en círculo de todos los presentes. Prenden fuego en el sitio preciso y, por supuesto, observan el achicharramiento de la temible culebra. Entonces y solo entonces llega el contento y la gana de trabajar (Entrevista a Manuel Vázquez, 1977).

La comunicación o conversación más frecuente ocurre a través del sueño y en la figura del arcángel San Miguel. Su presencia resulta de tal manera importante que decide destinos individuales y, en no pocas ocasiones, organiza la vida de una colectividad. Nada extraordinario, entonces, el derivar de la prohibición pastoral de las prácticas tradicionales en el templo un nuevo «espacio» para continuar con las ofrendas, con el diálogo de la vida, con el *ethos*. Sin embargo, el «espacio» no puede devenir de público en privado. No puede un mediador o curandero fundarse una capilla particular. Es menester resguardar lo público del espacio, su capacidad de convocatoria para con la generalidad de campesinos. Y como no se trata de incendiar un templo y de levantar otro, se reproduce el mismo templo, si bien en escala mínima, y se explicita la simbología contenida en él. Nacen así las «cajas parlantes de San Miguel». La caja representa el espacio público al que cualquier campesino puede acudir; las figuras en ella son las de una cruz apenas externa y la imagen de San Miguel adherida a su puerta o a su adentro. Entre el demandante y la caja se mantiene el mediador, quien, de manera inmediata, visible y convincente, lleva a cabo un diálogo en voz alta, con la sola salvedad de ser las voces (la suya y la de la caja) un tanto impostadas, un tanto agudas, cuestiones de la solemnidad.

El surgimiento real de dichas cajas ocurre en el tiempo de la ortodoxia católica luego de los conflictos de los años treinta. Graham Greene lo recuerda así:

> Henry F. me condujo hasta las rocas en las afueras de la ciudad, para mostrarme ejemplos de ingeniería mexicana.
>
> —Por supuesto —dijo— tenían miedo. Miedo del gobierno, quiero decir.
>
> Esto debe de haberle suscitado una serie de asociaciones, mientras trepábamos por las rocas y mirábamos hacia abajo el fondo de la barranca seca, de unos diez pies de altura, donde solían ir de rodillas, bajo el peso de la cruz.
>
> —El gobierno está muy inquieto por San Miguelito —observó de pronto.
>
> —¿San Miguelito? —pregunté.
>
> Se asombró al descubrir que yo no había oído hablar de San Miguelito. La noticia había llegado hasta Tabasco, a cien millas de distancia. Él mismo había sido dueño de una finca de café en la frontera entre Tabasco y Chiapas, y los indios pasaban todos los días frente al portón de la entrada, para ir a visitar a San Miguelito. El asunto estaba provocando un renacimiento religioso; el gobierno estaba tan preocupado que había mandado soldados para apoderarse del santo, pero no habían conseguido capturarlo.
>
> —¿Qué hace? —pregunté.
>
> —Recomienda remedios; algunos son remedios indígenas, y otros las últimas medicinas de patente de la capital.
>
> —¿Es una estatua?
>
> —No sé. No me imagino cómo es; es muy chico. A veces parecía que no es más que una tarjeta postal. Por supuesto, a mí no me dejarían verlo.

La historia era ésta: un pobre campesino mexicano había guardado durante años el San Miguelito (fuera lo que fuera) en una caja. Un día, hacía de eso unos dieciocho meses, había abierto una caja y San Miguelito le había hablado con voz aguda y clara. El hombre se asustó tanto que se fue corriendo sin detenerse hasta el pueblo de Bochil, con su caja, y allí se encontró con cuatro amigos suyos reunidos en una habitación. Dejó la caja sobre la mesa, y les contó la historia. Por supuesto, no le creyeron; luego uno abrió la caja y se oyó la vocecita aguda que surgía del interior. Poco después de su asombroso descubrimiento el campesino murió. Y ahora su mujer y su hijo guardaban a San Miguelito en el pueblito de Soyaló.

Este alemán, como ya dije, era protestante; no sabía qué pensar del asunto; en realidad tenía un poco de fe en la historia; conocía personalmente a uno de los hombres que estaba en la habitación cuando llegó el campesino con su caja; había oído lo que contaba el peregrino. No podía ser que se hipnotizaran a sí mismos; algunas de las medicinas de patente eran tan especializadas que ningún indio podía haberlas oído nombrar en las soledades de Chiapas. No había alambres; al parecer uno podía tener la caja en la mano mientras San Miguelito hablaba. Se decía que sabía hablar en alemán, en francés y en inglés, además del español y de los dialectos indígenas. Un abogado de Las Casas lo había visitado y se había convencido; pero por otra parte ese abogado solía beber demasiado. ¿Qué podía creer uno, cuando era ingeniero, gerente de banco y protestante?

Volvimos a Las Casas y pasamos por la cantina para beber algo. Yo no podía apartar el pensamiento del milagro. Estaba dispuesto a correr con cualquier gasto.. ¿cómo seguir viviendo, si uno sabía que por cincuenta pesos no había querido ponerse en contacto con, bueno, alguna especie de revelación, divina o diabólica, si la voz hablaba? Y entonces llegó el golpe. El hombre de la cantina dijo que San Miguelito ya no estaba en Soyaló, había mandado a un médico de Tuxtla, que dijo que todo el asunto era una cuestión de autosugestión, y se había llevado el santo a un museo de la ciudad de México. Pero en México uno no puede enterarse de nada correctamente; en el hotel, el dueño, que era un ferviente católico, me dijo que el santo todavía estaba en Soyaló, y entonces salí y alquilé un automóvil.

A la mañana siguiente salimos a las seis y media, por la única carretera. Soyaló quedaba solamente a cincuenta kilómetros de Las Casas, pero el coche tardó unas cuatro horas.

Por fin, después de dos horas, los vencimos. De pronto su resistencia se derrumbó. El santo no podía hablar porque era domingo, pero en cambio podríamos verlo. Si volvíamos el jueves, el santo hablaría. Entramos en el dormitorio y el joven bajó de un estante, sin darle mayor importancia, como si estuviera a cargo de una tienda y no de un milagro, una de esas cajas de té victorianas, divididas en dos compartimentos. Uno de los

compartimentos estaba vacío; en el otro habían pegado una capillita talla-
da, y en el fondo una estampita de San Miguel; la imagen habitual del arcángel que mata al dragón. La caja de té estaba llena de bolitas de papel
plateado, de colores, y entre éstas asomaba un clavo, y en la punta del clavo una cabecita hueca, hecha, supongo, de plomo, con un soldado de ju-
guete. Evidentemente no era la cabeza de San Miguel; era la cabeza de una
mujer; de cabello ondulado a la griega, una cabeza de camafeo. Esta cabeza era la que hablaría, no el domingo, sino el próximo jueves, aunque
supongo que si yo hubiera podido ir el jueves, también habría sido un día
poco propicio. No era el decorado de un milagro; había en todo esto algo
de astuto, de aficionado... Dejamos una ofrenda en la caja —como los en-
fermos a quienes no se cobra ni un centavo— y nos despedimos.

Cuando volvíamos nos detuvimos para comer en la cantina de una india, en Ixtapa, y allí oímos hablar de un nuevo San Miguelito, que también
vivía en una caja, a cuatro leguas de allí; hablaba hasta los domingos, porque la mujer lo había oído. De modo que a esta hora no me sorprendería
saber que hay media docena de San Miguelitos en Chiapas. El santo aparece en todas partes, como una infección, ¿y qué otra cosa podía esperarse? Está prohibido decir misa en las iglesias; sólo en la reclusión de una
casa particular puede llevarse a cabo ordinariamente el verdadero milagro;
pero la religión tiende a salir a la superficie, y cuando se le suprime emerge y se abre paso bajo formas extrañas y a veces ponzoñosas (Greene
1996).

Más allá del relato de Graham Greene nos preguntamos en torno a
las dimensiones culturales que presenta San Miguel. ¿Por qué las voces?
¿Por qué la cruz? ¿Por qué San Miguel?

De hecho, dos discursos novelísticos que me fue posible construir
se ocupan de San Miguel, de manera contrapuesta. *Memorial del tiempo o vía de las conversaciones,* da cuenta de un destino individual que
es, a su vez, destino colectivo. A través de un sueño el protagonista inicia su ruta, un sueño que le provoca el desconocimiento de sí mismo y
que lo confronta con lo desconocido, un San Miguel en combate; trata
de explicarse el sueño; una vieja alcahueta se lo devela; recorre rutas y
se prepara para hacerse Sanmiguelero; visita el santuario de San Miguel
en Soyaló; se integra a su ejercicio y toma parte de un movimiento social cuyo enunciado final preanuncia el levantamiento indígena de 1994
y cuyos contenidos lo sitúan como un discurso de restauración del mundo. Se trata, en todo caso, de un alegato eminentemente cultural y de larga trayectoria. Todo el libro, por otro lado, recrea los ámbitos de la ritualidad y de la celebración como partes transversales de la existencia.

Las figuras de San Miguel y de los Sanmigueleros sostienen la vida en tanto expresión sustantiva de la cultura.

Ceremonial (1992), en cambio, es el relato de otros espacios, de otra composición cultural, la de la Selva. Los pobladores de ésta provienen de regiones diversas, como la del Norte de Chiapas, donde se desarrolla *Memorial*. El tránsito geográfico narrado cataliza tráficos humanos, culturales y de tradición. Los selváticos son, también, pioneros y personajes de la modernidad. El espíritu del siglo les pone en cuestión sus anteriores recurrencias a la tradición. La Selva es ganado, potreros, chile, arroz, palmas para la industria cosmética, café, consulta a los movimientos de la bolsa de valores para saber los precios del café. En escenario tan diversificado, tan rico ¿qué papel le es permisible a San Miguel?, ¿qué credibilidad puede fiárseles a sus personeros, sus servidores? El personaje líder de la novela califica de engañadores y falsarios a los Sanmigueleros, los descalifica, descalificando con ello la cultura anterior. El mundo suyo es el de la restauración, aquél de donde emergerá (en la novela, como después en los discursos zapatistas) la nueva civilización.

Al cabo de quince años de la primera novela, sin embargo, y de casi diez de la segunda, ocurre en la realidad de la Selva un nuevo giro hacia la tradición, según señalaba al principio de este escrito. Ante el agotamiento del mundo colonizado se vuelve los ojos a las celebraciones en las que el mundo de largo tiempo hallaba su sustento: la Santa Cruz, San Miguel, Santa Rosa. La ritualidad retrae lo intemporal de cada instante de realidad. El movimiento renovado de ritualidad tendría que tender, dentro de la lógica de la tradición, a restaurar los cultivos anteriores, aquellos que construyeron una cultura, en demérito de los cultivos de la modernidad. Desde otra dimensión, los cultivos de la actualidad están exigiendo una dimensión cultural a crear y, junto con ella, la perspectiva de una ritualidad, a la vez enraizada en la tradición y con perspectivas de restauración. Mientras tanto, ¿por qué las voces?, ¿por qué la cruz?, ¿por qué San Miguel?

Las voces

Las voces, por mucho de la manifestación «real», digamos, en el uso actual de las cajas de San Miguel, son las voces del alma, es decir, la experiencia perdurable de la cultura y de su reproducción en los individuos. Se sueña las cosas porque ya se las tiene en el conocimiento para la vida. Es como una sensibilidad que aprehende desde el conjunto de las facultades humanas el conocimiento y no desde la escucha o desde la inteligencia. El conocimiento tiene que ver con la inteligencia pero también con la mirada y con el olfato, el gusto y el tacto. Tiene que ver con el corazón y la pulsión de bien en él, pulsión con la cual señala el estado armonioso de su agrado.

Cuando los Sanmigueleros actuales hacen uso de la voz sonora y la caja de San Miguel también, están recurriendo al expediente del convencimiento por demostración (te demuestro que San Miguel habla, para que no creas que te engaño). Muestran con ello el tránsito real de los patrones culturales en los pueblos, por mucho del afán de los propios Sanmigueleros, por ser guardianes de la ortodoxia. Las formas de conocimiento cambian, las cajas de San Miguel serán el vago recuerdo de los preludios de la modernidad en los pueblos, donde la radio, la televisión, las grabadoras e himnarios sustituyen o invaden los imaginarios de la vida agrícola, antes más o menos homogénea y su tránsito hacia la diversificación.

SAN MIGUEL

Al cabo del tiempo se puede mínimamente entender la devoción por San Miguel. Los mitos que dicen relación con el maíz, por una parte, refieren a la entidad «rayo» como auxiliar en el desgajamiento de la peña o de la gruta donde el maíz se esconde; por otra parte, el rayo está ligado a la fertilidad de la tierra, en la medida en que el rayo acompaña a la lluvia. La imagen de San Miguel, entonces, bien puede representar el conjunto de los dones de la fertilidad: tiene el *yuyux*, azul del cielo en su vestimenta, una blusa y falda que fulgen similares a la figura del rayo; tiene el *süsük* o amarillo de la lluvia como aureola, cíngulo y pechera; tiene el rojo *chüchük* fuego del tronido; tiene el *ch´ajk* o rayo en la mano. Celebrarlo con frecuencia y sobre todo al final de un ciclo agrícola es reconfortarse de las fatigas a que hace referencia el mito: sacar de la gruta de la tierra el maíz; por mucho que haya sido el esfuerzo, brotarlo de entre las piedras, ganándole la lucha a ratones, conejos y hormigas. San Miguel, así, bien está en concordancia con el sitio del nombre mítico: Tumbalá o Yutbal lum, ombligo de donde emerge el mundo. Y emerge el mundo porque emerge el maíz y en la emergencia del maíz el nacimiento y recreación de la cultura.

El Cristo de Esquipulas

Y efectivamente, el maíz, Cruz sagrada de la vida, ha resentido el furor del rayo cuando cayó sobre la peña. El grano que estaba hasta arriba se quemó, dicen los mitos, quedó negro, como muerto, pero da la vida. Como el Cristo de Tila, un cuerpo negro e inerte sobre la cruz del maíz.

Se ha señalado atrás, el sentido cósmico de la cruz en la visión del mundo mesoamericano. Los epigrafistas mayas hablan, también, de la cruz como estilización de la planta del maíz: la milpa.

Ninguna de las dos nociones es ajena al sustrato cultural de los ch'oles contemporáneos. Pero también están presentes las nociones de los diferentes procesos evangelizatorios. Así, a semejanza de los antiguos cristianos que por decir voy a la procesión, decían: voy a la Cruz, cuando las festividades de enero o de Semana Santa los ch'oles dicen «voy a Tila», casi como si dijeran: «voy a mi milpa». Y es que efectivamente por esas fechas da inicio la preparación del ciclo agrícola, y así como por las tardes se llega a mirar cómo va creciendo la milpa, por enero y abril se llega a mirar al Señor de Tila por imaginar en él cómo crecerá el maíz en ese año. Y cuando ya ha crecido, cuando sus frutos son regalo de la abundancia y sabrosura, el hombre se sabe maíz él mismo, criatura de maíz, eleva su rostro, su mirada hacia la bendita planta, deidad ella, sacerdote él, y se regocija y celebra y transmutan ambos en el ritual que es como transmutar el tiempo, el viento, la lluvia, el fuego, agua también sagrada desde los ojos, oración al cosmos, al mundo, a la naturaleza: existe la felicidad y existe la humanidad. Los habitantes del poblado, entonces, celebran la ritualidad del maíz, a la figura triunfal de San Miguel que ha sometido hasta el fondo a los espíritus malignos de la tierra y le ha permitido a la tierra misma mostrarse generosa en mazorcas, a semejanza de las mujeres de maíz.

Valle de Jovel
Abril 24. Año 2001

BIBLIOGRAFÍA

ALEJOS, José: *Wajalix bä t'an. Narrativa tradicional ch'ol de Tumbalá, Chiapas.* UNAM, México, 1988.
— *Masojäntel. Etnografía del discurso agrarista entre los ch'oles de Chiapas.* UNAM, México, 1994.
AUBRY, Andrés: «La historia inmediata, una lenta acumulación de fuerzas en el silencio». En: *Revista CIHMECH.* Vol. 4, números 1 y 2, Enero-Diciembre de 1994, UNAM, México, 1994.
AA.VV.: «Ch'olombäla-Tumbalá: Encuentro indio-ladino sobre trabajo y desarrollo. Documento final y memoria». En: *Revista Estudios Indígenas.* Vol. 1, número 4, Junio de 1972, CENAPI, México, 1972.
BARBA DE PIÑA CHAN, Beatriz: *Una creación anterior a la Biblia.* Ponencia mecanográfica. 1991.
BARRERA VÁSQUEZ, Alfredo y RENDÓN, Silvia: *El libro de los libros de Chilam Balam.* Fondo de Cultura Económica, México, 1948.
BECERRA, Marcos E.: *Nombres geográficos indígenas del estado de Chiapas.* INI, México, 1985 (3a. edición).
DIÓCESIS DE SAN CRISTÓBAL DE LAS CASAS, Chiapas: *Nuevo Catecismo para los agentes de pastoral de la zona tzeltal.* Edición mimeográfica preparada por la Misión Jesuita de la Arena, Corredor de Santo Domingo, Selva Lacandona, San Cristóbal de las Casas, 2000.
FLORES RUIZ, Eduardo: *Secuela parroquial de Chiapas, un documento inédito.* INAREMAC, Boletín del Archivo Histórico Diocesano, Volumen II, Números 2 y 3, San Cristóbal de Las Casas, 1985.
GEBART, Augusto y TORRES, Fidel: *Espa-ch'ol. Gramatario-Diccionario.* México, Tila Chiapas, (mimeografiado), 1974.
GREENE, Graham: *Caminos sin ley.* Traducción: J. R. Wilcock, Consejo Nacional para la Cultura y las Artes, México, D. F., 1996.
LEYVA, Xochitl y ASCENCIO, Gabriel: *Lacandonia al filo del agua.* FCE, México, 1996.
MANCA CERISEY, María Cristina: «Ch'oles». En: *Etnografías contemporáneas de los pueblos indígenas de México*, INI, Vol. VIII, México, 1995.
MORALES BERMÚDEZ, Jesús: *On o t'ian. Antigua palabra narrativa indígena ch'ol.* UAM-Azcapotzalco, México, 1984.
— *Memorial del tiempo o vía de las conversaciones.* Editorial Katún, México, 1987.
— «Cuentos ch'oles». En: *Revista ICACH.* Tercera época. Número 1. Instituto de Ciencias y Artes de Chiapas, Tuxtla Gutiérrez, Chiapas, 1989.
— *Ceremonial.* Consejo Nacional para la Cultura y las Artes/Instituto Chiapaneco de Cultura, México, 1992.

— *Antigua palabra, narrativa indígena ch'ol.* Plaza y Valdés & UNICACH, México, 1999.

Núñez de la Vega, Francisco: *Constituciones diocesanas del obispado de Chiapas.* Imprenta de Caïetano Zenobi, Roma, 1702.

Orozco y Jiménez, Francisco: *Colección de documentos inéditos relativos a la iglesia de Chiapas.* Imprenta de la Sociedad Católica, San Cristóbal de Las Casas, Chiapas, 1906 y 1911.

Raynaud, Georges/González de Mendoza, J. M./Asturias, Miguel Angel: *El Libro del consejo: Popol vuh.* UNAM, México, 1993.

Soustelle, Jacques: *Pensamiento cosmológico de los antiguos mexicanos: (representación del mundo y del espacio).* Federación Estudiantil Poblana, Puebla,1959.

Thomas, Norman D.: «El mito sobre el origen del maíz de los zoques de Rayón». En: *Anuario 1991.* Instituto Chiapaneco de Cultura, Tuxtla Gutiérrez, Chiapas, 1992.

Viqueira Albán, Juan Pedro y Ruz, Mario Humberto: *Chiapas: los rumbos de otra historia.* CEMCA, México, 1995.

Ximénez, Francisco: *Historia de la provincia de San Vicente de Chiapas y Guatemala, Orden de predicadores.* Sociedad de Geografía e Historia de Guatemala, Tomo 1, Libro 1, Guatemala, 1971.

LOS RITUALES Y LAS CREENCIAS
COMO INSTITUCIONES REGULADORAS
DE LOS RECURSOS NATURALES EN EL SUR
DE VERACRUZ, MÉXICO

Elena Lazos Chavero
UNAM, México/Universität Zürich

1. Introducción

Son dioses de nuestra tierra, dioses de cuidar el agua y el monte en nuestra tierra pajapeña, que la montaña tenía un dueño. La gente que venía a buscarse la vida, no los dejaban sacar una cosa pues los ahuyentaban, los sorprendía una víbora o algún ruido por lo que evitaban sacar los animalitos. Es muy importante que nuestras vidas pasadas no se acaben. Pues yo digo que nuestros abuelos nos decían el bien, que no se borre, que no se acabe, que no vamos a soltar las creencias, las pláticas de las que traducimos de nuestro pasado para nuestros hijos y nuestros nietos. Nos daban a saber de lo que había antes los antepasados. Alcanzaban mucha vida, había comida, había cerete, faisán, tepezcuintle, jabalí, armadillo y tejones. Ahora no hay por causa de la quema. También por causa de no cuidar los animales, los dueños los recogieron y ya no los enseñan. En la actualidad, van a ver un animal y en seguida lo van a cazar. La misma gente tiene la culpa (Don Dalio Villanueva, Consejo de Vigilancia de bienes comunales de Pajapan).

En la Sierra de Santa Marta, rica por la biodiversidad y declarada en varias ocasiones como zona de protección y Reserva Especial de la Biosfera de Los Tuxtlas, la mayor parte de la población vive actualmente en condiciones de pobreza y marginación. Este contraste y las tensiones sociales y culturales vividas me llevaron a plantear una investigación que tenía como propósito entender como una sociedad percibe, representa y se responsabiliza por su entorno natural[1]. En particular, en este trabajo, quiero explicar el entrelazamiento entre el mundo mítico de las representaciones que una población elabora con su colectivo imaginario y su ambiente natural. La población construye y reconstruye continuamente su ambiente natural y reglamenta su uso a través de rituales y normas de conducta. La función recreativa de los rituales compartidos para la conservación ambiental, el papel que desempeñan en la reproducción de la vida social y en la reconstitución de la memoria colectiva son elementos que aquí exploraremos. Sin embargo, estos rituales, celebrados cotidianamente al desmontar la vegetación para cultivar o al cazar y con el significado de reguladores o reparadores de una relación sociedad-naturaleza, han dejado de vincular el pasado colectivo con los proyectos al futuro. Los rituales que marcaban el uso y la conservación de los recursos han dejado de ser parte de la colectividad. La vitalidad de estos rituales y creencias se vio disminuida al haber otro tipo de símbolos que juegan diversas representaciones según los individuos y grupos sociales de las actuales comunidades nahuas del sur de Veracruz. Comprenderemos, finalmente, cómo la parte ideológica y sensorial de los símbolos, como lo ha definido Turner, provocan más contradicciones que focos de interacción.

En la sierra, se dibuja un mosaico cultural de poblaciones indígenas (nahuas y zoque-popolucas) y mestizas que han cultivado la tierra a diversos ritmos, de manera comunal o familiar. Actualmente, la falta de productividad de sus sistemas agrarios y la transformación de ricos policultivos como la *milpa*[2] en monocultivos de maíz y en potreros de pastos de baja calidad se combina con un alto deterioro ecológico (una deforestación del 80%, una fuerte erosión y contaminación de suelos y aguas).

La escasez de buenas tierras ha provocado conflictos sociales y enfrentamientos graves al interior de las comunidades y de los grupos domésticos. La herencia de tierras que anteriormente estipulaba el acceso de la tierra del grupo familiar al hijo menor, actualmente es disputada

[1] Para una investigación más amplia, consultar Lazos y Paré, 2000. Agradezco a las familias tatahuicapeñas su confianza por haber compartido su mundo imaginario. Agradezco a Alfredo López Austin sus comentarios minuciosos y pertinentes al primer escrito. La investigación fue posible por el financiamiento otorgado por la DGAPA, UNAM.
[2] Sistema agrícola donde se sembraban hasta hace dos décadas, diversas razas de maíz y más de veinte cultivos que incluían variedades de frijol, calabaza y varios tubérculos.

por todos los varones de la familia. Si durante las décadas de 1970 y 1980, la industria petrolera y petroquímica de la región atrajeron la mano de obra rural, actualmente por la crisis industrial, existe un fuerte desempleo regional que ha provocado ya no sólo las migraciones temporales regionales sino migraciones cuyos circuitos van hasta el norte del país y hasta el territorio del vecino país del norte. Estas migraciones, al mismo tiempo que han reforzado algunos vínculos culturales, han provocado dinámicas familiares violentas. Los serranos viven cotidianamente enfrentamientos de partidos políticos, pobreza y marginación, condiciones precarias de salud, y un fuerte rezago educativo.

¿Cómo se han explicado hasta ahora estos procesos de deterioro ambiental y de pobreza productiva? Las diferentes interpretaciones tanto disciplinarias como políticas al problema se han traducido en múltiples modelos de intervención y de políticas públicas y en diversos objetivos de investigación. Varios estudios han señalado la interrelación entre pobreza, crecimiento poblacional y deterioro ambiental[3]; mientras que en otras investigaciones se recalca la responsabilidad en la política económica nacional. Sin dejar de tomar en cuenta el peso de cada uno de estos factores, quiero centrarme aquí en el papel que jugaban los rituales y las creencias en seres sobrenaturales en el manejo y la conservación del medio ambiente.

Desde hace tres décadas, a raíz del artículo de Hardin (1968), ha habido una gran polémica sobre el éxito o el fracaso de la administración comunitaria de los recursos naturales por las poblaciones indígenas. Hardin explicaba el deterioro ambiental por el acceso libre a los recursos comunales y proponía para su conservación la apropiación individual de ellos. Con esto se sentaron las bases para que los ambientalistas extremos concluyeran que la conservación de los recursos sólo se lograría con la desaparición de los comunes a través de la privatización de las tierras y

---

[3] Varios autores hablan del «círculo vicioso» entre pobreza y degradación ambiental donde los campesinos empujados por la necesidad de la satisfacción de sus exigencias básicas ocupan cada vez más tierras marginales susceptibles a la degradación. Muchos de los poblacionistas y los ambientalistas adjudican la responsabilidad del crecimiento poblacional a los sectores pobres, y por lo tanto les atribuyen igualmente la carga del deterioro ambiental. Esta idea ha recibido serias críticas, mismas que han demostrado que con ello se oculta el peso de la mala distribución de la riqueza, los patrones de consumo desiguales, y la extracción masiva de los recursos naturales por empresas transnacionales.

de los recursos. Desde entonces, se han suscitado un sinfín de discusiones, unas a favor de los comunes (Berkes, Feeny y McCay 1989; Orstrom 1990), otras en contra. Esto adquiere trascendencia en el caso de las selvas, bosques y aguas manejadas bajo un uso comunal por muchas comunidades indígenas.

Hasta 1970, los popolucas y nahuas del sur de Veracruz tenían un acceso comunal a sus recursos. Me interesó conocer las instituciones imaginarias (las múltiples formas de *chaneques* y dioses de la tierra y de los animales) en la regulación del acceso a los recursos con el objetivo de interpretar las percepciones de los pobladores nahuas sobre las transformaciones de su entorno natural. Las preguntas giraron alrededor de la relación entre el imaginario y la autorregulación comunitaria de los recursos. ¿Cuáles son las características del dueño de los animales y de los *chaneques*? ¿Qué papel juegan en el imaginario de ancianos, adultos y jóvenes de ambos sexos? ¿Cuáles son sus reglas y castigos en el cumplimiento de una «normatividad ambiental o códigos de conducta frente a la naturaleza»? ¿Existen otras instituciones comunitarias que norman la relación con el entorno natural? ¿Quiénes siguen creyendo en los dioses de la tierra y respetando las leyes naturales?

2. *CHANEQUES* Y *CHANECAS*: UNA INSTITUCIÓN DE REGULACIÓN A NIVEL DEL IMAGINARIO

Todo animalito tiene su dueño, los camarones, pescados, venados están bajo el Rey de la tierra. Es él que manda a todos. El Rey de la tierra, como dicen la culebra, sus jefes son chanecos. Hay que pedir permiso, no hay que abusar porque ellos se enojan y te mandan castigo (Doña María, anciana nahua de Tatahuicapan).

Hay mujeres chanecas, varias veces me han asustado, viven abajo de la tierra, cuando íbamos a buscar camarón, me dice, si van a pasar prende un velador y tráeme un flor, el copal es flor, si no te vas a quedar aquí. Le llevé flor y velador y sólo pesco lo que necesito para mis hijos, si no puede haber castigo (Doña Jacinta, mujer adulta de Tatahuicapan).

Antes los señores quemaban copal, velas y le hablaban para que retire a esas culebras y hace efecto. Ora ya nadie cree. Antes hasta para agarrar agua hay que pedir permiso. Se enojan si no hace caso. Sus dueños ya no quieren que mates animales. No puedes matar hembras, ni pequeñitos, pobres venados como se han acabado (Don Hilario, anciano nahua de Tatahuicapan).

Los *chaneques*, personajes pequeños o grandes, femeninos o masculinos, blancos o negros controlan a través del imaginario colectivo de los nahuas el acceso a los recursos naturales. Estos duendecillos que se aparecen bajo distintas formas pueden enojarse y provocar enfermedades, sustos y encantos cuando alguien transgrede las limitaciones impuestas en la apropiación de la naturaleza. Los *chaneques* o *chanecos* son el fruto de la imaginación, la concretización de los miedos y angustias y expresan la voluntad de un respeto. Moradores de las florestas, son dueños de los recursos que en ellas proliferan. Por tanto, tienen derechos y obligaciones: exigen respeto a las regulaciones pero también otorgan protección.

Como dice don Hilario, no hay que matar ni a las hembras ni a los animales en las primeras etapas de la vida para asegurar la preservación de las especies, no hay que abusar de ellos, como dice doña María, y sólo tomar lo que uno necesita. La comunicación con estos personajes se asegura a través de la luz y el calor durante la quema del copal. A través de este diálogo, se sella un respeto mutuo. Los pobladores respetan las reglas de un uso controlado de los recursos, los *chaneques* y dioses protegen a los pobladores de víboras y sustos, como dice doña Jacinta.

Los chaparros, el *jooncho*, los burros negros, el chato para algunos, los *chaneques*, para otros, regulan a través de sus apariciones el uso comunal de los recursos. Con la sola visión del personaje es suficiente para provocar miedos y angustias entre la población. Este susto asegura el respeto y el control de los recursos.

Las descripciones de sus características varían mucho, algunas inclusive nos remiten a lo sobrenatural pues presentan aspectos físicos no humanos. Sin embargo, sus actitudes sociales y espirituales están calcadas sobre las humanas. Los *chaneques* tienen familias a quienes atender y a quienes amar. Tienen valores morales del bien y del mal como los humanos. Inclusive, a veces pueden parecer completamente humanos, pero a diferencia de los hombres, los *chaneques* pueden desaparecer repentinamente. Según un anciano de Pajapan otra diferencia entre humanos y *chaneques* es que «ellos son frescos y no calientes como nosotros». «Son como nosotros pero tienen cuatro dedos en las manos y cuatro en los pies» y «los chaneques son como niños, son chaparritos, cantan, juegan y nos espantan»: son las imágenes más comunes entre los nahuas de Tatahuicapan. En cambio, para varios nahuas de Mecayapan, los *chanecos* son exactamente iguales a los humanos. Pocas personas los describen como ancianos y más bien aluden a su juventud. Algunas ancianas nos han platicado sobre la existencia de las *chanecas* y los ancianos las retratan como «unas muchachas hermosísimas, que no las ves acá, son blancas, muy blancas…». Otros, en cambio, resaltan singularidades muy disímiles a las descripciones anteriores.

> «El chaneco que se me apareció era chino de sus ojos y negro, negro», «parece un hombre normal como gente pero tiene los pies de oro y lo sigue un animal blanco como perro. Ella dice no tenerle miedo, que los chaneques son buenos y ella es su amiga.»

El origen de los *chaneques* es mítico y nuevamente heterogéneo. Unos pobladores consideran que son moldeados por Dios para reglamentar el uso de los recursos aquí en la tierra.

> «...esos animalitos también tienen dueño, digo yo, pero el mero dueño es aquel que está arriba, él es el dueño de todas las cosas, porque él los hizo. Pero nada más digo, dios dejó un encargado quien cuida aquí en esta tierra. Igual que un ganadero rico, pues pone su mayoral, pone su caporal para que le cuide su ganado.»

Otras ancianas nahuas nos cuentan de una pelea en el cielo en la cual los *chanecos* fueron los expulsados; otras mujeres se refieren a los *chanecos* como a niños no bautizados. Sin embargo, ellas mismas nos relatan que los *chanecos* y *chanecas* son hijos de la madre tierra y por eso tienen el poder de la tierra.

Para los nahuas de la sierra de Santa Marta no existe una palabra equivalente al concepto occidental de naturaleza, pero sí existe una diferenciación entre los espacios transformados y no transformados. A los espacios no transformados se les conoce como «la montaña o el monte». En el monte, estos seres sobrenaturales se aparecen porque el monte representa lo que está al margen, lo que es inculto, no socializado, fuera del control humano (Katz 1991). El monte forma un *continuum* con el otro mundo, con el mundo de los muertos pero también con el mundo de la fertilidad. El monte es la puerta a la matriz terrestre, por lo que para muchos grupos indígenas se percibe como «fresco», los grandes árboles que lo cubren le dan sombra y humedad. El monte es al mismo tiempo que un ser viviente, la cueva donde viven los protectores de este espacio. Para los indígenas de la Sierra, los *chanecos* y el propio Dios del Monte o Dueño de los Animales son los seres sobrenaturales que tienen poderes para regular las acciones de hombres y mujeres sobre el ambiente. De «la montaña» nacen los ríos y es ahí donde se guarecen los animales y los árboles. A la «montaña» se le asignan atributos tanto positivos como negativos o atemorizantes. Es benévola al proporcionar alimentos, maderas, bejucos y animales que satisfacen necesidades básicas de los pobladores, pero al mismo tiempo, la «montaña» es peligrosa. Esta conceptualización dualista es compartida por muchas culturas mesoamericanas (García de León 1969; López Austin 1972 y 1996; Campos 1982; Montoliu 1989; Katz 1991; Lammel 1992). Su ambivalencia es mediada a través de rituales y del cumplimiento de las normas y reglas con el fin de no abusar y de agradecer su prodigalidad. «Los chanecos que cuidan la montaña son buenos, sólo hay que llevarles sus flores, su copal, les gusta.»

3. LAS NORMAS TRADICIONALES DE CONDUCTA RESPECTO A LOS RECURSOS

El desmonte de áreas de selva, característico del sistema de roza-tumba-quema, y el avance de la frontera agrícola implica una desorganización de un orden natural que, de alguna manera, debe ser autorizado por los seres sobrenaturales y reparado mediante rituales. Son recurrentes las narraciones que nos hacen campesinos de las dificultades encontradas en el monte cuando desmontan para cultivar una milpa. Animales extraños o los dueños del monte aparecen como una advertencia a las acciones humanas que agreden a la naturaleza. Don Pedro González de Tatahuicapan nos cuenta de las apariciones de un animal peligroso que los atemorizó tanto que tuvieron que retirarse y prender velas en signo de respeto:

> Gritaba un animal, como borracho, el grito que pegaba, parecía, nos sentíamos el cuerpo como si nos echaran arena en el cuerpo. Nos salimos corriendo en la noche con las bestias. Un animal que de veras ni nadie puede imaginar que sufrimos todo eso. ¿Será el tigre? Hasta el otro día lo buscamos en las barrancas... y se veían las huellas como los pies de nosotros pero al revés, se veía que caminaba al revés pero una pata grande que se veía. Era en el '31 y después que yo platicaba a unos señores de la manera cómo me espantaba ese animal. Que me dicen váyase a ver al cura del pueblo. Dicen, es *el salvaje*, que no te deja trabajar en la montaña. Los duendes no quieren que se trabaje. Me dice: compra cuatro velas, mañana vamos a celebrar misa... llegando allá vas a quemar alrededor de este campo, clavados ocho pedacitos de vela, dos para cada punto cardinal, 2 para

el norte, 2 para el sur, 2 para el poniente y 2 para el este, así también son 2 para cada color, 2 para cada punto de mi milpa y sí, en esa forma lo hice y ya a otra semana fui a trabajar. Ya no vimos nada. Ya no nos espantaba ese animal (Entrevista realizada por un promotor de Culturas Populares).

Sólo cuando hay una enmienda ritual para reparar el agravio, los hombres pueden volver a entrar a la «montaña». La milpa significa la transformación de lo no humano en lo humano. Con la milpa, se socializa el espacio, los hombres tienen el control, calientan la tierra. El desmonte representa una agresión a la naturaleza que debe ser reparada por el ritual agrícola (Boege 1988). Si éste se realiza desaparece el peligro y, en cambio, en caso de transgresión hay castigos. Para los agricultores, este ritual de pedir permiso a la tierra, «las primicias», se lleva a cabo en fechas variables, algunas comienzan desde la roza y tumba poco después de Todos Santos, otras el 3 de mayo, el Día de la Santa Cruz, pero otras sólo unos días antes de la siembra. Los hombres, solos, en familia o en cuadrilla de trabajo, van de monte en monte para hacer las primicias. Ritual individual, familiar o colectivo, en lo íntimo de la selva o a orilla del camino, las flores, el copal, el calor, la comunión, el permiso, el miedo se lleva a ofrecer a los dueños de la tierra. «Yo que te quito tu quechquémitl[4], madre tierra, yo que quito tu manto protector, dame tu protección para hacer mi milpa.»

La dualidad del Dueño del monte y de los *chaneques* consiste en variar sus actitudes hacia el humano según el comportamiento de éste. Un testimonio local nos resume el sentir de muchos campesinos: «son buenos o malos, a según uno se porte». Dependiendo de la observancia que uno tenga en el cuidado de los recursos naturales, las acciones de los *chaneques* pueden favorecer o castigar a los habitantes de las selvas. Las reglas que uno debe acatar varían según las actividades o experiencias de cada cual. Para los cazadores, los *chaneques* les prohíben cazar hembras en época de cría y cazar para vender en gran escala. También rememoran que los *chaneques* piden un buen entrenamiento de los perros de caza para evitar sólo herir a los animales, lo cual es altamente penalizado.

Yo cuando mataba mis animales, yo nunca tiraba hembra porque matas tres. Matas esa venada y el venadito se queda ya huerfanito, se muere,

---

[4] Camisa femenina hecha con una tela de forma cuadrada, abierta en el centro para sacar la cabeza, terminada al frente y a la espalda en pico y abierta por los lados.

y la cría de adentro. Para tirar con la linterna hay que tener mucho cuidado, yo fui muy tirador, pero yo buscaba la forma, cuando yo miraba y me
daba la luz roja y la veo, digo, es venada hembra, no la tiro. Ya se me daba
una luz verde, eso sí, con gusto agarraba yo el cartucho y... ahí nomás, era
venado macho (Don Pedro).

Para entrar a la montaña, prendía mi copal, les hablaba a los dueños
de los animales, nunca me castigaron, pero yo cazaba para la casa, a veces
vendía a los vecinos, pero era poco (Don Sirenio).

...yo tenía un perro que agarraba puros chiquitos y no los traía, luego
empezaron a aparecerme culebras, y, lo tengo que decir, me empezó mucho miedo de ir a la montaña. Entonces prendí copal y un chaneco me apareció y me llevó a su casa y vi a todos los animalitos heridos. Él los cura-
ba, parecía como una clínica pero de animales. Me deshice de ese perro y
luego ya no tuve miedo (Don Rubén).

Las presas llevadas a casa no deben echarse a perder o regalarse a
las amantes de los cazadores. La idea de la reciprocidad es transmitida
por la costumbre de colgar los cascarones de los camarones de río (*ma-
yacaste*), los esqueletos del animal junto al fogón, idea que corresponde
a no desperdiciar la parte no comestible de la presa y la cual luego debe
regresarse al río o a la montaña. Posiblemente tenga implícito también
una idea de estimular la abundancia de la pesca. La prohibición de la pu-
trefacción de las presas tiene una connotación moral asociada al desper-
dicio. En un análisis realizado por Pierre Beaucage en la Sierra Norte de
Puebla, éste encuentra la misma raíz —*auil*— (juego, actividad vana) en
expresiones referidas a «abusar de una mujer» (*kiauiltia se siuat)* o
«desperdiciar la comida» (*kauiltia in takualis*). El comportamiento fuera de las reglas implícito en estas actividades desenfrenadas, a su vez,
produce desequilibrios en la naturaleza: «los animales silvestres no se
dejan cazar, si no que son víboras que aparecen en su lugar» (Taller de
Tradición Oral del CEPEC y Beaucage 1990). De la misma manera encontramos estos rasgos entre otros grupos indios como los mazatecos
(Boege 1988), los mixtecos (Katz 1991), los mayas yucatecos (Hanks
1990).

Si los cazadores cumplen con estas reglas, los *chaneques* los ayu-
dan a encontrar presas o en prevenirlos de peligros en sus recorridos e
inclusive, se han dado casos en los que han ofrecido dinero a los que se
han portado bien.

Es claro que si los habitantes, agricultores, cazadores, extractores
de los bienes de la selva, no acatan estos mandatos de conducta, reciben

una gran variedad de castigos. Desde la aparición de culebras y el riesgo de ser picados hasta ser encantados y enfermarse (el susto, el espanto, el mal aire, la pérdida del alma) e inclusive recibir una lenta y dolorosa muerte.

> El pobre hombre perdió el «uil», eso que nos nutre, eso que nos da la vida. La madre te pare, te da la vida, pero la tierra te da la sustancia que mantiene. Si la pierdes, te quedas como una piedra, te quedas como una piedra, rodando en el río, sin rumbo, solo arrastrado, hay pobre hombre.

Pero el mayor castigo del hombre por no cuidar el entorno natural ha sido que el dueño del monte recogió a sus animales y los escondió. Para muchos ancianos y ancianas, la deforestación y la pérdida de biodiversidad animal —tanto de la fauna acuática como de la fauna selvática— se atribuyen a que el Señor del Monte escondió adentro de los cerros y montes —en el *bayo*— a toda la fauna y a la vegetación con el fin de protegerla del humano[5]. Es reiterativa la referencia a que los animales se fueron a otro lado en lugar de pensar que quizá ya se hayan exterminado[6]. Varios ancianos se han referido a esta huida en estos términos: «los animales se han ido, están refugiados, no están terminados, eso nunca se puede terminar, pero ya el señor los tiene para que los hombres no los maten». Otro campesino de Tatahuicapan decía que una noche el Dueño del Monte regresó y, al ver la destrucción «se llevó su ganado al Uxpanapa donde todavía había monte».

En la imaginación de muchos ancianos y ancianas, nuestra noción de deterioro ambiental no parece existir sino que predomina la idea de que el Señor de los Animales ha guardado o retirado éstos y los bosques como respuesta a las transgresiones a las normas establecidas. García de León (1969: 305) había reportado esto desde hace tiempo para el caso de los pajapeños. «El Dueño de los Animales, enojado por el aumento y la eficacia de las armas, optó por llevarse a sus criaturas hacia su mora-

---

[5] *Bayo* (variedad dialectal pajapeña para *coahuit*, árbol o *bahuit* que deviene en *bayo)* es la montaña, la selva, el lugar que abriga la flora y la fauna en todo su esplendor y con todos sus peligros.

[6] Esta aseveración se encuentra en varias partes en el medio rural (Oaxaca, Chiapas, Veracruz, Tabasco). En recorridos por el norte de Oaxaca, los chinantecos y los usileños aseguraban que los animales habían huido a otros lugares.

da, para no volverlas a sacar jamás...». Frente a estas deducciones, el humano no puede intervenir en la restauración de la naturaleza porque no tiene tanto poder de actuación. Un anciano de Pajapan se muestra escéptico con relación a los trabajos de reforestación que se iniciaron en la zona de reserva del Volcán San Martín. Dice que el proyecto de reforestación fracasará porque «no se pueden cambiar las cosas, sólo el señor puede cambiar las cosas».

4. EL ALIVIO SOCIAL DE LA TRANSGRESIÓN: CONSEJO DE ANCIANOS, ENSALMADORES, CURANDEROS, HIERBATEROS

Por un momento, podríamos pensar que sólo las instituciones imaginarias como los *chaneques* desempeñaban una función en la regulación de los recursos naturales; sin embargo, existían otras instituciones comunitarias para reforzar la simbolización. En primera instancia, sabiendo que el *Consejo de Ancianos* era una institución con fuerza y presencia y cuya base era el prestigio social comunitario entre los nahuas, planteamos la hipótesis de que ellos establecían ciertas reglas para el acceso al entorno natural. Los últimos consejos de ancianos en la región nahua desaparecieron en la década de 1950 ante la hegemonía de gobiernos municipales basados en el control de los recursos económicos y en el establecimiento de relaciones políticas externas en el ámbito regional y estatal (Velázquez 1992: 25). Un productor, Ángel, nos comenta que el acceso a los recursos era autorregulado por los propios pobladores y el *Consejo de Ancianos* se limitaba a asuntos sociales.

> Nadie te sancionaba porque trozaras un árbol, cuando aquí era comunal. Nadie te decía por qué cortas un árbol. Antes abundaba y todo era libre, no era de nadie. Entonces el grupo de ancianos no se ocupaba de estos asuntos. Ellos iban para casarte o para resolver conflictos...

Sin embargo, sabemos que el *Consejo de Ancianos* actuaba bajo la persuasión y la confianza para lograr el mayor consenso posible entre los habitantes. Por lo tanto, a pesar de que no se le señale como una institución «reguladora», su objetivo de resolver conflictos llevaba implícito el sostener un buen manejo de los recursos. Como se ha señalado para otros grupos indígenas (Boege 1988: 58-59), el *Consejo de Ancianos* estaba organizado a través de las lealtades primordiales alrededor del parentesco y las reciprocidades. Estas alianzas sociales eran la base para la actuación reglamentada de la comunidad en la transformación de los recursos.

Estas lealtades primordiales tejidas a través del *Consejo de Ancianos* junto con las instituciones imaginarias regulaban conjuntamente el acceso a la naturaleza. El principio de alianza sobredeterminaba una gran cantidad de relaciones sociales (económicas, religiosas, organizativas) que finalmente actuaban conjuntamente para la supervivencia del grupo doméstico. Quien desacata la autoridad de un anciano, quebranta una regla fundamental y pierde el apoyo de la comunidad. Así, entonces, el poder de los ancianos permeaba toda actividad humana.

El control social sobre los recursos parecía seguir funcionando de manera implícita: «a casi nadie veías que se estuviera aprovechando…» era una observación cotidiana de principios y todavía de mediados de siglo. En resumen, en la sierra, a través de las alianzas se lograba el respeto hacia la naturaleza.

Los curanderos, ensalmadores y hierbateros en el mundo nahua intervienen para sostener el equilibrio con la naturaleza (García de León 1969: 282-284). Ellos, los especialistas, eran los conocedores de los secretos de la montaña. Ellos recorrían los senderos para encontrar los frutos, las flores, las cortezas que necesitaban para aliviar a los transgresores: los cazadores, los adúlteros, los que herían a la naturaleza, los que se servían de ella para lucrar. Ellos habían sido los elegidos para que, a través de los sueños, poseyeran el poder de la tierra. Mediante el sueño, el Dios del Monte se revelaba y esta elección mítica le otorgaba poder a los curanderos y ensalmadores. Debido a esto, observaban una dieta alimenticia y sexual severa antes de introducirse al mundo mágico. Podían invocar a los *chanecos* para poder curar el «encanto». Los ensalmadores comenzaban su oración:

> Chaneco, rey del encanto, dueño de los animales, dueño de la tierra, rey de las canteras, rey de la selva, devuelve la sombra de (nombre de la persona) y te respetará. […] El copal es la flor del chaneco, se deben quemar siete, una para cada día.

El ensalmador conoce los sueños de los pacientes y, a través del sueño, sabrá igualmente el remedio. Las normas y castigos del pensamiento mítico no desaparecieron, pero sí se suavizaron, mostrando una gran adaptabilidad a las nuevas circunstancias.

5. El olvido avanza junto con el deterioro

Hoy en día, las familias campesinas no comparten estas creencias. Los especialistas, los curanderos, los ensalmadores, al igual que los *chaneques*, han visto disminuido su poder. El papel de cada uno tiene un peso distinto en cada comunidad. Mientras que en Mecayapan, el ensalmador nos cuenta que muchas personas lo consultan todos los días para curar «el mal viento» o para «regresar el alma a la persona espantada», en Tatahuicapan, el curandero se lamenta que ya nadie cree en su poder curativo.

Si los rituales son, en el sentido idealista de Durkheim, las representaciones colectivas de una sociedad donde se proyectan sus cosmovisiones, sus valores y normas, sus símbolos axiomáticos, entonces tendríamos que actualmente los rituales nahuas en la sierra tanto en sus prácticas como en sus creencias se han fragmentado en la memoria colectiva[7]. Varios de los rituales se siguen practicando y simbolizando para algunos de los pobladores, pero para la gran mayoría han dejado de proyectar sus valores y sus percepciones. Si, en cambio, tomamos como punto de partida las actuales interpretaciones antropológicas y sociológicas, donde los rituales están conformados por procesos, funciones y formas simbólicas que no se distinguen de otras acciones sociales, ya que siempre entrañan un aspecto comunicativo, los nahuas siguen teniendo rituales fragmentados y altamente heterogéneos que en ciertos momentos se comparten por algunos pobladores y son interpretados y usados de manera diferente. Existen divergencias interpretativas según las estrategias de la apropiación de los rituales. Algunos autores señalan su carácter polivalente y han propuesto un despliegue hermenéutico para ir elaborando sus variados sentidos; otros en cambio, resaltan su dependencia en cuanto a los códigos culturales. Lo importante es, como Turner lo propuso en *La selva de los símbolos*, entender las celebraciones rituales con relación a los procesos sociales más amplios de los que

---

[7] «El ritual no puede servir más que para mantener la vitalidad de las creencias, para impedir que se borren de las memorias, es decir, en suma, para revivificar los elementos más esenciales de la conciencia colectiva (...) Por él, los gloriosos recuerdos que se hacen revivir ante los ojos (de los individuos) y con los cuales se sienten solidarios les dan una impresión de fuerza y de confianza: se está más seguro en la fe cuando se ve a qué pasado lejano remonta y las grandes cosas que ha inspirado» (Durkheim 1968: 385).

forman parte (1980: 22). El problema de la demarcación entre lo ritual
y lo no ritual, ya se conciba como una clase peculiar de acción social o
como el aspecto comunicativo de todo comportamiento, es que aún subsiste la dispersión del término. La continua reformulación del concepto
«ritual» ha generado una noción inestable (Díaz 1998: 22-25).

Así, las alianzas entre ensalmadores, curanderos y *chaneques* y los
dueños del monte transformaron su sentido cuando se parceló la tierra y
cuando las autoridades locales perdieron legitimidad interna al ponderar
más sus relaciones con los agentes políticos externos que con las lealtades internas. En este procedimiento no se elaboraron reglamentos para
el uso de los recursos. Durante la política de la reforma agraria mexicana (principalmente en los años 1960 y 1970) se exigía el derribo total de
los bosques con el fin de demostrar que la tierra no estaba ociosa, ya que
si no se trabajaba, podría entonces satisfacer la demanda agraria de otros
solicitantes de tierra. En este contexto, el demostrar que una «parcela
está bien trabajada» era desmontar la selva. Este principio básico es-
tructuró la nueva relación sociedad-naturaleza. El respeto hacia los
acuerdos emanados de la comunidad fue sustituido por los vínculos con-
traídos con la estructura político-administrativa ligada a esta transformación: las autoridades ejidales, los comités regionales campesinos y
las instituciones agrarias nacionales. Estos procesos adquirieron una alta
complejidad a medida del crecimiento demográfico en la región a través
de los programas de colonización y de desarrollo. Finalmente, cuando
se parceló la tierra para frenar el proceso de concentración, ni las autoridades agrarias ni las locales definieron un área de reserva comunal
sino que todo se repartió. Con esta individualización de los recursos se
fragmentó la memoria colectiva, y los rituales en práctica o en creencia
dejaron de representar una colectividad para la conservación y el uso de
los recursos naturales. Lo performativo del ritual como aquellas prácticas culturales que implican un comportamiento colectivo, las que rompen con el uso rutinario del tiempo y del espacio, que implican un grado de repetición y se rigen por un sistema de reglas y que tienen un valor
simbólico para los participantes se ha diluido (Araiza 2000: 76; Díaz
2000).

Estos cambios corrieron paralelos con el inicio de la «ganaderiza-
ción» de la sierra. Quienes emprendieron esta incipiente actividad de
manera más predominante fueron los grupos domésticos jóvenes (Lazos
y Godínez 1996). Consecuentemente, el poder económico quedó en manos de la joven generación política cuando hubo acumulado ganado y

poder. La necesidad de contar con dinero en efectivo para hacer frente a la modernización aceleró estas transiciones. De manera análoga, en el plano religioso la pérdida de poder de los ancianos se dio con la entrada de las múltiples religiones protestantes.

En contraste con el resto de los especialistas, los «motosierristas», al igual que los capturadores furtivos de fauna, desafían cualquier tipo de temor a los *chaneques*, la mordida no de los animales sino la *mordida*, en términos del soborno, puede neutralizar las sanciones vinculadas a los códigos de conducta ambiental. Ninguno de estos especialistas entrevistados cree en los *chaneques*. Tampoco realizan ceremonia alguna para extraer de la selva los recursos que ya no se destinan para el autoconsumo sino para la venta. Un motosierrista que es hermano del Séptimo Día, se asombra por preguntarle si él realiza un ritual propiciatorio antes de la tumba de los árboles. «Pero maestra, ¿cómo me puede preguntar eso? Usted, como maestra ¿cree en eso?»

Desde la adopción religiosa de la idea común entre los protestantes de un fin inminente del mundo, donde se excluye la necesidad de proteger, conservar o restaurar hasta la adaptación del discurso externo ofrecido por el sistema escolar y los medios de comunicación, los *chaneques* como institución reguladora han perdido legitimación para la acción colectiva. Individualmente, sigue habiendo mujeres u hombres —por lo general ancianos, ancianas y mujeres— que creen en los *chaneques*. La tradición evoluciona: los *chaneques* se adaptan a nuevos escenarios en una integración o en un abandono. Las hibridaciones del mundo imaginario con el mundo real son muy complejas. En este sentido, las palabras de Jacques Le Goff (1985) vienen a resonar: «L'imaginaire nourrit et fait agir l'homme. C'est un phénomène collectif, social, historique». Por el contrario, los *chaneques* han dejado de nutrir el imaginario colectivo y, al mismo tiempo, no han sido sustituidos por otros símbolos que pudieran facilitar el control o la regulación sobre el acceso a los recursos naturales.

> Un joven duda de la existencia de los *chaneques*, pero como él nunca ha ido a la selva no ha podido constatar su presencia. Y por supuesto, la duda persiste. Este joven que asiste a la preparatoria pretende una firmeza, al principio, al decir que son otras personas las que se imaginan, pero después cae en el titubeo.
> Esas creencias son que la gente se imagina más bien. Es una imaginación... hay algunos que hablan de esos chaneques, no podría entender eso. Eso es como hablar de un misterio. No sé si exista eso, no creo que

existe, algunos dicen que existe, pero no creo. Quisiera viajar a esas montañas. Yo digo: 'yo no tengo miedo, quisiera ir solo a esa montaña, quisiera hacer una investigación acerca de qué animales hay en la montaña... qué cosa se pueden ver'... pero es algo que no se puede hacer. A veces uno tiene miedo. Esos chanecos no sé si existan. Es un misterio que no se puede dar explicación así a simple explicación, sino que es algo que uno tiene que ver con sus ojos; de que compruebe que si hay o no hay.

Otro joven nos comenta:

No podría decir su nombre... en las montañas dicen que hay. Yo no creo en esas cosas. Son historias que no escucho. Algunas gentes las cuentan, pero son historias que no tienen definición de que existen. Son simplemente historias.

Estos jóvenes no han tenido contacto con el monte, nunca se han internado en la espesura del bosque y por lo tanto, nunca han sentido la necesidad de entenderla, conocerla y protegerla. Una mujer joven nos cuenta que ella no cree en los *chaneques* porque en la escuela le dijeron que estos seres no existían.

Los animales son de Dios, todos. Se ha perdido la creencia pues casi nosotros no creemos ya en eso, porque los viejos de antes sí creían más en eso, ya ahorita la gente se van y ya no puede suceder nada. Es creencia, por ejemplo eso de la víbora, que mucha gente dice que si pica una víbora, pues uno se encomienda en Dios.

Es importante señalar que las mismas personas que hablan de los *chaneques* lo hacen con un doble discurso. Al igual que si recordamos la magia de la obra de Remedios Varo o si leemos la historia infantil de La Escoba de la Viuda y pensamos en la frase: «yo no creo en las brujas, pero de que las hay, las hay», los pobladores tratan el asunto de los *chaneques* con ambigüedad. A veces, los jóvenes nahuas se refieren a estos pequeños seres como una creencia del anecdotario de los abuelos y, otras veces ante un susto, acuden al ensalmador. Además, cuando hablan con una persona extraña o de fuera, muchos toman una distancia ficticia por temor al ridículo.

El estado original que se perdió era uno de abundancia: «Los abuelos alcanzaban mucha vida. Había mucha comida». El paraíso terrestre no es algo inimaginable, salvo para los jóvenes para quienes esta historia puede parecerse a un relato bíblico. Es algo que la gente de arriba de sesenta años conoció. La frase «ya no es como antes» es recurrente en las bocas de los ancianos y ancianas para referirse tanto a los recursos que obtenían como a las siembras que cosechaban. El «ahora ya no hay» como una explicación o «el ya todos los animales se fueron» como la respuesta simbólica del mayor castigo son percepciones constantes sobre todos los animales, las maderas, la leña, que formaban parte de la alimentación y de la vida cotidiana de los tatahuicapeños. Sin embargo, esto no significa para muchos de los pobladores que la vida de antes hubiera sido mejor. Queda claro que antes la abundancia les permitía un acceso diversificado y libre a los recursos y que ahora hay limitaciones fuertes a un acceso menos diversificado y controlado por los dueños de las parcelas. Pero, como también varios hombres nos han comentado, «ya no hay tanto en la selva, pero ahora puedes comprar otras cosas en el mercado de Coatza». El trabajo asalariado y la venta de las cosechas han permitido acceder a otros recursos externos a la región que son valorados y cotizados por los habitantes. Y si bien antes había más, ahora se puede sustituir por otros productos. En este sentido, para los jóvenes no existe una añoranza por el pasado, simplemente se constata el cambio. Para algunos, este cambio se siente con un poco de nostalgia, para otros, es positivo y lleno de expectativas nuevas.

La abundancia se acabó por transgredir una de las normas de conducta socialmente sancionadas, vinculada a la economía de autoconsumo. Los animales se han ido y el Dios jaguar también, pero queda una esperanza de que regresen. Queda la hembra del ídolo en la montaña, ¿imaginaria o real? Si anteriormente los *chaneques* se constituían como una institución regulatoria, ahora con la pérdida de la simbolización del *chaneque* y la disgregación del ritual reparador y regulador, ¿el deterioro ambiental es un resultado de la falta de regulación ritual, es provocado por la pobreza o es la suma de las contradictorias políticas de desarrollo?

BIBLIOGRAFÍA

ARAIZA, Elizabeth: «La puesta en escena teatral del rito ¿una función metarritual?» En: *Alteridades,* 10(20), pp. 75-83, 2000.

BERGER, Peter y Thomas LUCKMANN: *La construcción social de la realidad.* Ed. Amorrortu, Buenos Aires, 1968.

BERKES, F.; D. FEENY y B. J. MCCAY: «Las ventajas de los recursos comunitarios». En: *Hombre y ambiente. El punto de vista indígena,* julio-septiembre, año III, núm. 11, pp. 11-123, 1989.

BOEGE, Eckart: *Los mazatecos ante la nación: contradicciones de la identidad étnica en el México actual.* Siglo XXI, México, 1988.

CAMPOS, Julieta: *La herencia obstinada, análisis de cuentos nahuas.* Fondo Cultura Económica, México, 1982.

DÍAZ CRUZ, Rodrigo: *Archipiélago de rituales. Teorías antropológicas del ritual.* Ed. Anthropos y UAM-I, Barcelona, 1998.

— «La trama del silencio y la experiencia ritual». En: *Alteridades,* 10(20), pp. 59-74, 2000.

DURKHEIM, Emilio: *Las formas elementales de la vida religiosa.* Ed. Schapire, Buenos Aires, 1968.

GARCÍA DE LEÓN, Antonio: «El universo de lo sobrenatural entre los nahuas de Pajapan, Veracruz». En: *Estudios de cultura nahuatl,* No. 8, INAH, México, 1969.

HANKS, William: *Referential Practice. Language and Lived Space among the Maya.* University of Chicago Press, Chicago, 1990.

HARDIN, Garret: «The Tragedy of the Commons». En: *Science,* Vol. 162, pp. 1243-48, 1968.

KATZ, Esther: «De los mixtecos: medio ambiente y grupos sociales». En: *Trace,* No. 20, pp. 51-54, 1991.

LAMMEL, Anamaría: «La Naturaleza Totonaca: percepción, representación y gestión». Ponencia presentada en el VII Encuentro de Investigadores de la Huasteca, Cd. Valles, 10 pp., San Luis Potosí, México, 1992.

LAZOS CHAVERO, E. y L. GODÍNEZ: «Dinámica familiar y el inicio de la ganadería en tierras campesinas del sur de Veracruz». En: L. Paré y M. J. Sánchez, *El ropaje de la tierra. Naturaleza y Cultura en cinco zonas rurales.* IIS-UNAM/Plaza y Valdés, pp. 243-354, México, 1996.

— y Luisa PARÉ: *Miradas indígenas sobre una naturaleza entristecida: percepciones del deterioro ambiental entre nahuas del sur de Veracruz.* Ed. IIS-UNAM y Plaza Valdés, México, 2000.

LE GOFF, Jacques: *L'imaginaire médiéval.* Ed. Gallimard, Paris, 1985.

LÓPEZ AUSTIN, Alfredo: «El mal aire en el México prehispánico». En: *Religión en Mesoamérica*, XII Mesa redonda, Sociedad Mexicana de Antropología, pp. 379-408, México, 1972.

— *Los mitos del tlacuache*. IIA-UNAM, México, 1996.

MAYER, Leticia: «El análisis del ritual aplicado a la historia de México». En: *Alteridades,* 10(20), pp. 21-33, 2000.

MONTOLIU, Maria: *Cuando los Dioses despertaron. Conceptos cosmológicos de los antiguos mayas de Yucatán estudiados en el Chilam Balam de Chuyamel*. IIA, UNAM, México, 1989.

ORSTROM, Elinor: *Governing the Commons: The Evolution of Institutions for Collective Action*. Cambridge University Press, Cambridge, 1990.

TALLER de Tradición Oral del CEPEC y Pierre BEAUCAGE: «El bestiario mágico. Categorización del mundo animal por los maseualmej (nahuas) de la Sierra Norte de Puebla». En: *Recherches Amérindiennes au Québec,* Vol. xx., No. 3-4, pp. 3-18, 1990.

— «La bonne montagne et l'eau malfaisante: toponymie et pratiques environnementales chez les Nahuas de basse montagne (Sierra Norte de Puebla, Mexique)». En: *Anthropologie et Sociétés*, vol. 20, no. 3, pp. 33-55, Québec, 1996.

TURNER, Víctor: *The ritual process. Structure and Anti-structure*. University of Chicago/Aldine Publ. Co., Chicago, 1974.

— *La selva de los símbolos*. Siglo XXI, Madrid, 1980.

VELÁZQUEZ, Emilia: «Política, ganadería y recursos naturales en el trópico húmedo veracruzano: El caso del municipio de Mecayapan». En: *Relaciones. Estudios de Historia y Sociedad*; Vol. XII, no. 50, pp. 23-63, 1992.

WHYTE, Anne: *Guidelines for field studies in environmental perception*. MAB Technical Notes 5, UNESCO, Paris, 1977.

CON MALLARMÉ EN LOS LLANOS
O DE CÓMO LEER UNA PARTITURA *WARI*

Julio Mendívil
Universität Köln

«Los espacios en blanco, la nada, tienen, en efecto, un significado como espacio de lectura, aunque ello sorprenda a primera vista» (Mallarmé 1995: 222). Con estas palabras trataba Mallarmé de explicar la dispersa e irregular representación gráfica de los versos de su poema *Un golpe de dados*, con el cual habría de revolucionar la poesía del siglo XIX. No será un lugar común afirmar que el ideal del poeta era lograr una poesía capaz de verter al papel las interrupciones y las extensiones del proceso creativo. Doscientos años más tarde podemos afirmar que *Un golpe de dados* inauguró una nueva concepción del espacio literario, en cuanto devolvió a la poesía la afirmación sensible de su carácter espacial, en cuanto nos devolvió la nada «convertida en poema», como diría Blanchot (1969: 266).

Antes de que el lector sospeche una incongruencia temática en mi exposición, haré yo mismo la pregunta que salta a la vista: ¿qué tiene que ver este otrora insólito poema con los sicuani de los Llanos Colombianos?, ¿qué extraño nexo relaciona al poeta francés con una supuesta «partitura» *wari* del sexto u octavo siglo después de nuestra era?

La historia de un instrumento musical semeja en mucho la estructura del poema de Mallarmé. También se forma de la suma de informaciones fragmentarias y cuantiosos espacios blancos, los cuales sólo al interior del discurso adquieren un carácter unitario. Por lo general se hace lo contrario: el historiador musical recurre a descontextualizadas menciones en documentos escritos, a cifradas representaciones gráficas o a mudos ejem-

plares para reconstruir la historia de un instrumento. Las informaciones se
ordenan cronológicamente, de manera que éstas formen un discurso coherente; en aras de una continuidad histórica se justifican los silencios o
se les declara como épocas aún no suficientemente investigadas. De esta
forma la historia de un instrumento musical se nos presenta como viable
sólo si el historiador encuentra abundantes huellas del uso de la palabra
que lo designa o suficientes representaciones iconográficas del mismo, es
decir, si logra ocultar los espacios en blanco de ese discurso histórico.
Dicho accionar no difiere en mucho de la labor del arqueomusicólogo,
mas como éste dispone de un menor número de fuentes escritas —a la vez
que se enfrenta a lapsos mayores de tiempo— la construcción de una historia ininterrumpida le resulta más ardua. Pero, vale preguntarse: ¿es posible incorporar dichos espacios en blanco a la labor histórica que pretende el arqueomusicólogo al mirar la música, la ritualidad del pasado?

Las líneas que siguen quieren resumir un trabajo de investigación
en torno a las flautas de cráneos de venados del Perú prehispánico, presentado como tesis de grado en la Universidad de Colonia para obtener
el título de etnomusicólogo (Mendívil 2000). Asimismo se inscriben en
una reflexión más general sobre el uso del ritual en la investigación arqueomusicológica, especialmente en el carácter dialéctico que éste ofrece al momento de cotejar las representaciones pasadas y presentes.
Antes de presentar el proyecto en su parte empírica quiero, aunque sin
mayores detalles por razones de espacio, enumerar las premisas en que
se fundó mi empresa, a saber:

1.- Que toda historia es discontinua y que su reconstrucción, por
tanto, sólo puede ser parcial.

2.- Que, puesto que, por un lado, las «huellas materiales» están sujetas siempre a interpretación y por ello no son garantía de veracidad alguna, mientras que por otro, las notaciones que hemos estado buscando
como etnomusicólogos corresponden por lo general a criterios ajenos a
las culturas investigadas, el pasado sólo es susceptible de ser recons-
truido mediante la combinación de criterios internos y externos, es decir, mediante el traslado de partituras *emic* a representaciones *etic*.

3.- Que un instrumento musical permite diversas historias, enraiza-
das todas ellas a su vez en otras prácticas sociales, y que cada una de
esas historias depende de las fuentes disponibles al investigador y de la
elección de una perspectiva determinada para la investigación.

4.- Que el contacto directo entre dos culturas no garantiza la continuidad de una tradición, que los contactos culturales se dan de ma-

neras diversas y que la labor etnomusicológica no es develar el momento del contacto —el origen— sino las huellas de éste (Mendívil 2000: 1-5).

El instrumento de mi interés —las flautas de cráneos de cérvidos— planteaba de por sí un problema metodológico puesto que no se había conservado ningún ejemplar del mismo. Por ello me vi obligado a cuestionar el carácter eminentemente organológico de los métodos de Lund y Hickmann y en menor medida el de Dale Olsen, puesto que todos ellos tomaban el instrumento musical como punto de partida del trabajo arqueomusicológico (Lund 1980; Hickmann 1983/84, 1985, 1990 y Olsen 1988, 1990). Mi interés hubo de centrarse, por el contrario, en la representación ritual en que aparecían las flautas de cráneos de cérvidos, tomando como unidad de análisis —tal como lo propone la teoría de la *performance*— el acto musical, para a partir de él observar su relación con otras prácticas sociales (García 1996: 8).

Al tomar el acto musical como centro de mi investigación inevitablemente tuve que retocar el modelo de Olsen, suplantando el proceso arqueomusicológico de éste por uno arqueológico que me permitía, ya no buscar el instrumento o sus ejecutantes, sino todas aquellas informaciones arqueológicas que me facilitaban el esbozo de un contexto ideológico. Así hube de tomar un «ritual» —la danza con flautas de cráneos de cérvidos— como mi unidad socialmente significativa (Lumbreras 1981: 42-51). Pero, ¿qué debemos entender bajo esa palabra aguda que puede ser sustantivo o adjetivo, según el rol que se le adjudique en la frase? Para determinar el uso que habré de darle a dicho término en este escrito, quiero resumir muy brevemente algunos de los postulados de la teoría del ritual de Victor Turner (1989, 1990), aunque confrontándolos con algunas reflexiones de la antropología de los últimos años.

Para explicar el ritual, Turner parte del concepto de drama social, en el cual encuentra tres etapas definidas:

1) La crisis: cuando el discurrir de la vida de un grupo entra en crisis por la ruptura de una regla (moral, religiosa o política), ruptura que puede ser producida por un individuo o por un grupo, etc.

2) La superación de la crisis: se trata de solucionar la crisis mediante la aplicación de estrategias adecuadas.

3) La ritualización del proceso exhortativo, que involucra un proceso de «restauración de la normalidad o de reconocimiento social de la ruptura del esquema» (Turner 1989: 12; 1990: 8).

Desde el punto de vista de Turner, el ritual sería entonces una estrategia para la superación de una crisis social mediante la representación social —sea ésta individual o colectiva— de un proceso exhortativo.

Según Turner, casi todos los ritos, en su representación, muestran la estructura de un ritual de iniciación tal como Van Gennep lo define (Turner 1989: 34). Al igual que Turner, Van Gennep recurre a un esquema tripartito para diferenciar las fases del ritual:

1.- Fase de delimitación: separación o desprendimiento entre una situación o condición de vida y otra nueva (guerra-paz, enfermedad-salud, vida-muerte, etc.).

2.- Fase liminal: tiempo de ambigüedad entre una situación y la fase próxima y

3.- Fase de incorporación: regreso a la normalidad o institucionalización de la nueva situación a través de la aceptación social de la nueva situación originada por el ritual (Turner 1989: 34-35).

Precisamente por ser la que determina el tiempo de ambigüedad que antecede al nuevo estatus, la fase liminal representaría una antiestructura social, es decir un tiempo de transformación en el cual la normalidad se rompe para dar paso a ese proceso exhortativo arriba mencionado. Dice Turner:

> La liminidad podría ser descrita como un caos fructífero, una nada fértil, un depósito de posibilidades, de ningún modo como una conjunción del azar, sino una búsqueda de nuevas formas y estructuras, como un proceso de gestación, como la germinación para una anticipada existencia posliminal (Turner 1990: 13).

A pesar del riesgo de esa lectura de volverse un tanto «funcionalista» del ritual (lectura que ha primado en la etnología desde Durkheim hasta Turner), creí adecuado escudriñar las representaciones gráficas de rituales prehispánicos en aras de una arqueografía de su *performance*. Mi primer paso fue así definir la región geográfica de mis pesquisas: la región Chinchaysuyu del imperio incaico, donde el cronista indio Guaman Poma vio las flautas de cráneos de cérvidos a principios del siglo XVII (Guaman Poma 1988: 294-295). Dos discursos adicionales me sirvieron como respaldo comparativo a mi unidad socialmente significativa: un manto *wari* (Rowe 1979: 14) y un informe etnográfico de la danza *juju* de los indios sicuani de Vichada, en los Llanos colombianos (Mendívil 2000). Las demás informaciones —crónicas, documentos administrativos o gráficos— me sirvieron como fragmentos de discursos que fueron confrontados con los ya recogidos.

El estudio de la iconografía *moche* como parte del proceso arqueológico me permitió detectar muy pronto el rol del venado como ofrenda para los ancestros, quienes los apreciaban como alimento. Junto a las ostentosas escenas de caza ritual *moche* detecté además un vínculo entre el venado y la danza: el venado aparece repetidas veces como portador de ésta (Hocquenghem 1987: fig. 145b, 146a). Un mito del período incaico informa, efectivamente, sobre un tiempo en el que los venados danzaban, cantando cómo debían devorar a los hombres. La inversión del texto —debida a la equivocación de un ciervo crío durante la representación— ocasionará una inversión de roles que habrá de justificar la danza actual (Ávila 1987: 115). La lógica resulta más que evidente: si los ciervos danzantes devoraban a los humanos, al convertirse los humanos en devoradores de venados, serán ellos quienes posean la danza.

Pero ¿cómo era la danza, el ritual que quiere develar este texto? A diferencia del trabajo presentado a la universidad de Colonia, he elegido para esta ocasión el manto *wari* como unidad socialmente significativa para interpretarlo como una «notación musical» *emic* y desde ahí «re-construir» el ritual que expresa en su materialidad.

Danza con flautas de cráneo de venado en un tejido wari (800 d. c.)

Extraído de:
Rowe, Ann Pollard: «Textile Evidence for Huari Music». En: *Textile Museum Journal*, Vol. 18. Textile Museum of Washington, pp. 5-18, Washington. D.C., 1979

¿Qué nos dice ese manto *wari* desde su supuesto silencio de siglos? Trataré de describirlo para acercarme a su carácter de monumento y de notación *emic*. Una cantidad de personajes se dejan reconocer fácilmente en el manto *wari*:

Danza *wari* con flautas de cráneo de venado (detalle)

Extraído de: Rowe, Ann Pollard: «Textile Evidence for Huari Music».
En: *Textile Museum Journal*, Vol. 18. Textile Museum of Washington, pp. 5-18,
Washington. D.C., 1979

cuatro tañedores de flautas de cráneos de venado, nueve cantantes femeninas que tocan la *tinya* —el tambor de marco de la sierra andina— y cinco tañedores que sacuden maracas mientras tocan una suerte de pito, en total 18 personajes, distribuidos en nueve parejas que bailan en sentido contrario, imponiendo a la simetría numérica una asimetría direccional que se ve reforzada por los espacios vacíos que separan a los danzantes.

Traeré a colación ahora los otros dos discursos que me ayudarán —por razones que habré de ahondar luego— a leer la partitura *wari*. Como ya he mencionado, Guaman Poma refiere una danza con flautas de cráneos de venados utilizada durante las fiestas del Chinchaysuyu. No será ocioso transcribir textualmente sus palabras. Dice el cronista:

> Se llama guauco; cantan las doncellas y mosas. Dize ací, tañendo su tambor: Si no pasa un venado/ Tú danzas con el wayku en tu mano/ Si no hay algo como un ciervo/ Tú danzas el wayku en tu nariz/ Ay hermanito/

Ay hermanita. Responde el hombre soplando la cauesa del uenado y toca ací: Guauco, guauco, guauco, guauco/ Chico, chico, chico, chico. (Guaman Poma 1988: 294-295)

Como se ve en la imagen, mientras dos hombres soplan los cráneos de venados en una posición parecida a la de los *sicuris* actuales, las mujeres danzan en sentido opuesto a los hombres, con sus *tinyas* y cantando.

Fiesta de los Chinchaysuyu, según Guaman Poma (1613)

Extraído de: Guaman Poma de Ayala, Phelipe: *Nueva Coronica y buen Gobierno*. Tomo I, Siglo XXI, México, 1988 [1613].

El ritual que recogí entre los indios sicuani de los Llanos Colombianos ofrece algunas pistas más para la lectura de la partitura *wari*. El baile —que se realiza durante las ceremonias del segundo enterramiento sicuani—, consiste en formar diversas hileras de hombres y mujeres que se van intercalando para constituir círculos, según el ánimo de los tañedores, que son quienes dirigen la danza. Los tañedores van llevando el ritmo con las flautas —denominadas *owewi mataeto* en la región— y con maracas; van en parejas, uno inicia el motivo rítmico y el otro le responde, mientras ambos buscan esquivar la arremetida de las bailarinas que tratan de cazarlos (Ortiz, González y Rivas 1986: 115; Mendívil 2000: 50 y 2001: 16-17). Los sicuani denominan a esta danza *juju*, en clara alusión onomatopéyica al sonido del instrumento. Llama la atención que la técnica de ejecución coincida plenamente con la de las flautas de Pan, que en muchas regiones de América del Sur —como entre los sicuani— se ejecuta en forma dialogal.

Flautas de cráneo de cérvido sicuani, Pueblo Nuevo, Vichada, Colombia

Foto del autor.

Quiero asimismo remarcar que los tañedores aparecen, por lo común, en parejas. Dos en Guaman Poma, cuatro en el manto *wari* y alrededor de treinta o cuarenta, según mis informantes sicuani, lo cual confirmaría el carácter dialogal de la ejecución en las representaciones prehispánicas. El carácter dialogal de las flautas se ve además confirmado si se recuerda el texto que ofrece Guaman Poma. Según el cronista indio: «Responde el hombre soplando la cauesa del uenado y toca ací. Guauco, guauco, guauco, guauco». Al convertir las sílabas onomatopéyicas reproducidas por el cronista en hemistiquios monosilábicos, me encontré con un patrón rítmico semejante al de la danza sicuani, es decir, *gua-co*, en vez del llamado *ju-ju* de los indios colombianos. Una vez trasladados los motivos rítmicos que recogí entre los sicuani a una ejecución virtual de los flautistas *wari*, éstos me permiten intentar una traducción a cánones de transcripción conocidos por nosotros. La partitura *wari* se vería, en términos occidentales, más o menos como esta transcripción del *juju* de los sicuani:

Ejemplo musical

Transcripción musical del autor.

La repetición de los vocablos *guauco* y *chicco* en Guaman Poma revela ya de por sí una función rítmica y no melódica de las flautas. De manera análoga las flautas de Vichada —según mis informantes— «imitan el ritmo del venado» (Mendívil 2000: 51), lo cual confirman otras tradiciones indígenas colombianas, entre las cuales las flautas también manifiestan una función rítmica (Cathcart 1978: 112).

El texto de la danza recogido por Guaman Poma deja entrever que se trata de una danza de cacería en la cual los acechadores llaman a su presa mediante el uso de un instrumento que los representa: el cráneo con cornamenta. Valiéndome de informaciones de diccionarios antiguos, he constatado en otro trabajo las connotaciones musicales en el quechua prehispánico de los verbos que se forman con el morfema *huay*, los cuales siempre se relacionan con los actos de llorar, implorar o producir sonidos por parte de animales, sobre todo aquellos que expresan dolor: la música resultaba así ser la voz o el llanto de los objetos o los individuos que los producían (Mendívil 1999: 15). No creo equivocarme al afirmar que las flautas de cráneos de cérvidos representaban la voz mítica del animal como búsqueda de una simetría con el mundo real, en el cual su voz también sale de la cabeza.

Quiero volver ahora sobre mis pasos para intentar una lectura de aquello que Turner denominaría la liminalidad, la antiestructura del ritual *wari*-inca. No ignoro, como han sugerido etnólogos actuales, que el ritual no siempre determina, al momento de la representación, la asunción de un nuevo estatus social, extendiéndose dicho proceso de cambio muchas veces, más allá del tiempo del ritual, a la rutina diaria (Marcus & Fischer 1999: 61-62); creo, no obstante, que el carácter transformador del ritual se inicia precisamente en la liminalidad que la representación inaugura. Reduciré, entonces —aunque en abstracto y efímeramente— el carácter performativo y liminal al momento de analizar las estrategias con que el ritual se enfrenta al drama social. La liminalidad del ritual de la danza con flautas de cráneo de venado parece traducirse pues en el siguiente esquema: los humanos del mundo real danzan con el venado mítico para convocar mediante su voz —dialogal— a los venados vivos y entregarlos, ya muertos, como ofrendas a los humanos del mundo mítico. Estos últimos son a su vez quienes habrán de garantizar la abundancia de venados en el mundo real para las ofrendas al mundo mítico, tal como lo muestra el siguiente diagrama:

Fase liminal de la danza con flautas de cráneo de venado

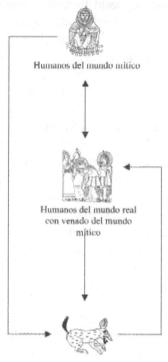

Humanos del mundo mítico

Humanos del mundo real
con venado del mundo
mítico

Venado del mundo real

Aunque los sicuani no establecen ninguna relación directa entre caza y danza, tanto la coreografía como el sustrato mítico que encierra permite suponer que la danza entre ellos representa también la caza del venado para usarlo como ofrenda para los ancestros. Al respecto es significativo que algunas fuentes antiguas se refieran a la danza del venado como a una danza de caza (Acosta Saignes 1949: 23), mientras que en la mitología indígena actual de los Llanos sigue vigente la creencia de que los animales poseen un amo capaz de determinar el éxito de la caza según las ofrendas que recibe (Reichel-Dolmatoff 1968: 58). Sin embargo, los sicuani hoy en día sólo ven el *juju* como una parte de las ceremonias del segundo enterramiento (Mendívil 2001: 17). Una mirada superficial parecería indicar que, tal como lo sugiriera Lévi-Strauss, la debilitación del mundo mágico tendería a anteponer el carácter descriptivo a su función modificadora del ritual (Lévi-Strauss 1986: 331), ello sólo si se ignora la enorme capacidad de reacomodo funcional que demuestran los rituales cuando se alejan de una supuesta función originaria. Pues si antaño el *juju* desempeñó un rol de cohesión ideológica, de reglamentación de ofrendas a los ancestros, hoy en día tiende a representar un factor de identidad comunal que se antepone a las arremetidas del evangelismo y de la modernidad colombiana (Mendívil 2001: 17). Contrariamente al supuesto de que en el ritual se expresa la seguridad ontológica que ofrece la continuación (Giddens 1999: 133), la práctica ritual sicuani deja entrever una constante transformación funcional que habré de trasponer a mi unidad socialmente significativa, aun cuando aquí en este escrito la haya sometido a la estática permanencia del momento fotográfico.

Pero ¿a qué todo este derroche de estipulaciones teóricas si mi objetivo era tan sólo describir los contornos de una ritualidad prehispánica hoy extinta en los Andes? Para explicarlo será necesario convocar explícitamente al espíritu que me ha movido todo este tiempo, pues mi labor no ha sido otra sino la de intentar trazar una línea dialéctica ahí donde la historia convencional perdía toda esperanza. Tal como lo viene realizando la etnoarqueología (Hodder 1982), mi camino fue el inverso al que propugnara alguna vez la culturología: en vez de sentar analogías basándose en interpretaciones, he arribado a las interpretaciones mediante el uso de analogías (Mendívil 2000: 18). Quiero recalcar el carácter dialéctico de la mirada arqueomusicológica que defiendo, pues si mi disciplina hasta hace poco se jactó de «re-construir» lo pasado usando lo actual, mi práctica se ha caracterizado por la interacción de interpretaciones de lo presente y lo pasado. Así, gracias a la arqueografía del discurso ritual prehispánico, me ha sido posible estructurar la liminalidad del acto performativo actual; del mismo modo este último me ofreció la posibilidad de leer parcialmente el código musical representado silenciosamente en la iconografía prehispánica de que disponía.

Ahora, ya sin tapujos, puedo repetir las palabras de Geertz:

> En un acto ritual, el mundo vivido y el mundo imaginado, fusionados por obra de una sola serie de formas simbólicas, llegan a ser el mismo mundo y producen así esa idiosincrática transformación de la realidad de la que habla Santayana... (Geertz 2000: 107).

Geertz se refiere especialmente a los rituales públicos, pues esas «ceremonias plenas» encierran «una gama amplia de estados anímicos

y motivaciones, por un lado, y concepciones metafísicas, por el otro»
(Geertz 2000: 108). Como pasaré a mostrar seguidamente tanto la danza prehispánica como la actual se insertan dentro de un marco ritual mayor. Según las informaciones que he recogido de los cronistas, la danza
con las flautas de cráneos de venado también se realizaba dentro del
marco de las celebraciones del *Oncoy Mita,* las celebraciones en torno a
las Siete Cabrillas (Arriaga 1968: 213); la de los sicuani, en cambio, durante el *Itomo*, las ceremonias del segundo enterramiento (Mendívil
2001: 17; Yepes 1979: 13; 1984: 24-27). No cuento con criterio alguno
para afirmar o negar que la danza se hallaba inmersa en un contexto ritual mayor para el caso de los *waris*, a no ser por el nexo «histórico» que
establecen los sicuani con toda tradición de flautas de cráneos de cérvidos que descubren o que les es descubierta. Sin querer suprimir los enormes espacios en blanco a los que hice alusión al empezar estas líneas y
que me impiden delinear una ruta difusionista —y por tanto determinar
si el origen del ritual es andino o llanero— debo admitir que los sicuani construyen su tradición tanto en sentido retrospectivo como progresivo. Es por eso que me he permitido aquí relacionar dos tradiciones separadas en el tiempo mediante una secuela de abismos semejantes a los
que menciona el poema de Mallarmé. Así creo haberlo entendido en
Vichada. Durante mi estadía en los Llanos comenté a Ambrosio Pomaré
—mi principal informante— que el *owewi mataeto* —nombre que recibe la flauta en Colombia— fue un instrumento prehispánico andino.
Que éste lo tomara como una confirmación del carácter mítico del instrumento, me demostró qué artificial o irrelevante era en sí la pregunta
del origen y de la antigüedad, pues las tradiciones, tal como las concebía Pomaré, siguen inventándose en los descubrimientos y apropiacio-
nes que ejercen sus compañeros de grupo, aun cuando jamás lo expre-
sen abiertamente. Fue en ese momento que entendí que el silencio
también es una opción, y la ausencia de informaciones, un acontecimiento histórico. Fue entonces que sentí que Mallarmé me acompañaba
en los Llanos y comprendí que mi tarea no era remontar los abismos que
éste menciona, sino insertarlos en mi discurso, así como Ambrosio
Pomaré, allá en Vichada, se metía la tradición preincaica e incaica al
bolsillo con una sonrisa mientras me decía, lacónico: «¡Qué antiguos somos!».

BIBLIOGRAFÍA

ACOSTA SAIGNES, Miguel: *Las Turas*. Instituto de Antropología y Geografía. Facultad de Filosofía y Letras/Universidad Central, Caracas, 1949.

ARRIAGA, Joseph de: «La extirpación de la idolatría del Perú». En: Francisco Esteve Barba (ed.), *Crónicas peruanas de interés indígena*. Biblioteca de Autores Españoles. Tomo CCIX. Ediciones Atlas, pp. 191-277, Madrid, 1968 [1621].

ÁVILA, Francisco de: *Ritos y tradiciones de Huarochirí del siglo XVII*. Gerald Taylor (traductor). Instituto de Estudios Peruanos, Lima, 1987 [1598].

BLANCHOT, Maurice: *El libro que vendrá*. Monte Ávila, Caracas, 1969.

CATHCART, Marilyn: «Cacua». En: *Aspectos de la cultura material de grupos étnicos de Colombia*. Tomo I. Instituto Lingüístico de Verano/Ministerio de Gobierno, pp. 101-123, Bogotá, 1978.

GARCÍA, Miguel Ángel: *La etnografía de la performance*. Ponencia presentada al Primer Encuentro Juvenil de Musicología y Actividades Afines del Instituto Nacional de Musicología de Argentina, manuscrito inédito, Buenos Aires, 1996.

GEERTZ, Clifford: *La interpretación de las culturas*. Gedisa Editorial, Barcelona, 10a ed., 2000.

GIDDENS, Anthony: *Die Konsequenzen der Moderne*. Suhrkamp, Frankfurt, 1999.

GUAMAN POMA DE AYALA, Phelipe: *Nueva Coronica y buen Gobierno*. Tomo I, Siglo XXI, México, 1988 [1613].

HICKMANN, Ellen: «Terminology, Problems, Goals of Archaeomusicology». En: *Progress Reports in Ethnomusicology*. Vol. 1. No. 3. University of Maryland, pp. 3-8, Baltimore, 1983/84.

— «Archaeomusicology: Some Cross-Cultural Problems». En: *Trends and Perspectives in Musicology*. Royal Swedish Academy of Music, pp. 140-148, Stockholm, 1985.

— *Musik aus dem Altertum der Neuen Welt. Archäologische Dokumente des Musizierens in präkolumbischen Kulturen Perus, Ekuadors und Kolumbiens*. Peter Lang, Frankfurt am Main/Bern/New York/Paris, 1990.

HOCQUENGHEM, Anne Marie: *Iconografía Mochica*. Pontificia Universidad Católica del Perú /Fondo Editorial, Lima, 1987.

HODDER, Ian: *The present past*. B. T. Batsford, London, 1982.

LÉVI-STRAUSS, Claude: *Mitológicas I: lo crudo y lo cocido*. Fondo de Cultura Económica, 4a ed., México, 1986.

LUMBRERAS, Luis: *La arqueología como ciencia social*. Ediciones Peisa, Lima, 1981.

LUND, Cajsa: «Methoden und Probleme der nordischen Musikarchäologie». En: *Acta Musicologica*. Vol. LII. Bärenreiter Verlag, pp. 1-13, Basel, 1980.

MALLARMÉ, Stèphane: *Sämtliche Dichtungen*. Edición bilingüe, DTV, München, 1995.

MARCUS, George E. & Michael M. FISCHER: *Anthropology as Cultural Critique*. The University of Chicago Press, Chicago/London, 1999.

MENDÍVIL, Julio: «Sobre el morfema quechua *huay* y su relación con el concepto de música en la cultura andina». En: *Revista del Instituto Superior de Música*. No. 6., Centro de Publicaciones de la Universidad Nacional del Litoral, pp. 10-29, Santa Fe, 1999.

— *Guauco: zur Rekonstruktion von Geschichte und Überlieferung der Hirschädelflöte in Südamerika*. Tesis para obtener el grado de musicólogo. Universidad de Colonia, Colonia, 2000.

— «A orillas del Vichada hay un cielo poblado de ciervos». En: *ILA-Latina*, No. 33, pp. 16-17, Bonn, 2001.

OLSEN, Dale A.: «The Magic Flutes of El Dorado: a model for research in music archaeology as applied to the Sinú of ancient Colombia». En: Ellen Hickmann und David W. Hughes (eds.), *The Archaeology of Early Music Cultures*. Third International Meeting of the ICTM Study Group on Music Archaeology. Verlag für systematische Musikwissenschaft, pp. 305-328, Bonn, 1988.

— «The Ethnomusicology of Archaeology: A Model for the Musical/Cultural Study of Ancient Material Culture». En: *Selected Reports in Ethnomusicology*. Vol. 8, University of California, pp. 175-197, Los Angeles, 1990.

ORTIZ, Francisco/Jorge GONZÁLEZ/Jaime RIVAS: *Estudio de cultura material y comercialización de artesanías entre los grupos indígenas de los Llanos Orientales*. Presentado a Artesanías de Colombia. Departamento de Antropología de la Universidad Nacional, Bogotá, manuscrito, 1986.

REICHEL-DOLMATOFF, Gerardo: *Desana. Simbolismo de los indios Tukano del Vaupés*. Universidad de los Andes, Bogotá, 1968.

ROWE, Ann Pollard: «Textile Evidence for Huari Music». En: *Textile Museum Journal*, Vol. 18. Textile Museum of Washington, pp. 5-18, Washington. D.C., 1979.

TURNER, Victor: *Vom Ritual zum Theater. Der Ernst des menschlichen Spiels*. Qumran, Frankfurt, 1989.

— «Are there Universals of Performance in Myth, Ritual and Drama?» En: Richard Schechner & Willy Appel (eds.), *By Means of Performance: Intercultural Studies of Theatre and Ritual*. Cambridge University Press, pp. 8-78, Cambridge, 1990.

YEPES, Benjamín: *Informe final. Investigación sobre Antropología de la Música. Estación antropológica.- Cravo Norte (Arauca)*. Instituto Colombiano de Antropología. Bogotá, manuscrito, 1979.

— *La música de los Guahibos, Sicuani-Cuiba*. Fundación de Investigaciones Arqueológicas Nacionales, Banco de la República, Bogotá, 1984.

CEQUIA ASPIY: LA FIESTA DEL AGUA EN PUQUIO ENTRE TRADICIÓN Y MODERNIZACIÓN

Antonio Melis
Università degli Studi di Siena

En septiembre de 1989 emprendí un viaje a la sierra de Lucanas, en el Departamento de Ayacucho del Perú, que tenía muchos rasgos de una romería a los lugares que representan el teatro de muchas obras arguedianas. Traté de que mi visita coincidiera con una de las fiestas más importantes del calendario ritual: la fiesta del agua o de la limpia de las acequias (*cequia aspiy*), que se celebra en todo el mundo andino (Castro y Varela 1995). En ese caso, se trataba de la fiesta de uno de los cuatro *ayllus*, el de Qollana, mientras que en el mes de agosto se celebra la de los *ayllus* de Chaupi, Pichqachuri y Callao. Recuerdo este detalle, porque tal vez algunas discrepancias entre las versiones sobre la ceremonia que se mencionarán se deban, por lo menos en parte, a esta doble ocasión festiva. Mi viaje, en compañía del investigador de historia oral Rafael Tapia, fue preparado con la asistencia decisiva de un gran amigo, el antropólogo puquiano Rodrigo Montoya, quien me ofreció, en una síntesis difícil de igualar, el aporte complementario de su ciencia y de su vivencia.

La época elegida para realizar esta experiencia no era seguramente de las mejores en esa zona. Se trataba de ir hacia la misma «boca del lobo», para emplear una metáfora muy eficaz de una película de Francisco Lombardi sobre la «guerra sucia», que expresaba en toda su dramaticidad la condición de la población andina, acosada al mismo tiempo por la guerrilla de Sendero Luminoso y las represalias de los Grupos Antisubversión. En efecto, a pesar de la ocasión festiva que permitía una tregua relativa, se advertía claramente la tensión existente en Puquio y en los pueblos cercanos. En la misma entrada de la capital de la provincia, había que franquear una barrera controlada por las tropas de la contrainsurgencia, con la cara casi totalmente cubierta por pasamontañas, después de haber bajado del bus «El Cóndor de los Andes», que empleaba oficialmente 8 horas para recorrer los 140 km. que separan Nazca de Puquio. Las pintadas que se leían en las paredes de las casas, vivando al «Presidente Gonzalo» y los costales de arena colocados frente a todos los edificios públicos, defendidos por soldados armados de ametralladoras, completaban el cuadro de la «zona de emergencia».

Aunque mi intención era sobre todo la de sumirme en la fiesta, abandonándome a su ritmo comunitario, al mismo tiempo tenía algunas curiosidades culturales, fundadas sobre todo en la lectura de las obras narrativas y antropológicas de Arguedas. Me interesaba especialmente averiguar, dentro de los rituales, el desarrollo de los «procesos de cambio» que el mismo autor había analizado algunas décadas antes, después de haberlos representado literariamente en su extraordinaria novela *Yawar fiesta*.

Mi situación personal en esos días de fiesta era bastante especial. Por un lado era obviamente difícil ocultar mi condición de *gringo*, en unas ceremonias donde la concurrencia era, casi en su totalidad, formada por puquianos residentes o emigrados que habían regresado justamente para la celebración, viajando desde lùgares tan lejanos como Nueva York. Sobre todo los militares de los grupos antisubversivos manifestaban una atención bastante desagradable hacia mi presencia, después de haberme sometido, a mi llegada, a un largo interrogatorio, aunque formalmente correcto, sobre las razones de mi visita. Por otro lado, el carácter mismo de la fiesta, con la ausencia total de turistas, seguramente acentuada por la situación político-social, conllevaba la necesidad de una participación integral. La actitud del observador, por eso, no podía separarse y hasta tenía que subordinarse a la inmersión total en la fiesta, con sus bailes, sus comidas, sus tragos.

Sin embargo, no fue difícil en el transcurso de esos días detectar en varios momentos la evolución ulterior de algunos fenómenos ya percibidos por la mirada aguda y apasionada de José María Arguedas y fijados en un ensayo ejemplar. En esta oportunidad, me detendré sobre todo en algunos de ellos que me parecen más significativos desde el punto de vista de este simposio, justamente porque confirman una línea evolutiva, provocada por una confrontación dialéctica con la modernidad.

La primera observación se refiere a la abundante circulación de dinero que se registra durante la fiesta. La figura del *carguyoq* (o *cargonte*), el que tiene a su cargo los enormes gastos de las abundantes comidas y bebidas, sigue ocupando un papel central. Pero se asiste a una forma de reintegración del dinero invertido —un gasto que no puede ser eludido, en nombre de la ética andina— a través de los billetes de banco que se prenden con alfileres en el saco del mismo «dueño de la fiesta». Al final de los días ceremoniales en los que participé, el *carguyoq* aparecía todo decorado con dinero, como un árbol de Navidad. Es evidente en esta dinámica la evolución consecuente de una situación económica cada vez más compleja y pesada. Ya no es posible, evidentemente, que una sola persona se haga cargo efectivamente de todos los costos de una fiesta donde participa una gran cantidad de gente y donde las bebidas y comidas tradicionales se mezclan con elementos más comerciales, que no proceden de la producción local.

El caso más llamativo es seguramente el que se refiere a las bebidas que se consumen masivamente durante los días de la fiesta. Al lado de productos de fabricación casera, como los diferentes tipos de chicha, aguardiente y cañazo, que se reparten desde vasijas de barro o, más frecuentemente, desde tanques de plástico, dominan las cajas de cervezas, traídas en grandes cantidades a bordo de camiones hasta las acequias donde culminan las ceremonias más concurridas.

Una segunda observación se refiere a lo que se podría definir como el debate *in fieri* sobre la ritualidad que se produce durante algunas de las manifestaciones festivas. Es una discusión, casi permanente, que se va desarrollando dentro de las ceremonias mismas. Por supuesto, puedo referirme solamente a las escenas que presencié personalmente, pero tengo entendido, por las conversaciones con varios habitantes de Puquio y sus alrededores, relativas también a los eventos de años anteriores, que el fenómeno se manifiesta en forma sistemática y cada vez más intensa. Se trata de una dialéctica que adquiere, a veces, también los rasgos de un conflicto de tipo generacional. Frente a las actitudes, a los cantos, a los pasos de danza, a los gestos de una parte de los participantes, interviene a menudo la voz grave de algún anciano, corrigiendo esas expresiones que, a su juicio, no corresponden a la tradición. La confrontación de los distintos puntos de vista puede prolongarse durante largo tiempo, aunque la ceremonia no se detiene nunca del todo. Los que guardan celosamente la memoria histórica de los rituales tratan de imponer el respeto de las formas antiguas. Pero deben enfrentarse con la resistencia creciente de los más jóvenes, que contraponen a la conservación de las costumbres heredadas de sus ancestros el abandono al flujo natural e ineludible del cambio. No se puede hablar, estrictamente, de un enfrentamiento entre dos formas diferentes de ritualidad, por lo menos si las entendemos como conjuntos orgánicos y coherentes. La definición tal vez más cercana de lo que acontece, es la que se puede formular en términos de contraste entre una forma cerrada y una forma abierta de interpretar el rito.

En otras manifestaciones que se desarrollan durante los días de fiesta fue posible asimismo observar la evolución de los procesos de transformación en términos afectados por la modernización contradictoria, que ya Arguedas había destacado, por lo menos a partir de los años cuarenta, sobre todo en los artículos publicados en el diario argentino *La Prensa* (Arguedas 1987). En el ensayo ya aludido, específicamente dedicado al contexto puquiano, publicado por primera vez en el año 1956 (Arguedas 1975), el autor describe la función que cumplen las llamadas *impesiones*, término derivado, según Arguedas, de «invenciones». En un trabajo de fecha más reciente sobre las mismas ceremonias, se emplea directamente la palabra *invenciones* (Bendezú Neyra 1983). Se trata de grupos o comparsas de disfrazados que animan varios momentos de la fiesta con sus movimientos imprevisibles y sus bromas. Ya el mismo Arguedas había notado la desaparición de los «chinos» y del «gañán», que por otra parte, en la época de su ensayo, seguían existiendo en pueblos cercanos a Puquio. Sin embargo, en la obra apenas citada (Bendezú Neyra 1983) se describen las hazañas del gañán, lo que hace suponer una presencia intermitente de algunas figuras. Por mi parte, no he encontrado, en mi recorrido de la fiesta, ninguna huella de los «huamanguinos», personajes «con trajes en que se han colgado trozos de tela de diversos colores y baratijas» (Arguedas 1975: 58), que representan a los comerciantes mestizos e indios procedentes de la capital del Departamento, Ayacucho. Bendezú Neyra coincide, en este punto, con los datos ofrecidos por Arguedas (Bendezú Neyra 1983: 81-85).

Pude observar, en cambio, la presencia constante y bulliciosa de los *nakaq* y los *llamichus*, comprobando, al mismo tiempo, las transformaciones, en algunos casos espectaculares, que se habían producido desde la época de Arguedas. Pero dejemos la palabra al propio escritor, que nos proporciona una imagen muy vívida de estos conjuntos:

Las «impesiones» recorren los barrios, alborotándolos; exigen de los mayordomos que les inviten aguardiente. Los «nakaq» simulan degollar niños o personas mayores. Todos los disfrazados danzan y evolucionan irregularmente, chillando, sin acompañamiento de música. Suben o bajan las calles y campos de la lomada desigual que ocupa el pueblo, recorriéndolo, como si estuvieran atacados de un júbilo irrefrenable (Arguedas 1975: 38).

El traje de los *llamichus* que yo pude observar correspondía, en sus rasgos principales, a la descripción proporcionada en los años cincuenta y confirmada en los testimonios sucesivos. Los andrajos y los pellejos que cubrían sus cuerpos aludían a su condición de pastores, evocando al mismo tiempo los propios animales. Además, algunos de ellos llevaban una máscara en el rostro y todos hablaban en falsete con la gente que recorría las calles. Gracias a los *llamichus*, yo también jugué mi pequeño papel involuntario en un momento de la fiesta, siendo apostrofado en sus bromas como «alemán», con una de las típicas identificaciones aproximadas que subrayaban mi evidente e insalvable condición de forastero.

Pero la evolución más interesante y compleja es la que pude comprobar con respecto a los *nakaq*. En la descripción de Arguedas, ellos «se disfrazan con pantalones de soldados rasos y polainas, se calan un sombrero alón, se pintan de negro el rostro y se arman de una kallwa, implemento de los telares verticales antiguos» (Arguedas 1975: 58). El detalle del rostro pintado de negro es sumamente significativo, sobre todo si se lo relaciona con la denominación de «nakaq». *Nakaq* es el participio presente de *nakay* (*ñak'ay* en el quechua cuzqueño), que significa «matar». De allí su traducción corriente con los términos «asesinos» o «degolladores», aunque en su origen el verbo se refiera sobre todo a la acción de matar animales. Es muy probable que en esta representación en clave étnica se refleje la antigua hostilidad entre indios y negros, científicamente cultivada por el poder durante la colonia, en aplicación del antiguo lema romano *divide et impera*. En las páginas de la *Nueva Corónica y Buen Gobierno* de Waman Puma se encuentran muchas alusiones a este problema (Guamán Poma de Ayala 1980). Elijo una de las más significativas al respecto, dentro de la amplia sección que el autor le dedica en su monumental alegato:

> Cómo los negros y negras criollos son bachilleres y rreboltosos, mentirosos, ladrones y rrobadores y salteadores, jugadores, borrachos, tauaqueros, tranposos, de mal beuir y de puro uellaco matan a sus amos y responde de boca. Tiene rrozario en la mano y lo que piensa es de hurtar y no

le aprouecha sermón ni predicación ni asotes ni pringalle con tocino. Mientras más castigo, más uellaco, y no ay rremedio, ciendo negro o negra criolla (Guamán Poma de Ayala 1980: 664).

El conflicto entre el componente indígena y el componente africano de la cultura peruana se manifiesta hasta hoy, aunque no faltan ejemplos de síntesis o por lo menos de encuentro entre los dos grupos que participan de una opresión común, sufrida por el dominio de la minoría «blanca».

Los *nakaq* que yo pude observar en septiembre de 1989 tenían un aspecto muy diferente del que describe Arguedas. Tampoco coincidían perfectamente con la imagen ofrecida por Bendezú Neyra, quien insiste en su caracterización como degolladores, acercándolos también a los *pishtacos*, los vampiros andinos que chupan la grasa vital (Bendezú Neyra 1983: 92). En esa oportunidad, estaban vestidos como mineros, con unas casacas impermeables de color amarillo y en la cabeza llevaban cascos con una lámpara en el centro de la frente. En esos mismos días, tuve la ocasión de conversar detenidamente en San Juan de Lucanas con un grupo de mineros de Utek', que estaban en huelga. En toda la zona las actividades minerarias siguen representando un rubro importante de la economía. Al mismo tiempo, la presencia de las minas en esa época había provocado incursiones frecuentes de las guerrillas, que acostumbraban abastecerse en ellas de dinamita para sus acciones.

Los *nakaq*, con su cara pintada de negro, representaban entonces a los mineros, pero, al mismo tiempo, seguían interpretando el papel de los negros, con sus connotaciones negativas de tipo racista. Se trataba, en otras palabras, de un proceso de re-semantización de la «impesión», que en esa etapa se manifestaba como coexistencia conflictiva de diferentes significaciones. A partir de esta situación polisémica, pude asistir a otra interesante metamorfosis, aunque con un carácter contingente que, por eso mismo, no quiero sobrevalorar, pero sí atestiguar, porque contribuye a comprobar puntualmente una línea de tendencia, que produce constantes deslizamientos de significado.

En toda la fiesta es evidente la presencia de un elemento carnavalesco, confirmado también por descripciones de rituales análogos procedentes de otras zonas del Perú (Valderrama y Escalante 1988: 177-178). Por lo que se refiere a la fiesta puquiana, Bendezú Neyra insiste especialmente sobre este aspecto, subrayando el papel que juega la sexualidad —verbal y efectiva— en él (Bendezú Neyra 1983: 78-81). La actuación de las «impesiones» significa justamente, en buena parte, la introducción de una dimensión bromista, que a veces adquiere el tono de una auténtica parodia. En ese contexto se coloca también el singular partido de fútbol, al que tuve el privilegio de asistir en compañía de un público numeroso y divertido de «hinchas» improvisados. En una pequeña pradera transformada en cancha se enfrentaban, justamente, el equipo de los *nakaq* y el de los *llamichus*. Los jugadores fingían golpearse duramente, rodaban al suelo en forma seudo-dramática, conocían casi inmediatamente prodigiosas resurrecciones (por otra parte, no tan diferentes de las que se producen en los partidos de fútbol «serios»...). Pero el momento cumbre del espectáculo se produjo cuando una parte del público empezó a incitar a los *nakaq*, identificándolos, claramente, con el equipo limeño Alianza. Como se sabe, este auténtico mito del mundo deportivo peruano es, desde siempre, compuesto esencialmente por futbolistas negros. Delante de mis ojos, aunque sea a través del proceso de carnavalización, se estaba realizando otro momento en el itinerario continuo de re-significación de los ritos y de sus símbolos, a partir de la confrontación con instancias procedentes de la modernidad.

No quiero sacar conclusiones teóricas demasiado apodícticas, a partir de este recuento de una experiencia que se propone conservar su carácter de relato. No olvido, a este respecto, las sabias advertencias contenidas en uno de los mejores trabajos sobre el riego y sus rituales en el Perú:

> Un observador puede tomar nota de lo que hacen, dicen y manipulan estos seres. Los rituales se ven, se oyen, se sienten, se pueden tocar en algunos casos los objetos utilizados. Beber y comer de las ofrendas. El problema es la explicación de los mismos, el contexto al que pertenecen. Un etnógrafo puede pedir a los actores la explicación de los rituales, el objetivo que ellos tienen al realizarlos; sin embargo, eso no es todo y aún quedará mucho por descifrar (Valderrama y Escalante 1988: 129).

A partir de esta actitud prudente sugerida por los investigadores, y que tiene la autoridad que le confiere su procedencia de un trabajo ejemplar, por su descripción minuciosa de todos los detalles rituales, observados durante varios años, me parece sin embargo evidente que los fenómenos que pude captar, en una vivencia muy parcial, constituyen una clara comprobación de una línea de desarrollo destacada hace ya varias décadas por Arguedas. La resistencia de la cultura indígena frente a los asaltos de la modernización se expresa fundamentalmente a través de su capacidad de asimilación y re-elaboración de lo nuevo a partir de sus propias categorías éticas y hermenéuticas. En contraste con toda forma de fetichismo «purista», la conservación de los rituales y de su función significante se funda, con una paradoja sólo aparente, justamente en su disponibilidad para abrirse al cambio. Fuera de esta dinámica de transformación, queda solamente la perspectiva de una progresiva fosilización, preludio a la muerte auténtica que significa la conversión de las ceremonias en un objeto de museo o de consumo turístico.

A la luz de estas consideraciones, no resulta nada casual que haya sido José María Arguedas uno de los primeros en percibir y valorar estos procesos de cambio. Existe una profunda correspondencia, se podría decir una homología, entre su disponibilidad antropológica a comprender esos fenómenos y su práctica literaria, sobre todo en el terreno de la poesía. Pienso en el prólogo que escribió para la primera edición de su poema dedicado a Tupac Amaru, donde reivindicaba el empleo de un quechua actual, que ha incorporado sabiamente algunos términos españoles, con la conciencia de que esta elección podía provocar el resentimiento de los quechuólogos puristas (Arguedas 1962). En ambos casos —el trabajo etnográfico y la práctica poética— el escritor rechaza una solución que vuelve su mirada hacia el pasado, en un afán meramente conservador, para aceptar plenamente el reto y el riesgo de la modernidad.

BIBLIOGRAFÍA

ARGUEDAS, José María: *Tupac Amaru Kamaq Taytanchisman; haylli-taki. A nuestro Padre Creador Tupac Amaru; himno-canción.* Ediciones Salqantay, Lima, 1962.

— «Puquio, una cultura en proceso de cambio». En: A: Rama (ed.), *Formación de una cultura nacional indoamericana.* Siglo XXI, pp. 34-79, México, 1975 [Revista del Museo Nacional, XXV, Lima, 1956].

— *Indios, mestizos y señores.* Horizonte, Lima, II ed., 1987 [Calicanto, Buenos Aires, 1976].

BENDEZÚ NEYRA, Roger Albino: *Puquio y la fiesta del agua.* Imprenta Tarea, II ed., Lima, 1983 [1981].

CASTRO ROJAS, V., VARELA GUARDIA, V. *et al.* (eds.): *Ceremonias de Tierra y Agua. Ritos milenarios andinos.* Ministerio de Educación y Fundación Arte, Santiago de Chile, 1995.

GUAMÁN POMA DE AYALA, Felipe [Waman Puma]: *El Primer Nueva Corónica y Buen Gobierno.* Edición crítica de J. V. Murra y R. Adorno, traducción y análisis textual del quechua por J. L. Urioste. Siglo XXI, t. II, pp. 664-669, México, 1980.

VALDERRAMA, Ricardo y ESCALANTE, Carmen: *Del Tata Mallku a la Mama Pacha. Riego, sociedad y ritos en los Andes peruanos.* DESCO, Lima, 1988.

EL RITUAL COMO PRÁCTICA DE (AUTO)REPRESENTACIÓN SOCIAL /

O RITUAL COMO PRÁTICA DE (AUTO)REPRESENTAÇÃO SOCIAL

O TEATRO DO PODER EM PERSPECTIVA: FESTAS PÚBLICAS DINÁSTICAS NO BRASIL SETECENTISTA

Silvia Hunold Lara
Universidade Estadual de Campinas

Nas monarquias do Antigo Regime, as cerimônias públicas constituíam ocasiões importantes de afirmação e reativação do poder do soberano. Tudo o que envolvia o monarca, a família real e sua corte era objeto de largo investimento ritual e político. «Dar-se a ver» era um dever real: a Corte e seu cerimonial, as festas, os passeios públicos e as aparições do monarca constituíam verdadeiros espetáculos políticos através dos quais o poder do soberano se fazia presente. O tema possui vasta bibliografia, mas raramente tem sido analisado fora do contexto europeu. É o que pretendo fazer aqui, focalizando o Império Colonial Português. Examino, especialmente, algumas festividades ocorridas na cidade do Rio de Janeiro e em Salvador na segunda metade do século XVIII, por ocasião de casamentos e nascimentos de membros da família real portuguesa. Aproveito também este exercício analítico para discutir algumas implicações da abordagem histórica no estudo dos rituais.

De todas as cerimônias dinásticas do período, as que celebravam eventos deste tipo estavam diretamente ligadas à continuidade da casa reinante, destinadas a glorificar o poder do monarca, reavivando publicamente seu domínio sobre terras e gentes. No caso das vilas e cidades coloniais tais cerimônias envolviam a participação das Câmaras e das principais autoridades locais, fazendo com que os elos hierárquicos do poder também fossem reafirmados para além dos limites do reino europeu (Fragoso, Gouvêa e Bicalho 2000). Trata-se, portanto, de um ritual político de reafirmação do poder real e do Império colonial.

Transmitida por meio de cartas dirigidas às principais autoridades ultramarinas, a notícia era espalhada através da rede burocrática do império, chegando até às Câmaras das vilas e cidades, que tomavam providências para que atos públicos de júbilo fossem realizados. Às vezes eram simples *luminárias* (iluminação festiva das ruas e casas) ou uma missa solene, na matriz ou em outra igreja importante do lugar. Outras vezes eram festas e cerimônias que podiam durar mais de um mês. Não apenas simples cortejo ou procissão comum, a seqüência dramática encenada coletivamente, na maior parte das vezes, não prescindia da construção de gigantescos cenários e sofisticados adereços urbanos (Cavalcanti 1997: 525-542). O espaço urbano transformava-se nestes dias em palco para os rituais de reafirmação do domínio colonial, atualizando a presença do rei em terras distantes da Corte. Era também o momento em que as autoridades coloniais eram homenageadas, em que os poderes locais se reativavam na reiteração das redes hierárquicas que os ligavam ao Reino (Lara 2002).

Espetáculos bastante codificados, tais rituais políticos envolviam também um controle sobre a memória. Impactando os sentidos, os festejos se faziam nas ruas e igrejas mas também eram atualizados repetitivamente na correspondência entre as autoridades e se perpetuavam em textos panegíricos. Culminância do procedimento laudatório, a passagem das festividades das ruas e praças públicas para as páginas de uma «relação» caminhava no mesmo sentido, re-atualizando e perpetuando a celebração da Casa Real. São estes documentos textuais, que pertencem a um gênero literário específico, que servem de base para a análise que aqui empreendo sobre aquelas ocasiões.

* * *

Em meados do século XVIII, a sucessão monárquica constituía um problema político delicado em Portugal, já que o trono seria herdado por uma mulher, a princesa D. Maria. Várias propostas de pretendentes ligados a casas reais européias concorriam com outras, de grupos que defendiam a união da princesa com um consorte português. Na decisão real pesaram os interesses portugueses e, depois de negociações com os governos amigos que já haviam indicado candidatos e de obtida a licença papal, D. Maria casou-se com seu tio, em 6 de junho de 1760. A notícia foi logo divulgada por todo o Império e, no Rio de Janeiro, os «felicíssimos desposórios» foram comemorados com um tríduo solene de missas na Catedral, três dias de luminárias «com raras e vistosas formas», espetáculos de touros e cavalhadas por seis dias, danças realizadas pelos diversos ofícios, óperas públicas por três noites, espetáculos de fogos de artifício e outros eventos (Andrade 1761). Em Salvador, a notícia foi divulgada solenemente em setembro e os festejos ocorreram de 6 de outubro a 23 de novembro. Houve cortejos solenes das autoridades coloniais pelas ruas da cidade, danças e contradanças, serenatas, saraus, banquetes, poemas, jogos de argolinhas, touradas, desfile de carros, fogos de artifício e muitos outros eventos (*Narração* 1974). Na vila de Nossa Senhora da Purificação e Santo Amaro, no recôncavo baiano, as comemorações daqueles «augustíssimos desposórios» duraram 22 dias. Foram seis noites de luminárias, vários dias com apresentação de danças oferecidas por diversas corporações de ofício, um *Te Deum* solene seguido por uma enorme procissão, com presença de todo o clero, membros do Senado da Câmara, do capitão-mor e seu regimento, com cerca de 600 ordenanças. As festas incluíram ainda várias apresentações teatrais, um «Reinado dos Congos» e uma «magnífica cavalaria» de oito parelhas que, com muitos instrumentos musicais, atirava lanças e simulou «uma bem ordenada e vistosíssima escaramuça» (Calmon 1982).

O nascimento do herdeiro 18 meses depois, em agosto de 1761, deu origem a novas festas. A notícia chegou à cidade em fins de janeiro de 1762 e por 3 dias os sinos das igrejas repicaram e as ruas encheram-se de luminárias. Durante meses, a cidade preparou-se para a grande festa. No dia 7 de maio elas começaram, com o tríduo de missas solenes rezadas pelo bispo no Mosteiro de S. Bento. O templo estava todo enfeitado, com várias tribunas de honra, nas quais estavam o vice-rei, ministros togados e militares de alta patente. No terceiro dia houve procissão de ação de graças, com presença de todas as ordens religiosas e confrarias da cidade, escoltadas pelos corpos militares. Havia música, as fachadas das casas estavam ornamentadas e as embarcações fundeadas no porto, todas embandeiradas, dispararam salvas de tiros que foram respondidas pela artilharia das fortalezas. À noite, dentre todos os ornamentos, destacavam-se dois pórticos construídos especialmente para a ocasião: um em frente à casa episcopal, no Morro da Conceição, outro em frente ao Paço do vice-rei, com luminárias volantes e fogos de artifício. Depois começaram os espetáculos: touradas e jogos de argolinhas no «curro» especialmente construído no Campo de Santana. Antes de começarem os jogos, houve apresentação de «muitas invenções festivas»: dança de ciganas, contradança de cajadinhos, dos alfaiates, e desfiles de três carros triunfais, feitos respectivamente pelas corporações dos ourives, carpinteiros e sapateiros. Num dos dias, os homens pardos da cidade apresentaram uma cerimônia do Rei de Congos e, em um teatro construído na praça em frente ao Palácio, apresentaram-se 3 óperas, financiadas pelos homens de negócio. No dia 6 de junho o Conde de Bobadela, vice-rei, ofereceu um banquete a todos os magistrados, oficiais de guerra e pessoas distintas da cidade. Naquela noite, houve fogos de artifício: no Campo de S. Domingos foram edificados um castelo e um navio e simulou-se um combate que durou 4 horas de pirotecnia (*Epanáfora* 1763).

Espetáculos solenes, tais eventos estendiam-se no tempo e no espaço, ocupando toda a cidade, transformada então num teatro do poder. Autoridades civis, eclesiásticas, judiciais e militares, devidamente paramentadas desfilavam pelas ruas da cidade ou ocupavam tribunas e sacadas para assistir a danças e préstitos em homenagem à Coroa. As atividades cotidianas das praças, quando não eram suspensas, espremiam-se durante bom tempo, dividindo lugar com pórticos, armações para os fogos de artifício ou arquibancadas e arenas de madeira. Construídos numa escala grandiosa, tais elementos arquitetônicos eram concebidos —assim como o cerimonial das procissões e cortejos, os espetáculos de dança e música— para impressionar os sentidos.

Vinte e seis anos depois do nascimento do príncipe da Beira, para as festas cariocas comemorativas do casamento de D. João com a princesa espanhola Carlota Joaquina, então com dez anos, foi realizado o tradicional tríduo de missas e apresentaram-se as óperas e os saraus musicais de costume. As festas desenvolveram-se durante os meses de janeiro e fevereiro de 1786. Agora, além do Largo do Paço e do Campo de Santana, a cidade contava com o Passeio Público, inaugurado em 1783, que foi todo preparado para a realização de um desfile de 6 carros, em homenagem a Vulcano, Júpiter, Baco ou trazendo «mouros» e «cristãos» para as cavalhadas —todos especialmente desenhados para a ocasião por Antônio Francisco Soares e executados por um carpinteiro pago pela Câmara. Orgulhoso de seu trabalho, Soares redigiu um texto descritivo, criou poemas louvando o então vice-rei do Estado do Brasil e desenhou os carros, descrevendo suas dimensões (Soares 1786). Por isso podemos ver ao menos um deles na figura 1, que reproduz o carro que representava Vulcano. Ele media cerca de três metros de largura e cinco metros de comprimento, sem incluir a serpente. O monte, que chegava a quase quatro metros e meio de altura, era revestido de musgo, folhagens e arbustos, com flamas de fogo verdadeiras saindo de seu interior, no alto. Na Gruta, Vulcano trabalha em sua forja, em companhia dos ciclopes. Ao chegar à frente do palanque onde estava o vice-rei, o monte se abria, dando passagem para músicos e bailarinos que apresentaram uma dança de bacantes, seguida por declamação de versos.

Figura 1 - Monte e Carro de Vulcano (Soares 1786)

O exame do material textual e dos raros documentos iconográficos sobre eventos desta natureza permite observar que, nestas ocasiões, a cidade colonial transformava-se mimeticamente num espaço greco-romano (Cavalcanti 1997: 551). A memória da monarquia enlaçava-se, assim, à Antiguidade clássica, já que às musas e signos greco-romanos somavam-se figuras e encenações gloriosas de grandes feitos da monarquia portuguesa. As cavalhadas, constituídas por jogos eqüestres teatralizados, remetiam diretamente às batalhas entre mouros e cristãos, rememoração direta das vitórias contra os mouros na Reconquista. As embaixadas e os cortejos de reis e rainhas do Congo referiam-se à política missionária portuguesa na África, mais especificamente ao rápido e vitorioso processo de cristianização do Congo (Lara 2002). Todas estas

danças e teatralizações operavam códigos específicos da retórica barro-
ca, registrando (em forma trágica ou através de farsas e figuras burlescas) o poderio europeu. Em geral, suntuosas e revestidas de pompa, as
cerimônias envolviam a Câmara, os nobres locais, as patentes militares,
os juízes e oficiais togados que, em cortejo público, ostentavam a hierarquia social e política na qual estavam inseridos e faziam funcionar.
Rituais de poder, tais festividades repetiam-se de tempos em tempos,
impressionando os sentidos dos súditos e vassalos, incorporando-os ao
corpo político do rei, expondo o triunfo e a glória de seu domínio no
Reino ou nas Conquistas Ultramarinas.

***

É preciso lembrar, entretanto, que não apenas as autoridades coloniais
participavam de festas e cerimônias como estas, feitas para homenagear
a monarquia e o império. O interesse popular, o burburinho e acorrida do
povo para «ver a novidade» —e o grande afluxo do povo também se faziam presentes. Constituíam, até mesmo, indicadores da magnificência
dos festejos, mencionados seguidamente nos relatos encomiásticos. Este
«povo», no entanto, podia ter visões diversas do espetáculo. Mais que in-
sistir apenas na diferença de significados entre uma decodificação popular ou monárquica destas cerimônias, quero destacar aqui distâncias culturais.

Nas «Conquistas», as desigualdades sociais estavam estreitamente
associadas a diferenças culturais radicais. No caso do Brasil da segunda
metade do século XVIII, por exemplo, o «povo» que assistia a estas cerimônias era, majoritariamente, *negro*. Naquele período, isso queria dizer
que era, também, em sua grande maioria, *africano*. Rio de Janeiro e
Salvador eram os principais centros urbanos da América portuguesa. A
transferência da capital da colônia da Bahia para o Rio de Janeiro em
1763 diminuiu a importância política de Salvador, mas a cidade continuou a crescer demográfica e economicamente em torno da lavoura açucareira, que envolvia também outras vilas do Recôncavo. O Rio de
Janeiro, para além da economia açucareira, havia se consolidado como
um importante centro mercantil durante a primeira metade do século
XVIII, depois do descobrimento do ouro em Minas Gerais. As duas cidades contavam com uma população escrava significativa, sempre superior a um terço, podendo chegar até a 70% nas regiões dos engenhos

(Karasch 2000: 109; Schwartz 1988: 280). Mas havia também «pardos e pretos» libertos ou livres que, somados aos escravos, faziam com que a minoria (em algumas das freguesias pouco mais que 20%) dos habitantes daquelas cidades pudessem ser considerados brancos. Mais importante que os números, no entanto, é a percepção política desta grande concentração de escravos e de livres e libertos de pele escura.

A questão é particularmente importante quando se considera que muitas das festas públicas dinásticas incluíam danças —burlescas ou não— executadas por negros ricamente vestidos. Na vila de Nossa Senhora da Purificação e Santo Amaro, em 1760, por exemplo, as comemorações do casamento da princesa do Brasil com seu tio contaram com uma embaixada e dança de Congos, que saiu às ruas por vários dias. O cortejo era composto por «mais de 80 máscaras, com farsas ao seu modo de trajar, riquíssimas pelo muito ouro e diamantes de que se ornavam, sobressaindo a todos o Rei e a Rainha» (Calmon 1982: 23). Todos foram recebidos pelo capitão-mor, juiz e mais membros da Câmara, no Paço do Conselho, destinando-se ao Rei e à Rainha duas cadeiras ricamente ornamentadas, sobre um estrado.

> «Vinha o Rei preciosíssimamente vestido de uma rica bordadura de cordões de ouro matizada de luzidas peças de diamantes. Trazia pendente do cinto um formoso lagarto formado dos mesmos cordões, com tal artifício que parecia natural: na cabeça, coroa de ouro, na mão direita, cetro e na esquerda, o chapéu guarnecido de plumas e dobrões, que o faziam ao mesmo tempo rico e vistoso; nos braços e pernas, manilhas de ouro batido; nos sapatos, bordaduras de cordões e matizes de luzidos diamantes. A capa, que lhe descia pelos ombros, era de veludo carmesim agaloada de ouro e forrada de tela branca com agradáveis floiões. Pelo ornato do Rei se pode medir o da Rainha, que em nada era inferior. Depois de tomarem ambos o assento destinado, lhe fizeram sala os Sobas e mais máscaras da sua guarda, saindo depois a dançar as Talheiras e Quicumbis, ao som dos instrumentos próprios do seu uso e rito» (Calmon 1982: 24).

No Rio de Janeiro, em 1763, como vimos, foram os *pardos* que se fantasiaram de congueses para encenar o reinado:

> «fizeram (...) um estado imitando ao do rei do Congo e constava das figuras seguintes: um rei, um príncipe, dois embaixadores, sete sobas, nove capitães da guarda, três mocambos, um com vestido nu fingindo a África armada de arco e flecha e outras duas serventes do rei e seis caudatários.

Seguia-se a isso a dança de um soba mágico composta de vários bichos os quais eram leão, cavalo, camelo, onça, cão, urso, unicórnio, macaco, jacaré, boi com um elefante ricamente vestido, cantando todos em aplauso do sereníssimo senhor príncipe da Beira» (*Epanáfora* 1763)[1].

Não era somente em ocasiões festivas da monarquia que encontramos reis ou imperadores sendo coroados, nem estas eram as únicas vezes que comitivas negras saíram às ruas das vilas e cidades coloniais vestidas com trajes vistosos e sendo seguidas por toda a gente. Prática reconhecida pelos senhores e algumas vezes aproveitada para garantir a continuidade do domínio senhorial, a eleição de reis negros no interior das irmandades religiosas, por exemplo, vem sendo melhor estudada mais recentemente. Em várias irmandades, a mesa era composta por cargos executivos e por uma «corte», com rei, rainha, duques, condes e outros nobres que, ao saírem às ruas «incorporados», nas procissões e nas chamadas «folias», levavam mantos, jóias, cetros e coroas —muitas vezes cedidos pelos próprios senhores (Soares 2000: 154-161).

Podemos imaginar a riqueza destes festejos observando algumas imagens de Carlos Julião, um italiano nascido em Turim (*ca.* 1740) que, por volta dos 23 anos, iniciou sua carreira militar no exército português, viajando pela Índia, China e Brasil por diversas vezes. Transferiu-se para o Rio de Janeiro juntamente com a Corte de Bragança na primeira década do século XIX, onde morreu em 1814. Em 1779 desenhou um panorama de Salvador acompanhado por plantas de suas fortificações e um conjunto de quatro panoramas mostrando vistas de Goa, Diu, Rio de Janeiro e Moçambique (cujos originais encontram-se no Gabinete de Estudos Arqueológicos da Engenharia Militar, em Lisboa). Produziu

---

[1] No texto de mesmo título e data reproduzido em Castello (1974: 37-38) a descrição é menos precisa: «Saíram também num destes dias, com uma farsa à imitação do estado de que em cerimônia se serve o Rei dos Congos, esses homens mistos (natural resultado de duas cores opostas) a quem com impropriedade mas por convivência chamam **Pardos**. Os gestos, a música, os instrumentos, a dança e o traje tudo muito no uso daqueles Africanos, descontentando ao bom senso, não deixavam de divertir o ânimo por estranhos. Ali se refletia que o gosto das coisas também se continha nos limites da opinião. Entre aqueles Bárbaros antípodas da Europa, não pelo sítio senão pelos costumes, uma Florinda não faria a perca de um homem: um Egissieli, em vez de estimações conseguiria desprezos. É outra lá a formosura; muito diverso o bom canto. Só a virtude se conforma ao palato de todas as nações. Fizeram-no pois os nossos Pardos com toda a propriedade e agenciaram com ela o aplauso que pode franquear-se a uma imitação».

também, provavelmente entre 1776 e 1799, um álbum intitulado *«Riscos Illuminados de Figurinhos de Brancos e Negros dos Uzos do Rio de Janeiro e Serro do Frio»*, hoje pertencente ao acervo da Seção de Iconografia da Biblioteca Nacional (no Rio de Janeiro). A figura 2 reproduz uma prancha pertencente a este álbum, na qual se pode observar um rei e uma rainha negros, com seu séquito —todos ricamente vestidos, em atitude solene.

Figura 2 - Carlos Julião - *Riscos Illuminados* (...), prancha XXXIX

Diferentemente das danças de Congos ou de Pardos mencionadas há pouco, tais exibições, festivas ou rituais, presididas por interesses ligados ao mundo dos negros, possuíam significados e sentidos bem diferentes dos examinados até agora, talvez até mesmo opostos a eles. Nos dois casos, no entanto, a passagem de homens negros ricamente adornados, que até mesmo chegavam a ser recebidos com pompa pelas autoridades locais, podia ser desestabilizadora. É o que indica uma carta do governador da Bahia dirigida ao rei, em 1765, a respeito de uns «ilhéus» congregados numa confraria do Espírito Santo. Ainda que a ocasião fosse de folia, vendo que o cortejo do «Imperador» era seguido por «muitos mulatos e pretos», o governador resolveu proibir a presença dos que não fossem brancos ou irmãos da dita Confraria. Coroar um Imperador, sair em comitiva pelas ruas com tambores e danças tornava-se algo bastante perigoso, especialmente numa cidade em que, «quando muito, só a quarta parte será de brancos» (*Ofício* 1765).

Do mesmo modo, as eleições dos reis e rainhas negros e suas festas ora contavam com o consentimento das autoridades coloniais, ora eram reprimidas (Soares 2000; Mulvey 1976). Em 1771, por exemplo, o vigário colado de São Sebastião de Mariana chegou a proibir a reeleição do rei da irmandade do Rosário dos pretos daquela freguesia, considerando o quanto «indecente, abominável e incompatível eram pessoas semelhantes revestirem-se das insígnias de majestade, coroa e cetro» (*Apud* Quintão 1997: 126-128).

Desfilando em ruas e praças das vilas coloniais, os reinados dos Congos nas festas públicas dinásticas podiam ecoar as cerimônias das Irmandades e remeter à memória de outros reis negros, líderes de muitos irmãos e confrades pretos. Aos olhos da turba de pele escura que acorria para ver os muitos espetáculos nos dias de júbilo pela continuidade da monarquia portuguesa, porém, os significados destes rituais religiosos, militares e políticos certamente não eram os mesmos que os pretendidos pela nobreza e pelas autoridades coloniais. Os temores do governador da Bahia são reveladores destas diferenças profundas.

Nas cidades portuguesas da América, a presença constante da escravidão e o grande contigente populacional de negros, pardos e mulatos faziam com que os significados negros da coroação de reis ficassem em evidência, amedrontando os olhares brancos e senhoriais. Ao invés de servirem como mais um elemento de reativação do poder real e metropolitano, o reinado dos Congos da vila de Santo Amaro ou a dança dos pardos no Rio de Janeiro, assim como as procissões das irmandades negras, podiam também ser vistos e entendidos justamente em sentido oposto.

***

Trata-se, aqui, de ir além da simples constatação de que os rituais não têm um sentido unívoco. Ao analisá-los em situações específicas de dominação, diretamente conectados ao contexto das relações sociais e históricos em que ocorriam, podemos perceber diferenças significativas. Havia, certamente, uma avaliação «branca» e senhorial das manifestações «negras», escravas, forras ou livres. O parecer de um ex-governador de Pernambuco escrito em junho de 1780 explicita esta diferença, mostrando a aceitação daquelas que podiam ser «traduzidas» ou associadas a práticas portuguesas e o repúdio das que permaneciam completamente opacas. Nestes termos diferenciava o conde de Povolide «duas castas de bailes» existentes naquela capitania: as «danças supersticiosas» e aquelas não totalmente reprováveis.

> «os pretos divididos em nações e com instrumentos próprios de cada uma dançam e fazem voltas como arlequins e outros dançam com diversos movimentos de corpo, que ainda que não sejam os mais inocentes, soam como os fandangos de Castela, as fofas de Portugal e os lundus dos brancos e pardos daquele país; os bailes que entendo serem uma total reprovação são aqueles que os pretos da Costa da Mina fazem às escondidas ou em casas e roças com uma preta mestra com altar de ídolos adorando bodes vivos e outros feitos de barro, untando seus corpos com diversos óleos, sangue de galo, dando a comer bolos de milho depois de diversas bênçãos supersticiosas fazendo crer aos rústicos que naquelas unções de pão dão fortuna, fazem querer bem mulheres a homens e homens a mulheres» (*Apud* Soares 2000: 158-159).

Se as autoridades coloniais podiam distinguir com clareza algumas práticas africanas «reprováveis», a triagem se tornava mais difícil diante de danças de pretos, de embaixadas e reinados de Congos presentes nas festas dinásticas examinadas aqui: nestes casos, a multiplicidade de leituras imperava. Ainda que pudessem estar longe de ser das «mais inocentes», eram perfeitamente aceitáveis, promovidas pelas câmaras, corporações de ofício ou homens distintos da localidade. Ao mesmo tempo, desfilando solenemente pelas ruas diante de uma multidão de «pardos» e «negros» tais práticas também podiam acabar por ser vistas e entendidas em sentidos diametralmente invertidos.

Para além das oposições simplistas entre brancos e negros ou senhores e escravos, o exame —o exame destas «ritualidades luso-afro-brasileiras»— evidencia que é preciso levar em conta, na sua abordagem, a existência de teias culturais diversas, historicamente determinadas. Configurando-se como cerimônias públicas solenes, executadas em ocasiões específicas, repetidas de tempos em tempos com os mesmos objetivos, elas envolviam sujeitos históricos social e culturalmente diversos. Os objetivos mais aparentes e imediatos da performance ritual podiam se transformar rapidamente, serem apropriados e resignificados simultaneamente de modos bastante contraditórios. A teatralização que reafirmava o poder do monarca em terras coloniais podia também se configurar como um contra-teatro —cujo potencial político era reconhecido e temido por senhores e autoridades coloniais.

Diferenças e descontinuidades instalavam-se, portanto, no seio destes eventos —cujos sentidos jamais podem ser apreendidos a partir de parâmetros que postulem homogeneidades, permanências ou simples repetições ao longo do tempo. A dificuldade de fontes para maior detalhamento do tema no passado —ainda que seja um problema— não pode constituir-se em obstáculo impeditivo da busca da dialogicidade inerente a estas manifestações —sobretudo em se tratando de situações em que culturas radicalmente diversas estão em contato.

Atravessando as relações entre cultura e dominação, concluo afirmando a importância de uma análise histórica que incorpore a perspectiva dos dominados na elaboração de suas interpretações. Somente atentando para a multiplicidade de significados que se confrontavam em ocasiões festivas como as abordadas aqui podemos colocar, efetivamente, o teatro do poder em perspectiva.

BIBLIOGRAFIA

ANDRADE, Gomes Freire de: *Carta ao Secretário de Estado Francisco Xavier de Mendonça Furtado, de 10 de fevereiro de 1761*. Biblioteca Nacional do Rio de Janeiro - Seção de manuscritos, cod. 5.3.50, doc. 25.

CALMON, Francisco: *Relação das faustíssimas festas*. MEC/SEC/FUNARTE, Rio de Janeiro, 1982 [1762].

CASTELLO, José Aderaldo (ed.): *O movimento academicista no Brasil: 1641-1820/1822*. Conselho Estadual de Cultura, S. Paulo, 1974, vol. 3, tomo 4.

CAVALCANTI, Nireu Oliveira: *A cidade de S. Sebastião do Rio de Janeiro: as muralhas, sua gente, os construtores (1710-1810)*. Tese de Doutorado (UFRJ), Rio de Janeiro, 1997.

Epanáfora festiva ou relação sumária das festas com que na cidade do Rio de Janeiro capital do Brasil se celebrou o feliz nascimento do sereníssimo príncipe da Beira nosso senhor. Officina de Miguel Rodrigues, Lisboa, 1763.

FRAGOSO, João; GOUVÊA, Maria de Fátima Silva e BICALHO, Maria Fernanda: «Uma leitura do Brasil colonial. Bases da materialidade e da governabilidade no Império». Em: *Penélope, 23*, pp. 67-88, Lisboa, 2000.

KARASCH, Mary: *A vida dos escravos no Rio de Janeiro (1808-1850)* (tradução). Companhia das Letras, São Paulo, 2000.

LARA, Silvia Hunold: «Significados Cruzados: um reinado de Congos na Bahia setecentista». Em: CUNHA, Maria Clementina Pereira (org.): *Carnavais e outras F(r)estas*. Editora da Unicamp, pp. 71-100, Campinas, 2002.

MULVEY, Patrícia A.: *The Black lay brotherhoods of colonial Brazil: a history*. Tese de Doutorado, (CUNY) N. York, 1976.

Narração panegírico-histórica das festividades com que a cidade da Bahia solenizou os felicíssimos desposórios da princesa N.S. com o sereníssimo senhor infante D. Pedro... Em: CASTELLO, José Aderaldo (ed.): *O movimento academicista no Brasil: 1641-1820/1822*. Conselho Estadual de Cultura, vol. 3, tomo 3, pp. 195-227 [1760], S. Paulo, 1974.

Ofício do governo interino para o conde de Oeiras, no qual informa dos excessos praticados por um grupo de ilhéus que se haviam reunido sob a designação de Irmandade do Espírito Santo (...) [1765]. Em: ALMEIDA, Eduardo de Castro e: «Inventário dos documentos relativos ao Brasil existentes no Archivo da Marinha e Ultramar de Lisboa», *Anais da Biblioteca Nacional*, 32, pp. 96-98, Rio de Janeiro, 1914.

QUINTÃO, Antônia A.: *Lá vem o meu parente: as irmandades de pretos e pardos no Rio de Janeiro e Pernambuco (século XVIII)*. Tese de Doutorado (USP), S. Paulo, 1997.

SCHWARTZ, Stuart B.: *Segredos Internos* (tradução). Companhia das Letras, São Paulo, 1988.

SOARES, Antonio Francisco: *Relação dos Magníficos carros que se fizerão de arquitetura, prespectiva e fogos... nesta cidade capital do Rio de Janeiro em 2 de fevereiro de 1786...* Biblioteca Nacional do Rio de Janeiro - Seção de Iconografia, cod. Arc. 25-29.

SOARES, Mariza de Carvalho. *Devotos da Cor. Identidade étnica, religiosidade e escravidão no Rio de Janeiro, século XVIII*. Civilização Brasileira, Rio de Janeiro, 2000.

DE *OUTROS* CARNAVAIS — RITOS E SIGNIFICADOS NA FOLIA CARIOCA NO FINAL DO SÉCULO XIX

Maria Clementina Pereira Cunha
Universidade Estadual de Campinas

Sendo a principal ocasião do calendário festivo brasileiro —transmitida para todo o mundo e capaz de atrair milhares de turistas—, o carnaval nunca teve, na historiografia e nas ciências sociais do país, a atenção merecida. As formas habituais de interpretá-lo utilizam, sem maior discussão, paradigmas antropológicos clássicos para a análise dos rituais de inversão: com o objetivo de realimentar a ordem existente, estariam calcados em uma perspectiva cósmica que universaliza seus significados. Em outra vertente, não necessariamente excludente com relação à anterior, o carnaval é freqüentemente tomado como um ritual «nacional», que expressa simbolicamente o que a sociedade tem de mais original, configurando uma cultura que se afirma acima das diferenças entre os indivíduos.

É útil lembrar, por isso, o quanto imagens deste tipo podem ser antigas. Observando um carnaval de rua no Rio de Janeiro da década de 1880, o cônsul norte-americano Christopher Columbus Andrews parecia ser o protagonista da descoberta de uma nova América. Encantado pelo espetáculo que presenciava nas ruas daquela cidade de senhores e escravos, o diplomata escrevia com evidente e comovida surpresa: «*Mankind, for a while, seems like a happy family*» (Andrews 1887: 41). A passagem pode ser interpretada como um mero sinal de ingenuidade política mas, por ora, vamos deixar que o Cônsul americano introduza esta velha imagem do carnaval brasileiro, criada em seu tempo e reposta, com variados matizes intelectuais e acadêmicos, nas décadas que se seguiram.

Pretendo explorar aqui uma idéia oposta: em vez de ritualizar a utopia invertendo sinais e hierarquias, o carnaval brasileiro é constituído por um conjunto nada homogêneo de discursos a respeito da desigualdade e da injustiça. Encena-se nas ruas um drama social no qual diferentes sujeitos assumem papéis que expressam pontos de vista, desejos, antagonismos e acomodações —tensões em todo caso— numa perspectiva essencialmente terrena e historicamente datada. Para este objetivo específico, cabe duvidar que este conceito de ritual ajude a resolver o problema. É necessário ir além para incorporar dimensões analíticas capazes de revelar os múltiplos significados que os próprios participantes do carnaval enunciam nas ruas, sob risos, cânticos, batuques e rebolados. Assim, este artigo busca explorar a radical polissemia da festa: compreendê-la como instante privilegiado de um processo dialógico —feito de elementos como resistência, acomodação, apropriação, ressignificação, repressão e humor.

O recorte escolhido serve para discutir algumas concepções que aparecem constantemente em nossa área em torno da noção de *cultura popular*. Uma tendência a operar com uma noção sistêmica de cultura aparece em diferentes registros na produção brasileira: a idéia de uma «cultura nacional» (produto de sincretismo, amálgama racial e étnica) pode ser desdobrada na versão conservadora de *tradição* ou, em sua tradução pela esquerda, na de *resistência*. Associa-se aí fortemente o nacional e o popular como um só elemento explicativo. Suas manifestações são tomadas, por outro lado, como o oposto da «cultura de massas»: neste caso, atribui-se a ela um caráter rural associado diretamente ao folclore ou às «raízes» da cultura.

Exatamente por isso, busquei centrar a análise em uma festividade urbana, tomando-a como uma teia de significados, lugar de um tenso diálogo desenvolvido sob as regras de uma gramática cultural que, sendo compartilhada por todos, permite amplamente a variação semântica. É também estratégico para tais propósitos centrar a análise em um momento em que, bem antes de poder ostentar esta imagem nacional e/ou popular, o carnaval era palco de uma grande disputa em torno da legitimidade de algumas das práticas que ganhavam as ruas. Ela se expressava então, como hoje, sob a forma do conflito, do preconceito, do medo das elites diante das reações daqueles que viam seu espaço social constantemente reduzido ou negado e de uma permanente intolerância e incompreensão entre diferentes atores sociais. Mas também, apesar de tudo, sob a forma de uma intensa troca simbólica, da negociação de significados e limites, da busca permanente de espaço e aceitação.

A periodização que quase consensualmente organiza a história da folia no Brasil tem tomado diferentes formas de manifestação carnavalesca como etapas sucessivas da «evolução» da festa: ao entrudo colonial sucederiam os préstitos das chamadas Grandes Sociedades da segunda metade do século XIX, elaborados à moda de Veneza ou Paris, expressando o elitismo senhorial e bacharelesco; tais sociedades teriam sido finalmente superadas nas primeiras décadas do século XX pela força da presença negra e popular que se expressaria hoje nas escolas de samba —herdeiras diretas de velhos ranchos e cordões de trabalhadores pobres da cidade que consolidam a marca nacional-popular da «cultura brasileira», concepção tornada ideologia de Estado após a revolução de 1930. Raramente esta forma de dividir o tempo — de marcante longevidade na historiografia brasileira— foi problematizada por estudiosos preocupados em aprofundar a compreensão de um fenômeno tão central para a questão da identidade nacional.

Entretanto, nas últimas décadas do século XIX e nas primeiras do XX, práticas tidas como opostas conviviam, de modo nada simples, na festa (Cunha 2001). Nela, diferentes sujeitos históricos disputam seu espaço, pondo em questão a idéia entronizada pelos intérpretes que só viram sucessão evolutiva nos modos de fazer carnaval. Entrudo, préstitos de sociedades ricas, desfiles de negros cantando em línguas africanas pontilhadas de saudações em português a santos católicos, tambores, zé-pereiras com seus bumbos e danças de rua, troças de mascarados e outras modalidades festivas há muito desaparecidas do carnaval carioca estavam juntos no centro do Rio de Janeiro e estabeleciam inevitavelmente, naquela circunstância, um processo de comunicação conflituoso, capaz de expressar um vívido retrato do tempo em que o país emergia de séculos de escravidão e experimentava intensamente a tensão da mudança.

A pergunta inevitável é por que os historiadores brasileiros têm se recusado a fazer do carnaval —cuja pertinência para o eterno debate em torno da identidade nacional é mais que óbvia— um objeto de investigação sistemática. A maior parte das análises sobre a história do carnaval no Brasil é proveniente de áreas como a antropologia ou a sociologia, mais preocupadas com aspectos atuais do fenômeno em suas dimensões de massificação, organização interna e um discurso simbólico calcado no presente[1]. Ademais, cabe relembrar que a folia tornou-se

---

[1] Da Matta 1979; Queiroz 1992; Castro 1994.

um tema clássico da história social e cultural, dando margem a uma relativamente extensa e bem conhecida produção internacional não acompanhada por estudos locais no «país do carnaval». Talvez parte da resposta esteja em que a força do símbolo perdure quase indiscutível por aqui, nos acostumando a aceitar que a folia está no «sangue» (como parece admitir implicitamente a metáfora da alegre «família» carnavalesca) e dispensa o esforço.

No caso da História, desta forma, o vazio é ainda mais acentuado[2]. Há talvez, entre a maior parte dos historiadores, uma tendência a vê-lo como um tema menor, relegado aos interessados em curiosidades ou arqueólogos de práticas mortas pelo desuso e que, em todo caso, já teriam sido suficientemente desvendadas por alguns memorialistas carnavalescos[3]. Parece mesmo «explicar a história» como metáfora ou síntese de um processo geral —ou é assunto relegado a etnógrafos e folcloristas, coletores de curiosidades pouco relevantes como discurso de sujeitos sociais. Assim, uma memória da festa perpetuou-se na historiografia brasileira a partir da crônica coeva. A bibliografia não-acadêmica e profundamente nacionalista que a construiu tomou-a como dado, esquecendo que tais concepções sobre hierarquia, evolução e progresso no reinado de Momo pertenciam a cronistas imersos nos conflitos com as muitas facções carnavalescas daquele tempo. Sua visão carregava uma avaliação acentuadamente política sobre aquilo que viam, seus desejos e projeções, preconceitos e preferências. Por isso não vacilaram em considerar os préstitos de Sociedades carnavalescas —freqüentadas por senhores ilustrados, comerciantes endinheirados, literatos, jornalistas e elite acadêmica a partir de uma imagem espelhada na Europa «civilizada»— superiores ao entrudo (sempre adjetivado como bárbaro ou imundo), anunciando anualmente a vitória final contra este inimigo do carnaval civilizado; ainda por isso, etiquetavam os grupos de trabalhadores pobres que buscavam seu espaço na brincadeira, com seus desfiles pobres e fantasias baratas e antiquadas, como perigosos cordões africanos de capoeiras e vagabundos, adeptos da violência e não da alegria espirituosa dos súditos de Momo. Primitivos, eles teriam antecedido outras formas mais evoluídas da presença «popular» na folia — como ranchos e depois escolas de samba, cujo caráter positivo e domesticado foi cele-

[2] Para mencionar os trabalhos mais recentes, ver Pereira 1994; Soihet 1998.
[3] Moraes 1987; Efegê 1982; Alencar 1985; Cabral 1997.

brado por intelectuais nos anos 20 e pelo regime de Vargas que, finalmente, as teria absorvido e abençoado como um sinal dos novos tempos.
Enfileiradas assim na trilha ascendente do progresso, as formas do carnaval perderam muito de sua historicidade, cristalizando uma memória
calcada na suposição de que a história se desenvolveu em etapas sucessivas e paralelas à construção de uma imagem do próprio país «moreno», integrado racial e socialmente, unívoco e homogêneo. É surpreen-
dente ver que tal idéia atravessou o século xx sem sofrer muitos
arranhões.

Praticamente intocada em seus pressupostos, precedida de sinais positivos ou negativos, a idéia de uma cultura «nacional-popular» permanece, desta forma, moldando as interpretações em pelo menos três dire-
ções que, por vezes, convivem pacificamente na pequena literatura
brasileira sobre o tema. A primeira delas é o apego (ainda decorrente de
velhos postulados, mesmo quando camuflados pela sofisticação acadêmica) à idéia de uma identidade nacional unívoca e homogênea, uma
«cultura» dotada de uma sólida harmonia resultante da mistura de influências e tradições e capaz de emergir sob a forma da *comunitas* em
momentos ritualizados em que a nação se auto-representa[4]. Uma segunda idéia que tem se adensado na produção mais recente, é a de que esta
«mistura» foi obra de geniais mediadores culturais capazes de consolidar
sínteses originais do país, resultantes desta criativa fusão onde as diferenças podem assumir a forma do único[5]. Finalmente, como corolário da
idéia de que uma «cultura nacional» só pode ser encontrada em seu subs-
trato «popular», persiste a perspectiva que vê nela fundamentalmente um
veículo de resistência dos dominados em face das imposições (também
unívocas) das elites brancas e europeizadas, em uma interpretação biná-
ria e redutora, embora sempre bem intencionada[6].

Não é difícil perceber que no fundo destas interpretações repousa
intocada uma visão essencialista de cultura. Ao colocá-la no centro da
análise incorporando práticas carnavalescas das ruas ao arsenal simbólico da nação, intelectuais e dirigentes políticos atribuíram-lhes um sen-

---

[4] Embora sua análise seja mais rica do que estas linhas podem sugerir, o melhor
exemplo é mesmo Da Matta 1979. Para o conceito de *comunitas* ver Turner 1974.

[5] Embora não trate diretamente do carnaval, Viana 1995 constitui referência obri-
gatória neste elenco.

[6] Idéia presente, com matizes e inflexões diversas, em Cabral 1997, Soihet 1998 e
Tinhorão 1990, entre outros.

tido freqüentemente exterior às suas próprias intenções e significados, como se fosse um discurso coletivo da e sobre a nação. Cristalizou-se assim uma imagem que, mesmo positivada no caso do carnaval, é essencialmente hierárquica e pouco atenta às diferenças e às tensões do seu próprio movimento de constituição. Os «populares» revelam-se aí como simulacros de cidadãos submetidos e sem vontade própria, capazes apenas de «resistir» teimosamente apegando-se ao passado ou à tradição.

Buscar compreendê-los de outra forma nos faz vislumbrar na folia de outros tempos bem mais do que um curioso rol de práticas com as quais nossos avós e bisavós se divertiam de modo análogo ao de hoje. Talvez por este caminho, acompanhando o próprio engendramento histórico dos ritos, dos significados que assumiam para diferentes sujeitos e das formas de pensar sobre eles, possamos redimensionar ou relativizar perspectivas que parecem quase naturais — como a de um *ethos* brasileiro maior que as diferenças e desigualdades, a de uma síntese cultural realizada no carnaval e no samba como misturinha harmônica de diferenças empreendida por mediadores letrados e populares ou a da festejada vitória do autêntico carnaval «popular» e sua inquebrantável resistência à ordem dominante.

∗∗∗

Depois deste longo preâmbulo metodológico, convém analisar a questão à moda dos historiadores, com exemplos e fontes. Para isso, convido-os a cair na folia pelas mãos de um famoso desenhista humorístico italiano, que viveu a maior parte de sua existência no Brasil nas últimas décadas do século XIX e primeira do XX. Seu nome era Angelo Agostini, fundador de diversos semanários da imprensa ilustrada em S. Paulo e no Rio de Janeiro, onde publicou uma vasta iconografia da vida brasileira na qual o carnaval não poderia deixar de ter lugar de destaque. Como todos os anos, a sua *Revista Illustrada* incluiu, no término do carnaval de 1881, no espaço das páginas centrais que permitiam o tamanho duplo da imagem, uma crônica visual, produzida a bico de pena, dos acontecimentos da folia naquele ano.

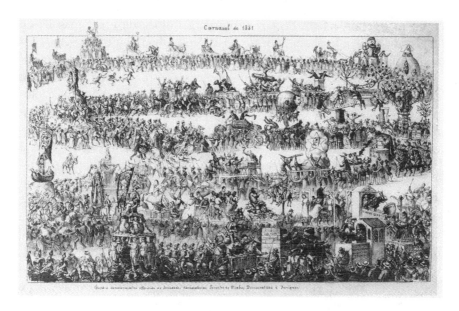

A. Agostini, «Carnaval de 1881». *Revista Illustrada* nº 241, 1881.

Chamei-a uma crônica visual e explico: repetidos todos os anos como uma forma de registro do cotidiano, desenhos como esse vinham repletos de informações sobre o carnaval, seus temas, seus incidentes, suas práticas —mais do que os textos escritos, se lidos com o mesmo cuidado. Não é, evidentemente, uma representação «realista»: concebida como uma grande serpente, a imagem enfileira as três maiores sociedades do carnaval da época, fazendo-as passar uma após a outra em volteios. Retira-as do espaço real dos seus desfiles, a estreita rua do Ouvidor no centro antigo da cidade, cujo leito não ultrapassava os cinco metros de largura, para jogá-las em um espaço vazio e sem limites respeitando, entretanto, a seqüência de seu aparecimento nas ruas. Em torno delas, a atitude do público está descrita em detalhes, enfatizando o sucesso das alegorias e dos carros humorísticos que o próprio desenho põe em destaque e o conjunto de práticas em sua simultaneidade.

Trata-se do carnaval de 1881. Naquele momento ninguém imaginava o carnaval como um espelho da alma nacional, *constructo* que se firmará mais de 50 anos mais tarde. Ao contrário, o que Agostini nos mostra é uma festa de múltiplos significados e de brincadeiras que, como confirmam amplamente outras fontes, viam-se com recíproca desconfiança e disputavam o espaço das ruas. Neste contexto, a projeção de uma imagem do país estava presente para foliões da elite, mas não a idéia de que esta imagem pudesse ser compartilhada ou tivesse um conteúdo integrador. Na verdade, o próprio desenho institui a posição dominante de Grandes Sociedades de brancos ilustrados, que fornecem o eixo central da figura, indicando a posição do próprio Agostini (notoriamente abolicionista e republicano) no interior deste debate. Mas, cronista atilado e sutil, o desenhista não perde as nuances daquilo que descreve, agregando ao que considera o «principal elemento» do carnaval carioca uma infinidade de detalhes que a ampliação da gravura pode revelar aos olhares mais atentos. A primeira impressão é que a *happy family* é uma realidade. Pode-se bem entender o porquê da observação de Christopher Columbus Andrews. O carnaval de Agostini, a despeito de sua aposta no que à época se designava como o «carnaval veneziano» das Grandes Sociedades, tem o traço da diversidade social. Nela, múltiplos sujeitos são aparentemente irmanados. Há negros e brancos na folia, brincadeiras do entrudo ao lado do «carnaval veneziano», pobres e ricos, mulheres de família e prostitutas na cena mostrada. Podemos aproximar a vista e buscar significados que esta primeira impressão oculta[7].

Antes, porém, é útil explicar rapidamente o que acontecia no país e na folia quando se abria a década de 1880 para que possamos entender tanto o apoio de Agostini a esta forma carnavalesca quanto a própria «invenção» do carnaval nesta conjuntura. Três sociedades firmavam-se como um novo modelo para a folia e assumiam expressamente sua intenção de exterminar as velhas brincadeiras do entrudo —ou seja, o jogo de esferas de cera cheias de água ou outros líquidos menos inofensivos, a presença massiva de indivíduos mascarados, como os «diabinhos» que percorriam as ruas a exibir valentia e a proferir desaforos, as danças de mascarados conhecidos como «velhos», vestidos como antigos fidalgos e envergando como máscaras enormes cabeças (destaco estes dois tipos de fantasia por seu uso ser atribuído pela imprensa e polícia a perigosos capoeiras negros e mulatos), além de outras práticas condenadas como anti-higiênicas, deselegantes ou «coloniais» do carnaval dos pobres. As sociedades «venezianas» do Rio de Janeiro traziam, para além da intenção de exterminar as formas populares da brincadeira, um programa político explícito em várias alegorias e sátiras: o abolicionismo, a defesa dos princípios liberais e

---

[7] Estes argumentos estão bem mais desenvolvidos, inclusive com uma análise detalhada desta imagem, em Cunha 2001, especialmente no capítulo IV.

o republicanismo. Por isso, o Imperador (notório adepto das molhadeiras do entrudo) e a política imperial são objeto de sátiras —como as que ironizam o apreço de Pedro II pelas ciências, fazendo-o olhar por um telescópio para outros planetas e encontrar em Júpiter (ele próprio, como explicam os versos alusivos à alegoria) a «mancha da escravidão».

O sucesso deste tipo de préstito, que surgiu com uma feição menos jocosa na década de 1850, reforçara-se após a Guerra do Paraguai, 20 anos depois, com a introdução das alegorias satíricas dos «carros de crítica» ou «de idéias» que aludiam aos grandes temas sociais, à política ou ao cotidiano da cidade. Vinham ao lado dos carros alegóricos que traziam claras remissões à cultura clássica como prova de distinção, disso resultando deusas gregas encenadas por mulheres de carne-e-osso que, representando a Liberdade ou a República, podiam ostentar barretes frígios e mostrar os seios. Tais carros podem ser vistos no desenho que reproduz, sob a ótica de Agostini, os «melhores momentos» do desfile de 1881. Traziam um padrão de sofisticação, diferenciação social e exibiam curiosos signos de modernidade que se misturavam ao humor, à música de bandas marciais e ao luxo copiado dos teatros. Um dos exemplos desta disposição sofisticada era a constante exibição das mais refinadas atrizes e cortesãs da cidade, prostitutas que freqüentemente vinham da velha Europa: polacas e, sobretudo, francesas como a que aparece em uma outra gravura de Agostini sobre um carro alegórico. Note-se que neste exemplo a mulher vem em companhia de um vulto estranho, de grande cabeçorra: é um «velho», dançarino de rua dos entrudos, capoeira que nossos sofisticados carnavalescos fizeram subir ao desfile elegante.

A. Agostini. *Revista Illustrada* nº 369, 1884 (detalhe).

A convivência social, acentuada ainda por nomes politizados assumidos por estas sociedades (Club dos Democráticos e dos Fenianos, por exemplo), cria a aparência do ritual que suspende hierarquias em plena sociedade escravista. Elas vêm com o propósito explicitamente pedagógico de transformar o carnaval e o país, com forte apoio da imprensa, dos intelectuais e das elites, mas se tornam rapidamente amadas pelos negros e trabalhadores pobres tendo em vista o espetáculo que oferecem e as causas extremamente populares que defendiam. Entretanto, como mostram Agostini e centenas de outras fontes, não conseguiram aniquilar antigas brincadeiras dos pobres, embora tenham agregado novos elementos às suas formas de expressão.

Entre estas formas, para além dos mascarados e «limões de cera» e outras práticas de molhadeiras ou mela-mela que tinham significados claramente diferentes se praticados entre brancos nos sobrados ou entre negros nos chafarizes e nas ruas da cidade, estavam alguns ritos coletivos. Os zé-pereiras (que mais tarde foram incorporados, em um processo de ressignificação, aos préstitos senhoriais) eram originalmente grupos de homens que tocavam bumbos ou grandes latas vazias de biscoitos pelas ruas; a guerra às cartolas era uma prática de ataque coletivo aos homens que ousassem, durante os dias da folia, apresentar-se nas ruas envergando chapéus altos —evidentes símbolos de distinção social, «inaceitáveis» sob o reinado de Momo para jovens estudantes liberais secundados pelo «molecório» das ruas que praticavam ali uma indisfarçável *revanche* social; os cucumbis, que praticamente desaparecem depois de 1890, eram autos dramáticos acompanhados de percussão e cantados em línguas africanas, nos quais irmandades negras aproveitavam o carnaval para encenar uma luta de nobres africanos contra índios (os brasileiros), vencidos obviamente pelos primeiros. O interessante era que tudo isso ainda acontecia ao mesmo tempo. Agostini o expressa em um retrato vívido que fez da rua do Ouvidor na década de 1880.

A. Agostini, «O entrudo em 1884. A rua do Ouvidor».
Revista Illustrada nº 373, 1884.

Assim, há claramente dois lados opostos nestes carnavais, entre múltiplas formas de brincar. Alguns literatos do período ainda se lembravam com nostalgia dos entrudos de sua infância como um tempo ameno onde todos «conheciam seu lugar» na hierarquia social e racial. Mas quando a abolição se aproxima, uma imensa tensão passa a revestir estas velhas brincadeiras. Na multidão que se comprime na rua do Ouvidor, as hierarquias se esvaem —e não simbolicamente, como nos rituais, mas na vida quotidiana. As etiquetas afrouxam, as regras são esquecidas, os negros ficam «abusados». Não porque soubessem que a Lei Áurea, que extinguiu a escravidão, estava próxima. Na verdade, o domínio senhorial era baseado estritamente no controle pessoal. Em um contexto de crescimento urbano, de generalização das formas «de ganho» nas relações entre senhores e escravos (nas quais os escravos podiam «viver sobre si» desde que pagassem uma diária a seus senhores), de fortalecimento do abolicionismo inclusive em suas formas de ação direta, no apoio a negros fugidos para os quais a cidade era o melhor esconderijo e da multiplicação do número de libertos, sua concentração em habitações coletivas, terreiros da religiosidade afro-brasileira, em maltas de capoeira ou espaços comuns de lazer e trabalho, as antigas formas de disciplina e controle social já não funcionavam (Chalhoub 1990).

O entrudo torna-se, neste contexto, uma ocasião perigosa. Por isso, as sociedades pretendem substituí-lo e tentam conferir sentido unívoco ao carnaval. A *happy family* não era, afinal, mera fantasia de um estrangeiro distraído: correspondia à imagem que as elites queriam construir para a festa e para o país, desde que a elas coubesse a chefia do clã. Teriam elas conseguido impor ao carnaval os significados que buscavam? Podemos procurar alguns indícios no retrato de Agostini para o carnaval de 1881. Um primeiro exemplo nos mostra que, de todo modo, não poderiam fazê-lo sem contar com a cooperação das ruas: o mesmo significado que pode explicar a presença do velho dançarino com a prostituta elegante que vimos antes está presente na imagem de uma das alegorias abolicionistas do préstito.

A. Agostini, «Carnaval de 1881» (detalhe).

Neste caso, diabinhos estão deitados sobre o carro que faz a crítica a um político que havia abandonado, «em um balão» de negociações com o governo imperial, a causa abolicionista. Como é possível que personagens execrados do entrudo e da ralé pudessem ser trazidos para dentro dos desfiles das elites? Sem nenhuma dúvida, o significado desta presença para os membros das Grandes Sociedades é único: certas partes do desfile —como alegorias políticas capazes de gerar reações violentas de adversários (comuns no período) ou mulheres cobiçadas por uma platéia pouco refinada— precisavam de proteção física. Para isso serviam diabos e velhos, representantes da liderança das ruas, hábeis dançarinos e lutadores da capoeira, temidos e respeitados pelos seus iguais. Coisa semelhante, de resto, ocorria na política marcada pelo recurso aos capangas na resolução de conflitos entre facções e partidos. Saber de que forma esta presença era interpretada por gente como eles, é uma outra questão cuja resposta talvez nos ajude a entender o prestígio generalizado destas sociedades entre a população pobre da cidade.

O desenho evidencia que as sociedades tampouco os fizeram abandonar práticas antigas ou aceitar o papel de «espectadores» que lhes estaria reservado no ritual da família feliz e ordeira: o mela-mela e a destruição de cartolas estão também retratados por Agostini, à margem do desfile mas até mais animados que eles, informação corroborada anualmente pelos pedidos que as próprias sociedades faziam publicar nos jornais, pedindo ao público que se «abstivesse» de tais folguedos, principalmente no momento da passagem dos préstitos. Um novo conjunto de elementos, finalmente, pode nos mostrar processos de ressignificação e apropriação que caracterizavam este diálogo conflituoso entre o carnaval veneziano e seus *outros*.

A. Agostini, «Carnaval de 1881» (detalhe).

Vemos aí um conjunto de velhos, diabos e outros mascarados, bumbos e foliões que «desfilam» ao lado das sociedades, misturados ao público que as assiste. Os chamados «cordões» surgem neste período como um claro tributo aos préstitos carnavalescos, organizando e dando forma processional a brincadeiras antes avulsas e espontâneas. Foram rapidamente eleitos como o pior dos adversários do «verdadeiro» carnaval, constituindo involuntariamente seu avesso aos olhos da polícia e das sociedades. Um dos elementos que se tornará mais comum entre estes desfiles de negros, velhos, diabos, batuques e zabumbas na década seguinte são os índios. Migram em massa dos cucumbis que desaparecem após a abolição, para integrar-se a esta forma popular de desfile e serão considerados tão perigosos quanto os diabos. Permanência fácil de entender se lembrarmos que os índios eram figuras rituais de cucumbis e também entidades que, nos terreiros de candomblé representam, sob a forma dos caboclos, o «dono da terra» que os orixás africanos saúdam em sua chegada. Podiam, entretanto, estar presentes, com significado bastante diverso, nas fantasias e alegorias das Grandes Sociedades.

A. Agostini, «Carnaval de 1881» (detalhe).

É interessante, por isso, buscá-los no desenho de Agostini: nele, índios aparecem como alegorias na abertura de uma das sociedades, constituindo também a fantasia de sua banda de música. No caso, trata-se da alegoria romântica da nacionalidade, encenada por senhores ilustrados. Mas talvez não parecesse isto para músicos negros contratados para tocar na banda que animava o préstito, vestidos de tangas e cocares, ou para os milhares de libertos e escravos que se acotovelavam na rua para vê-las passar. Diálogo, conflito, apropriação e ressignificação são noções inevitáveis se queremos compreender a complexidade do ritual carnavalesco e sua multiplicidade de sentidos. Um último exemplo pode ser levantado aqui em reforço a esta idéia.

A. Agostini, «Carnaval de 1881» (detalhe).

Embora claramente exclusivistas e elitistas, as sociedades podiam parecer, a parcelas do seu variado público, como exemplos notáveis de tolerância. Abolicionistas brancos e temerosos do *day-after*, como nos mostra Agostini, podiam colocar negros representando a si mesmos sobre carros de sátira política, dançando ao som de habaneras ou conhecidas árias de ópera executadas por músicos-índios da banda contratada, muitos negros como eles, entre palmas e requebros, do modo como costumavam fazer nos terreiros. Faça o próprio leitor o cruzamento destas variáveis de leitura e poderá responder, em meio às loucuras do carnaval, à clássica pergunta sobre os significados de uma simples piscadela (Geertz 1978:15-17).

Bibliografia

Alencar, Edigar de: *O carnaval carioca através da música*. 2 vols., Francisco Alves - MEC, Rio de Janeiro, 1985.

Andrews, Christopher Columbus: *Brazil, its conditions and prospects*. D. Appleton and Co., New York, 1887.

Cabral, Sérgio: *As escolas de samba do Rio de Janeiro*. Lumiar, Rio de Janeiro, 1997.

Castro, Maria Laura Viveiros de: *Carnaval carioca: dos bastidores ao desfile*. Funarte -UFRJ, Rio de Janeiro, 1994.

Chalhoub, Sidney: *Visões da liberdade*. Cia. das Letras, São Paulo, 1990.

Cunha, Maria Clementina Pereira: *Ecos da Folia. Uma história social do carnaval carioca entre 1880 e 1920*. Cia das Letras, S. Paulo, 2001.

Da Matta, Roberto: *Carnavais, malandros e heróis. Para uma sociologia do dilema brasileiro*. Zahar Ed., Rio de Janeiro, 1979.

Efegê, Jota: *Figuras e coisas do carnaval carioca*. Funarte, Rio de Janeiro, 1982.

Geertz, Clifford: *A interpretação das culturas*. Zahar, Rio de Janeiro, 1978.

Moraes, Eneida de: *História do Carnaval carioca*. Record, RJ, Rio de Janeiro, 1987 [1957].

Pereira, Leonardo Affonso de Miranda: *O carnaval das letras*. SMC, Rio de Janeiro, 1994.

Queiroz, Maria Isaura Pereira de: *Carnaval brasileiro, o vivido e o mito*. Brasiliense, São Paulo, 1992.

Soihet, Rachel: *Subversão pelo riso - O carnaval carioca da* belle époque *ao tempo de Vargas*. Editora da FGV, Rio de Janeiro, 1998.

Tinhorão, José Ramos: *História social da música popular brasileira*. Ed. Caminho, Lisboa, 1990.

Turner, Victor: *O processo ritual*. (tradução) Vozes, Petrópolis, 1974.

Viana, Hermano: *O mistério do samba*. Jorge Zahar, Rio de Janeiro, 1995.

«AUTENTICIDAD» Y REPRODUCCIÓN VISUAL: LA FIESTA Y LA DANZA ANDINAS EN EL CONTEXTO DE LA GLOBALIZACIÓN

Gisela Cánepa Koch
Pontificia Universidad Católica del Perú, Lima

RE-CONTEXTUALIZACIÓN E IMAGEN EN LA FIESTA DE LA VIRGEN DEL CARMEN DE PAUCARTAMBO

La presencia de la cámara fotográfica y de vídeo en los contextos de las fiestas religiosas andinas es ya un hecho familiar. Ella ya no es un agente ajeno, sino que se ha convertido en un elemento constitutivo más. De tal modo que, si seguimos asumiendo que la fiesta y las danzas son prácticas a través de las cuales se recrean y transforman identidades[1], entonces es necesario tomar en cuenta que la reproducción visual de aquellas forma parte de tal proceso[2].

---

[1] En los últimos años se ha puesto especial interés en entender los rituales y las formas de representación cultural como espacios de confrontación, debate y negociación. Dentro de esta misma lógica se ha buscado des-esencializar los conceptos de identidad étnica, de género y generación, redefiniéndolos como procesos en vez de realidades preestablecidas, delimitadas y fijas. Desde tal perspectiva varios trabajos han explorado estos procesos en contextos festivos y rituales andinos; al respecto ver Poole 1994, De la Cadena 2000, Mendoza 2000, Romero 2001, Cánepa 1998, 2001, Volinski 2001, Bigenho 2001.

[2] Este hecho aún no ha sido suficientemente explorado en los estudios sobre identidad y formas de cultura expresiva andinas, aunque las etnografías desde hace tiempo dan cuenta de la presencia de los medios audiovisuales en los contextos festivos. Es en el campo de la antropología visual que la importancia de los medios audiovisuales en

Uno de los cambios que la presencia de la cámara ha generado se da en términos del debate sobre «autenticidad» que tanto ocupa y preocupa a los danzantes, y que yo me propongo abordar en el presente trabajo. En el contexto actual de procesos migratorios importantes, la popularización de las tecnologías y medios audiovisuales, la mercantilización de la cultura y la aparición de nuevas audiencias, así como de nuevos consumidores y nuevos modos de consumir, las prácticas rituales y coreográficas no sólo han sido re-contextualizadas por migrantes andinos en la ciudad, sino que han sido apropiadas por los medios y el mercado. Este proceso ha provocado, como quiero argumentar, el cuestionamiento de los tradicionales referentes de «autenticidad».

Me propongo específicamente discutir, por un lado, cómo es que la inscripción de la fiesta y las danzas como textos visuales ofrece nuevos recursos para la apropiación de las prácticas festivas y coreográficas por grupos diversos, y por el otro, cómo este proceso afecta el propio debate sobre «autenticidad» y reinventa la definición misma de la fiesta y de las danzas.

El contexto etnográfico que servirá de marco para esta reflexión es la fiesta de la Virgen del Carmen que se celebra en el pueblo de Paucartambo en la provincia del mismo nombre en el departamento del Cuzco. He venido investigando la fiesta desde 1989 cuando visité el pueblo por primera vez (Cánepa 1998). A lo largo de estos doce años han ocurrido muchos cambios. En la actualidad, para realmente entender su dinámica cultural, me he visto obligada a moverme entre la fiesta que se celebra en el pueblo y la fiesta que realizan los migrantes paucartambinos en Lima (Cánepa 1996).

En el pueblo de Paucartambo la fiesta de la Virgen del Carmen se celebra del 15 al 18 de julio de cada año. Incluye una serie de ceremonias que son comunes a las fiestas religiosas en los Andes. Se trata de la veneración a un Santo Patrón que representa a una comunidad local. A través de actos celebratorios, como misas, procesiones, quema de fuegos artificiales y danzas, se entabla una relación de reciprocidad con la imagen venerada, que a cambio brinda protección, salud, bienestar económico y armonía a sus devotos.

los procesos de constitución y negociación de identidad han sido tomados en cuenta; al respecto ver Turner 1992 y Poole 2000.

El atractivo más grande de esta fiesta son sus danzas. Si bien muchas de ellas no son originarias del pueblo, éstas han logrado conquistar su condición de «paucartambinas» al desarrollar una serie de características distintivas a nivel del vestuario, la música y la coreografía. A través de las transformaciones estéticas y estilísticas, los danzantes han creado un repertorio propio que por otro lado se ha legitimado como representativo del folklore cuzqueño. La exitosa participación en concursos folklóricos regionales[3], el interés por parte de los medios de masa como la TV, las revistas de turismo, las agencias publicitarias, así como las instituciones culturales y artísticas[4] privadas y estatales y las académicas (folkloristas y antropólogos)[5], ha sido determinante. El éxito de esta política de difusión y legitimación del repertorio coreográfico paucartambino se ha traducido en el nombramiento oficial de Paucartambo como provincia folklórica del Cuzco.

En la actualidad existen 16 *comparsas* de danzantes diferentes, cada una baila una coreografía propia y cuenta con su propio acompañamiento musical, así como con máscaras y vestuarios distintivos. La vitalidad de estas expresiones es tal que cuatro de las 16 danzas han sido introducidas en los últimos 5 años, ampliando y reinventando el repertorio de danzas paucartambinas.

La realización efectiva de la fiesta pasa por un complejo sistema de mayordomías o cargos, basado en compromisos de intercambio recíproco. Aunque se observa una creciente tendencia al cambio en el sentido que los cargos dejan de ser asumidos por personas para pasar a ser tomados por grupos o instituciones, siguen distinguiéndose dos mayordomías centrales. La de mayor jerarquía es la del *prioste* que es la autoridad máxima de la fiesta y que, en los últimos años, está siendo asumida de manera alternada por los cinco barrios que conforman el pueblo. Esto se ha realizado con el argumento de que debido a la migración las personas que estaban asumiendo el cargo de *prioste* no residían ya en el pueblo, ni mantenían vínculos familiares con los residentes en él. Es importante señalar que uno de los criterios de autenticidad más importan-

---

[3] Al respecto ver el trabajo de Mendoza 2001.

[4] El grupo de teatro Yuyashkani, por ejemplo, ha tomado la fiesta de Paucartambo como motivo de investigación e inspiración para sus propios proyectos artísticos.

[5] El rol de los discursos intelectuales locales, regionales y nacionales en este proceso ha sido abordado en Poole 1994; Cánepa 1998; De la Cadena 2000.

tes ha sido el de la territorialidad. Dentro de esta lógica es el espacio físico del pueblo, así como su entorno geográfico lo que otorga identidad. Haber nacido en el pueblo o residir en él siguen siendo argumentos que se exponen para debatir en torno a la «autenticidad»[6].

De otro lado se encuentran los mayordomos o *carguyoc* de cada *comparsa*. Estos asumen por un año los gastos de la participación de una danza en la fiesta. En este nivel, han sido las instituciones del estado y las empresas privadas como las compañías cerveceras las que han ido adquiriendo protagonismo. Los cambios señalados aquí pueden ser observados en muchos otros lugares de los Andes y están vinculados a procesos mayores como la conformación de identidades regionales o nacionales, la mercantilización de la cultura y las dinámicas entre lo local y lo global, dentro de los cuales las manifestaciones rituales y de cultura expresiva se encuentran enmarcadas.

En Lima la fiesta de la Virgen del Carmen se celebra el fin de semana anterior al 15 de julio. La dinámica temporal y espacial de la vida en la ciudad obliga a fijar la celebración en los días del fin de semana. Los danzantes en Lima argumentan diciendo que de ese modo tienen tiempo para asistir a la fiesta en Paucartambo y bailar allí. Sin embargo, eso no sucede en la práctica y el deseo de algunos danzantes de Lima de bailar en Paucartambo es motivo de complejas y difíciles relaciones entre las *comparsas* de ambos lugares, que en la mayoría de los casos hacen referencia a rupturas en vez de a relaciones de continuidad. Por otro lado, esta alteración en las fechas contribuye a marcar y legitimar el pueblo como «el lugar de origen» a través de un recurso calendárico.

En la actualidad, después de 15 años de iniciadas las celebraciones en Lima, se han logrado instituir 10 de las 16 danzas que se bailan en Paucartambo. En este proceso ha sido notorio el esfuerzo de los migrantes en Lima por mantenerse fieles a la tradición paucartambina, pero también por mantenerse al día con las innovaciones que allí se suceden. Por esa razón se ha priorizado en los últimos años la introducción de las danzas que han renovado el repertorio del pueblo, a pesar de que muchas de las más tradicionales aún no se han recreado en la ciudad.

La fiesta se inicia, siguiendo el patrón festivo de Paucartambo, con la entrada de los danzantes y el traslado de ceras, pero termina el domingo con el almuerzo y la presentación de danzas. La presentación de

[6] Al respecto ver Cánepa: en prensa.

las danzas sobre un tabladillo a manera de escenario improvisado, alrededor del cual se ubican los devotos de la virgen y sus amigos y familiares, constituye una innovación. Complementa este espectáculo un director de ceremonias que presenta a cada una de las *comparsas* y realiza una explicación acerca de su coreografía, vestuario, música, personajes, origen y significado de la danza que se interpreta.

Esto alude al reconocimiento por parte de los danzantes de que la fiesta y sus danzas están siendo expuestas a nuevas audiencias que precisan de una explicación de lo que ven. El contexto paucartambino no está libre de estos procesos. Ya hace varios años que la municipalidad y las *comparsas* de danzantes anuncian la fiesta y sus danzas con afiches que son colocados en la ciudad del Cuzco, y que están dirigidos al turismo nacional e internacional. La municipalidad incluso ha tenido la iniciativa de repartir volantes durante los días de fiesta en los que se explica el origen y significado de las danzas y las distintas ceremonias festivas.

Pero el sentido último de estas innovaciones apunta al hecho que detrás del reconocimiento de la existencia de un público se encuentra la noción de que la fiesta y las danzas constituyen eventos para ser exhibidos y para ser vistos, es decir que conforman puestas en escena. Si bien desde la teoría de la *performance*[7] se argumenta que todo ritual festivo o religioso supone una puesta en escena, ésta está dejando de ser un modo de realización para convertirse en la esencia misma y en el sentido mismo de aquél. Volveré sobre este punto luego.

La re-contextualización de la fiesta y las danzas en Lima ha introducido innovaciones, pero también ha provocado la eliminación de algunas costumbres como, por ejemplo, la visita al cementerio y la realización de la *guerrilla*, que es una batalla ritual entre dos de las

---

[7] Dentro del debate teórico la definición de la fiesta y las danzas como puesta en escena ha renovado los estudios sobre ritual y cultura expresiva. Desde la antropología de la *performance* (Tambiah 1979, Sullivan 1986, Fernandez 1986, Turner 1987) las representaciones festivas y rituales han dejado de entenderse como simples representaciones, reflejos o epifenómenos en una realidad social preexistente. Por lo tanto, cada representación ritual o festiva es considerada como un evento en sí mismo, un espacio de creatividad, debate y negociación en el que agentes específicos, desde posiciones particulares y en contextos históricos determinados negocian los significados, identidades y visiones del mundo que son puestos en escena. En este sentido el ritual pasa a ser una práctica con poder constitutivo de lo social, así como un espacio de reflexión, memoria y crítica cultural (Cánepa 2001).

comparsas de danzantes, que luchan por apropiarse simbólicamente de la virgen. La puesta en escena de la *guerrilla* implica una serie de juegos humorísticos que aluden a contenidos eróticos y a transgresiones sociales y culturales. Los danzantes en Lima argumentan que este tipo de comportamientos ya no es adecuado en el contexto de una «ciudad moderna», y que además en Lima no se tiene un conocimiento de la tradición ritual y mitológica que permitiría interpretar correctamente el sentido de esta representación. Cualquiera que sea la razón, lo que nos indica este tipo de argumentos es el hecho de que existe una actitud reflexiva con respecto a lo que son la fiesta y las danzas en tanto puestas en escena. En tal sentido, existe una conciencia que éstas están dirigidas a una audiencia y que tienen como objetivo lograr una comunicación efectiva y eficiente con ella. Nuevamente nos encontramos frente al hecho de que estas manifestaciones rituales y religiosas se van constituyendo en prácticas culturales que se diseñan en torno a su condición de puestas en escena, podemos decir, su condición de imágenes: como manifestaciones que se exhiben y que son vistas, y que por lo tanto están sujetas a escrutinio y juicio.

El hecho de dejar de realizar la visita al cementerio se justifica con dos tipos de argumentos. Primero se dice que el cementerio está muy lejos de la iglesia donde se realiza la fiesta y que no se dispone del tiempo necesario para incluir la visita en el cronograma festivo. Se agrega, luego, que en realidad los paucartambinos tienen sus muertos en el cementerio del pueblo de Paucartambo, subrayando de esta manera nuevamente la condición de éste como referente de autenticidad, es decir, como el «lugar de origen».

Sin embargo, estos argumentos se han ido desdibujando en los últimos años, especialmente porque los danzantes en Lima inevitablemente empiezan a enterrar a los suyos en la ciudad, aunque hay que aclarar que unos pocos aún hacen esfuerzos de llevar los cuerpos de sus fallecidos a ser enterrados en Paucartambo. En los últimos años he podido observar el caso de una de las *comparsas* que de manera aún individual está reviviendo la costumbre de la visita al cementerio. Este hecho, al igual que las propuestas que están empezando a discutirse en torno a la posibilidad de celebrar la fiesta en Lima en la misma fecha que en Paucartambo, son todos indicios de que el pueblo y su fiesta están dejando de ser los referentes de autenticidad de la tradición e identidad paucartambinas. En este sentido, el proceso de migración y la re-contextualización de la fiesta y las danzas paucartambinas en Lima tienen un efecto descentralizador con respecto al pueblo como «el lugar de origen». Pero quiero, a continuación, profundizar algo acerca de cómo el uso del vídeo influye en este proceso.

EL USO DEL VÍDEO: POLÍTICAS DE REPRESENTACIÓN Y APROPIACIÓN CULTURAL DE LAS COMPARSAS DE DANZANTES

En el contexto que aquí presento, como sucede en menor o mayor medida en otros lugares de los Andes, las *comparsas* de danzantes son instituciones complejas que cumplen con diferentes funciones al mismo tiempo[8]. Son el marco institucional que garantiza la participación efectiva de una danza en la fiesta y que, por otro lado, define y establece sus límites sociales, agrupando y distinguiendo individuos y grupos dentro de una comunidad mayor. Cuenta con una organización interna y una serie de reglas y normas, que entre otras cosas regula su funcionamiento, establece las obligaciones y derechos de los danzantes, e impone parámetros para la admisión de nuevos integrantes. En ese sentido la ceremonia del bautizo marca ritualmente la incorporación de un nuevo miembro al grupo y refuerza su carácter comunitario.

Las *comparsas*, además, son unidades de creación estética, a través de la cual se establecen distinciones entre los grupos sociales que en ellas se ven representados. Apelando a una poética basada en el uso de metáforas y recursos sensoriales, se logra una identificación plena entre los danzantes y los personajes representados en las danzas, esencializando y naturalizando de ese modo diferencias y jerarquías sociales y culturales que las *comparsas* establecen en el plano social. Cuando uno pregunta a un danzante por qué baila una u otra danza, la respuesta inmediata es: «porque me nace». Es en este sentido que estas manifestaciones coreográficas han sido efectivas como espacios para la construcción, la reproducción y la legitimación, pero también para el cuestionamiento de identidades sociales.

En el contexto que nos ocupa y en el Cuzco en general, las manifestaciones coreográficas juegan un papel clave en la constitución de distinciones de carácter étnico entre indios y mestizos. Al respecto debo mencionar que el repertorio de danzas paucartambinas se ha instituido

[8] Ver Cánepa 1998, Mendoza 2000, Ráez 2001.

como un repertorio de danzas mestizas, distinguiéndose de aquéllas que son interpretadas por los indios de las comunidades circundantes que bajan al pueblo para celebrar a la virgen del Rosario. En tal sentido las danzas se han hecho exclusivas de grupos étnicos particulares, aunque es justamente esta exclusividad la que se pone en debate en contextos de transformación social. Es entonces que el debate por la «autenticidad» adquiere relevancia[9].

Otro elemento constitutivo de las *comparsas* es su función religiosa, que se resume en su carácter devocional. Las danzas son las ofrendas más valoradas en el intercambio recíproco entre los hombres y sus divinidades. Como experiencia religiosa, éstas pueden ser entendidas, además, como formas de sacrificio y comunión con lo sagrado, que encuentran su sentido en el plano corporal, es decir, que la experiencia de lo sagrado se hace posible gracias a la danza como una práctica estética y una técnica del cuerpo[10].

Desde el punto de vista religioso, las danzas paucartambinas deben ser bailadas exclusivamente en el contexto de la celebración a la Virgen del Carmen. Este argumento es otro que tiende a esencializar la identidad mestiza paucartambina que estas danzas representan, ya que la imagen de la Virgen del Carmen es identificada como la virgen de los paucartambinos mestizos en oposición a la imagen de la Virgen del Rosario, la patrona de los indios de las comunidades campesinas[11]. El hecho que estas danzas se presentan en otros contextos de escenificación como concursos folklóricos regionales[12], festividades folklóricas o programas de TV, e incluso su propia re-contextualización en Lima, constituyen entonces verdaderos retos para aquellos grupos que tradicionalmente se han atribuido los derechos de exclusividad sobre ellas.

De lo dicho hasta aquí, debe quedar claro que el debate en torno a la autenticidad de las danzas, que se plantea en términos de quién baila, dónde se baila, qué se baila y cómo se baila, constituye un tema que

---

[9] Un análisis más exhaustivo acerca de los referentes de autenticidad que son invocados se encuentra en Cánepa (en prensa).

[10] Sobre técnicas corporales vinculadas a experiencias de lo sagrado como parte del proceso de reformación de identidades ver Comaroff 1985.

[11] Sobre esta dicotomía se puede encontrar un análisis más detallado en Cánepa 1998.

[12] Sobre el efecto de los concursos regionales en el desarrollo de estas danzas y su rol en el proceso de folklorización de éstas ver Mendoza 2001.

ocupa y preocupa tanto a los investigadores, como, en primer lugar, a los propios danzantes, ya que es a través de estos debates que se delimitan, contestan y negocian las fronteras de la identidad paucartambina, así como la de los diferentes grupos que la conforman.

La inscripción de la fiesta y las danzas como registros visuales ha tenido un importante impacto en el debate en torno a la «autenticidad» y en la dinámica de negociación cultural que ésta implica. La introducción de la fiesta y las danzas en el mercado, el turismo y los medios, a través de su difusión visual, así como los procesos de migración han sido fenómenos claves en la redefinición de éstas como imágenes objetivadas en textos visuales. Este es uno de los sentidos en los que la fiesta y las danzas tradicionales andinas han sido introducidas en y afectadas por el proceso de globalización y mercantilización de la cultura. Una consecuencia de este proceso es justamente el hecho de que la autenticidad de una expresión se convierte en un valor objetable e incluso irrelevante para su existencia autorizada[13], ya que es el valor de exhibición, más que la condición original de una manifestación expresiva, lo que empieza a ser valorado. Sin embargo, sería correcto entender este proceso no como una evolución de la fiesta y las danzas andinas de lo tradicional a lo moderno, o de lo local a lo global, sino más bien como la introducción de nuevos argumentos de los que diferentes grupos hacen uso para legitimar sus identidades y negociar su lugar en el contexto de relaciones de poder y estructuras jerárquicas más amplias.

Con respecto al debate por la «autenticidad» en el contexto de la reproducción visual, habría que tomar en cuenta los distintos agentes y miradas que están detrás de las tantas cámaras fotográficas y de vídeo que ya forman parte del panorama festivo. Sin embargo, me voy a limitar a reflexionar en torno a los casos en los que son los propios danzantes los que toman la cámara. Estoy dejando de lado, aunque no por eso dejan de ser relevantes, los casos en los que estas manifestaciones son registradas visualmente por antropólogos, cineastas, reporteros y publicistas.

Una de las situaciones a la que quiero hacer referencia tiene que ver con que el acceso cada vez más fácil a las tecnologías de registro au-

---

[13] Acerca del efecto de la reproducción mecánica sobre el valor original en las obras de arte, aunque aún no contextualizado en la era electrónica, ver el texto clásico de W. Benjamin (1969).

diovisual ha hecho posible que los indios de las comunidades campesinas de la provincia de Paucartambo, que solamente participan de la fiesta de la Virgen del Carmen en calidad de observadores, puedan grabar la música y filmar las coreografías de las danzas mestizas que de otro modo les estaban vedadas. Con estos registros los danzantes luego aprenden y recrean estas danzas presentándolas localmente en sus propias fiestas patronales. Esta constituye una nueva manera de apropiarse y de reinventar manifestaciones ajenas cuestionando de ese modo las fronteras y distinciones étnicas entre indios y mestizos que instituyen.

Estas prácticas de registro, podríamos decir, de registro etnográfico de la música y danzas festivas, tiene una larga tradición en el contexto cuzqueño. Los intelectuales cuzqueños del indigenismo, en las primeras décadas del siglo XX hicieron grandes esfuerzos por crear un repertorio coreográfico y musical que representara al *Nuevo Indio* como una síntesis entre lo indígena y lo español (De la Cadena 2000; Mendoza 2000). Parte de este esfuerzo consistió justamente en registrar, en ese tiempo sin cámaras de vídeo aún, las danzas locales con el fin de estudiarlas e identificar en ellas aquellos elementos que pudieran ser distintivos de una identidad andina y cuzqueña, pero también para, a partir de eso, crear versiones coreográficas que sintetizaran y dieran un carácter más universal a esta nueva identidad. El repertorio de danzas folklóricas cuzqueñas que hoy se baila, y que principalmente se difunde en la TV y para el consumo turístico, es en gran parte resultado del proyecto indigenista cuzqueño.

Los campesinos indígenas que registran hoy en vídeo las danzas mestizas paucartambinas no cuentan ni con la autoridad, ni con el profesionalismo de los indigenistas de antes o de los antropólogos de ahora, pero manejan una herramienta que en el contexto contemporáneo por sí sola ha adquirido gran autoridad. Está aún ampliamente difundida la noción de que la fotografía y el vídeo garantizan registros objetivos de la realidad, y es esa autoridad de lo visual lo que les otorga a su vez autoridad a los danzantes indígenas para argumentar en favor del hecho de estar escenificando una versión fiel y auténtica de los danzantes mestizos. Por lo tanto, estas nuevas tecnologías no sólo son utilizadas por los indígenas de la zona como formas de registro, sino también como argumentos para otorgar autoridad a las versiones coreográficas que a partir de ellas son recreadas e interpretadas. El interés último no está puesto en la inscripción de las danzas en textos visuales, sino en la posibilidad de traducirlas en una práctica coreográfica autorizada.

Un segundo contexto en el que se puede observar el uso del vídeo es entre los danzantes en Lima. Muchos de los danzantes que bailan allí son hijos de migrantes o migrantes de otras provincias del Cuzco. Por lo tanto, en muchos casos no conocen las coreografías que quieren recrear para la fiesta en Lima, ni tienen vínculos sociales o de parentesco que les permitan invitar a algún danzante del pueblo que los pudiera instruir. Estos danzantes han recurrido a los vídeos que informalmente les traen sus amigos y familiares de Paucartambo. Pero estos registros han sido hechos con la lógica de filmar sólo algunas escenas de toda la fiesta y sobre todo aquellos momentos y lugares donde aparecen personas conocidas. La intención es llevar un recuerdo y no documentar la fiesta. Por otro lado, como las coreografías pueden durar más de 30 minutos y no se suele bailar la totalidad de una coreografía sino partes de ésta, distribuidas a lo largo de los días de fiestas, resulta casi imposible que estas filmaciones registren todo el baile. La estrategia de los danzantes en Lima ha sido reconstruir la coreografía juntando las imágenes de distintos vídeos a modo de una edición.

Por otro lado, hay algunos danzantes que han empezado a ir a Paucartambo para hacer registros más sistemáticos. En ambos casos la idea que subyace estas estrategias de apropiación a través de lo visual es que, registrada de manera analógica, el conocimiento de una danza puede ser extraído del documento visual. Por lo tanto, el registro visual de las danzas genera documentos que garantizan su transmisión y reproducción auténtica de generación en generación. Este argumento lleva implícita la noción de cultura e identidad como algo que puede ser aprendido. En el contexto de las danzas paucartambinas esto constituye un reto a la manera tradicional de entender la identidad, según la cual «el paucartambino nace bailando». Según esta lógica, la danza y la identidad que ella representa no son un asunto de aprendizaje, sino de esencia y herencia que se adquieren a través de lazos de sangre o por haber nacido en el pueblo. De esta manera se entiende que las estrategias de apropiación de las danzas paucartambinas a través de su registro visual tienen un efecto des-esencializador y des-territorializador de la identidad paucartambina. Dentro de esta lógica alguien que no ha nacido en el pueblo o que no sea descendiente de paucartambinos puede aprender la danza y ejecutarla según lo dicta la tradición. El entendimiento de la identidad como algo que se puede adquirir, es un argumento importante que los jóvenes danzantes han asumido como discurso; se puede «hacer los cuerpos a la danza» afirman. Este, sin embargo, es debatido por aquellos otros grupos de danzantes que sienten amenazados sus derechos de exclusividad sobre sus danzas.

Es interesante notar que las *comparsas* de danzantes que argumentan dentro de concepciones más esencialistas de la cultura no dejan de estar interesados en los registros visuales, pero entienden el valor de éstos en otro sentido. Desde esta otra perspectiva la tradición paucartambina no estaría contenida en las imágenes, sino en la memoria que éstas pueden evocar, y que se transmite a través de la palabra. Los vídeos no tendrían valor como documento, sino como catalizadores de experiencias colectivas. Además no podrían contener en sí una verdad, ya que ésta dependería de su interpretación correcta, que sólo puede ser hecha por los que conocen la tradición. En otras palabras, los registros visuales de las danzas no serían documentos independientes de los sujetos autorizados para interpretarlos. Es por esta misma razón que los danzantes que argumentan por la autenticidad de sus danzas dentro de esta línea de razonamiento, desautorizan constantemente mis técnicas y métodos etnográficos como una forma de conocimiento verdadero. Mientras que, por otro lado, aquellos que hacen esfuerzos por sistematizar las danzas con el fin de aprenderlas, me consultan acerca de cómo proceder «etnográficamente».

NUEVOS REFERENTES DE AUTENTICIDAD: LA DESCENTRALIZACIÓN DEL «LUGAR DE ORIGEN»

Como ya he señalado, el pueblo como «el lugar de origen» constituye uno de los referentes de autenticidad aún muy importantes que los danzantes aducen en sus debates. Existen una serie de mecanismos sociales y rituales que han estado en práctica y que han constituido al pueblo como referente de autenticidad. Algunos de estos mecanismos han sido la consolidación de un repertorio coreográfico reconocido como propio del pueblo, aunque muchas de las danzas que se bailan hoy allí en realidad han sido apropiadas de otras provincias del Cuzco. A través de este proceso, como ya he mencionado antes, se ha logrado particularizar las versiones de Paucartambo a través de modificaciones en el vestuario, la música y la coreografía, pero también difundiendo y autorizando las versiones paucartambinas a través de su exitosa participación en concursos folklóricos regionales.

Por otro lado, la procesión, la entrada de las *comparsas*, la *guerrilla* misma, las letras de las canciones, los relatos sobre el origen de la fiesta y de la devoción por la Virgen del Carmen de Paucartambo, son todos mecanismos simbólicos y rituales que apuntan a la delimitación del pueblo como el espacio físico y geográfico propio de la identidad paucartambina.

En las reuniones previas a la fiesta es común asistir a una serie de coordinaciones y discusiones en torno a un conjunto de detalles organizativos y otros que competen a la puesta en escena de las danzas. En Lima gran parte del debate se centra en torno al esfuerzo por realizar la fiesta y las danzas con mayor fidelidad a la versión original. En ese sentido los danzantes más viejos, que por lo general han nacido en Paucartambo e incluso han bailado allí, son la voz autorizada para ser consultados y quienes determinan si se está realizando la fiesta y las danzas en concordancia con la auténtica tradición.

Sin embargo, los danzantes jóvenes han empezado a cuestionar estas voces autorizadas, para lo cual recurren a nuevos referentes de autenticidad. En vez de hacer referencia a la fiesta en Paucartambo, que no conocen, hacen referencia a los registros visuales de ésta, que siempre son versiones parcializadas, y que no necesariamente tienen que coincidir con lo que cuentan los mayores de ella; de tal modo que hacen referencia a ellos para cuestionar la opinión de los más viejos. Pero además, en estas discusiones, se ha empezado a hacer alusión ya no sólo a los registros visuales de la fiesta en Paucartambo, sino además a los registros de la fiesta en Lima. De tal modo que los jóvenes, en vez de tomar como referente de autenticidad la fiesta en Paucartambo, se refieren a la propia fiesta en Lima, apelando a los registros de años anteriores. Esto implica un cambio en el sentido de que el referente de autenticidad deja de estar territorializado (el pueblo como el «lugar de origen») para pasar a ser de carácter temporal («así como se ha bailado en años anteriores»).

La autoridad otorgada a la imagen visual como registro analógico de la realidad, pero también los efectos de una cultura televisiva que borra las fronteras entre realidad y ficción[14], es lo que hace posible que el tipo de referentes visuales al que apelan los jóvenes danzantes adquiera validez. La presencia y difusión que está alcanzando la fiesta paucartambina en el contexto actual, a través de los medios de masa y las publicaciones de promoción turística, contribuyen a este fenómeno. En principio es la fiesta de Paucartambo la que ha sido registrada por los

---

[14] Sobre esta temática ver Augé y Bixio 1998.

medios, por ejemplo, a través de informes noticiosos y documentales de TV. Para muchos danzantes en Lima, por lo tanto, la fiesta de Paucartambo, que nunca ha sido experimentada, existe en tanto registro y experiencia visual. Una vez que la fiesta de Paucartambo queda constituida como imagen, ésta es objetivada y descontextualizada de tal modo que se independiza de su referente territorial y de su condición de práctica cultural. Transformada en este sentido, la fiesta en Paucartambo puede ser ubicada en el mismo plano que la fiesta en Lima, que, a su vez, también ha sido objetivada como texto visual. Podemos agregar que como textos visuales ambas fiestas y ambos lugares pueden competir en igualdad de condiciones para constituirse en referentes de autenticidad legítimos.

REFLEXIONES FINALES

Aunque la re-contextualización de la fiesta y las danzas en nuevos contextos y para nuevas audiencias ya ha estado transformando la fiesta y las danzas en algo para ser visto, es la introducción de la cámara de vídeo lo que ha terminado por consolidar su nueva condición como imagen. Este proceso ha tenido como consecuencia la des-territorialización y des-esencialización de los referentes de autenticidad de la identidad paucartambina, lo cual es aprovechado por algunos grupos de danzantes para legitimar sus propias versiones del repertorio coreográfico de Paucartambo.

La constitución de la fiesta y de las danzas como imagen, pero sobre todo el acceso, aunque limitado, a las tecnologías de registro audiovisual, que ha permitido que los danzantes se involucren en esta especie de práctica auto-etnográfica, es lo que ha dado lugar a una actitud reflexiva de los danzantes con respecto a sus propias prácticas coreográficas. De este modo las reconocen no sólo como una dimensión religiosa y cultural de sus vidas, sino también política. Hay plena conciencia de que las fiestas y las danzas son espacios a través de los cuales pueden construir una imagen de sí mismos y encontrar un lugar en el imaginario global. Pero así como hay entusiasmo de algunos grupos de danzantes por salir del ámbito local, otros ven con preocupación lo que consideran el costo de entrar en el sistema y cuya conveniencia ellos mismos definen como la «mercantilización de la cultura». Muchos de ellos opinan además que en realidad no controlan los recursos tecnológicos, ni sociales y económicos para manejar y negociar favorablemente las imágenes que de su fiesta y sus danzas y por lo tanto de ellos mismos han empezado a circular. Son estos grupos los que optan por retraerse y los que deslegitiman el registro visual como forma de conocimiento verdadero. Es en el contexto de este dilema, entonces, que los danzantes sostienen sus debates en torno a la autenticidad de sus prácticas, transformando su fiesta y sus danzas a la vez que se transforman ellos mismos.

Bibliografía

Augé, Marc y Bixio, Alberto Luis: *La guerra de los sueños, ejercicios de etno ficción*. Gedisa Editorial, Barcelona, 1998.

Benjamin, Walter: «The work of art in the age of mechanical reproduction». En: *Illuminations*. Schoken Books, pp. 217-251, New York, 1969 [1936].

Bigenho, Michelle: «¿Por qué no todos sienten nostalgia? Letras de canciones e interpretación en Yura y Toropalca (Potosí, Bolivia)». En: Gisela Cánepa (ed.), *Identidades representadas: Performance, experiencia y memoria en los Andes*. Fondo Editorial de la Pontificia Universidad Católica del Perú, pp. 61-92, Lima, 2001.

Cánepa, Gisela: «Identidad regional y migrantes en Lima: la fiesta de la Virgen del Carmen de Paucartambo». En: N. Ross Crumrine and Bernd Schmelz (eds.), *Estudios sobre el Sincretismo en América Central y en los Andes*. Serie Bonner Amerikanistische Studien (Holos, 26), pp. 153-185, Bonn, 1996.

— *Máscara, Transformación e Identidad en los Andes: la fiesta de la Virgen del Carmen en Paucartambo-Cuzco*. Fondo Editorial de la Pontificia Universidad Católica del Perú, Lima, 1998.

— «Poéticas y políticas de identidad: el debate por la *autenticidad* y la creación de *diferencias* étnicas y locales». En: Norma Fuller (ed.), *Interculturalidad y política*. Red para el Desarrollo de las Ciencias Sociales en el Perú, Lima, (en prensa).

— (ed.): *Identidades representadas: performance, experiencia y memoria en los Andes*. Fondo Editorial de la Pontificia Universidad Católica del Perú, Lima, 2001.

Comaroff, Jean: *Body of Power, Spirit of Resistance, the Culture and History of a South African People*. University of Chicago Press, Chicago & London, 1985.

De la Cadena, Marisol: *Indigenous Mestizos. The Politics of Race and Culture in Cuzco, Peru, 1919-1991*. Duke University Press, Durham & London, 2000.

Fernandez, James: *Performances and Persuasions. The play of tropes in culture*. Indiana University Press, Bloomington, 1986.

MENDOZA, Zoila: *Shaping Society through dance*. University of Chicago Press, Chicago & London, 2000.

— «Definiendo el Folklore. Identidades mestizas e indígenas en movimiento». En: Gisela Cánepa (ed.), *Identidades representadas: performance, experiencia y memoria en los Andes*. Fondo Editorial de la Pontificia Universidad Católica del Perú, pp. 149-197, Lima, 2001.

POOLE, Deborah: «Performance, Domination and Identity in the Tierras Bravas of Chumbivilcas (Cusco)». En: Deborah Poole (ed.). *Violence, power and cultural identity in the highlands of Southern Peru*, Denver, pp. 97-134, Westerview Press, 1994.

— y MARTÍNEZ, Maruja: *Visión, raza y modernidad. Una economía visual del mundo andino de imágenes*. Sur Casa de Estudios del Socialismo, Lima, 2000.

RÁEZ, Manuel: «Géneros representados. Construcción y expresión de los géneros a través de las dramatizaciones campesinas de Semana Santa en Yanamarca, Junín». En: Gisela Cánepa (ed.), *Identidades representadas: performance, experiencia y memoria en los Andes*. Fondo Editorial de la Pontificia Universidad Católica del Perú, pp. 281-307, Lima, 2001.

ROMERO, Raúl: *Debating the Past. Music, Memory and Identity in the Andes*. Oxford University Press, Oxford & New York, 2001.

SULLIVAN, Lawrence E.: «Sound and Senses: Towards a Hermeneutics of Performance». En: *History of Religions*, Vol. 26, No.1, August 1986. University of Chicago, Chicago, 1986.

TAMBIAH, Stanley: «A performative approach to ritual». *Radcliff-Brown Lecture. From the Proceedings of the British Academy*, London, Vol. LXV, University Press, pp. 113-169, Oxford, 1979.

TURNER, Victor: *The Anthropology of Performance*. PAJ Publications: New York, 1987.

TURNER, Terence: «Defiant Images. The Kayapo appropiation of video». En: *Anthropology Today*, Vol. 8, No. 6, pp. 5-16, December, 1992.

VOLINSKI, Nan: «Poniéndose de pie. Técnicas de interpretación del violín y resurgimiento étnico entre los quechuas de Saraguro, Ecuador». En: Gisela Cánepa (ed.), *Identidades representadas: performance, experiencia y memoria en los Andes*. Fondo Editorial de la Pontificia Universidad Católica del Perú, pp. 117-147, Lima, 2001.

LOS RITUALES DE LA MEMORIA NEGADA: LOS CARNAVALES DE LA CIUDAD DE MÉXICO

Andrés Medina Hernández
UNAM, México

LA ETNOGRAFÍA

Uno de los más importantes enfoques seguidos por las investigaciones etnográficas acerca de los carnavales en los pueblos indios mexicanos ha sido el de la búsqueda de sus raíces mesoamericanas y de los procesos de reinterpretación de las influencias de origen europeo; no obstante, carecemos todavía de una buena cobertura de esta fiesta en las diferentes regiones del país, pues contamos solamente con registros etnográficos de la Huasteca (Galinier 1990; Williams 1989; Reyes 1960), los Altos de Chiapas (Bricker 1986; Castro 1962; Becquelin-Monod y Breton 1979; Medina 1965; Ochiai 1991), los pueblos mayos (Crumrine 1974) y la región tarahumara (Bonfiglioli 1995).

De aquellos otros carnavales con una fuerte influencia afrocaribeña, como los de Veracruz, Mérida y Campeche, entre otros, no existe ninguna investigación todavía; encontramos solamente notas y reportajes, a lo sumo. Un valioso testimonio literario y musical, más bien de rescate, lo ofrece el escritor Juan de la Cabada, quien transcribe el parlamento y la música de una comparsa del Carnaval de Campeche (De la Cabada 1970).

En mucho de esta situación ha tenido que ver la poderosa influencia nacionalista del siglo xx, la cual ha otorgado un énfasis particular a la presencia cultural e histórica de los pueblos indios, aunque con una intención profundamente arraigada en el patriotismo criollo, ya que la exaltación del glorioso pasado mesoamericano, expresado en los monumentales testimonios arqueológicos exaltados en museos y exposiciones internacionales, ha ocultado un racismo que no sólo ha desplegado estrategias de exterminio hacia los pueblos indios a lo largo de los siglos xix y xx, sino que además les ha negado sistemáticamente sus derechos políticos y los ha sometido a un intenso proceso de «integración nacional» dirigido a la anulación de la diversidad étnica y lingüística; todo ello bajo la consigna de mestizaje de la Revolución Mexicana, sintetizada en la concepción de la «raza cósmica», propuesta por José Vasconcelos.

Sin embargo, la diversidad cultural florece y se expresa en múltiples formas que nos dejan ver la vitalidad y la creatividad de los pueblos que componen la nación mexicana; una excelente muestra de ello es la propia capital del país, la Ciudad de México, enorme conglomerado urbano, de los más grandes del mundo, que reúne a una quinta parte de la población nacional (estimada en alrededor de cien millones para principios del siglo veintiuno) y sintetiza de diferentes maneras su diversidad cultural y étnica, pues en el espacio de la zona metropolitana —particularmente en sus áreas marginales—, se han asentado migrantes de todas las regiones, particularmente las indias, pues son de las más pobres entre las pobres. Así las cosas, desde mediados del siglo veinte se han registrado hablantes de la mayor parte de las lenguas amerindias, los cuales aumentan su presencia, tanto en la propia Ciudad de México como en aquellas otras que se han convertido en centros de importancia económica y política en el norte y el occidente del país.

Por otra parte, la ciudad fundada por los españoles y elegida como la capital del virreinato, metrópolis orgullosa de su ascendencia europea y cristiana, estableció cuidadosamente sus límites urbanos, fuera de los cuales quedaban los pueblos indios. Esta delimitación perduró hasta mediados del siglo xix, cuando comenzó a rebasar la traza original y a avanzar lentamente sobre tierras de haciendas y de las comunidades indias (como lo consigna con elocuencia Lira, 1983). Sin embargo, para la segunda mitad del siglo veinte se acelera la expansión de la mancha urbana y abarca tanto a las delegaciones del Distrito Federal como a los municipios del Estado de México, los cuales están poblados por comunidades que guardan viva la memoria de su historia antigua y de sus diversas filiaciones étnicas, principalmente aquellas que continúan dedicadas a actividades agropecuarias.

El proceso de expansión urbana ha aniquilado a muchos pueblos bajo la presión irresistible de la especulación inmobiliaria, que conjuga poderosos intereses políticos y económicos, pero hay comunidades que se han defendido y negociado bajo las nuevas condiciones, así como hay otras más que se encuentran en pleno proceso de resistencia. Una fuerte expresión de la complejidad de la situación que viven los pueblos originarios que rodean a la Ciudad de México es la acentuada vitalidad de los ciclos festivos comunitarios, los cuales involucran una densa red de intercambios ceremoniales, entre los que tienen un lugar importante las peregrinaciones a antiguos santuarios de origen colonial y mesoamericano.

En uno de tales pueblos, San Francisco Tlaltenco, perteneciente a la Delegación de Tláhuac, realizamos actualmente una investigación sobre el ciclo festivo comunitario, en el que la celebración del Carnaval ocupa un lugar prominente. En este ensayo haré una breve descripción del Carnaval, como fue realizado en el año 2001, para luego abordar una serie de reflexiones sobre lo que esto significa en el estudio de las ritualidades y el análisis de las condiciones que imponen los procesos de globalización, los cuales se nos presentan con mayor intensidad y visibilidad en las circunstancias específicas de la Ciudad de México, urbe de antigua raíz y de enorme presencia política y cultural en Latinoamérica.

Los rituales y la cosmovisión mesoamericana

El estudio de las ritualidades ha ocupado un lugar destacado en la antropología, particularmente en el campo de la etnografía mesoamericanista, en la que ha contribuido a configurar el campo teórico de la cosmovisión. En tanto que una perspectiva fuertemente influida por el estructuralismo ha centrado sus análisis en la mitología y ha desplegado diversas líneas en torno al simbolismo de raíz mesoamericana, otras investigaciones han centrado su atención en el ritual y han hecho señalamientos fundamentales acerca de las categorías más importantes de la cosmovisión.

Tres son las líneas que se destacan: una centrada en los rituales de curación, con lo que las nociones sobre el cuerpo son reconocidas con marcado detalle; éste, en el caso de la etnografía mesoamericana, ha conducido al descubrimiento de la concepción del cuerpo como modelo del universo (Galinier 1990). Otra es la que ha dado énfasis al análisis de la organización social, particularmente de los ciclos rituales vinculados con la estructura político-religiosa, con los cuales se introduce en el conocimiento de los complejos sistemas simbólicos desplegados en sus diferentes fases (Medina 2001).

Una tercera línea, tradicional en la etnografía, es la que se ha dedicado al estudio de los rituales relacionados con el ciclo de vida. En ella se ha aportado una sustanciosa información que ha enriquecido el conocimiento de la cultura de los pueblos estudiados, pero no se ha teorizado con concepciones de largo alcance.

Paradójicamente, la espectacularidad de las celebraciones carnavalescas en diferentes regiones del país no ha generado investigaciones que profundicen en sus diversas implicaciones organizativas, simbólicas y de otro orden; en ello tiene que ver, indudablemente, su extrema complejidad, pues a diferencia de otro tipo de rituales, el Carnaval es una de las más condensadas expresiones que tiene en su eje la condición de *performance*; su observación y registro, además, resultan exhaustivos, aun cuando fuera posible mantenerse distante y ajeno a sus intensas manifestaciones, las cuales llegan a extremos difícilmente reconocibles en otros ámbitos de la vida social.

Entre los pocos trabajos en los que se ha realizado un análisis profundo de la organización del Carnaval y de su complejo simbolismo están el de Becquelin-Monod y Breton (1979), llevado a cabo entre los tzeltales de Bachajón, Chiapas, y el de Galinier (1990), desarrollado en los pueblos otomíes de la Huasteca meridional; ambos han aportado una rica información y han fundado sendas estrategias de análisis, básicas para el conocimiento de la cosmovisión mesoamericana, una concepción del mundo profundamente arraigada en las prácticas agrícolas en torno al cultivo del maíz.

Con este trasfondo, la cuestión que se nos presenta es la de situar el carácter de los carnavales realizados actualmente en el contexto de la Ciudad de México.

Los carnavales de la Ciudad de México

La región histórica en la cual se asienta la Ciudad de México es la Cuenca de México, una zona que tiene como eje al conjunto de lagos en torno a los cuales se han organizado, desde los tiempos más remotos, pueblos que han desarrollado complejas técnicas agrícolas y una amplia gama de estrategias para la explotación de los recursos lacustres. En esta rica base de sustentación y de producción, se han generado, desde tiempos remotos, conjuntos urbanos y sistemas políticos complejos, que se desarrollaron hasta alcanzar la magnitud y la diversidad de los grandes imperios, como lo muestran la amplia hegemonía que Teotihuacán, Azcapotzalco, Tetzcoco, Xochimilco y Chalco ejercieron en su tiempo, y que culmina con la Triple Alianza encabezada por México-Tenochtitlan, sede imperial sobre cuyas ruinas se construye la capital virreinal novohispana.

La derrota de la Triple Alianza y la organización de la sociedad colonial, dominada por la Corona española, conduce a una profunda reorganización de los pueblos indios; sin embargo la transformación de los antiguos señoríos se realiza de una manera gradual, aunque las catástrofes provocadas por la dominación colonial y la explotación despiadada de los pueblos juega también su papel en este proceso. Lo cierto es que extramuros de la ciudad española los pueblos mantienen su modo de vida, agrícola y lacustre, y con ello su organización social en el ámbito familiar y comunitario. Si bien la dirigencia política queda en manos de la nobleza y se establecen las instituciones político-religiosas hispanas, como el Ayuntamiento y la República de Indios, el funcionamiento de este conjunto sigue, en su estructura interna, las líneas de las instituciones mesoamericanas, en tanto que la cosmovisión se reproduce principalmente en la población campesina, que mantiene, en la clandestinidad, sus rituales agrícolas y aquellos otros vinculados a su vida doméstica.

La segregación residencial no impide de ninguna manera las relaciones de diferente tipo entre indios y españoles, y la sede para la realización de toda clase de intercambios y para la administración es precisamente la ciudad de México, donde se concentra el poder económico y político colonial; y es en este ámbito urbano donde se celebran también los grandes ceremoniales religiosos dirigidos por una iglesia situada en el eje mismo de una sociedad acentuadamente medieval, es decir, teocrática y estamental. Una de las más importantes celebraciones impuestas por esta iglesia triunfante y autoritaria es la fiesta del *Corpus Christi*, en la que los pueblos indios de diferente filiación étnica manifiestan su sometimiento a la Iglesia católica universal y a la religión cristiana con grandes procesiones y un despliegue colorido de las nuevas formas de religiosidad, impuesta por las órdenes mendicantes, responsables de su conversión.

En este contexto ceremonial y social se sitúa la celebración del Carnaval, en pleno corazón de la ciudad española, en el cual tienen un papel central los indios y las castas, como se llama a la población producto de la mezcla entre africanos, españoles e indios, que residía en la propia ciudad. No tenemos noticias de cómo se inicia esta celebración, vinculada a la Cuaresma; pero ya en el siglo XVIII, bajo el régimen de los Borbones y la influencia de la Ilustración, se inicia una campaña contra dos de las más importantes fiestas de los pueblos indios, la Fiesta de los Muertos y el Carnaval. Un estudioso de esa época apunta que en las carnestolendas los indios

> invadían y controlaban la traza urbana, espacio que en teoría era habitado y dominado exclusivamente por los españoles; las pautas de conducta moral eran trastocadas; los roles sexuales se volvían intercambiables; y el uso de máscaras, al ocultar la personalidad social de los participantes, acentuaba su «individualidad» en una época en que los seres humanos se definían no tanto por sus características sicológicas y morales, sino por su ubicación dentro de la jerarquía social... (Viqueira 1984: 9).

La prohibición de las celebraciones carnavalescas abarcó a las más importantes ciudades del virreinato y fue sostenida implacablemente en la Ciudad de México; ello ocasionó que se desplazara a los pueblos indios circunvecinos. Aun así, la represión alcanzó a aquellos pueblos situados a lo largo del Canal de Chalco, vía acuática que conectaba este señorío, y a los pueblos de su entorno, con la Ciudad de México y por la que se conducían importantes volúmenes de productos agropecuarios; entre las poblaciones por las que pasaba este canal estaban Santa Anita, Jamaica, La Viga, Iztacalco y otros (Viqueira 1984: 10).

La celebración del Carnaval implicaba que se realizaran danzas y juegos, con uso de máscaras y disfraces y una amplia ingestión de bebidas alcohólicas en las calles; se hacían representaciones cómicas como la del «ahorcado», en el que se simulaba colgar de un árbol a un hombre, que luego era paseado, en medio de todo tipo de bromas y expresiones verbales, para finalmente ser resucitado. Una de las danzas carnavalescas que se menciona es la de los *huehuenches*, conformada por jóvenes vestidos con ropa vieja, llevada de una manera un tanto grotesca. Ante la resistencia de los pueblos indios para acatar las prohibiciones, se empleaban medidas violentas, como abrir compuertas del sistema lacustre para impedir el paso de las embarcaciones (Viqueira 1984: 10).

Gradualmente la celebración del Carnaval desapareció, subsistiendo de manera aislada el paseo que se hacía por el canal y la realización ocasional de danzas, como la de los *huehuenches*. Con ello se diluyó la memoria del carnaval en la Ciudad de México, aunque se continúa en los pueblos originarios de la Cuenca.

No es sino cuando la mancha urbana rodea y presiona a tales pueblos que comienzan a percibirse sus ciclos festivos; y esto sucede menos por curiosidad o por interés académico que por el obstáculo que significaban para la expansión de los servicios urbanos. Así, la devastación provocada en el milenario pueblo de Culhuacán por la construcción de la Central de Abasto nos deja ver la presencia de un conjunto de barrios enlazados por sus ciclos rituales, como lo apunta el reporte de la celebración del Carnaval en uno de ellos, el de los Reyes (Oehmichen 1992), aunque ya en proceso de desaparición. Sin embargo, en una primera mirada —etnográficamente orientada— hacia los pueblos originarios del sur y oriente de la Cuenca de México no ha resultado difícil registrar la presencia activa y espectacular de las celebraciones carnavalescas, tanto en las delegaciones del Distrito Federal (Iztapalapa, Tláhuac, Xochimilco y Milpa Alta), como en los municipios conurbanos del Estado de México.

El Carnaval en Tláhuac

En el oriente del Distrito Federal, colindante con el Estado de México, se encuentra la Delegación de Tláhuac, cuyo nombre procede de un antiguo señorío, Cuitláhuac, que tenía como su cabecera una antigua isla situada entre los lagos de Chalco y de Xochimilco, lo cual le daba una posición estratégica. Dominada por los mexicas, mantenía su identidad étnica y política, la que fue restaurada por los colonizadores hispanos para desmantelar el antiguo imperio. El centro administrativo de la delegación es el pueblo asentado sobre la antigua isla, San Pedro Tláhuac, cabecera de los otros seis pueblos que componen esta entidad política. Sin embargo, actualmente no existe una jerarquía política entre los siete pueblos, pues cada uno de ellos se conduce con autonomía, particularmente en lo relativo a la organización de sus respectivos ciclos de fiestas.

Esta autonomía se advierte por las diferentes fechas en que celebra el Carnaval cada uno de ellos; ninguno, por cierto, en los días indicados por la liturgia católica (los tres días previos al Miércoles de Ceniza, que marcan el inicio de la Cuaresma); así, en Mixquic las comparsas del Carnaval salen los domingos 3°, 4° y 5° de la Cuaresma; en Tetelco lo hacen el 3° y 4° domingos, en Zapotitlán las comparsas salen el 5° domingo y el Domingo de Ramos, en San Pedro y en Santa Catarina Yecahuízotl salen exclusivamente el Domingo de Pascua; y en Tlaltenco, finalmente, el Carnaval se celebra durante los primeros cinco domingos de la cuaresma. A ello nos referiremos en lo que sigue.

San Francisco Tlaltenco es un antiguo pueblo ribereño del lago de Xochimilco, en el que el Carnaval es celebrado espectacularmente durante cinco fines de semana, pues abarca los sábados y los domingos, y ocasionalmente los lunes también. En estas fechas salen, en un calendario prescrito y vigilado por la coordinación delegacional, las siete comparsas del pueblo: la Sociedad Benito Juárez, el Club Juvenil San Francisco, los Guadalupanos, los Chupamaros, el Barrio Fuerte, el Barrio Zacatepec y el Club Infantil Los Cariñosos.

De acuerdo con la memoria de los habitantes de Tlaltenco, la primera comparsa de Carnaval fue organizada por la Sociedad Mutualista Benito Juárez, fundada en 1920 por quienes migraban a trabajar a la Ciudad de México. Hasta 1947 se organiza otra comparsa, desprendida de la primera, el Club Juvenil San Francisco; para 1973 se separa otro grupo más de la Sociedad, el de los Guadalupanos; y en 1979 se organiza la comparsa del Barrio Fuerte. Del Club Juvenil se separa, a su vez, otro grupo, para formar la comparsa de los Chupamaros, finalmente la comparsa del barrio Zacatenco se organiza en 1993. La comparsa infantil se organiza también de un desprendimiento del Club Juvenil, en 1958 (Mota Rojas 2000: 10).

Hay dos modalidades de participación en el Carnaval: la formada por los tradicionales disfraces grotescos y procaces, en los que se despliega una gran creatividad y un ingenio para provocar asombro y risa en los espectadores. La otra consiste en salir con elegantes trajes de charro, bordados con canutillo de oro o plata, por parte de los hombres, y las mujeres con elegantes atuendos festivos, amplios y uniformes para toda la comparsa. Cualquier hombre, casado o soltero, puede participar, siempre y cuando sea miembro del grupo y haya desembolsado su cuota respectiva, en tanto que las mujeres, sólo pueden hacerlo si son casaderas, vírgenes.

Entre «feos» y charros hay un evidente contraste y oposición; la primera transgrede, ironiza, se burla con formas de un abierto erotismo; la segunda muestra un estilo elegante costoso, en el que se destaca la virilidad de los charros y la gracia femenil, así como la virginidad de las jóvenes participantes, asimismo expresa una actitud ambivalente hacia la figura del charro, que remite a la del hacendado criollo, pues las máscaras usadas muestran a un personaje de ojos azules y una barba abundante, puntiaguda, rasgos además acentuados. Charros y damas actúan en parejas y expresan en sus desplazamientos dancísticos un cortejo.

El calendario de participación de las comparsas es el siguiente: el primer domingo de la Cuaresma sale la comparsa del Barrio Fuerte; ya desde el sábado previo se reúnen y celebran un baile todos los integrantes. Para el día siguiente, después de medio día, de la casa del Rey Feo, Gusano I, sale el carro alegórico en el que se instala con una corte de jóvenes mujeres que llevan elegantes trajes del mismo color; en este mismo punto se reúne la mayor parte de las cuadrillas, aunque algunas otras se van incorporando a lo largo del recorrido por las calles de la comunidad. A la cabeza de la columna van unos corpulentos «gorilas» abriendo paso y espantando a los niños que se acercan, les siguen los dirigentes del grupo, dos hombres con los elegantes trajes de charro, seguidos por una banda musical de quince elementos, luego viene el resto de las cuadrillas y al final el carro alegórico, todos desplazándose con pasos de danza sincronizados y haciendo diversas evoluciones.

El segundo domingo salen cuatro comparsas, todas en el estilo de «feos»: la Sociedad Benito Juárez, el Club Juvenil, los Chupamaros y los Guadalupanos. Cada comparsa sigue su propia ruta para recorrer las calles del pueblo, evitando encontrarse (de hecho se ponen de acuerdo con anticipación anunciando sus respectivas rutas, pues anteriormente surgían conflictos que se tornaban violentos, cuando llegaban a cruzarse). Este es el día más espectacular, cuando toda la comunidad se llena de comparsas en movimiento, con su música, gritos y el colorido de los disfraces diversos, además del consumo generoso de bebidas alcohólicas y muy variados refrescos.

El tercer domingo es el considerado como el más importante y tradicional de Tlaltenco. Salen exclusivamente las dos comparsas más antiguas, la de la Sociedad Benito Juárez y la del Club Juvenil, ambas con los elegantes atuendos de charros y damas, eligiendo cada comparsa colores diferentes para el atuendo de las jóvenes. Cada comparsa va encabezada por los jóvenes con los mejores trajes y con los más hábiles danzantes, cerrando con la banda musical y el carro alegórico en el que van las respectivas reinas y su corte de graciosas damas. Ya desde el día anterior se habían reunido los miembros de ambas comparsas, cada una en la casa de sus respectivas reinas, todavía sin coronar, para departir comiendo algún platillo ligero, acompañado de bebidas alcohólicas o refrescos comerciales.

Al final del recorrido dominical, las comparsas se reúnen en el centro del pueblo, pero siempre separadas, una en la explanada que está frente a la iglesia principal, la otra en la Plaza Centenario, a espaldas de la iglesia, para coronar a sus respectivas reinas, con grandes gritos, porras, conjuntos musicales y juegos pirotécnicos. Por la noche se realizan elegantes bailes, en sendos salones, para lo cual se contrata a orquestas de moda en la ciudad, presidiendo la fiesta la reina y su corte juvenil, todos luciendo elegantes trajes nuevos confeccionados especialmente para esta ocasión. Este es el momento para el cortejo y galanteo entre los jóvenes participantes, quienes asisten acompañados de sus respectivas familias.

> El lunes siguiente, por la tarde, realizan el mismo recorrido las dos comparsas, ahora con sus Reinas ya coronadas, concluyendo al anochecer nuevamente en la Plaza Centenario, donde las Reinas presidirán la exhibición del esperado baile de las Cuadrillas: las Lolas, los Lanceros, las Rositas, los de Levita y las Virginias (Mota Rojas 2000: 12).

El cuarto domingo salen dos comparsas, con lo que se da un abierto contraste de carácter social, pues por una parte se organiza una de las más grandes comparsas (si no es la más grande del ciclo), la de los Chupamaros, en el estilo de «feos», en la que aparecen muchas cuadrillas de jóvenes con ropa y adornos femeninos y con actitudes abiertamente burlescas y juegos eróticos entre ellos mismos, en los que ocasionalmente alcanzan a los espectadores; participan entonces homosexuales, ya formando sus propias cuadrillas o integrándose a otras en las que todos llevan atuendos femeninos.

El grupo se organiza en una muy larga comparsa con varios carros alegóricos, con dos bandas de música, y cierra con un carro alegórico que lleva a la «reina» y a sus «damas», todos ellos homosexuales que portan elegantes atuendos, un tanto exagerados, pero sin llegar a lo grotesco; la reina, Andrómeda, lleva un aparatoso tocado en la cabeza, tiene también una peluca color platino, y calza unas zapatillas de muy altos tacones, su maquillaje es bastante elaborado y vistoso. El conjunto de esta comparsa suma alrededor de cinco mil personas, entre danzantes, acompañantes y espectadores.

Por contraste, la comparsa de los Guadalupanos es pequeña, integrada por elegantes charros y damas, la banda musical es discreta; al final va el carro alegórico con la reina y sus damas.

Cada comparsa hizo su recorrido por las calles del pueblo, pasando por el centro y culminando: la de los Guadalupanos en la casa de su reina, de donde habían partido, y la de los Chupamaros en la plazuela de la iglesia de Mazatepec, situada en la orilla del pueblo, si bien sobre la avenida principal que conecta a Tláhuac con la Ciudad de México. El lunes siguiente volvieron a salir ambas comparsas, con igual recorrido y punto de llegada.

El quinto domingo de la Cuaresma salió la comparsa del barrio Zacatenco, la más pequeña y reciente, sin carro alegórico y con una banda traída de un pueblo de Chalco. Como parte de un barrio pobre, marginal, exhibían una creatividad y originalidad en sus disfraces que contrastaba con los menores recursos empleados; había un gran número de niños y de cuadrillas formadas por grupos familiares. Partieron de la casa del presidente de la comparsa, recorrieron todo el pueblo y llegaron al punto de partida, donde se hizo entrega de los premios a las mejores cuadrillas, de acuerdo con diferentes criterios, es decir, se premió a los disfraces más originales, a los que danzaban mejor, etc. Esta entrega de premios es común a todas las comparsas de «feos», lo que implica una competencia entre las cuadrillas que integran una comparsa.

La séptima comparsa, la infantil, salió dos semanas después del Domingo de Pascua, y no en el fin de semana inmediato, debido a que se pospuso para hacerla coincidir con el Día del Niño, el 30 de abril, celebración oficial celebrada principalmente en las escuelas primarias. Esta comparsa sale en la modalidad de los «feos», y si bien es graciosa, resultó la más pequeña de todas y sin los juegos eróticos presentes en la de los jóvenes.

Considerando al conjunto de comparsas y analizando el ciclo de sus presentaciones resulta evidente una confrontación y competencia entre los dos grandes grupos, el de los «ricos», formado por las comparsas de la Sociedad Benito Juárez, el Club Juvenil y los Guadalupanos, los únicos que salen de «feos» y de charros; y de éstas las más importantes son las dos primeras, presentadas como las más tradicionales y con los atuendos más elegantes, expresión de su riqueza.

En el grupo de los «pobres» están las otras tres comparsas: Barrio Fuerte, Chupamaros y Zacatenco, siendo las dos primeras las más grandes y las que ridiculizan de diferentes maneras a las comparsas de los «ricos», tanto con la «reina» y su corte de homosexuales, como por diferentes textos y consignas llevadas por las cuadrillas en banderolas o en los propios disfraces. Estas tres comparsas sólo participan como «feos», y únicamente en el Barrio Fuerte los dirigentes de la comparsa, dos personas, aparecen con el atuendo de charros.

El Carnaval de San Francisco Tlaltenco es el más popular de los pueblos de Tláhuac, y ciertamente es el de mayor duración y posiblemente el que involucra al mayor número de personas. Para los miembros de este pueblo, ocupa un lugar importante en su ciclo festivo y significa una intensa actividad social que implica el desembolso de cuantiosos recursos económicos así como una larga preparación a lo largo del año, pues se tienen que diseñar disfraces nuevos y originales, ensayar los pasos y los movimientos de danza por cada cuadrilla, desembolsar dinero para las bebidas, las comidas, los carros alegóricos, los músicos y los premios que se otorgarán, pero sobre todo los jóvenes preparan sus atuendos nuevos para desplegar las estrategias de cortejo propiciadas particularmente por los bailes de salón, cuando se contrata a famosas orquestas y se propician las condiciones para la formación de parejas, destacándose los candidatos precisamente en los diferentes escenarios del Carnaval.

Reflexión final

Resulta todo un reto hacer una interpretación de ese extraordinario conjunto de *performances* reunido en los carnavales de la Ciudad de México; no es fácil establecer sus vínculos con aquellos celebrados en el siglo XIX o en épocas anteriores; aunque por otro lado, parece muy cómodo indicar la influencia ejercida por los carnavales de otras partes del mundo, conocidos en su mayoría a través de los medios de comunicación masiva, y accesibles a todos los habitantes de nuestra gran ciudad. Sin embargo, hay que considerar las circunstancias enfrentadas por los pueblos originarios de la Cuenca de México, sometidos a la poderosa fuerza de atracción y destrucción de esa enorme y voraz mancha urbana que representa la capital del país.

Por una parte, la poderosa inercia de la mancha urbana amenaza la integridad misma de los pueblos originarios con las presiones de la especulación inmobiliaria y la destrucción de su antiguo modo de vida, agrícola y lacustre; pero por la otra le ofrece los recursos de la tecnología contemporánea y las posibilidades de desarrollar oficios y profesiones bien remuneradas en el mercado laboral, dinámico, de la ciudad, además de hacer accesibles diversas comodidades.

El Carnaval expresa de muchas maneras esas contradicciones, como se advierte —en una primera mirada— con la diferenciación social interna que conduce a la formación de dos categorías simbólicas: los ricos y los pobres; asimismo, hay una mirada de la misma comunidad al mundo y una expresión de su actitud frente a las influencias de diferentes partes, que aluden al proceso de globalización y a la asunción de sus aspectos distintivos.

Una referencia muy general a los disfraces de los «feos» remite a dos ámbitos, el de la cultura de raíz mesoamericana y el del mundo captado desde la ciudad a través de los medios de comunicación masiva. Así, un tipo de cuadrillas alude a la influencia de la televisión, el cine y los juegos electrónicos, con personajes inspirados en las películas de ciencia ficción y de terror, en series de televisión de procedencia transnacional y en programas de la televisión comercial nacional. Hay aquí una apropiación y una representación, ajustada al espacio festivo y ritmo de comparsa de las carnestolendas, de todas estas figuras.

Un segundo grupo de cuadrillas alude a la política nacional, con personajes representando al presidente de la república y al expresidente Salinas, a los comandantes del EZLN —y a Marcos, por supuesto— a Rigoberta Menchú y a figuras nacionales del cine clásico mexicano, como Cantinflas, María Félix y los «charros cantores».

Un tercer tipo, finalmente, remite a las raíces mesoamericanas, algunos de cuyos personajes podemos reconocer por comparación con los datos etnográficos de los carnavales realizados en las comunidades indias contemporáneas, sin que haya necesariamente conciencia de su origen entre los propios participantes de las comparsas. Por ejemplo, a los disfrazados de gorilas que encabezan las comparsas abriéndoles paso y haciendo piruetas, puede bien relacionárseles con otros personajes peludos, como los caribes del carnaval de Bachajón, que salen de la selva cubiertos con heno y miel, o también con el «dueño del bosque», *cuauhtlanchane*, de la danza de los tejamanileros de la Sierra de Las Cruces, al poniente de la Ciudad de México.

Con escasa presencia en Tlaltenco, pues sólo aparecen unas pocas cuadrillas, cuentan los *huehuenches*, personajes referidos en las noticias históricas del siglo xviii, así como en otros carnavales contemporáneos entre los pueblos indios, como en Tlaxcala. En cambio, quienes sí tienen una amplia participación en todas las comparsas de «feos» son las cuadrillas de niños disfrazados de animales, a los que podemos relacionar con las danzas de «animalitos» o «lobitos» del Estado de México, una variante del ciclo de las danzas del tigre, o Tlacololeros, del Estado de Guerrero. Además de que podemos asociarlos con el papel principal que tienen los niños en diferentes rituales indígenas relacionados con las lluvias, la fertilidad y el verdor.

En fin, lo que los carnavales de la Ciudad de México nos dicen de cierto es la vigencia de una rica y antigua tradición festiva, que conjuga sus diferentes orígenes para expresarlos en complejos códigos simbólicos. En el despliegue espléndido de danza, música, juego y erotismo, de excesos y transgresiones, hay una reinterpretación y una síntesis coyuntural de las influencias, las presiones, los gustos, que llegan de todo el mundo, lo que implica, de diversas maneras, el entablar un diálogo con procesos de escala global.

Sin embargo, toda esta experiencia vivida tan intensamente es para los pueblos originarios un reto a su supervivencia, así como una respuesta a sus exigencias existenciales; es una actualización que manifiesta su vitalidad y las posibilidades de reproducción en un movimiento que más que retener el pasado, funda el futuro; y esto es un reto grande para la antropología, y para las ciencias sociales.

BIBLIOGRAFÍA

BECQUELIN-MONOD, Aurore y Alain BRETON: «El carnaval de Bachajón. Cultura y naturaleza: dinámica de un ritual tzeltal». En: *Estudios de Cultura Maya*, 12, UNAM, pp. 121-239, México, 1979.

BONFIGLIOLI, Carlo: *Fariseos y matachines en la sierra Tarahumara: entre la Pasión de Cristo, la transgresión cómico-sexual y las danzas de Conquista.* Instituto Nacional Indigenista/Sedesol, México, 1995.

BRICKER, Victoria R.: *Humor ritual en la altiplanicie de Chiapas.* Fondo de Cultura Económica, México, 1986.

CASTRO, Carlo Antonio: «Una relación tzeltal del carnaval de Oxchuc». En: *Estudios de Cultura Maya*, 2, UNAM, pp. 37-44, México, 1962.

CRUMRINE, Ross N.: *El ceremonial de Pascua y la identidad de los mayos de Sonora.* Instituto Nacional Indigenista, México, 1974.

DE LA CABADA, Juan: *La Guaranducha.* Editorial Extemporáneos, México, 1970.

GALINIER, Jacques: *La mitad del mundo. Cuerpo y cosmos en los rituales otomíes.* UNAM/Instituto Nacional Indigenista/Cemca, México, 1990.

LIRA, Andrés: *Comunidades indígenas frente a la Ciudad de México. Tenochtitlan y Tlatelolco, sus pueblos y barrios, 1812-1919.* El Colegio de Michoacán/ El Colegio de México, México, 1983.

Medina, Andrés: «El carnaval de Tenejapa». En: *Anales del INAH*, tomo 17, pp. 323-341, México, 1965.

— «La cosmovisión mesoamericana: una mirada desde la etnografía». En: Johanna Broda y Félix Báez-Jorge (coordinadores), *Cosmovisión, ritual e identidad de los pueblos indígenas de México*. Fondo de Cultura Económica, pp. 67-163, México, 2001.

Mota Rojas, Ramón: *80 años de Carnaval. San Francisco Tlaltenco*. Delegación Tláhuac, D. F., México, 2000.

Ochiai, Kazuyasu: «Bajo la mirada del sol portátil: representación social y material de la cosmología tzotzil». En: J. Broda, S. Iwaniszewski, y L. Maupomé (editores), *Arqueoastronomía y etnoastronomía en Mesoamérica*. UNAM, pp. 203-218, México, 1991.

Oehmichen, Cristina: «El Carnaval de Culhuacán: expresiones de identidad barrial». En: *Iztapalapa*, 25, pp. 29-42, México, 1992.

Reyes García, Luis: *Pasión y muerte del Cristo-Sol. (Carnaval y cuaresma en Ichcatepec)*. Universidad Veracruzana, Xalapa, 1960.

Viqueira, Juan Pedro: «La Ilustración y las fiestas religiosas populares en la Ciudad de México (1730-1821)». En: *Cuicuilco*, 14-15, pp. 7-14, México, 1984.

Williams, Roberto: «La Huasteca y los <viejos>». En: Dominique Michelet (coordinador), *Enquetes sur l'Amérique Moyenne. Mélanges offerts a Guy Stresser-Péan*, INI / CONACULTA / CEMCA, pp. 373-380, México, 1989.

LUGARES DE IDENTIDAD Y REPRESENTACIONES: LO NEGRO EN LA FIESTA AFROESMERALDEÑA DE LOS REYES, ECUADOR[1]

Jean Muteba Rahier
Florida International University

La Fiesta de los Reyes o Epifanía, que también recibe el nombre de «El Juego de los Cucuruchos», es festejada por los pobladores de origen africano de la provincia de Esmeraldas (los afroesmeraldeños), en el Ecuador. En esta breve presentación, focalizo mi atención sobre la fiesta como ocurría al principio de los años 1990 en dos pueblos esmeraldeños: Santo Domingo de Onzole y La Tola.

Entiendo las festividades como textos no estáticos engarzados en las realidades socioculturales, económicas y políticas en constante cambio. Por lo tanto, mi preocupación no es descubrir el origen de los diversos aspectos de la fiesta, a fin de identificar formas más o menos «puras» o «auténticas», ni leer el contenido de la presentación festiva diaspórica africana sólo para evaluar la intensidad de sus «africanismos» o como si cualquier expresión de resistencia política diaspórica africana en una celebración festiva debiera reflejar a África en todo momento y de modo automático. Más bien, alejándome del modelo propuesto por Herskovits, en que el *lugar* no se toma en cuenta (Rahier 1999c: xiii-xxvi), propongo reubicar los «textos» de la fiesta dentro de

[1] Con este ensayo exclusivamente centrado en las representaciones de lo negro y del orden racial/espacial, anticipo aspectos de un libro en preparación sobre la Fiesta afroesmeraldeña de Reyes, a partir de un trabajo de campo realizado en La Tola y Santo Domingo entre 1987 y 1991. *Cf.* Jean Rahier 1991, 1994.

las relaciones y prácticas sociales que constituyen sus «contextos». Concuerdo plenamente con David Guss cuando escribe que «el comportamiento festivo no es sólo multivocal, sino que es también multilocal» (Guss 1997: 2). De hecho, la constitución espacial de las sociedades, y principalmente las dimensiones espaciales de lo negro, sólo ahora empiezan a tomarse en cuenta en los estudios sobre las varias comunidades de la diáspora africana.

Centrado en la Fiesta de los Reyes según se celebra en dos lugares distintos, las aldeas de Santo Domingo de Onzole y La Tola, mi objetivo es —además de entender la Fiesta y la forma en que representa lo negro— subrayar la importancia que hay en comprender los contextos en que se inscriben, ya que las fiestas los repiten o re-presentan con una «distancia crítica» (Drewal 1992). Las referencias a las particularidades de los dos contextos que aquí se examinan explican la originalidad de las representaciones de lo negro y del orden racial/espacial ecuatoriano en cada una de las aldeas[2].

La popularidad relativa de los Reyes Magos en América Latina puede verse como resultado de la utilización de la leyenda de Melchior, Gaspar y Baltazar por el clero católico a partir de la Edad Media, como instrumento para ampliar la ideología eurocéntrica del niño Jesús, blanco, adorado por todas las razas del mundo. Una de las únicas formas que se dejaron a las comunidades de la diáspora africana en la América Latina colonial para participar o encontrar un lugar para sí en la religión católica fue, de hecho, abrazar la leyenda e identificarse —en formas distintas en lugares distintos— con el Rey negro (Moreno 1997; Ortiz 1960; Bastide 1960; Moore 1997: 62-86).

EL ORDEN RACIAL/ESPACIAL EN EL ECUADOR

En el Ecuador, como en otros lugares de América Latina, la imagen oficial de la identidad nacional fue construida por las élites urbanas blanca y blanca-mestiza en torno al concepto del mestizaje (Gould 1993; Needell 1995; Clark 1998a, 1998b; McCallum 1996; Arocha 1998;

---

[2] Sobre la importancia del «espacio» para la comprensión de los procesos de identidad, véase el número especial de *Cultural Anthropology*, que tiene como tema «Space, Identity, and the Politics of Difference», v. 7, n. 1, febrero, 1992.

Perez-Torres 1998; Rahier 1998; Anderson 1991: 47-66). Estas élites han reproducido una «ideología ecuatoriana» de la identidad nacional que proclama al mestizo —la persona con antepasados europeos (españoles) e indígenas— como el prototipo de la ciudadanía ecuatoriana moderna. Esta ideología se basa en una admiración incondicional —aunque en ocasiones contradictoria— de la civilización occidental (Whitten 1981; Stutzman 1981; Silva 1995).

A pesar de su intento hegemónico de homogeneización racial y étnica, esta ideología ecuatoriana de la identidad nacional da origen a un mapa racista del territorio nacional: los centros urbanos se asocian a la modernidad, mientras las zonas rurales se contemplan como lugares de inferioridad racial, violencia, retraso, salvajismo y penuria cultural. Las élites consideran estas zonas, habitadas mayormente por «no blancos», como desafíos importantes al desarrollo nacional pleno hacia los ideales de la modernidad. En este sentido, el Ecuador se parece bastante a Colombia, como afirma Peter Wade en su obra *Blackness and Race Mixture*: «existe un patrón espacial característico en la estructura general de [...] la nacionalidad y su origen racial» (Wade 1993; véase también Ching 1997; Feld 1996; Gupta 1992; Malkki 1992; Ferguson 1992).

El mestizaje, como explica Norman Whitten para el caso del Ecuador, no significa que el blanco se indianice sino que, por el contrario, el indio se emblanquezca «racial» y culturalmente: la forma en que se imagina oficialmente la identidad nacional ecuatoriana «(es) una ideología de blanqueamiento, dentro del marco globalizador del mestizaje»[3]. En esta imagen oficial de la identidad ecuatoriana, lógicamente, no hay lugar para los negros: deben permanecer invisibles. Los afroecuatorianos, que representan aproximadamente entre el cinco y el diez por ciento de la población nacional[4], constituyen el *último otro*, una suerte

---

[3] Norman Whitten, comunicación personal.

[4] Los cálculos demográficos sobre la composición racial y étnica de la población ecuatoriana varían mucho. Los censos nacionales no averiguan adecuadamente la identidad racial y étnica. Este es el cálculo con que trabajo: de doce millones de ecuatorianos, aproximadamente 5 % son afroecuatorianos, el 40 % indígenas, el 50 % mestizos y blanco-mestizos y el 5 % blancos. El término «blanco-mestizo» se utiliza mucho en la sociedad ecuatoriana y en las ciencias sociales. Las personas llamadas «mestizas» tienden a tener la piel más oscura que los blanco-mestizos y suelen presentar rasgos físicos que indican a las claras su ascendencia indígena. La mayoría de los blanco-mestizos se incluyen en las clases medias locales y en la élite empresarial nacional.

de accidente histórico, un ruido en el sistema ideológico de la nacionalidad, una contaminación de la reserva genética. Al ser el mejor ejemplo
de «no ciudadanía», «no son parte del mestizaje (oficial)» (Stutzman
1981; véase también Rahier 1998, 1999b).

Los planes de desarrollo nacional de las élites ecuatorianas ven las
ciudades (sobre todo Quito y Guayaquil) como los epicentros desde los
cuales la civilización irradia hacia las zonas rurales y de «frontera». Así,
la sociedad ecuatoriana se organiza en un orden racial/espacial dentro del
cual los diversos grupos étnicos y raciales (pueblos indígenas, negros,
mestizos, blanco-mestizos y blancos) ocupan sus «lugares naturales».
Los negros y los indígenas se encuentran en el nivel más bajo de la jerarquía socioeconómica y en la periferia del espacio nacional. Los blancos y los blanco-mestizos, desde una perspectiva urbana, menosprecian
las dos regiones «tradicionales» (desarrolladas durante el período colonial) en que habitan los negros: la provincia de Esmeraldas y el valle del
Chota-Mira. Aunque se dice que el setenta por ciento de la población de
la provincia de Esmeraldas está compuesta por negros y mulatos, las élites del lugar están integradas principalmente por blanco-mestizos y blan-
co-mulatos emigrados de Colombia, de los Andes ecuatorianos o de la
provincia de Manabí. El gobierno provincial descansa en la hegemonía
de las élites nacionales, que suelen residir en Quito y Guayaquil (Quiroga
1994; Rahier 1999a; Whitten 1970b, 1974); las élites de Esmeraldas reproducen la ideología nacional del mestizaje en el ámbito provincial y
aplican también una lectura racista del mapa de su territorio. En
Esmeraldas, a diferencia del resto del país, el mestizaje incluye al negro
en diversas formas. Sería más preciso hablar de «mulataje».

SANTO DOMINGO DE ONZOLE Y LA TOLA EN EL ORDEN RACIAL/ESPACIAL

La ciudad de Esmeraldas se considera el principal centro de «alta cultura» y «civilización»; los pueblos de Quinindé, Atacames, Muisne y San
Lorenzo ocupan una suerte de segundo lugar en esta jerarquía de respetabilidad cultural. El sector norteño de la provincia, al que suele llamar-
se El Norte, es considerado desde la perspectiva de la ciudad de
Esmeraldas, un lugar de atraso y salvajismo. Es el hogar de los *negros
azules*, llamados así por la oscuridad del color de su piel (sin «mezcla
racial»). La población urbana de Esmeraldas considera a los «negros
azules» o norteños personas sin «cultura», no tocadas por la moderni-

dad, que viven en lugares a los que no llegan los caminos, que mantienen tradiciones de otras épocas, a las que no importa vivir en los densos bosques pluviales, sin electricidad ni agua corriente, con mosquitos y animales salvajes y que, cuando vienen al pueblo, no tienen modales y en ocasiones se comportan como predadores sociales. La aldea de Santo Domingo de Onzole constituye un lugar tal de «negros azules». Allí prevalece todavía la economía de subsistencia: parcelas cultivadas en el bosque, la caza y la pesca, junto con otras tareas económicas dirigidas a los mercados locales (las pequeñas ciudades de Limones o Borbón). La Tola, aunque también en el Norte, se considera un lugar atrasado que ha iniciado un lento proceso de modernización, sobre todo por la existencia de una carretera que la une a la ciudad de Esmeraldas.

La ciudad de Esmeraldas es la antítesis del Norte. Allí como en muchos otros lugares del Ecuador y de América Latina, el proceso de blanqueamiento es el tema dominante de la trama social, económica y racial de la vida diaria, que se extiende a las relaciones personales más íntimas. La expresión popular «mejorar la raza» denota el blanqueamiento al señalar el ideal reconocido públicamente y que siguen muchas personas de piel oscura de casarse con personas de piel más clara a fin de garantizar el ascenso socioeconómico. Además, las interacciones de la vida cotidiana denotan una tipología fenotípica que fluctúa de la categoría más negativa a la más positiva. La categoría inferior es la de los negros azules y la superior la de los blancos, con una serie de tipos intermedios como, entre otros: los «morados» (personas de piel oscura con cabellos «buenos» [no rizados]), los mulatos (piel parda con cabellos más suaves), los «zambos» o «colorados» (personas de piel clara con cabellos rizados color castaño claro, rojo e incluso rubio), etc.

Santo Domingo está ubicado en una zona remota del bosque pluvial de Esmeraldas, al norte de la provincia, en el margen izquierdo del Río Onzole. El río brinda la única forma de viajar en canoas a otras aldeas y a los pueblos de Borbón y Limones. Cuando los santodomingueños desean ir a la ciudad de Esmeraldas, deben hacerlo por Borbón, donde comienza la carretera parcialmente asfaltada a Esmeraldas, a fin de tomar las «rancheras», una suerte de autobús que garantiza el transporte público.

Toda la población de la aldea es negra. Entre diciembre de 1989 y enero de 1990 era de 371 habitantes. Aunque es posible observar en la aldea una ligera diferenciación socioeconómica —unos son más emprendedores que otros—, la forma de vida de Santo Domingo, más comunitaria que la de La Tola, se caracteriza principalmente por la economía de subsistencia. La población completa de la aldea entraría en la categoría social de «campesinos pobres de la clase baja negra» que propuso hace algún tiempo Norman Whitten (1970b, 1974). Las actividades más importantes son la agricultura en los bosques, la caza y la pesca, con participación sólo parcial en la economía comercial, cuando venden excedentes agrícolas en pueblos aledaños.

Al igual que ocurre con otras comunidades negras «rurales» en América Latina (R. T. Smith 1956; M. G. Smith 1962; González 1970; Perea 1986, 1990; Wilson 1969), Santo Domingo se caracteriza por una marcada dicotomía sexual. Los hombres están a cargo de la mayoría de los asuntos oficiales, sociales, políticos y económicos, mientras que las responsabilidades de las mujeres se limitan principalmente al hogar. A los hombres se les estima por su virilidad, ellos disfrutan de una mayor libertad de movimiento que las mujeres. En ocasiones, los estudiosos se han referido a esta «mayor libertad de movimiento» con la expresión «movilidad sexual y geográfica». Muy pocas parejas se casan oficialmente. Casi siempre prefieren, a petición del hombre, estar «pegaditos no más», «juntados» o «unidos» (uniones consensuales). Esto permite a los hombres dejar a las mujeres e iniciar nuevas relaciones sin dificultades mayores. Whitten comprende esta falta de entusiasmo hacia los matrimonios legales como consecuencia de la «poliginia en serie» o como requisito necesario para ella.

La poliginia en serie consiste en la sustitución sucesiva de la cónyuge («pareja») por parte del hombre. Se espera que el hombre tenga una serie de «esposas» o compañeras durante su vida. Las normas de la sociedad, expresadas en la conversación y en las canciones de marimba, por ejemplo, hacen del cambio de pareja una prerrogativa masculina. En realidad, por supuesto, las mujeres también tienen una serie de hombres, pero la restricción espacial es relativamente mayor y ellas desempeñan un papel menos activo en cualquier cambio (Whitten 1965).

En los contextos tradicionales afroesmeraldeños, se espera que la mujer sea recatada y fiel a su esposo. El hombre incapaz de hacer que su pareja se sienta bien no se considera suficientemente «macho». Los hombres afroesmeraldeños, cuando viven en contextos norteños, parecen convencidos de la inferioridad de la mujer, o al menos de la inferioridad de sus mujeres (las mujeres extrañas a la región no reciben el mismo tratamiento), en detrimento de las cuales construyen sus reputaciones machistas. Tradicionalmente, el sistema de parentesco entre ellos es matrifocal: las mujeres son las figuras estables de la casa y es en torno a ellas que se agrupan los demás miembros de la casa. Cuando en un hogar dado viven miembros de la familia extendida, la mayoría de las veces son parientes de la madre y no del padre o del hombre en posición de «marido-padre». Los contactos diarios con los parientes maternos son más frecuentes que con los parientes paternos. Casi siempre las mujeres —que constituyen la fuente principal de afecto y consuelo de sus hijos— desempeñan también un papel disciplinario[5].

La emigración de Santo Domingo es de bastante importancia. Según un censo que levanté entre diciembre de 1989 y enero de 1990, había ciento veinticinco emigrantes, lo que representaba el 34,6 % de la población de moradores. La mayoría había emigrado a las ciudades de Esmeraldas y, sobre todo, a la gran urbe de la costa: Guayaquil. Estas cifras muestran que aunque Santo Domingo esté relativamente aislado desde el punto de vista geográfico en las profundidades del bosque de Esmeraldas, sigue estando en contacto sostenido con los centros urbanos, por medio de visitas de emigrantes que a veces regresan a la aldea por breves temporadas y por los viajes ocasionales de santodomingueños a Esmeraldas y Guayaquil para visitar a un pariente, ir a un hospital, etc. En el momento en que desarrollé el trabajo de campo, no se recibían regularmente a la aldea estaciones de radio ni diarios ecuatorianos. Sin embargo, de cuando en cuando, alguien podía sintonizar una estación radial colombiana si tenía las baterías necesarias.

La Tola es bien distinta de Santo Domingo. Situada en la boca del Río Santiago, es la capital de la Parroquia La Tola. Constituye el centro social, económico y político de las aldeas circundantes. Allí comienza un camino parcialmente asfaltado que se une al de Borbón, en un punto llamado «la Y» y se dirige a Esmeraldas. En la temporada seca, el viaje de La Tola a Esmeraldas en «rancheras» es de cuatro horas; en la de lluvias puede durar más de seis. Una cooperativa de grandes canoas con motor fuera de borda garantiza el transporte de productos y pasajeros a Limones y San Lorenzo. Así, La Tola es punto de paso obligatorio para quienes se dirigen a Esmeraldas o vienen de allí. Por lo tanto, la aldea es más accesible a las influencias de la sociedad (urbana) blanco-mestiza nacional.

---

[5] En forma similar a lo que ocurre en las Tierras Bajas del Pacífico en Colombia, las mujeres afroesmeraldeñas de diversas organizaciones se enfrascan en luchas en ocasiones contradictorias por la justicia de género y «étnica». *Cf.* Rahier 1994.

La población de La Tola es también mayor que la de Santo Domingo. En enero de 1990 tenía 1.016 habitantes, y 278 emigrantes, que habían dejado La Tola sobre todo para ir a las ciudades de Esmeraldas y Guayaquil.

Al contrario de Santo Domingo, la población de La Tola es «multirracial». Para el censo que levanté entre diciembre de 1989 y enero de 1990 usé sólo tres categorías: blanco-mestizos esmeraldeños, blanco-mestizos no esmeraldeños y afroesmeraldeños. El 20,8 % de los jefes de familia se encontraban en la primera categoría; el 7 % en la segunda y el 72,2 % en la tercera[6]. Hoy se producen pocos matrimonios interraciales.

Otra diferencia importante con Santo Domingo es que en La Tola, las diferenciaciones sociales que identifiqué siguen bastante de cerca las identidades «raciales»: los pequeños campesinos y pescadores (casi todos afroesmeraldeños y unos pocos blanco-mestizos esmeraldeños); el proletariado pobre (casi todos afroesmeraldeños y unos pocos blanco-mestizos esmeraldeños); los pescadores de la cooperativa Buena Esperanza (todos afroesmeraldeños); los pescadores-obreros (todos blanco-mestizos no esmeraldeños); los pequeños empresarios locales y empresarios locales (en ambos sectores, casi todos blanco-mestizos esmeraldeños); la élite ausentista (blanco-mestizos no esmeraldeños)[7].

Esta mayor diversidad racial y socioeconómica de la población de La Tola provoca tensiones entre los diversos sectores y grupos «raciales», situación que reduce la amplitud de la vida comunal y de tradiciones propias como los funerales («alabados» y «chigualos»), días de santo («arrullos») (Barrero 1979a, 1979b; Whitten 1970a, 1974) y la Fiesta de los Reyes, considerados como marcas de «falta de modernidad» y atraso. La mayor exposición de La Tola a los valores de la sociedad urbana blanco-mestiza explica por qué las relaciones de género son tan distintas a las de Santo Domingo. Las mujeres de La Tola disfrutan de mayor libertad y movilidad que las de Santo Domingo.

Aunque la mayoría se dedica todavía a «actividades femeninas», algunas mujeres afroesmeraldeñas —al igual que las de los otros sectores— que residen en La Tola tienen educación secundaria o incluso algo superior, y trabajan como cajeras en las cooperativas de transporte o son maestras en las escuelas primarias y en la escuela secundaria del lugar.

---

[6] Estas categorías son principalmente mías, aunque están informadas por la realidad local.

[7] El lector avezado reconocerá que para la selección de estas categorías me inspiré en la obra de Norman Whitten.

Representaciones de «lo negro» en la Fiesta de los Reyes

La Fiesta de los Reyes es la celebración afroesmeraldeña de la festividad católica de la Epifanía. Las fechas 6, 7 y 8 de enero, así como la mención de los Reyes, no dejan dudas respecto de su origen. A pesar de ello, la Fiesta de los Reyes afroesmeraldeña no puede interpretarse como una mera copia de uno de los folklores europeos de la Epifanía, pues en Santo Domingo, la tradición de los Reyes no incluye la representación de Reyes Magos. En el Festival de La Tola, tres adolescentes se visten de Reyes Magos durante una o dos horas de la mañana del 6 de enero. Representan respectivamente a Gaspar, Melchior y Baltazar, respectivamente el rey negro, el rey indio y el rey blanco.

La dicotomía sexual es una de las bases principales del «Juego de los Cucuruchos». Una comisión de mujeres organiza y prepara la Fiesta. En Santo Domingo estas mujeres organizadoras reciben el nombre de «fiesteras», «reyeras» y «cucuruchas»[8]. En La Tola, aunque también se les llama «fiesteras», se prefiere «cucuruchos», en masculino, a pesar de que intervienen mujeres. En las siguientes páginas, utilizo «fiesteras», «reyeras» y «cucuruchas» o «cucuruchos» como sinónimos.

Durante los tres días de fiestas, y también, aunque en menor medida, desde el 28 de diciembre, se presentan burlas de conflictos y problemas cotidianos. La risa penetra en todos los aspectos de la vida. Nadie puede escapar de ella. Los hombres, particularmente, reciben humillaciones en forma de broma, sobre todo en Santo Domingo.

Lo negro en la Fiesta de los Reyes en Santo Domingo de Onzole

Un período oficial de preparativos que comienza el 28 de diciembre y termina el 5 de enero, en vísperas del primer día de festejos, precede la Fiesta de los Reyes de Santo Domingo. Unos pocos días antes del 28 de diciembre, una comisión de mujeres se reúne por primera vez en casa de una de las reyeras, sobre todo para decidir la jerarquía de cargos en que cada una de ellas desempeñará una función dada. Hay un Presidente, un Ministro de Gobierno, un Tesorero, un Jefe Nacional de Policía, un Primer Comisionado de Policía, etc.: es, de cierta forma, la organización del es-

---

[8] En Santo Domingo se feminiza la palabra «cucurucho» porque, a diferencia de lo que ocurre en La Tola, se utiliza el término exclusivamente para referirse a mujeres.

tado ecuatoriano, en la que estos cargos son siempre ocupados por hombres. Las cucuruchas no feminizan sus cargos; oralmente los mantienen en género masculino y, cuando se disfrazan, lo hacen de hombres. Llevan pantalones —en los contextos rurales afroesmeraldeños las mujeres usan muy raramente, casi nunca, pantalones; sólo los llevan las jóvenes que vienen de visita de la ciudad— y camisas masculinas. En la jerarquía de la comisión, las mujeres mayores suelen ocupar los cargos más altos.

El 28 de diciembre, la comisión de mujeres se acerca al hombre designado por el Gobernador de la Provincia para que represente al gobierno nacional en la parroquia: el Teniente Político —siempre es un hombre— para obtener un permiso para organizar la fiesta, que el Teniente nunca niega. Con este permiso, la comisión de mujeres sustituye literalmente al Teniente Político hasta que la fiesta termina el 8 de enero. Reciben de él la llave de la pequeña cárcel de la aldea, que usarán para encerrar a los borrachos que pelean a machetazos o cometen otros actos de violencia.

Ese permiso, sobre todo, da también a la comisión el derecho de obtener de los hombres los fondos necesarios para organizar la fiesta. Las mujeres los arrestan en forma arbitraria y en broma —como juego— y los ponen bajo el sol en el cepo, una estructura cuya parte superior es de madera de balsa y la inferior de guayacán y que obliga a los hombres a permanecer sentados. Si desean liberarse, deben pagar una multa que las mujeres fijan arbitrariamente. Casi siempre el primer encepado es el Teniente Político, como demostración pública de quién ostenta el nuevo poder. En la mayor parte de los casos, los hombres se dejan arrestar sin ofrecer resistencia, pues saben que se trata de una situación pasajera. Deteniendo las canoas que navegan por el río para recaudar «impuestos», las cucuruchas obtienen la mayor parte de los fondos.

Hombre en el cepo
en Santo Domingo de Onzole

Con el dinero reunido compran aguardiente, pagan a los músicos que tocan marimba y percusiones (bombo y cununo), adquieren cualquier objeto material que necesiten para la confección de máscaras, etc. Este poder público momentáneo de las mujeres de Santo Domingo evoca rituales de inversión que se llevan a cabo en otros lugares durante festividades carnavalescas.

En el pasado, cada día de Juego de los Cucuruchos se reservaba a representaciones de un grupo racial dado: el 6 era el día de los blancos; el 7 de los indios (capayas o chachis)[9] y el 8 de los «negritos». Esta especialización temporal ha cambiado un poco. Al principio de los años 1990, el 6 era de los blancos; el 7 de los espíritus del bosque y el 8 de los indios y negros.

El 6, la actividad más importante es el número de la llegada del Presidente, que es relativamente largo. Esa mañana, el grupo de cucuruchas representa una visita del Presidente de la República a la aldea. El presidente de la comisión representa al Presidente de la República, siempre con un nombre y apellido típicos de los Andes y que no se encuentran en la provincia de Esmeraldas. La idea es indicar que el Presidente y sus acompañantes no son de la aldea o de la provincia. En 1990, el Presidente se llamaba Eduardo Baca.

El grupo de reyeras que representaban al Presidente y a sus acompañantes (el Ministro de Gobierno [Interior], el Ministro de la Guerra, el Ministro de Finanzas, el Jefe de la Policía, etc.) se disfrazan de blancos a unos cinco minutos de la aldea, río abajo. El Presidente es casi siempre recibido por la tropa, compuesta de jóvenes del lugar que representan soldados de su ejército. No ocultan su piel negra y, por lo tanto, representan a soldados negros.

La singularidad del «número» del 6 de enero de 1990 fue que la improvisación del personaje que interpretaba al General Presidente le dio una dirección insólita al número. El Presidente de la República de Ecuador se convirtió de repente en Presidente de la República del Perú, siguiendo la improvisación del general de la tropa, que decidió ser General Presidente «del país de acá» (Ecuador), opuesto a Eduardo Baca, a quien llamó «el Presidente del país de allá» (dando por sobreentendido

---

[9] Los indios chachi constituyen el principal grupo étnico indígena de la Provincia de Esmeraldas. Suelen vivir en aldeas separadas de las aldeas afroesmeraldeñas. Las aldeas chachis están situadas en el bosque, río arriba.

que era Perú). Cabe recordar que desde los años 40 hasta hace tres años se han producido conflictos fronterizos entre el Ecuador y el Perú que fueron causa de varios enfrentamientos militares entre ambos países. Muchos afroesmeraldeños se enrolaron como soldados durante estas guerras[10].

El «Presidente Eduardo Baca» con un soldado de la tropa,
en Santo Domingo de Onzole en 1990

A la llegada del presidente, casi toda la población de la aldea esperaba en las márgenes del río y lo saludó a él y a sus acompañantes con exclamaciones del tipo: «¡Viva la llegada de Presidente!» o «¡Viva Eduardo Baca!» (la población ya había sido informada de su nombre por el comité de mujeres). A su arribo a la aldea, el Presidente pronunció un discurso. Tanto él como sus acompañantes hablaban en voz de timbre exageradamente alto, como para feminizar a sus personajes. De hecho, la idea que los hombres de Esmeraldas tienen de los de la Sierra, los Andes, es que no son tan machos como los de la costa, sobre todo no tanto como los afroesmeraldeños. A continuación, reproduzco fragmentos del diálogo que se desarrolló entre Eduardo Baca, su comitiva y el General Presidente de la tropa. Estos fragmentos muestran que «...al improvisar, cada movimiento depende del movimiento anterior y, en cierta medida, influye en el siguiente. La improvisación requiere un dominio de la lógica de acción y de los códigos corporales, junto con la capacidad de intervenir en ellos y transformarlos. Cada presentación que se produce es nueva» (Drewal 1991: 7).

[10] Ambos países firmaron un tratado en 1998 que puso fin al conflicto.

Para desarrollarse y ser del agrado de todos, estas improvisaciones exigen de los actores y del público la maestría de lo que Linda Hutcheon llama «competencia semiótica» (Hutcheon 1985: 6-23).

EDUARDO BACA. El Presidente Eduardo Baca los saluda. Mi intención es visitarlos y brindarles alguna mejora económica, ya que sé que sufren en la situación actual. (El público ríe y lo llama mentiroso. Baca continúa.) Los precios de los alimentos para sus hijos han subido. El precio de la libra de arroz, del azúcar y del café se elevó ridículamente porque el Ministro anterior nos dejó en la lóbrega situación en que nos encontramos. (Después de la participación del público, que subraya los exagerados precios de los alimentos, y luego de un mayor desarrollo de esta idea central, el General Presidente interviene y cambia el curso del diálogo.)

GENERAL PRESIDENTE. En su país la crisis es dura. Por eso han venido al nuestro, porque desean firmar un tratado con nosotros. ¿Qué objetivo tiene? (Eduardo Baca lo sigue).

EDUARDO BACA. Sí, tenemos que hacer la paz. Hacerlo todo en paz para evitar cualquier situación problemática entre nuestros países.

GENERAL PRESIDENTE. No queremos la paz. Ahora no. Vamos a dar a su país 20 toneladas de arroz, 50 de azúcar, y mil cabezas de ganado para que algunos de sus habitantes coman, porque nos apena que la gente muera de hambre mientras nosotros botamos la comida. Aquí están las embarcaciones que pueden llevarse. ¡Pero no queremos la paz! (Luego de este intercambio, comienza la guerra. Eduardo Baca muere y es resucitado por un «doctor». Después, Eduardo Baca firma un tratado de paz con el General Presidente.)

Al comienzo del número —al igual que en la forma en que se ha presentado en el pasado—, los blancos y los blanco-mestizos aparecen como responsables de las instituciones del estado ecuatoriano. Desde la perspectiva local de Santo Domingo, son extraños con nombres extraños que viven en lugares lejanos y son responsables de la desastrosa situación económica de la población de la aldea (antes del cambio que introduce el General Presidente). Son las personas que sólo visitan la aldea con el propósito de obtener votos cuando se acercan las elecciones. Son hipócritas y no se responsabilizan por sus actos. Ése es el caso de Eduardo Baca, que culpa a su ministro de la mala situación económica: ¡No son hombres de verdad! La intervención del General

Presidente presenta alguna resistencia a la hegemonía blanca y/o blan-co-mestiza. Al cambiar el diálogo del tema de la situación económica negativa a la del antagonismo entre «los de áca» (Ecuador) y «los de allá» (Perú), el General Presidente y la tropa ridiculizan a Eduardo Baca y a sus acompañantes y devuelven algún orgullo a la comunidad local. Los «blancos» de la obra se convierten en agresivos invasores extranjeros, mientras que los soldados negros representan metonímicamente a la nación ecuatoriana. Esto significa que, con esta improvisación, el orden racial/espacial ecuatoriano se invierte, ya que la oposición es ahora entre «los de acá»/Ecuador/buenos/negros y «los de allá»/Perú/malos /blancos.

Las demás representaciones de los negros se realizan el 8 de enero. Ese día, en 1990, los indios chachis fueron representados por una mujer chachi que hacía de una legendaria princesa chachi rodeada de niños afroesmeraldeños vestidos y pintados como indios chachis. Los negros aparecían representados en la forma «tradicional»: su piel naturalmente oscura estaba cubierta de colorante negro para hacerla más oscura toda-vía, como si el color de su piel natural fuese una tela blanca. Llevaban ropas viejas con agujeros o hechas de productos naturales tomados del bosque. Se los representaba de ese modo porque, según dicen, «los ne-gros como nosotros se visten así todos los días». Caminaban por la al-dea en grupos imitando las actividades cotidianas de los afroesmeralde-ños del bosque pluvial del norte de la provincia (la caza, la pesca, etc.). Entre las actividades más visibles estaba el «número de la paridora». Su personaje principal es una negra que da a luz a un niño blanco, lo que hace que se encepe al adulto de piel más clara por haber tomado la es-posa de otro hombre. El niño muere y, entre risas generales, se presenta brevemente el ritual tradicional por la muerte de un niño («chigualo»). Otra mujer disfrazada reproduce la principal actividad productiva reser-vada a las mujeres en el período colonial: lavar la arena del río en bus-ca de oro. Sus nalgas y pechos aparecen aumentados para representar el estereotipo blanco y blanco-mestizo según el cual las negras tienen enormes traseros y pechos gigantescos (me lo formularon así: «las mu-jeres negras tienen hartas tetas y tremendas nalgas»).

Una mujer disfrazada de hombre negro
pescando con la red llamada «ataraya»

Una mujer disfrazada de negra
buscando oro; se puede apreciar
sus nalgas aumentadas por calabazas.

Una mujer disfrazada representando a un hombre negro cazando con su perro

A fin de entender plenamente las diversas representaciones de los
negros, éstas deben yuxtaponerse a las representaciones de blancos e
indios durante la Fiesta, puesto que las identidades, y sus representaciones, se construyen en su relación con las diferencias. No están simplemente ahí, como una sencilla presencia. Lo limitado de este ensayo
no permite exponer esta yuxtaposición. Sin embargo, puedo dar ma-

yores explicaciones sobre el número de la paridora. Este da origen a otro, que recibe el nombre de «número de los hermanitos». Como ya expliqué, la «movilidad sexual» suele ser prerrogativa de los hombres en el contexto afroesmeraldeño tradicional. El hecho de que en el número de la paridora una mujer tome la iniciativa de entablar una relación sexual con un hombre que no es su compañero reconocido socialmente resulta, en cierta forma, aberrante, irresistible al punto de provocar risa. El hecho de que el hombre sea blanco o blanco-mestizo (esto es el significado que se está buscando por el encepamiento de una persona de piel más clara, para no decir blanca) se suma a la distancia —social y física— que la mujer atraviesa para realizar su acto de rebelión e intensifica la aberración. Sin duda, la víctima de la broma es el «esposo negro». En el número de los hermanitos, los hijos de la pareja —interpretados por otras reyeras disfrazadas de hombres y mujeres negros— apoyan a ambos lados del conflicto: algunos están de parte del padre y otros de la madre. Mientras el público ríe y realiza observaciones sobre el conflicto, el padre explica que el asunto se produjo mientras él se encontraba en el bosque cazando para la familia, porque si no iba al bosque la familia no comía, y continúa con comentarios de esta índole. El número termina con las disculpas de la mujer y la reconciliación de la pareja. En ningún momento del número, ni tampoco en el de la paridora, el color de la piel del amante blanco es objeto de agresión o ira. Mucho más que la «raza», lo que parece juzgarse es la infidelidad de la esposa y el contexto de las relaciones de género dentro de las cuáles ésta se produce. De haber sido negro el niño, hubiera sido mucho más difícil demostrar su «origen impío». Su temprana muerta elimina también una huella vergonzosa que habría dado origen a un problema insoluble. Esto es lo que se dice literalmente en los diálogos que preceden la reconciliación de la pareja.

LO NEGRO EN LA FIESTA DE LA TOLA

En los dos últimos decenios, la Fiesta de La Tola ha experimentado un proceso de desintegración y desaparición que no se ha producido en Santo Domingo. En La Tola, donde la diferenciación intracomunitaria es mucho mayor que en Santo Domingo, la Fiesta de Reyes no da lugar para celebrar la identidad comunal. La población de la aldea está dividida en

sectores individuales que en ocasiones entablan violentos conflictos verbales. Diversos sectores, y sobre todo las personas más poderosas desde
los puntos de vista social y económico —los blanco-mestizos no esmeraldeños— menosprecian la Fiesta por considerarla un remanente del pasado afroesmeraldeño, caracterizado por el atraso y el salvajismo. No
hay cepo y las fiesteras no pueden arrestar a nadie, ya que no reciben el
permiso del Teniente Político. De hacerlo, sus acciones provocarían fuertes discusiones, o incluso peleas agresivas. Para reunir fondos, un pequeño comité de mujeres coloca una cuerda en el camino a Esmeraldas
con el propósito de detener a todos los autobuses y camiones. Muchos
conductores se niegan a pagar y no pasa nada, mientras que en Santo
Domingo esta negativa les hubiera valido el cepo —o más bien no habría
sido una opción. El período de preparación de La Tola no es muy animado. En la mañana del 6 de enero, tres adolescentes se visten de Gaspar,
Melchor y Baltasar. En lugar de recordar la leyenda eurocéntrica de los
Tres Reyes Magos, su función principal es la de colocar regalos a los pies
del altar de la iglesia, donde el 24 de diciembre se ha celebrado «el arru-
llo al Niño Dios», el ritual afroesmeraldeño para celebrar el nacimiento
del Niño Dios. Ofrecen cajas envueltas en papel vistoso o frutas, un pato,
un pollo... Después de las ofrendas, regresan a sus casas y se desvisten.
Su papel ha concluido.

Gaspar, Melchor y Baltasar en La Tola
en 1990

Las actividades de los tres días de Fiesta son muy limitadas en La
Tola. Ha habido años en que no se ha producido actividad alguna. Este
proceso de extinción de la Fiesta llevó a un intelectual afroesmeraldeño

nacido en la región, Juan García Salazar, a organizar en 1987 una competencia de disfraces para intentar reactivar el «juego».

En 1988, 1989 y 1990, años en que tuvieron lugar mis observaciones (en 1990 trabajé con asistentes de campo), las pocas actividades relacionadas con la Fiesta se concentraban en el 7 y 8 de enero. A diferencia del ambiente de risas y buen humor comunal que caracteriza el juego en Santo Domingo, en La Tola suele estar marcado por cierta tirantez. La mayoría de los personajes que representan negros están vestidos como los negros de Santo Domingo cuando reproducen las actividades de subsistencia: la caza, la pesca, el lavado de arena para buscar oro, la paridora, etc. Van por la aldea en grupos junto a otros personajes que representan a blancos. Estos tienen el rostro cubierto con un cucurucho blanco, de ahí su nombre. El grupo va de casa en casa, deteniéndose donde saben que recibirán dinero o un vaso de aguardiente para bailar. Muy pocas veces esto sucede en casas de blanco-mestizos no esmeraldeños. Al recorrer la aldea, los cucuruchos inician diálogos que hacen referencia a identidades raciales, con alguna tirantez y agresividad mal escondida de un tipo que nunca se observa en Santo Domingo. En 1990, un hombre disfrazado de negro (cucurucho negro) dijo a las puertas de una casa:

> Cucurucho negro. Los blancos son como las malas hierbas. Los blancos huyen de los negros. Jamás me casaría con una blanca. No me pidan algo así. Al blanco que se acerque, lo convertiremos en negro... Ven acá, negra. ¿Todavía no has entendido que los blancos te dejarán sola? Los blancos no bailan con los negros.

Este fragmento del diálogo —y las interacciones que se desarrollan en La Tola entre cucuruchos blancos y negros en general— es interesante por su contraste con el conflicto de género que se produce entre un hombre y una mujer negros en los números de la paridora y de los hermanitos en Santo Domingo. En La Tola, la solidaridad «racial» y la animosidad «interracial» son temas de importancia que se interpretan en las calles durante la Fiesta en proceso de desaparición. He podido presenciar allí una versión muy acortada y mucho menos sofisticada del número de la paridora. Duraba cinco minutos y se repitió varias veces en distintos lugares de la aldea. Nunca pasó al número de los hermanitos. El único adulto participante era la paridora, rodeada por unos pocos niños. El tema de la infidelidad no aparecía. De hecho, representaba a una mujer afroesmeraldeña que trabajaba sin parar entre sus numerosos hijos. El recién nacido era negro.

El 8 de enero de 1990, además de los negros que habían salido el día antes, aparecieron unos sorprendentes personajes negros. Aunque su piel naturalmente oscura estaba cubierta de colorante negro, como la de los negros del 7 de enero y los de Santo Domingo, no llevaban ropas sucias y agujereadas, sino ropas buenas o «respetables», con bolsos y sombreros floreados, artículos urbanos que no suelen asociarse a los negros en el contexto de la Fiesta de Reyes ni durante el resto del año en la región norteña de la provincia. Su caminar era exagerado, como indicando algún origen aristocrático. Decían cosas de este estilo: «También hemos estudiado. ¡No sólo las blancas reciben educación! Mis hijos van también a la escuela. Estos blanquitos se creen que son los únicos que hacen cosas buenas...». Otra joven llevaba un bonito vestido y una banda al pecho que indicaba su título de reina de belleza de la escuela superior, elemento urbano que no tendría lugar en la Fiesta de Santo Domingo ni en la antigua Fiesta de La Tola y que evoca también algo de respetabilidad. Estas representaciones de respetabilidad negra son recientes y deben guardar relación directa con la tirantez racial que caracteriza la realidad en la vida diaria de La Tola.

Mujeres disfrazadas de señoras negras, respetables. Se puede observar aquí un contraste significativo con la ropa que viste a los «negros» en el contexto de la fiesta en Santo Domingo de Onzole.

La importancia del lugar

La Fiesta de los Reyes ha tenido un desarrollo distinto en La Tola y en Santo Domingo de Onzole. La comparación de ambos textos permite percibir alguna continuidad en los disfraces y acciones de los diversos personajes participantes en las obras, pero también existen diferencias importantes. Las tradiciones —como indica Margaret Thomson Drewal— parecen más bien ser recursos para representaciones, innovaciones e improvisaciones en vez de ser —como se las concibe habitualmente— obligaciones estructuralmente restrictivas. Mi objetivo es subrayar la importancia de estos procesos de innovación y repetición, que entrañan creatividad ya que «la representación en sí es una forma de creatividad» (Drewal 1992: 1-28). La perspectiva local de Santo Domingo que expresa y celebra en su versión de la Fiesta difiere de modo importante de la de La Tola. En Santo Domingo, a los blancos se les presenta principalmente como a extraños que viven en lugares lejanos; los personajes negros no entran verdaderamente en conflicto con estos blancos desconocidos. La supuesta intimidad sexual que se produjo entre la paridora y un blanco que vivía en los alrededores hace reír a todos porque es indicio de la rebelión de la mujer negra contra el control del hombre negro sobre su sexualidad. Es un acto de proclamación de libertad sexual que debe verse como el ataque final a la «reputación machista» del hombre. El verdadero blanco del número de la paridora, que da origen al número de los hermanitos, son los hombres negros, aunque en un momento dado se encepe a un «blanco» o a un hombre de piel más clara. En cualquier caso, es una escena en que no hay verdadera ira contra los blancos y que tiene que comprenderse a la luz de las relaciones de género afroesmeraldeñas, que son tradicionalmente patriarcales. El espacio nacional es también de interés en Santo Domingo. La visita del Presidente de Ecuador/Perú (los de allá) es también un hecho muy hipotético. Un presidente nunca visitaría la remota aldea, situada en las profundidades del bosque de Esmeraldas. La resistencia de los jóvenes organizados en la tropa brinda a la comunidad algo de orgullo pero no expresa realmente ira o furia contra los blancos como tales. De hecho, durante el número de la llegada del presidente, no se toma en cuenta verbalmente el color de la piel de los cucuruchos, que son blancos. A los pobladores de Santo Domingo no los amenaza en su aldea una «clase media local» de no esmeraldeños blancos o blanco-mestizos. El ambiente de su Fiesta se caracteriza definitivamente por el buen humor y la risa en un espíritu comunal. La reafirmación del sentido comunal, del «nosotros» de la aldea está presente en todo momento del juego.

Por el contrario, la situación entre los diversos grupos «raciales» y sectores socioeconómicos de La Tola es mucho más problemática. La historia reciente de la aldea (a partir de fines de los 70) se caracteriza por la llegada de unos cuantos inmigrantes blancos y blanco-mestizos que han establecido pequeños negocios de comercios minoristas, hotelitos para personas de tránsito —llamados «residenciales»—, intermediarios para la compra de mariscos que compran los productos de la pesca artesanal a bajo precio y que los venden a precios más elevados en la ciudad, etc. En el desarrollo de estas transacciones comerciales, los afroesmeraldeños sólo participan en las actividades menos importantes. En ocasiones establecen alianzas entre sí.

Evidentemente, los blancos y blanco-mestizos de La Tola no son desconocidos procedentes de ciudades distantes. Viven en la aldea y son dueños de los negocios más importantes. Menosprecian tradiciones afroesmeraldeñas como la Fiesta de los Reyes, en las que no participan. A veces contratan trabajadores de los Andes, expresando de ese modo su falta de confianza en la mano de obra local, o sea, negra. La representación de negros que participan en conflictos con blancos y blanco-mestizos, que sienten mucho resentimiento hacia los blancos, que andan «bien vestidos» casi en forma aristocrática a fin de ser reconocidos tan respetables como se supone que sean los blancos, es una consecuencia directa de la historia socioeconómica y política particular de la aldea. Estas representaciones más recientes de los negros son también mucho más individualistas que en Santo Domingo.

Subrayo la importancia del lugar y del espacio (en inglés *place* y *space*) para el estudio de las fiestas carnavalescas a fin de recordar que es erróneo considerar en forma exclusiva, o casi exclusiva, las dimensiones transnacionales de las fiestas en detrimento de los contextos locales, o de limitarse al descubrimiento de sus orígenes. Aunque a muchos estudiosos involucrados en lo que se llama «estudios culturales» les preocupa hoy lo que denominan la «aldea mundial», los lugares concretos siguen teniendo enorme importancia en la vida diaria de los pueblos latinoamericanos así como en mis análisis. No se hace experiencia de la globalización sino localmente, y para entender las fiestas, debe elegirse un enfoque multidimensional que no hace abstracción de la realidad local.

Joseph Roach, por ejemplo, uno de estos eruditos de los estudios culturales cuya obra se ha inspirado en las reflexiones de Paul Gilroy sobre el concepto del «Atlántico Negro», ha publicado hace poco un libro (*Cities of the dead, circum-Atlantic Performance*, Columbia University Press, New York, 1996) en que analiza una serie de representaciones de Londres y de Nueva Orleáns. En esta obra, en otros sentidos interesante, enriquecedora y sorprendente desde el punto de vista intelectual, resta importancia a los lugares concretos dentro de los espacios regionales, nacionales y transnacionales al definir su concepto maestro del «mundo circum-atlántico» como «el escenario geohistórico [en singular] de mi tesis sobre memoria y substitución...» (1996: 4). Con demasiada frecuencia, sus análisis saltan en forma entusiasta de un lugar y una época a otros, de Londres a Nueva Orleáns, y del siglo XVII al XX. La forma en que descifra el simbolismo de las diversas representaciones que examina —el Mardi Gras de Nueva Orleáns; los «Indios Negros» de Nueva Orleáns; las pinturas francesas, australianas y estadounidenses de siglo XIX; la visita de los Iroqués a la Corte Real en Londres; los cementerios de Londres, etc.— parece no tener más objetivo que justificar su «enfoque circum-atlántico» en lugar de entender las representaciones en sí.

Los análisis de sucesos socioculturales complejos como las fiestas carnavalescas no pueden borrar las experiencias y acciones de los participantes. Cualquier comparación de las fiestas en el macronivel requiere una investigación etnográfica seria que abarque las particularidades locales. De hecho, las fiestas son «multilocales» y, por lo tanto, deben estudiarse dentro de sus contextos concretos de espacio y tiempo.

BIBLIOGRAFÍA

ANDERSON, Benedict: *Imagined Communities: reflections on the Origin and Spread of Nationalism*. Verso, London, New York, 1991.

AROCHA, Jaime: «Inclusion of Afro-Colombians: Unreachable National Goal?». En: *Latin American Perspectives* 25, No. 3 (100), pp. 70-89, 1998.

ASHER, Kira: «Working From the Head Out: Revalidating Ourselves as Women, Rescuing our Black Identity: Ethnicity and Gender in the Pacific Lowlands». En: *Current World Leaders* 40 (6), pp. 106-127, 1997.

BARRERO, Jacinto: «Costumbres, Ritualismos y Creencias en Torno a los Muertos en el Campo de San Lorenzo». En: *Apertura* 2, pp. 25-49, 1979a.

— «Creencias y Costumbres». En: *Apertura* 3, pp. 26-41, 1979b.

BASTIDE, Roger: *Les Religions Africaines au Brésil*. P.U.F., Paris, 1960.

CHING, Barbara/Gerald W. CREED (ed.): *Knowing Your Place. Rural Identity and Cultural Hierarchy*. Routledge, New York, 1997.

CLARK, Kim: «Race, 'Culture' and Mestizaje: The Statistical Construction of the Ecuadorian Nation, 1930-1950». En: *Journal of Historical Sociology* 11 (2, June), pp. 185-211, 1998a.

— «Racial Ideologies and the Quest for National Development: Debating the Agrarian Problem in Ecuador (1930-50)». En: *Journal of Latin American Studies* 30, pp. 373-393, 1998b.

DREWAL, Margaret T.: «The State of Research on Performance in Africa». En: *African Studies Review* 23, pp. 1-64, 1991.

— *Yoruba Ritual. Performers, Play, Agency*. Indiana University Press, Bloomington, 1992.

FELD, Steven/Keith BASSO (ed.): *Senses of Place*. School of American Research Press, Santa Fe, New Mexico, 1996.

FERGUSON, James: «The Country and the City on the Copperbelt». En: *Cultural Anthropology* 7 (1), pp. 80-92, 1992.

GONZALEZ, Nancie L.: «Toward a Definition of Matrifocality». En: N. Whitten/J. Swed (eds.), *Afro-American Anthropology*. The Free Press, pp. 231-244, New York, 1970.

GOULD, Jeffrey: «'¡Vana Ilusión!' The Highlands Indians and the Myth of Nicaragua Mestiza, 1880-1925». En: *Hispanic American Historical Review* 73 (3), pp. 393-429, 1993.

GUPTA, Akhil/James FERGUSON: «Beyond 'Culture': Space, Identity, and the Politics of Difference». *Cultural Anthropology* 7 (1), pp. 6-23, 1992.

GUSS, David: «Moors and Christians and Women and Indians: Tamunangue and the Choreography of Gender» presented at *Colonialismo e identidad cultural/Colonialism and Cultural Identity*, 49th International of Americanists, Quito, July 1997.

Hutcheon, Linda: *A Theory of Parody: The Teaching of Twentieth Century Art Form*. Methuen, New York, 1985.

Malkki, Lisa: «National Geographic: The Rooting of Peoples and the Territorialization of National Identity Among Scholars and Refugees». En: *Cultural Anthropology* 7 (1), pp. 24-44, 1992.

McCallum, Cecilia: «Resisting Brazil: Perspectives on Local Nationalisms in Salvador da Bahia». En: *Ethnos* 61 (3-4), pp. 207-229, 1996.

Moore, Robin: *Nationalizing Blackness: Afrocubanismo and Artistic Revolution in Havana, 1920-1940*. University of Pittsburgh Press, Pittsburgh, 1997.

Moreno, Isidoro: *La Antigua Hermandad de los Negros de Sevilla. Etnicidad, poder y sociedad en 600 años de historia*. Universidad de Sevilla y Consejería de Cultura de la Junta de Andalucía, Sevilla, 1997.

Needell, Jeffrey: «Identity, Race, Gender, and Modernity in the Origins of Gilberto Freyre's *Oeuvre*». En: *American Historical Review* 100 (1), pp. 51-77, 1995.

Ortiz, Fernando: *La antigua fiesta afrocubana del Día de Reyes*. Ministerio de Relaciones Exteriores, Dpto. de Asuntos Culturales, La Habana,1960.

Perea, Berta Inés: «La familia afrocolombiana del Pacífico». En: A. Cifuentes (ed.), *La participación del negro en la formación de las sociedades latinoamericanas*. Colcultura/Instituto Colombiano de Antropología, pp. 117-130, Bogotá, 1986.

— «Estructura familiar afrocolombiana: Elementos que definen la estructura familiar de descendientes de africanos nacidos en Colombia». *Hegoa Working Paper* Number 5, Bilbao (Panamá),1990.

Pérez-Torres, Rafael: «Chicano Ethnicity, Cultural Hybridity, and the Mestizo Voice». En: *American Literature* 70 (1, March), pp. 153-176, 1998.

Quiroga, Diego: *Saints, Virgins, And the Devil: Witchcraft, Magic, and Healing in the Northern Coast of Ecuador*. PHD Dissertation, Department of Anthropology, University of Illinois, 1994.

Radcliffe, Sarah/Sallie Westwood: *Remaking the Nation: Place, Identity and Politics in Latin America*. Routledge, London, 1996.

Rahier, Jean Muteba: «El Juego de los Cucuruchos Afro-Esmeraldeños». En: *Antropología. Cuadernos de Investigación del departamento de Antropología de la PUCE-Quito* (5), pp. 125-146, 1991.

— *La Fête des Rois Afro-Esméraldienne (en République de l'Equateur)*. Thèse de Doctorat, Département de Sociologie, Université de Paris X, Nanterre, 1994.

— «Blackness, the 'Racial'/Spatial order, Migrations, and Miss Ecuador 1995-1996». En: *American Anthropologist* 100 (2), pp. 421-430, 1998.

— «Body Politics in Black and White: *Señoras, Mujeres, Blanqueamiento* and Miss Esmeraldas 1997-1998, Ecuador». En: *Women and Performance: A Journal of Feminist Theory* 11 (1, no. 21), pp. 103-119, 1999a.

— «Mami, ¿qué será lo que quiere el negro?: representaciones racistas en la revista Vistazo, 1957-1991». En: Emma Cervone and Fredy Rivera (eds.),

Ecuador racista: Imágenes e identidades, FLACSO-Sede Ecuador, pp. 73-110, Quito, 1999b.

— (ed.): *Representations of Blackness and the Performance of Identities.* Greenwood Press, Westport, 1999c.

RICHARDSON, Miles: «Looking at a World That Speaks». En: P. H. K. Foote/K. Mathewson/ J. Smith (eds.), *Re-Reading Cultural Geography.* University of Texas Press, pp. 156-163, Austin, 1994.

ROACH, Joseph: *Cities of the Dead: Circum-Atlantic Performance.* Columbia University Press, New York, 1996.

SILVA, Erika: *Los mitos de la ecuatorianidad. Ensayo sobre la identidad nacional.* Abya-Yala, Quito, 1995.

SMITH, M. G.: *West Indian Family Structure.* University of Washington Press, Seattle, 1962.

SMITH, Raymond T.: *The Negro Family in British Guiana.* Routledge & Kegan, London, 1956.

— *Migration and Modernization: Adaptive Reorganization in the Black Carib Household.* University of Washington Press, Seattle, 1969.

STUTZMAN, Ronald: «El Mestizaje: An All-Inclusive Ideology of Exclusion». En: N. Whitten (ed.), *Cultural Transformations and Ethnicity in Modern Ecuador.* University of Illinois Press, pp. 45-94, Urbana, Chicago, London, 1981.

WADE, Peter: *Blackness and Race Mixture. The Dynamics of Racial Identity in Colombia.* Johns Hopkins University Press, Baltimore, 1993.

WHITTEN, Norman E.: *Class, Kinship and Power in an Ecuadorian Town. The Negroes of San Lorenzo.* Stanford University Press, Stanford, 1965.

— «Personal Networks and Musical Contexts in the Pacific Lowlands of Colombia and Ecuador». En: S. Whitten/J. Swed (eds.), *Afro-American Anthropology.* The Free Press, pp. 203-218, New York, 1970a.

— «Strategies of Adaptive Mobility in the Colombian-Ecuadorian Littoral». En: S. Whitten/J. Swed (eds.), *Afro-American Anthropology.* The Free Press, pp. 329-344, New York, 1970b.

— *Black Frontiersmen: a South American Case.* Schenkman Pub., Cambridge, Mass., 1974.

— (ed.): *Cultural Transformations and Ethnicity in Modern Ecuador.* University of Illinois Press, Urbana, Chicago London, 1981. (Véase Stutzman, Ronald.)

WILSON, Peter: «Reputation and Respectability: A Suggestion for Caribbean Ethnology». En: *Man* IV, pp. 70-84, 1969.

LAS SEÑORAS DE LA CASA Y DEL CIELO. LA MUJER Y LO SAGRADO EN LA CULTURA POPULAR BRASILEÑA

Prisca Agustoni
Université de Genève

> «Sólo la co-gestión igualitaria de los dos sexos
> puede responder a los deseos, capacidades y
> potencialidades de toda la especie humana.»
> *Françoise d'Eaubonne*

1. INTRODUCCIÓN

La mujer (en particular, la negra y la mulata) que vive en una sociedad de herencia colonial como la brasileña, experimenta situaciones que la colocan frente a una «triple explotación», relacionada con su clase social (en cuanto pobre), con su género (mujer) y, eventualmente, con su origen étnico (negra). Esta realidad se actualiza en lo cotidiano —espacio donde se establecen formas de represión que afectan a los grupos menos favorecidos y, en particular, imponen el silencio a las voces de las mujeres. La presencia de la «empleada doméstica» es uno de los emblemas que muestran los desdoblamientos de esta lógica colonialista en la sociedad brasileña. Más allá de este campo, existe otro en que esta explotación de lo femenino es interrogada; esto acontece en el campo de lo sagrado, en el cual también la mujer es detentora de capital simbólico.

Nuestro objetivo es demostrar cómo la relación de la mujer brasileña con lo sagrado —tomando como ejemplo el ritual del Congado en Minas Gerais, y más en particular, el caso de un grupo situado en la ciudad de

Contagem, la Comunidad de los Arturos— revela la importancia de los papeles que ella desempeña en la sociedad. Un análisis más atento de estos papeles indica que, incluso en condiciones de sumisión al orden patriarcal, esta «señora de la casa» detiene un poder que le permite organizar y dar sentido al mundo. Un ejemplo de este poder toma cuerpo en la coronación de la «Reina», durante la fiesta en honor a Nuestra Señora del Rosario, escenario donde los hombres se hacen «vasallos» de esta divinidad que los devotos del Congado cuentan haber llegado de las aguas.

Nuestro trabajo se propone analizar, a través del estudio del caso brasileño del Congado, el papel de las mujeres frente al ritual sagrado. La investigación se vale de algunos aportes teóricos del género, que tienen el objetivo de desenredar los mecanismos sociales de conservación y reproducción de la dominación masculina sobre el género femenino. En este sentido, nuestro interés hacia el estudio del Congado se sustenta en la observación empírica de un fenómeno en aparente contradicción con la tradición teórica feminista: el contexto donde se produce el ritual del Congado presenta un «encaje» socialmente marcado por la vigencia del patriarcado —identificado como el primer responsable de la subordinación femenina— y al mismo tiempo caracterizado por la práctica de un ritual público y privado (en la casa, como veremos más tarde) que otorga una movilidad inesperada al papel de las mujeres. Una aparente paradoja, pues, entre el universo teórico en favor de la emancipación y liberación femenina frente a un mundo dominado por los hombres, y la vigencia de un ritual religioso cuya interacción entre las acciones individuales y colectivas tiene por finalidad la construcción de sentido para un determinado modelo social común a todos sus miembros. Este modelo es el de las capas menos favorecidas. Ahora bien, frente a la tendencia teórica común a los estudios de género, que se concentran en particular sobre los fenómenos de explotación social de la mujer en el dominio del trabajo doméstico o del trabajo asalariado, así como de las cuestiones del reconocimiento jurídico de sus derechos, nos parece necesario interrogar el dominio de lo sagrado, puesto que representa un espacio fundamental de competencia por el poder, de acuerdo con lo que sostiene Pierre Bourdieu en su texto *La dominación masculina*:

> todo poder implica una dimensión simbólica: debe obtener de los dominados una forma de adhesión que no se apoya en la decisión deliberada de una conciencia iluminada, sino sobre la sumisión inmediata y prerreflexiva de los cuerpos socializados (1990: 11).

Ahora bien, los antropólogos consideran como una característica de la religión el poder de crear un cuerpo que consiste en símbolos, prácticas y rituales, valores, creencias y reglas de comportamiento —o sea, un «sistema cultural»— capaz de responder a situaciones límites, como el dolor y la muerte, la amenaza de la caída de valores morales o la pérdida de la comprensión de la experiencia del mundo. Por eso hay que recurrir a «otro mundo» para dar sentido a lo que ocurre en éste. No se puede hablar de religión sólo como de un fenómeno social universal. Cada religión intenta adaptarse a un *ethos* y a una visión del mundo según el contexto en el cual surge. El antropólogo americano Clifford Geertz señala la imposibilidad de una interpretación universal relativa a un fenómeno local, afirmando que «cada propuesta de una 'teoría general' referida a cualquier hecho social parece cada vez menos propicia» (1983: 10)[1].

Como es de imaginar, el tenor politizado de las reivindicaciones feministas no puede ser suficiente para dar cuenta de esta realidad brasileña compleja y silenciosa. La vigencia de una práctica cotidiana de lo sagrado (entendido como sentimiento íntimo hacia la vida y lo divino, pero también como organización de la acción práctica de la comunidad), o de una vida más ritualizada, contrasta con el modelo social «globalizado» de los grandes centros económicos e intelectuales del mundo. Además, algunos elementos históricos (muy característicos de América Latina) complican el horizonte vislumbrado por las teorías feministas que unánimemente condenaron el patriarcado y la dominación del género masculino sobre el femenino. Tal vez sea oportuno recordar brevemente que otros hechos sociales, tales como las tensiones étnicas y las desigualdades socio-económicas, influyen sobremanera en los procesos de exclusión de las mujeres brasileñas, junto al modelo patriarcal imperante en el país. Esto muestra que el estudio de un caso específico como el nuestro no puede apoyarse exclusivamente en un aparato teórico que ignora los contextos de la región y de su procedencia histórica. Uno de estos elementos fundamentales es la rápida desvalorización del cuerpo de la mujer esclava (negra), que desde la época colonial tuvo que asumir el doble papel de reproductora biológica (en cuanto mujer) y productora del lucro del señor (en cuanto esclava). De hecho, no son raras

---

[1] La traducción al español de esta cita es mía. Será también el caso de las demás citas a lo largo de este trabajo.

las fuentes históricas que atestiguan un número muy alto de abortos e infanticidios acontecidos durante la época de la esclavitud.

Una importante secuela de origen colonial en la sociedad brasileña del pasado es la relativa ausencia en las fuentes investigadas de la noción de «familia esclava», con la única excepción del caso «madre-hijo» (único tipo de relación considerado como «familiar»). En efecto, no se hace referencia a la idea de «paternidad» o de «hermandad» entre esclavos, aunque en los últimos años se publicaron dos estudios muy importantes que añaden detalles que revelan la escasa presencia de núcleos familiares entre los esclavos en la *senzala*[2]. Como nos dice Sonia Maria Giacomini, en su estudio *Mulher e Escrava*,

> es el vientre materno que determina la condición de sus frutos. Por estas razones, todo nos lleva a creer que la relación parental posible entre esclavos pasaría necesariamente, si no exclusivamente, por la figura de la madre, y sobre todo, por la relación madre-hijo en los primeros años de vida (Giacomini 1988: 30).

Esta afirmación es fundamental para entender la importancia que el papel femenino va asumiendo a lo largo de los siglos XIX y XX en las capas populares, o sea, el papel de «eje central» en cuanto a la organización de la vida material de las comunidades —papel evidentemente asociado a la «vida privada» de la casa— pero sobre todo en cuanto a la organización del bien simbólico. En los dos casos, los límites entre lo «privado» y lo «público» están en constante movimiento. Es evidente que la transculturación de la sociedad brasileña no se produjo de manera homogénea. En lo que sigue, vamos a trabajar con el concepto amplio de «espiritualidad», o sea:

> el conjunto de la experiencia espiritual y religiosa, de las creencias, convicciones y esquemas de pensamiento, de las emociones y comportamiento, con respecto a Dios [...]. El modo de reaccionar que constituye la espiritualidad es forjado por el individuo pero es culturalmente construido. Encarnamos las metáforas, las historias o las imágenes implícitas que derivan de nuestra cultura en un estilo espiritual que nos pertenece (Carr 1993: 260).

---

[2] Ver Slenes (1999) y Florentino & Goés (1997).

En este sentido, Brasil es un país fuertemente espiritualizado, sobre todo si pensamos en el contexto popular. De hecho, constatamos que «hacer teología en Brasil significa primero compartir la experiencia de la transmisión oral, a partir del simple hecho de compartir la vida [...] Se trata de la manera representativa del *doing theology* de las capas populares» (Gebara *apud* Fabella & Oduyoye 1988: 126). Si consideramos el estatuto de la mujer en la vivencia popular tradicional, no nos sorprenderemos de ver que «el macho es a la hembra lo que Dios es a la humanidad» (Wilson Schaef *apud* Carr 1993: 264). Este estatuto se inscribe en un sistema de dominación y de dependencia en relación con el conjunto de la creación divina, donde la mujer ocupa un lugar jerárquicamente inferior al hombre. Wilson Schaef piensa que este mito se alimenta precisamente gracias a la teología tradicional o popular. La práctica religiosa del Congado es «popular» o «tradicional», y tiene lugar en comunidades de descendientes de esclavos, que se reestructuraron alrededor de los elementos de la fe. Ahora bien, como podemos leer en el capítulo sobre la dimensión privada de la vida de los ex-esclavos, en el tercer volumen de *História da vida privada no Brasil*,

> la religiosidad de los grupos rurales se estructuraba alrededor de los santos de su devoción. La relación era íntima, de proximidad. Los santos compartían los espacios de la habitación, y la gente tenía la costumbre de hablar con ellos, como si fueran miembros de la familia. Estaban presentes en los altares domésticos que cada casa tenía, en particular el Sagrado Corazón de Jesús y Santo Antonio de Padoa. En la perspectiva de la gente del mundo rural, era inconcebible que un santo fuera lejano, impersonal e invisible, y que no ocupase el lugar de su rutina (Wissenbach *apud* Sevcenko 1998: 117).

Cuando pensamos en una manera de enfrentarnos a una experiencia de lo sagrado que deriva de una vivencia histórica semejante (y es el caso de la familia de los Arturos), podemos entender la importancia del trabajo femenino en el espacio privado y en el espacio público. La fe se concentra totalmente en la dimensión individualista y familiar de las prácticas de devoción. En este sentido, hay que añadir que el catolicismo siempre rechazó el reconocimiento de la dimensión colectiva de la celebración de la devoción popular, no obstante éste esté fundado en una fe intimista y enraizada en lo cotidiano. Gracias a esta fe, pequeños altares con imágenes de Cristo y de la Virgen o de santos siempre estuvieron presentes en todas las casas, y el catolicismo tradicional supo

conservarse, prolongarse, confundirse con otras tradiciones, pese al esfuerzo de la jerarquía eclesiástica para volver la iglesia siempre más elitista. Es evidente que este contexto explica en parte el predominio del
sistema patriarcal en el modelo familiar brasileño: de hecho, este último
siempre tuvo como modelo normativo los valores éticos transmitidos
por el imaginario cristiano de la Sagrada Familia. Ahora bien, la figura
femenina se inserta en este molde social y simbólico como «lugar de
transición» entre lo privado y lo público, entre la sumisión al orden patriarcal y la reorganización (y subversión) en el interior del mismo, o
sea, esta mujer brasileña pobre, muchas veces negra o mestiza y marginal representa un «entre-lugar» dinámico en la sociedad brasileña contemporánea. Nuestro trabajo quiere ser una contribución para develar
las causas y las circunstancias que justifican tal afirmación.

2. El mito de la Virgen de las Aguas

Los Arturos son una familia de negros descendientes de la pareja Arthur
Camilo Silvério y Carmenlinda Maria da Silva, quienes, a partir de los
años 50, se instalaron en la región de Domingos Pereira, actual periferia de la ciudad de Contagem, en el estado de Minas Gerais. La práctica del Congado en la familia de los Arturos forma parte de una larga tradición afrobrasileña. Hoy la familia forma una comunidad de más de
400 personas que viven sobre el mismo territorio, como vecinos.
Componen pues una comunidad social caracterizada por una historia común y una misma experiencia religiosa.

El nacimiento del ritual del Congado en Brasil está en estrecha relación con el mito de la llegada de la Virgen de las Aguas, o sea, Nossa
Senhora do Rosário, para la protección de los negros. Los congadeiros
relatan un mito según el cual «*Nuestra Señora apareció en el mar y salió de las aguas, llevada por un tambor, después de rechazar la invitación de blancos y mulatos, para aceptar aquélla de los negros*», cumpliendo un acto de «constitución y construcción simbólicas de una
identidad colectiva» (Martins 1997: 49). A partir de este mito fundador
atemporal, se estableció el mundo simbólico de núcleos familiares que
cada año perpetúan (y renuevan) la celebración a la divinidad femenina,
Nossa Senhora do Rosário, como ocurre en la Comunidad de los
Arturos. Como ya subrayaron Gomes y Pereira (2000: 351) «en la religiosidad popular, la figura de María se sobrepone al propio Dios

Creador [...] La imagen de la madre es el vínculo con lo divino, permitiendo una mediación a través del femenino en la relación con Dios».

Podemos observar en este apego de los Arturos a la figura divina femenina una manifestación del apego a sus ancestros (que la rescataron) y a un tiempo que se sitúa en el pasado más lejano, cuando los cultos femeninos eran preponderantes, porque estaban relacionados directamente con el papel fundamental de fecundación de la vida y de la tierra. Este elemento se pone de manifiesto en el mito de la llegada de la Virgen del Rosario por el mar. La antigua soberana, la Gran Madre, principio de la vida que originaba adoración y terror sagrados, y que fue desapareciendo del mundo occidental a partir de la época helénica, está presente en el tema principal del Congado, reafirmando el poder total (simbólico) de María, o sea, el arquetipo de una madre respetada, homenajeada por todos sus hijos «moçambiqueiros» a través de un culto en el cual acontece la «resacralización de la Madre de los negros [...], relacionándose por el inconsciente étnico a la Madre-África, suelo primero» (Gomes & Percira 2000: 361). Con la recuperación del sentido antiguo de la Virgen que llegó de las aguas, se hace posible una nueva colocación del sujeto negro —hombre o mujer— en el interior de la historia brasileña, y más en general, en el interior del destino étnico resultante de la colonización latinoamericana, como afirma Leda Maria Martins en *Afrografías da memória*, «inscribiendo una perspectiva de mutación en las posiciones del negro en el orden esclavista» (Martins 1997: 60). Más tarde volveremos sobre la cuestión étnica, pero ahora lo más importante es considerar que la corona sacraliza a María, amplía y orna lo femenino en general. En efecto, pude observar yo misma en la comunidad de los Arturos que las referencias a la madre Carmelinda o a la abuela Carmela son constantes, formando el contexto de sacralización de la casa de los antepasados. La casa hoy es habitada por dos hermanas, hijas de Arthur y Carmela, reinas del Congado: son Tita e Induca.

3. Las señoras de la casa y del cielo

3.1. El ritual público del Congado

Mujeres como Tita e Induca son las señoras de la casa y del cielo, porque participan de la procesión, invistiéndose del poder de Reinas del Congado, y al mismo tiempo administran el funcionamiento de la casa, primero en cuanto espacio donde perdura lo sagrado a lo largo de todo el año, pero también como espacio de la convivencia cotidiana. Para mejor entender el papel de estas mujeres, voy a referirme a una afirmación de Doña Leonor Galdino, reina conga de la Hermandad de Nuestra Señora del Rosario de Jatobá, otra comunidad situada en Belo Horizonte. Ella dijo: «la corona representa poder, majestad, autoridad. Con la corona en la cabeza, yo soy la máxima autoridad» (Martins 1997: 32). En efecto, el reinado tiene, además de los «reyes tradicionales» (rey y reina fiesteros, rey y reina Conga, fundamentales porque recuerdan y simbolizan «las grandezas pasadas en el Antiguo Congo y sus reyes», [Lopes 1988: 150]), una serie de otros papeles jerárquicamente elevados (como, por ejemplo, la princesa del 13 de mayo).

Las mujeres tienen un estatuto muy dinámico en el sistema religioso del Congado: ellas pueden ser reinas, princesas, o entonces integrar los grupos de devotos. Las mujeres pueden integrar los distintos grupos de devotos que cantan y bailan en honor a la Virgen. Igual que los hombres, ellas pueden volverse «capitán» de los grupos. El capitán tiene muchas funciones. Primero, tiene la función social (profana) de guardar el orden de los grupos durante la procesión, siguiendo de cerca a los más jóvenes, para instruirlos e iniciarlos en los cantos y bailes. Tienen que imponer el respeto y el buen comportamiento moral de la comunidad (incluso después de la fiesta), así como dar el ejemplo e instaurar relaciones de solidaridad entre los miembros de la comunidad. Luego tienen la función ritual (sagrada) de recitar los cantos, para guiar a los grupos en el cumplimiento de los gestos rituales. Estas obligaciones no se establecen con códigos escritos, sino que derivan de «códigos orales», tradicionales. La elección de un capitán o de una capitana se hace según la «ley de la tradición», según un pacto implícito de costumbre, que los congadeiros conocen desde siempre.

Parece algo evidente que el Congado no impone restricciones a las actividades femeninas (aunque raramente la mujer del Congado puede tener el papel de «despertar los tambores sagrados», papel tradicionalmente reservado a los hombres). Sin duda, este hecho no niega la estructura patriarcal de la microsociedad que es una comunidad; a pesar de eso, se revela la posibilidad de infiltración femenina, y aún más, su capacidad de readaptar los elementos tradicionalmente masculinos. En este sentido, ellas se comportan exactamente de acuerdo con la afirmación de Ursula King en su libro *Religion and Gender* (1995: 16), o sea, «además de ser 'actrices' de lo religioso, las mujeres también son innovadoras religiosas. Ellas desarrollan estrategias de resistencia con respecto a sus situaciones de opresión». Volvemos a encontrar la misma idea en las palabras de la teóloga brasileña Ivonne Gebara (*apud* Fabella & Oduyoye 1988: 134):

> El trabajo teológico de las mujeres refleja una gran capacidad de concebir la vida como el locus de experiencia simultáneo de opresión y liberación, de gracia y de falta de gracia. Tal percepción implica lo que es plural, lo que es distinto, lo que es «otro». Aunque esta manera de ver no sea una propiedad exclusiva de las mujeres, debemos decir que lo encontramos mayormente con ellas. En las capas populares, donde la mujer tiene un papel muy importante, esta capacidad para concebir de manera más unificada las oposiciones y las contradicciones, los contrastes y las diferencias como haciendo parte de la vida humana, ha sido una expresión característica de la manera cómo estas mujeres viven y muestran su fe. Esta actitud las hace incapaces de afirmaciones dogmáticas y exclusivas. Al contrario, ellas perciben o tienen la intuición de la real complejidad de lo que es lo humano.

Como acabamos de ver, la supremacía de un individuo sobre los demás se realiza de acuerdo con el criterio de la ancianidad. De hecho, el prestigio simbólico de un individuo se establece con el conjunto de la comunidad «por el simple hecho de ser el primero nacido, el hecho de inaugurar un nuevo orden de las cosas, el hecho de causar un cambio» (Gomes & Pereira 2000: 356). Es el caso de Geraldo Arthur de los Arturos, escogido por su padre para ser el hijo intermediario entre él (el padre, ya viejo) y la Virgen, porque siendo el hijo mayor, se encuentra más próximo a la memoria de los antepasados. Sus cantos fortalecen su papel de mediación y disminuyen su poder, que viene absorbido por la comunidad durante la vida de todos los días:

> Esse povo num é meu
> Esse povo é do Rosaro
> Ô, viva mamãe do Rosaro! [...]
> Ah, cadê a Rainha, gente?
> Eu já quero abençoá.
> Ei, a rainha tá chegando, gente:
> Ela veio festejá.
> (Canto del Rey durante la fiesta
> de Nuestra Señora del Rosario)

El Rey y la Reina no olvidan de llamar a todos los miembros del ritual. Su acción es discreta, silenciosa, como un radar que capta lo que escapa al querer de los antepasados. En el Congado se trata de crear un cosmos al interior del cual nadie esté excluido, y donde todos puedan colocarse frente al trascendente. Veremos que existe una relación entre miembros de la comunidad en razón de un principio unificador que trasciende el principio individual: se trata de la instauración de un «poder paralelo» de descendencia negra que se substituye al poder hegemónico dominante desde la colonización. Este principio común puede explicar en parte el carácter evolutivo de las comunidades en cuestión, a pesar de que ellas pertenezcan a un mundo tradicional y patriarcal. El ritual del Congado es la manifestación pública y sagrada de este *ethos*, mientras la casa es el templo de acción de las mujeres.

3.2. El ritual privado o la sacralización de la palabra

El ritual del Congado no termina una vez acabada la fiesta: es la razón por la cual la casa se vuelve un templo sagrado. Pero esta afirmación no se propone reafirmar otra vez, como se hizo desde el comienzo del siglo XIX en Europa, el «exilio» del género femenino entre las cuatro paredes de la casa, bajo el argumento normativo según el cual la casa es el espacio donde una mujer puede y sobre todo *debe* lograr su felicidad y proporcionar la de su familia. No, nuestra afirmación se refiere a la dimensión sagrada en el sentido más amplio de la palabra. Porque, al contrario de la acepción burguesa de la casa como lugar de descanso, soledad, recognición del mundo exterior, la casa de los congadeiros es casi como una prolongación de la iglesia, fragmentada en miles de pequeños núcleos.

Históricamente, el complejo proceso de reelaboración por el cual pasaron las religiones afrobrasileñas bajo las condiciones de la esclavitud las encerró en ellas mismas, en el orden de lo privado, fijando aún más su característica de estructuras comunitarias. En realidad, la estructura pública del Congado encuentra sus raíces en la visión del mundo elaborada en lo privado. La religión es pues el factor mediador entre los dos espacios: la organización privada de la devoción gana una proyección pública durante los eventos de la fiesta religiosa. La fiesta hace de intermediario entre lo interior del devoto y su mundo exterior. A este propósito, hay que explicar mejor el sentido de «familia» que podemos atribuir a la comunidad de los Arturos: cuando pensamos en la familia de los Arturos, muy bien percibimos que ella va más allá de la idea de familia nuclear, puesto que ella se alarga al contexto de «grande parentela». Este hecho deriva de la recomposición, de gran envergadura, del sentido de la familia que operaron los descendientes afrobrasileños a partir de sus concepciones religiosas, según el modelo forjado durante el tráfico de los esclavos, cuando las designaciones de «padre, madre, tío» se empleaban para relaciones que trascendían los lazos consanguíneos. La idea de «pertenecer» es, pues, un elemento central en el proceso de reorganización social de los negros en Brasil. El antropólogo brasileño Arthur Ramos sostiene que este espíritu asociativo es una característica fundamental de los negros en Brasil. Y es precisamente en este contexto de colectividad donde el papel femenino es preponderante.

La casa ilustra muy bien esta preponderancia. Primero tiene una función simbólica como espacio de un rito de pasaje, entre los tiempos, desde la atemporalidad de Dios y de los Santos Católicos (omnipresentes en una dimensión casi carnal), hasta la presencia aún viva de los Antiguos, que confieren prestigio y estructuran la comunidad, y que ésta homenajea. Lo que nosotros llamamos «ritual de pasaje» entre los tiempos es operado principalmente por las mujeres, y consiste en encender el fuego de la memoria de los antiguos. Para los Arturos, esto se hace, en una transposición metafórica, alrededor del *fogão* de la casa paterna, la de Tita e Induca. Allí cada día llegan o pasan nuevos y viejos Arturos, se nutren de la comida que las dos hermanas preparan en gran cantidad.

El ser congadeiro se expresa en la cotidianidad de la casa, en el apego a una tradición, una cultura, una fe que trasciende la discreta ostentación sagrada de los días de fiesta. Por eso, creo que se puede hablar, al referirse al sistema religioso del Congado, de una manera dinámica y ritual (más o menos constante) de vivir lo sagrado, donde todo tiene su peso y su sentido, incluso el mínimo detalle. Si consideramos que la cultura es más que un idioma, o un acto anagráfico, «al traducir» públicamente por medio de gestos, objetos, expresividad, manifestando por lo tanto su naturaleza de bien simbólico, se vuelve evidente que la organización femenina de la casa es un acto de organización del mundo, basado en los valores de la memoria, y en el tiempo circular de los cuentos que se repiten, siempre los mismos, pero siempre diferentes en la medida en que cada vez reanudan el lazo histórico de la Comunidad. En particular, la imagen del padre fundador, Arthur Camilo Silvério, se impone en los relatos de los hijos, como el modelo de los antepasados que sobrevivieron a las opresiones de la esclavitud en Minas Gerais. Muchos de los testimonios que poseemos acerca de Arthur Camilo provienen de las hijas: Intina, Induca, Tetane y Tita, como el siguiente, de Intina: «Ele sabia dá uns conseio, tanto dava pros fio como pras pessoa estranha, porque ele foi um homo que foi muito sofredô. Mas o que ele sofreu deu para ele reparti com os fio, porque o que ele sofreu ele dividiu com os fio dele». La autoridad del patriarca, una vez muerto él y muerta la esposa —continuadora de este *ordo amoris*— se concentró entre las manos de las dos hijas solteras, Tita e Induca, que siguen viviendo en la casa paterna y que son el punto central de las fiestas religiosas, porque controlan y preparan la comida para más de 400 personas, con recetas tradicionales de la madre. Este hecho instaura una solidaridad estrictamente femenina, que se superpone a la solidaridad que ya está a la base de cualquier comunidad (tanto es así que se la llama Hermandad de Nuestra Señora del Rosario). La cocina es el espacio privilegiado para tejer este poderío: las mujeres intercambian recetas, consejos, opiniones sobre la educación, la salud, y acaban volviéndose curadoras, señoras del saber y del sabor, señoras del cuidado espiritual, en fin, señoras de la casa y del cielo. Evidentemente, este retrato puede hacernos pensar de nuevo en una manifestación de la dominación masculina/patriarcal sobre el espacio de actuación femenina. Pero el propio contexto muestra que antes de volcarse hacia un tipo de reivindicación política y social, el género femenino es llamado a ocuparse de situaciones inmediatas, donde la competencia por el poder también está latente. M. Cristina Wissenbach (1998: 124) observa lo que acabamos de decir, cuando escribe que

> La presencia de la dama de la casa se revela en los más sombríos hechos domésticos y en las más grandes solemnidades, y esto en el gusto estético de decoración de la casa, en la preparación y en la decoración de los platos, en la disposición interna de la casa y de los rituales, en la ropa y en las actitudes de su familia.

De hecho, los objetos de la casa revelan la concepción del mundo del ser congadeiro, que Gomes y Pereira analizaron y llamaron «mundo encajado» (Gomes & Pereira 1992), precisamente por su constitución a partir de valores e ideas que no corresponden al esquema conceptual de la clase dominante. Al hablar de objetos, me estoy refiriendo concretamente a rosarios, estatuas e imágenes de Santos, detalles acoplados a otros con una lógica que no es la de la adopción del canon estético dominante, sino la de una valoración ética individual y colectiva a la vez; valoración que, por supuesto, crea otra estética, relativa a este modelo social y religioso, que llamo estética de la superposición. Los pequeños acontecimientos cotidianos asumen un valor fuertemente ritualizado: el desayuno, la preparación del pan y de las galletas, la limpieza de la casa, la abertura de las ventanas para que entre la luz del día y el flujo constante de voces que marcan el ritmo del atardecer. Luego, el almuerzo de quien estuviera cerca, asistido por las dos hermanas Tita e Induca. Y, si el momento es propicio, unos cuentos relativos a los tiempos actuales o los tiempos pasados. En este escenario la palabra es el bien más precioso, porque es la que permite volver a la raíz de la comunidad, y sin gastarla, tejer con ella los momentos de gratuidad donde se reafirma la identidad de un ser negro y digno, que recuerda el mito de Nuestra Señora del Rosario y los cantos en su homenaje.

Tanto la presencia continua de un discurso denso de significación simbólica como los objetos y los gestos que aparecen en la casa, remiten a un patrimonio de la memoria colectiva, de fundamentación de la sociedad brasileña, y que está vigilado y madurado por acciones femeninas. En la aparente tranquilidad casera, nada de lo que se decide, organiza, visibiliza o esconde adviene de manera casual. En la discreción de la vida de las comunidades, y afuera de los momentos festivos, existe una moldura ética (y no normativa) que relativiza el tamaño de las transgresiones internas. En tal sentido, los pequeños núcleos se insertan en un juego armonioso de relacionamiento humano y religioso, aunque no sin contradicciones, que habría que descubrir y analizar. Es cierto que poco a poco esta esfera íntima se está volviendo de dominio público, gracias a los efectos contradictorios de las transformaciones culturales. Es un hecho importante la confluencia siempre mayor de personas externas a la comunidad, que, por distintas razones, se incorporan a ella, de manera que vuelven público el ritual de sacralización de la casa, hasta entonces reservado a los familiares o los congadeiros.

Es evidente que habría que analizar mucho más en detalle la función de este modelo de mujer brasileña en la casa. Una mirada particular podría reservarse al cuidado relativo a la preparación de la comida, elemento que ya desde la Edad Media ha representado para la mujer —en particular, la mística— un vehículo de control y de poder sobre la sociedad y en particular sobre los hombres.

4. Conclusiones

Si queremos explicar las causas de la gran autonomía que tiene el género femenino en las comunidades del Congado, podemos mencionar tres posibles caminos de comprensión.

1) Una posible explicación deriva de la influencia de la visión del mundo bantú en el *ethos* del Congado. No obstante el hecho que lo sagrado implique relaciones competitivas entre los individuos, el mundo bantú dejó una herencia profunda, sobre todo por el valor que se otorga a la agregación: «para el bantú, la vida es la existencia de la comunidad; es la participación en la vida sagrada (y toda vida es sagrada) de los antepasados; ella es una extensión de la vida de los antepasados y una preparación de su propia vida para que ella continúe en sus descendientes» (Mulago *apud* Martins 1997: 36). Favoreciendo este tipo de valor, la comunidad está favoreciendo el valor mediador simbólico, no político en el sentido de acción militante, que tiene que ver con los orígenes negros de su población. En tal sentido, el Congado constituye una resistencia a través de lo sagrado, que «se revela a partir de la vida de tradiciones que sobrevivieron a pesar de las presiones generadas por la esclavitud (Gomes & Pereira 2000: 21). Las relaciones de género, enfocadas en este contexto, transmiten la flexibilidad de los papeles, hecho resultante de tradiciones de la matrilinealidad africana, las cuales poco a poco fueron integrándose en el trabajo diario y en las experiencias de la vida del Brasil colonial. Estas mismas tradiciones sustentan la supervivencia de los valores que pertenecen, en el momento de la reorganización postabolicionista, a las capas negras y mestizas brasileñas.

2) La primera explicación revela el peso de las cuestiones étnica, social y de género en el universo del Congado. De hecho, podemos observar que las tres cuestiones se mezclan. La importancia del mito de Nuestra Señora del Rosario opera un desplazamiento hacia la cuestión étnica, o sea, «en su universo narrativo-textual, se cuenta un saber que traduce al negro como signo de conocimiento y agente de transformación». Ya lo vimos, el Congado representa una resistencia, y por consiguiente, una ruptura en la tradición occidental, porque provoca «una reterritorialización en tierra colonizada con formas ancestrales de organización social y ritual» (Martins 1997: 37-41). Al mismo tiempo, el fenómeno de la reterritorialización pudo alargarse a los papeles femeninos. Al igual que para la cuestión étnica, lo femenino instaura un

verdadero poder paralelo o un orden jerárquico que se contrapone a aquel que resulta de la esclavitud: «el Negro (y la mujer) entró en la comunidad de los hombres» (Martins 1997: 40). Creo que este fondo de reivindicación étnica constituye hoy todavía la línea ideológica que trata de recuperar e insertar al negro como un cuerpo y como un corpus en la sociedad brasileña. En este sentido, el papel del Rey y de la Reina Conga permite que aparezca la identificación de una autoridad que desvía el poder hegemónico de los padres de la iglesia católica, y más en general, del género masculino. Esto es muy importante para la definición del estatuto femenino. Es suficiente pensar en lo que escribió Hoffmann en *L'image de la femme dans la poésie haïtienne*, o sea, «la emancipación de la mujer deberá estar acompañada por la del negro, o mejor dicho, es en la mujer negra que la emancipación de la mujer deberá ocurrir completamente» (Hoffmann *apud* Sant'Anna 1984: 42).

Lo mismo que el cristianismo, el Congado nació con la idea de colectividad y agregación, pero no pasó por una etapa de institucionalización. El concepto del poder —central en la evolución de la relación hombre-mujer al interior de la iglesia católica, que instrumentalizó los mitos en favor de un control sobre el género femenino, y de un progresivo alejamiento femenino de los papeles institucionales— está ausente en el Congado. Este elemento determina la flexibilidad de los estatutos atribuidos según la categoría del género. Existe un movimiento constante de negociación de los papeles, de opiniones, de tareas, contra la imposición dogmática de lo que pertenece «por naturaleza» a la categoría femenina. Por ejemplo, la Reina Conga, como católica que va a la iglesia, tiene una experiencia religiosa mediada por la iglesia católica, aunque en el sistema sincrético del Congado ella tiene una relación directa con lo sagrado. Sin ser sacerdotisa —papel que pertenece a la estructura dominante, de la cual ella no hace parte puesto que es mujer y congadeira— su vivencia espiritual es doble, ambivalente, y le permite elevarse al mismo nivel de los hombres. Su estatuto molesta a la hegemonía religiosa brasileña, puesto que ella no sale del marco católico, mientras se queda al margen de la institución eclesiástica. Estas mujeres permiten una manifestación de grupo (mujeres católicas) e individual (Reina Conga) al mismo tiempo: se le reconoce su papel femenino en el Congado, y se le «reconoce» su fe católica.

3) Una tercera hipótesis para entender la autonomía femenina es la que halla su explicación en el hecho de que las mujeres estarían asociadas en núcleos semi-patriarcales. Se trata de sociedades o micro-sociedades

donde las mujeres ejercen funciones muy importantes. En su *Les femmes avant le patriarcat,* Françoise D'Eaubonne hizo el análisis de las antiguas sociedades semi-patriarcales, diciendo que «ellas sirvieron de transición entre las edades oscuras de la gran Diosa y el Patriarcado andro-centrista, que aleja a las mujeres de la gestión del mundo, para que su presencia se limite a una función decorativa y reproductora» (D'Eaubonne 1977: 16). No queremos introducir la idea de la existencia de un matriarcado, ya rechazada por muchos antropólogos, sino mostrar como las mujeres del Congado forman un tipo de «nuevo clan femenino», en parte auto-suficiente, que tiene una organización social muy semejante a aquélla de las sociedades semi-patriarcales que hicieron de transición entre las antiguas civilizaciones femeninas y el reino del patriarcado.

Más allá de las posibles explicaciones, me gustaría terminar con algunas consideraciones finales. Analizando la sociedad mexicana, María Pilar Aquino (*apud* Fabella & Oduyoye 1988: 159) escribe que

> La iglesia reproduce [...] situaciones y relaciones de opresión. Eso porque la fe, las expresiones religiosas, la experiencia espiritual, la relación entre hombres y mujeres —todo esto expresa el mismo interés de clase, de raza y de género. Pero no podemos simplificar tanto. La iglesia también encarna los sueños, los fracasos, los éxitos y los intereses de los oprimidos. Este hecho tiene un impacto sobre la iglesia y sobre la sociedad.

Si por un lado la iglesia es la voz pública que *dicta* la teología, dentro de la cual se puede proponer una teología feminista, por otro lado es evidente que estas mujeres no proponen ninguna teoría feminista. Frente a lo que fue cuestionado y propuesto durante los últimos treinta años en materia de teología feminista, las mujeres del Congado quedan en la oscuridad. Ellas no crearon un *discurso* teórico de liberación femenina. Pero ellas *encarnan* día tras día esta resistencia del género femenino frente a la hegemonía masculina. Pese al difícil contexto socioeconómico, ellas no perdieron la capacidad de celebración. A través del acto de celebrar, ellas afirman la vida, «pero no según lo que dice el más poderoso [...] Ellas crean proyectos. Ellas dan vida a celebraciones. Ellas multiplican las comunidades. Ellas afirman la vida y la esperanza contra la muerte» (Aquino *apud* Fabella & Oduyoye 1988: 162). Y de acuerdo con las observaciones resultantes de la «Conferencia Latinoamericana sobre

Teología desde la perspectiva de la Mujer» (Fabella & Oduyoye 1988: 181-182), la mujer brasileña/latinoamericana aparenta una actividad teológica que se caracteriza por «la fuerza y la ternura, la felicidad y las lágrimas, la intuición y la razón». El punto de partida de esta actividad es la realidad social, geográfica, cultural y eclesiástica, y se manifiesta en lo cotidiano como lugar donde Dios se hace presente. Estas figuras de mujeres que desde su situación «son símbolos de fuerza y resistencia, sabiduría, solidaridad y fidelidad, justicia y paz» contribuyen radicalmente a lo que se ha llamado «una comprensión más clara del amor» (Aquino *apud* Fabella & Oduyoye, 1988: 163).

Según la teoría del filósofo alemán Max Scheler (1996: 64), «el *ordo amoris* es el núcleo del orden del mundo como ordo divino. Y el hombre se sitúa en este orden». Por consiguiente, debemos a estas mujeres la estructuración de un *ordo amoris* que es una importante contribución de América Latina para la renovación de las funciones de los géneros en la experiencia religiosa y en sus rituales. Su instrumento es el amor, este amor que es «la tendencia, o aún el acto que trata de promover cada cosa hacia la perfección de valor que le es propia [...], es pues la acción constructora y construyente en el mundo y arriba de él» (Scheler 1996: 63).

El Congado depende de la acción femenina para celebrar sus rituales y para guardar sus tradiciones. Las mujeres gozan de una autonomía y de una consideración que no pueden conquistar en la institución católica, y aún menos en la sociedad, donde se las discrimina en razón de su clase social y de su aspecto físico. Pensamos que el Congado representa un paso adelante para el estatuto de la mujer en la sociedad brasileña, principalmente por lo que concierne a la proyección social femenina pero también por lo que tiene que ver con su destinación. Porque al final, para retomar las palabras de Max Scheler (1996: 61) «la destinación individual es cuestión de intuición —mientras que el destino nunca puede ser sino objeto de una constatación: es un hecho, incapaz de reconocer los valores». La destinación de estas mujeres parece interrogar la rigidez de su destino social (opresión, exclusión, pobreza), y esto gracias al valor dominante en las comunidades del Congado, como nos lo enseña el viejo Arthur Camilo: «se eu morrê hoje e se hoje fô festa do Rosaro, cês me põe no campo santo e depois vai lová Nossa Senhora do Rosaro» (Gomes & Pereira, 2000: 364).

BIBLIOGRAFÍA

BOURDIEU, Pierre: «La domination masculine». En: *Actes de la Recherche en Sciences Sociales*. 84, pp. 4-31, Lausanne, 1990.

CARR, Anne: *La femme dans l'église, tradition chrétienne et théologie féministe*. Editions du Cerf, Paris, 1993.

D'EAUBONNE, Françoise: *Les femmes avant le patriarcat*. Payot, Paris, 1977.

FABELLA & ODUYOYE (eds.): *With Passion and Compassion. Third World Women Doing Theology*. Orbis Books, New York, 1988.

FLORENTINO, M. & GOÉS J. R.: *A paz das senzalas*. Civilização Brasileira, Rio de Janeiro,1997.

GEERTZ, Clifford: *Local knowledge*. Basic Books, New York, 1983.

GIACOMINI, Sonia Maria: *Mulher e Escrava - uma introdução histórica ao estudo da mulher negra no Brasil*. Vozes, Petrópolis, 1988.

GOMES, Núbia P. & PEREIRA, Edimilson: *Negras raízes mineiras: Os Arturos*. Mazza Edições, Belo Horizonte, 2000.

— *Mundo encaixado: significação da cultura popular*. Mazza Edições, Belo Horizonte/UFJF, Juiz de Fora, 1992.

KING, Ursula: *Religion and Gender*. Blackwell, Oxford, 1995.

LOPES, Nei Bantos: *Malês e Identidade Negra*. Forense Universitária, Rio de Janeiro, 1988.

MARTINS, Leda Maria: *Afrografias da memória*. Mazza Edições, Belo Horizonte, 1997.

MONTES, Maria Lucia: «As figuras do sagrado: entre o público e o privado». En: Schwarcz, Lilia Moritz (ed.): *História da vida privada no Brasil - contrastes da intimidade contemporânea*. Companhia das Letras, pp. 63-171, São Paulo, 1998.

SANT'ANNA, Affonso Romano: *O canibalismo amoroso*. Brasiliense, São Paulo, 1984.

SCHELER, Max: *Six essais de philosophie et de religion*. Editions Universitaires Fribourg Suisse, Fribourg, 1996.

SLENES, Robert: *Na senzala, uma flor: esperanças e recordações na formação da família escrava: Brasil Sudeste, século XIX*. Editora Nova Fronteira, Rio de Janeiro, 1999.

WISSENBACH, M. Cristina Cortez: «Da escravidão à liberdade: dimensões de uma privacidade possível». En: Sevcenko, Nicolau (ed.): *História da vida privada no Brasil - República: da Belle Époque à Era do Rádio*. Companhia das Letras, pp. 49-130, São Paulo, 1998.

LA CAMIONETA.
Shopping centers, gorrita de beisbol y *fried chicken* (estampas de Guatemala en época de globalización y riosmontismo)

Mario R. Loarca Pineda
Universidad Rafael Landívar, Quetzaltenango

I. Ambientación

Los relatos de viaje, las descripciones del paisaje y de la geografía humana del país hechos por diversos autores me sirven como contrapunto para este ensayo. Me refiero al Arzobispo Pedro de Cortés y Larraz (1958), que escribiera —entre 1769 y 1772— una descripción geográfico-moral de Guatemala y al escritor Luis Cardoza y Aragón, que fue autor de un libro insuperable: *Guatemala, las líneas de su mano* (1997).

Del primero, me parece muy sugerente releer su obra en la que plasmó, en forma profusa y al mismo tiempo con distancia y cierto escepticismo, el estado de las parroquias que —ya en la era republicana— pasarían a convertirse en las actuales repúblicas de Guatemala y El Salvador. Con su mirada distante, Cortés y Larraz describe los pueblos que visita y a sus habitantes como una sociedad que gusta mucho de hacer ritos, embustes y ceremonias para todo o casi todo.

> Todo esto lo excusarán los indios aquí con que sahuman las imágenes de los santos, como los del monte lo excusan con que sahuman a la cruz que tienen puesta a cada paso en los montes, y he visto muchísimas con flores y *copales*, [...] en todas partes son temibles semejantes cultos. Lo cierto es: que no es razón conceder a los indios mayor devoción, que

al resto de todos los cristianos; y cuando éstos se contentan con venerar las cruces, según las ocasiones que se ofrecen, las tienen los indios en los montes y cerros con flores, con fuego para quemar incienso y con otros aparatos; y habiendo preguntado a los indios de dicho pueblo de *Sixa* ¿pues qué es eso?, me respondieron: porque como hay cruces, es preciso el tener fuego para quemar los *copales*. Quien piense que esto es mayor devoción de los indios que la que tienen todos los cristianos, será porque no sabe lo que son indios (Cortés y Larraz 1958: 169 y ss.).

Cardoza y Aragón, en el libro que escribiera entre 1951 y 1955, todavía se encontró frente a esa Guatemala desconocida y enigmática que —al pasar de uno a otro pueblo o de una ritualidad a otra— manifestaba el carácter ancestral de su cultura; el autor se dejó fascinar por los mercados de pueblo, las ferias, las procesiones y los caminantes que iban de un lugar a otro cargando con sus *cacaxtes* y canastos.

El indio guatemalteco, cetrino y palúdico, fino y pequeñito, tapa el camino de la serranía con una inmensa marimba sobre la espalda, colgada de la frente con el mecapal, como un gran lagarto. Cuánto aplastó la Iglesia con el peso de su noche de pórfido. Arzobispos y generales, procónsules yanquis. Campanas y campanas. Tiempo redondo, sin fechas. En un paraíso hemos vivido una pesadilla. Guatemala, una niña vestida de novia sigue un féretro mientras llueve torrencialmente. Guatemala, vaporosa canción blanca y azul, con una piedra adentro (Cardoza y Aragón 1997: 290 y ss.).

Hoy en día, se podría tener la impresión de que esos mundos autóctonos se quedaron como suspendidos en otro tiempo: los pueblos y sus mercados, las ferias patronales con sus «bailes de moros», las cofradías y sus procesiones. Pareciera que tiende todo a desaparecer o a transformarse por consecuencia de complicados fenómenos de cambio sociocultural que tienen que ver con la religiosidad, con el consumismo irrefrenable y con la apropiación de nuevas pautas de comportamiento colectivo.

A este respecto un autor contemporáneo, Mario Roberto Morales, ha formulado un conjunto de ensayos interpretativos de la sociedad y la cultura guatemaltecas en tiempos de postguerra, globalización y mercado libre. La obra se titula *El síndrome de Maximón* y va acompañada de un subtítulo: *La articulación de las diferencias* (1998). En resumen el autor propone algunas hipótesis que —a mi parecer— resultan

como una especie de plano o mapa para ubicarnos en esta parte de
América Latina llamada Guatemala. Son estas algunas de sus proposi-
ciones.

Las calles del centro están repletas de mercancías en las que pueden verse etiquetas que rezan *Levi´s, Wrangler, Lee, Reebok, L. A. Gear,
Adidas, Fila, Calvin Klein*, etc. y, claro puede verse a gran cantidad de
gente del pueblo de todas las edades, indígenas y ladinos, vistiendo esas
prendas, comprándolas a los vendedores ambulantes, y escuchando música de *rock* pesado en enormes radiograbadoras que los jóvenes llevan
cargadas sobre los hombros, ostentando una condición de consumidores
transnacionalizados de una cultura internacional. Sus cortes de pelo pueden ser *punk* o no, pero en todo caso son cortes a la moda norteamericana. En los cines del centro pueden verse películas con Bruce Willis,
Arnold Schwarzenegger, Steven Seagal o Sylvester Stallone, y a la salida oír comentar a los cinéfilos lo buenas que son las películas según el
tipo y el grado de violencia que presentan. Jóvenes trabajadores y soldados suelen llevar a sus novias (sirvientas domésticas) a ver estas películas para luego comer algo en, por ejemplo, Pizza Hut aunque, como
dije, existen alternativas locales de *fast food* más baratas como el popu-
larísimo Pollo Campero, empresa cuyo lema publicitario afirma que ese
pollo frito es «tan guatemalteco como tú», ofreciendo la identidad política hegemónica como manjar «instant made» también a los indígenas,
por medio de un consumo local que emula consumos «internacionales»
en un ambiente que imita ambientes «internacionales».
El consumo conforma sujetos con identidades nuevas porque algunos
de estos individuos no existían como seres con identidades contestatarias
antes de sus particulares consumos cinematográficos y musicales, y porque su identidad se define a partir de la clase de producto consumido, en
el marco determinante —claro— de la situación de pobreza y desempleo
en que viven. La pobreza condiciona los consumos activos de música,
cine, ropa, tipo de comida, etc. y éstos son los que visiblemente articulan
nuevas identidades híbridas en estos conglomerados, las cuales las negocian de maneras intrincadas y complejas (Morales 1998: 314-318).

Aquí, en dicho universo conceptual, me ubicaré en este ensayo
orientado a interpretar ciertas formas de ritualidad que van desde lo religioso hasta lo esotérico y el consumismo, teniendo como lugar o espacio un vehículo de transporte: el autobús o camión, que en Guatemala
llamamos «camioneta».

II. La Trompeta Final

En primer lugar, a manera de contextualización, es posible afirmar que Guatemala da la impresión de ser una sociedad sometida a una verdadera sobredosis de informaciones alarmantes, que provienen tanto de los noticieros radiofónicos como de las sectas fundamentalistas. Además, como una nueva arma de penetración ideológica, existen la música *pop*, de salsa o de *rock* que incluyen citas bíblicas y mensajes moralistas de conversión. Es habitual escuchar las noticias de «última hora» que hablan de asaltos, de secuestros, de bombas, de amenazas y desastres naturales. Como alternativa, en el cuadrante radiofónico, sólo quedan los mensajes de salvación o conversión, que son transmitidos por voces de pastores y predicadores que hablan sin cesar, enardecidos, como si fueran energúmenos poseídos por su personal representación de *Yahvé*.

Las camionetas suelen ser autobuses de segunda mano importados de los EE. UU., bajo la denominación de «carros rodados», que anteriormente han operado como *school bus* en algún pequeño condado de Texas o de Arizona. Tienen los nombres más diversos, que van desde el apellido de los propietarios: Osorio, Lux, Ramírez, Soto Figueroa, hasta los nombres de connotación religiosa: Santa Elena, La Monja, Regalo de Dios o Virgencita. Los hay también más pintorescos como: Reina de las Verapaces, Guatemaya, MayaLand o Expreso de Tikal. Están pintados y adornados con bastante colorido y, en su interior, la decoración puede reunir una peculiar colección de símbolos apropiados al referente cultural y al gusto de los viajeros: un retrato de Jesucristo —espiritualizado y condescendiente— que recuerda las imágenes de Michael Jackson, la foto de alguna *vedette* televisiva o la consigna del chofer: «Señor tú Eres Nuestro Guía», o bien: «*Yahvé* Sálvanos de los Abismos». También: «Yo al Volante - Dios Delante». Al lado, no es extraño encontrarse con la bandera de barras y estrellas que distingue a la «tierra prometida» de los mojados o bien con la tricolor mexicana, una imagen de la Virgencita de Guadalupe y —hacia el medio— el chapinísimo Cristo Negro de Esquipulas. En derredor de tales ornamentos, es frecuente observar círculos de lucecitas intermitentes como las que encienden emociones en los bares y discotecas. Igualmente sobresalen las citas bíblicas tomadas de San Pablo y del Antiguo Testamento. Este fue el caso de una camioneta que salía de la terminal de Huehuetenango y al pasar enfrente de una abarrotería llamada «La Trompeta Final», sacaba a relucir un versículo del profeta Isaías (41-10): «No temas, que yo

estoy contigo; no te angusties, que yo soy tu Dios: te fortalezco y te au-
xilio y te sostengo con mi diestra victoriosa».

>Lo actual se comprende vagamente mientras no se conozca que la es-
>trecha relación que existe con el pasado no es la lógica y normal. Ese pa-
>sado no es pasado, sino parcialmente: es presente, y está vivo muy vivo
>entre nosotros y en nosotros (Cardoza y Aragón 1997: 368).

A bordo de una camioneta pueden convivir durante el viaje pasajeros de distintas identidades étnicas y capas sociales que se juntan, que
aguantan las apretazones y se cargan de paciencia para hacer el viaje un
poco menos incómodo. En esto es posible, a mi entender, mirar a los
viajeros como una especie de peregrinos itinerantes que van de un lugar
a otro para rendir tributo al centralismo institucional que nos agobia: ir
a la capital para obtener un pasaporte o una licencia de conducir, para
conseguir chance (empleo) en algún ministerio del estado o para comprar mercadería china en las inmensas bodegas de los comerciantes tai-
waneses y coreanos. También puede tratarse de un viaje al pueblo o ciudad más próxima para estudiar en la escuela, trabajar, vender o comprar
en el mercado; para cobrar un cheque en el banco o bien para acudir al
médico o al abogado. Ir, venir, llegar, regresar, subir, aguantar, bajar,
brincar... Así todos los días, todas las semanas, todos los años, toda la
vida. «Sabe que mañana no puedo atenderlo, porque tengo que irme hasta la frontera para hacer un mandado y voy a ver si agarro la camioneta
de las 5 de la mañana...»

III. La Virgen de los Sicarios

Yendo en el trayecto de Antigua Guatemala a Chimaltenango en una camioneta atestada de gente, sobresale una imagen crística —la del Buen
Pastor— que dice: «Jesucristo vuestro protector». La música de fondo
resulta ser una conocida canción popular mexicana de los ochenta, *El
Sirenito*, que va repitiendo en forma de copla: «tuvimos un sirenito justo al año de casados con su cara de angelito y su cuerpo de pescado». El
cobrador o ayudante, un adolescente indígena de origen campesino, luce
una playera negra con un revolver dibujado en el pecho rodeado de un
círculo y de una consigna que dice: «Alabad a la Virgen de los
Sicarios». Se resienten la apretazón y el calor, la falta de espacio. En el

asiento me coloco en medio de una anciana *kakchiquel* muy sencilla o tradicional y de una jovencita coquetona, ladinizada y «globalizada», que se baja en el pueblo de Parramos. Al entrar a Chimaltenango, por una alameda, poco después del balneario «Los Aposentos» y del motel «Love Dreams», el volumen de la música sube hasta ponerse en tono fortísimo y —segundos más tarde— en el estruendo... Es domingo y la gente se divierte, indígenas de los pueblos visitan el balneario en familia o en pareja (con la debida escala técnica en el motel), llevando consigo sus cajas con *fast food* dentro del canasto tradicional y el mantelito típico decorado con animalitos o pirámides mayas en miniatura.

> Pero ¿qué es la identidad aindiada? ¿Es sólo un rasgo físico? ¿Y qué es la identidad ladinizada? ¿Un conjunto de rasgos visibles como la vestimenta, la cultura occidental, los modales occidentales? ¿Se ladiniza una muchacha que es forzada a quitarse el traje para que le den trabajo de doméstica, o la que se ladiniza es la que se lo quita porque decide que con traje occidental le va mejor en la capital y en la vida? ¿O ambas sencillamente negocian su identidad indígena? Y si así es, ¿qué es la identidad indígena? (Morales 1998: 321).

El chofer y el «ayudante» ofician en forma alternada, como si fueran el conductor en jefe del vehículo y el segundo una especie de acólito/asistente que acomoda a los pasajeros y les da instrucciones para colocarse dentro de los reducidos espacios que —a su entender— todavía están «vacíos». El ayudante repite frases y consignas que parecen sacadas de un guión. «¿a dónde va, a *Chichi*? Súbase. Métase, córranse para atrás porque todavía está vacío». O bien: «Allí donde van dos caben tres, señores, hay que tener comprensión, paciencia, para todas hay lugar entren, entren!!!».

De choferes, ayudantes y pasajeros hay de todo: los corteses-condescendientes, los fuertes y autoritarios que quieren imponer su autoridad a los demás a como dé lugar: «¡al caballero de sombrero azul y a la dama de suéter rosado se les ruega agacharse porque no queremos problemas con la autoridad militar!». También los hay de la especie de los «conversos» que hablan de la salvación de los impíos, del castigo de las pecadoras y del próximo fin de los tiempos porque —en Guatemala— las señales que dicta el Apocalipsis ya se están tornando visibles. En otras ocasiones, choferes y ayudantes pueden dedicarse a entretener a los pasajeros de confianza haciendo recuentos de viajes y de anécdotas que son como relatos de aventuras.

En su interior, estos vehículos decorados con cristos, banderas de EE. UU. y foquitos de colores, son los escenarios de una representación que tiene algo de teatral y religiosa, en la cual los personajes cambian según la ruta y el horario que uno elija, pero van siguiendo siempre un mismo ritual y guiones bastante parecidos. Hay, además del chofer y del ayudante, otros protagonistas que van entrando y saliendo de la camioneta tal como ocurría en los viejos teatros de carpa o en los filmes del Oeste: el vendedor de vitaminas rejuvenecedoras recién llegadas de Costa Rica, el consejero naturista que recomienda tomar té de hojas de encino con ocote para quitarse los callos y evitar las manchas en la piel, que aún se dirige a los pasajeros diciendo: «hágame el favor de escuchar, de ponerme un poco de su fina atención». También es posible encontrarse con el predicador de alguna secta o con recaudadores de fondos para el *Salvation Army* o para alguna asociación de ayuda a los jóvenes drogadictos. Aparte, como personajes infaltables dentro de un mismo coro, surgirán el vendedor de diarios de nota roja y la muchacha indígena que, llevando un canasto encima de su cabeza, ofrece hamburguesas, papas fritas y el *fried chicken* criollo que se autodefine como: «pollo Campero, tan guatemalteco como tú». «Campero», valga decirlo, es mucho más que una marca de *fried chicken* pues representa a uno de los grupos económicos más influyentes y modernizados del país que, bajo la estructura característica del monopolio, tiene el control de la producción avícola, de los derivados del trigo, de varios medios de comunicación, de un par de bancos y de restaurantes de *fast food*. Es, además, la bandera insignia de una empresa guatemalteca capaz de competir fuera del país y, por otra parte, un sinónimo de «cocina criolla» convertida al *fast food*.

Una camioneta puede hacer incontables paradas en su trayecto, tantas como convengan al bolsillo del chofer y del ayudante, de igual modo sucede con el ritmo y la velocidad del vehículo que —en un trayecto medio de 250 kilómetros— puede tardar de 3 hasta 6 horas.

IV. Agitación de diversos espíritus

En un viejo autobús escolar que perteneció a algún condado de San Diego CA., en la ruta de Almolonga a Quetzaltenango, se presentan llamativos contrastes en el escenario: la infaltable leyenda en el frente «mi ♥ pertenece a Cristo». En un asiento delantero, una campesina indígena lleva en la cabeza un enorme pañuelo, que es la bandera de los EE. UU.

Los hombres, jóvenes y adultos, visten playeras, *pants*, *jeans* y sacos que hacen referencia a símbolos deportivos, artísticos o comerciales del gran paraíso americano: Delaware Punch, Orioles de Baltimore, Madonna, Cheyennes, Colorado State y Wyoming. El autobús abandona el pequeño pueblo de Almolonga, que está como sitiado por auténticos batallones de sectas fundamentalistas: Evangelio Completo, Monte Sión, Sinaí, Hebrón, Monte Tabor, Murallas de Jericó, Jesús de las Puertas Abiertas, La Profecía de la U y los Adventistas. Es día de mercado en la plaza y muchos comerciantes circulan a bordo de sus *pick ups*. Sólo las mujeres llevan el traje tradicional y en el pequeño centro comercial, sobre la calle real, sobresalen un par de agencias bancarias, un restaurante de hamburguesas criollas y ostentosas residencias de dos o tres pisos pintadas en colores de tono chillante. A bordo del autobús se escuchan canciones de música *pop* que, cada minuto, son interrumpidas por una voz en *off* que emite mensajes de conversión inspirados en los sufrimientos de Jesucristo o «Pasión del Señor».

> La ropa usada o «de paca», venida de Estados Unidos, ha hecho que los hombres pierdan definitivamente el traje indígena porque la ropa es más barata y está a la moda que aparece en la televisión. Algunas personas del pueblo trabajan en Estados Unidos, y por eso en muchos hogares hay videograbadoras enviadas por familiares desde allá, con el fin de que sus parientes y amigos puedan verlos en videocassettes grabados por ellos (Morales 1998: 326).

Yendo por la carretera panamericana, en el trayecto de Chimaltenango a Xela (Quetzaltenango) y a bordo de una camioneta de la empresa Tacaná, que comúnmente es llamada Taca, en un juego de palabras que alude a la línea aérea centroamericana (Transportes Aéreos Centroamericanos, TACA), se observa en el frente un Cristo de rostro evanescente-benevolente a cuyo pie reza un escueto: «Dios nos acompañe». Esta camioneta no posee radio ni aparato de sonido, quizás porque sus choferes o «pilotos» tienen fama de conducir como auténticos *kamikazes*. La Taca tiene récord de accidentes en la carretera panamericana siendo, sin duda, la más rápida y una de las pocas que se libra de la música estruendosa. Un sábado por la tarde, la mitad de los pasajeros son indígenas del departamento de Quiché y las mujeres van ataviadas con su traje tradicional, llevando cintas con borlas colgantes de muchos colores en su cabeza. Hacia el medio de la camioneta una pareja de turistas mochileros, gringos, da la impresión de estarse paseando por Guate tal como podrían hacerlo por el sur de España o en las islas griegas; llevan sandalias, pantalones cortos y ropa muy ligera, se dirigen a Panajachel que es la playa turística a orillas del lago de Atitlán. Al hacer la parada en el cruce de los encuentros se cumple el ritual de costumbre con las voces de vendedores que irrumpen dentro del autobús: «papas, plataninas, pollo campero, jugos, ciruelas, manzanas...»

Los pasajeros de las camionetas, que actúan como público o feligresía según convenga en cada circunstancia, viven el viaje dominados por un estado de ánimo que se puede caracterizar como aquello que los místicos españoles llamaron «agitación de diversos espíritus»: la prisa, la ansiedad, la necesidad de llegar a su destino salvos y seguros, las dosis de paciencia siempre necesarias para resistir los incidentes del día y el temor a los asaltantes, a los accidentes de carretera y a los desastres naturales que —cuando uno menos se lo espera— pueden hacer que se caigan los puentes, provocar grietas y derrumbes en el pavimento o inundar las calles del pueblo.

> A pesar de la belleza y el color de los pueblos indígenas, esta madurez confiere a la nación un extraño carácter edénico y sombrío. Pienso que los indígenas se evaden por el color maravilloso de los trajes, de los objetos, de la cerámica, como se evaden por el alcohol y la plegaria. Sin esos trajes, sin esos campos, habrían estallado ya como explosivos. El indio con el traje más alegre del mundo, todo color, y en el campo más alegre del mundo, todo color, opulento y frutal, el indio, todo tristeza (Cardoza y Aragón 1997: 432).

Visto de este modo, al emprender un viaje en camioneta, parece prudente encomendarse a la protección del Altísimo, rezar rosarios o letanías y hacerse a la idea de que —desde lo alto del cielo— habrá siempre un ángel guardián o un Dios omnipresente y vigilante que guíe al chofer, salvándolo de despeñarse por un abismo en compañía de todos los pasajeros. Mientras, con un fondo de salsa o de *rock* «cristianos», podría surgir por la radio la voz del «General de la Nación», Efraín Ríos Montt, que arengando al pueblo dirá: «¡Guatemaltecos devolvámosle su dignidad a la nación, yo los invito, yo los animo!». El General es el actual Presidente del Congreso y «Líder Máximo» del gobernante F.R.G.[1].

---

[1] Frente Republicano Guatemalteco, partido político fundado por el General Ríos Montt entre 1990 y 1992.

V. Santa María Chiquimula: Cristo Rey y Los *Chuchcajaws*

Comienza el día con el viaje desde Xela, acompañado de un amigo en su *pick up* japonés de doble tracción. Asistimos, al llegar, a la misa de nueve en la que se celebraba la clausura de un ciclo de cursos para predicadores y agentes de pastoral, todos ellos jóvenes. La misa se dijo en kiché y en castellano y la homilía pronunciada por un sacerdote de origen vasco fue muy elocuente, girando en torno al Cristo Rey, al Dios, al Jefe, al *Ajaw* como se dice en kiché. El predicador enfatizó que se trata de conocer un Dios que quiere que la gente viva y que no se le vea como un «Rey Temporal». Después de la misa pasamos al encuentro con una sacerdotisa maya o *Chuchkajaw* que nos recibe en su casa. En el lugar, es posible sentir la atmósfera de otro tiempo, del mundo rural o indígena que está siendo amenazado por el progreso y el desarrollo. Es una casa sencilla, modesta, con un patio rústico y un altar que presenta evidentes muestras de sincretismo: imágenes de la guadalupana y del corazón de Jesús que coexisten con diversos objetos ornamentales y un reloj cursi rodeado de rosas —*made in* Hong Kong— que cubre una parte de la pared.

> Sobre haber destruido los ídolos y que no tiene noticia si hay alguno sucedió que cerca del pueblo de Malacatán hay un cerrito muy redondo y como hecho a mano; en todo él no hay otro árbol que un pino en la cima; está algo oculto. Yo lo anduve mirando y temiendo sería adoratorio de los indios, porque no podía desprenderme de la especie de que era hecho a mano, ya por el sitio oculto en que estaba; ya por la disposición que tenía; a poco que pasamos adelante me preguntó: ¿si había reparado en el cerrito? Díjele: que sí, por haberme parecido algo extraño. Repuso entonces: tengo gana de que haya un alcalde o teniente animoso, que lo desmonte, porque temo que en él tienen sus ídolos, y lo explicó de modo que lo tiene por cierto. De lo que yo no dudo es, que nunca llegará el caso, o porque nunca habrá tal alcalde, o tal teniente como desea, o porque no tendrá ánimo el cura, aunque los hubiera, para manifestarles tal cosa. Él estará satisfecho con haber sacado los ídolos de la iglesia (si los sacó) y permitirles que los tengan en el monte por las razones dichas tantas veces (Cortés y Larraz 1958: 114).

Mientras conversábamos con la *Chuchkajaw* o sacerdotisa, un gato atigrado se sube a la mesa para verse reflejado en el cristal del escaparate. Hay una frontera mental, éste es otro mundo, es el mundo indígena donde todavía es posible percibir el abismo cultural que uno tiene que cruzar cuando llega desde la ciudad. Por la noche me acuerdo de un primer viaje por esta comarca en 1991, viniendo de Chichicastenango, cuando un sacerdote católico indígena me reveló la naturaleza de los *chuchkajaws* y de su importancia en las sociedades rurales y tradicionales. Hoy día, a diferencia de hace diez años, me llaman la atención los numerosos carros rodados, la presencia de las sectas, los depósitos de basura y la enorme cantidad de desechos plásticos. ¿Qué ocurrirá dentro de diez años, cuando ya esté acabada la carretera y entren muchos más autos y camionetas?

VI. San Andrés Xecul: Después del Jolgorio

Ha pasado la feria cuando visito el pueblo, es un sábado medio nublado y frío del mes de diciembre. El reloj de la torre del ayuntamiento o municipalidad marca las doce del mediodía y todo en la plaza tiene aspecto de que ya pasó el jolgorio, de que sólo quedaron los desechos: miles de moscas cubren las bancas del parque como una alfombra volante, de todos los rincones brotan olores nauseabundos de orina, basura y podredumbre. Se nota que el agua potable es escasa y las alcantarillas casi no existen, hay poco tráfico de vehículos y numerosos transeúntes suben o bajan en dirección a la parte más alta del pueblo que es la aldea Palo Mora. Los progresos o avances de los últimos años se representan en el edificio de una escuela secundaria por cooperativa, en la escuela primaria del pueblo, en el nuevo edificio de la policía y la alcaldía; hay también algunas viviendas nuevas construidas con *block* que responden al común denominador de la nueva moda que domina en los pueblos indígenas. El *block* y el metal reemplazan a las viviendas campesinas de estilo tradicional que estaban construidas con tejas de barro, adobes y vigas de madera.

Una maestra de escuela me cuenta: «hay mucha gente del pueblo que vive en los EE. UU. y el dinero que mandan se invierte en la construcción de viviendas, los jóvenes están fascinados con todo lo que viene de los EE. UU., ya pintan sus *graffitis* y ya tenemos hasta *maras*». Horas después, al terminar mi visita, un grupo de niños me toman por misionero gringo o repartidor de ayudas y me piden que les dé a cada uno un quetzal. Me resisto a complacerlos y me subo de inmediato a una camioneta que saldrá rumbo al cruce de carretera más próximo.

VII. Los Pueblos del Lago: Las Cosas de Maximón

> El lago da animación al pueblo incrustado sobre un peñón agreste. Cuando llega la embarcacioncilla que ha salido de Tzanjuyú o de Panajachel, siempre encontramos multitud de mujeres con sus envoltorios rojos subidos hasta los muslos cetrinos, lavando ropa, aseándose o bañando a sus criaturas. Contra el azul-verdoso de agua, aquel rojo vivísimo instaura inmediatamente sensación de país remoto (Cardoza y Aragón, 1997: 69).

Los habitantes de esta región, sobre todo las mujeres y los niños, ya se han amoldado a un esquema de comportamiento aprendido dentro del cual su papel es: vender, pedir y atraer la simpatía, la protección o la conmiseración de ese «otro» que encarnan los turistas, los cooperantes, y los misioneros «evangélicos». La gente produce artesanías para agradar al gusto de los extranjeros y encantarlos vendiéndoles las muestras de su exotismo, de su peculiaridad cultural. El extranjero, o bien lo que viene de fuera: dineros, ropas, comidas, ayudas, medicinas, etc.; son asimilados como bienes «salvíficos» por los indígenas. Son quizás las nuevas cuentas de vidrio y espejitos que los deslumbran y les hacen olfatear los paraísos del mundo desarrollado. Hoy en día, a diferencia del tiempo de la conquista, los indios ya no poseen oro ni piedras preciosas para dar; sólo tienen sus artesanías, su anhelo de obtener acceso a la modernidad y, también, un cierto sentimiento de codicia que frecuentemente se transforma en consumismo.

Una turista sudamericana observaba: «Me llama la atención ver cómo tanta riqueza cultural es tan poco valorada, tan menospreciada!!! Qué son 5, 10 ó 20 quetzales por una artesanía que ellos mismos, los indígenas, casi no valoran en nada!». Se nota como en San Pedro, Santiago Atitlán y San Antonio la presencia de las sectas es ostensible, también de las numerosas ONG´s que promueven el «desarrollo». Evidentemente, estas son las instituciones culturalmente significativas para la gente. *Maximón* ya se convirtió en empresario, se ha adecuado al mundo globalizado y cualquier día de estos tendrá su propia *home page* por el internet.

> Hasta antes de la contrainsurgencia y la llegada de las iglesias fundamentalistas protestantes, Maximón era el principal factor cultural de cohesión, legitimación e identidad de los atitecos. Con la llegada de estas iglesias luego de las masacres contrainsurgentes en el área de Santiago, todo cambió. La cofradía de Maximón y su feligresía se redujo a un pu-

ñado de personas y, debido a su quiebra, que se produjo a raíz de que los hombres del pueblo cesaron de beber licor por prohibición evangélica, actualmente la fiesta del canto, un hermoso ritual llamado «la traída de la fruta», se sigue celebrando sólo gracias a los *tours* que realizan grupos de turistas japoneses, alemanes y norteamericanos, principalmente para la Semana Santa. Así se financia el ritual de Maximón (Morales 1998: 331).

La trabajadora social de una pequeña ONG en Santiago revelaba: «Los jóvenes de aquí ya no quieren ser campesinos, quieren irse a Panajachel, para conseguir trabajo en los hoteles; hubo alguno que hasta tuvo vergüenza de trabajar la tierra y escondía su azadón desarmado dentro de un costal. Las muchachas, en cambio, deben soportar las presiones de sus padres que aún les impiden estudiar, pero ellas tampoco quieren seguir siendo campesinas y optan por irse a la capital para trabajar como empleadas domésticas».

VIII. Santa Lucía Utatlán: Los Moros que ya no bailan

Hay feria, el día 13 de diciembre se celebra la festividad de Santa Lucía. La iglesita principal está encima de una colina a la que se llega caminando desde el centro del pueblo. La marimba de la Asociación de Agricultores toca a rebote: las piezas de autores ladinos que siempre se escuchan en las ferias de pueblo. Es el último día de la feria y al interior del templo están los de la «costumbre», quienes platican con los santos, en especial con Santa Lucía y la Virgen María, que presiden el altar mayor. Hay muchas velas y colorido, adornos navideños y flores que bordean el cortinaje del altar mayor.

En el atrio parroquial tiene lugar lo más alegre de la fiesta: la marimba de los Agricultores se lanza con piezas acompañadas por un saxofón, que suenan como una mezcla del «son» tradicional y de la salsa adaptada al medio. Al otro lado, siempre dentro del atrio, un solo hombre toca la humilde marimbita de los «moros» o bailadores, que visten todos como charros de Jalisco y que ya han comenzado a bailar pero no pueden seguir su ritmo porque son interrumpidos por la marimba orquesta, la de los Agricultores. ¿Será que ya sucumbió el «baile de moros» al ciclón de la salsa? En un extremo del atrio dos turistas norteamericanos obesos toman fotos y vídeo. Se siente: ya estamos en la región turística del Lago de Atitlán.

IX. Cuilco: El Guerrillero Converso

Salgo de la terminal de Huehuetenango en una camioneta de la empresa Chinita, la misma en que habré de regresar. Salí a las nueve de la mañana y volví a las seis de la tarde. Más de seis horas de viaje sentado en el autobús y cerca de tres dando vueltas en el pueblo para entrevistar a gente y contemplar el paisaje. La terminal de Huehuetenango, como todas las de este país, luce como un inframundo: los círculos más bajos de una sociedad diferenciada y llena de exclusiones. Abundan el caos, la suciedad, el ruido, y todo adquiere la imagen de una globalización tercermundista que parece la única probable para este país: las ciudades —campamentos que giran alrededor de las terminales y de los *shopping centers*. Mientras se aguarda la salida de la camioneta, un predicador de la Biblia da su testimonio ante la muchedumbre: «Yo conocí a un muchacho que era guerrillero, que andaba armado causando daño; pero conoció la palabra de Dios, se convirtió, cambió su vida y ahora se dedica a proclamar la palabra del señor con estas armas, que son más poderosas que las otras porque nos dan la vida y no nos la quitan». Alrededor el escenario de costumbre: decenas de vendedores que ofrecen *fast food* o tamales típicos, perros famélicos que están a la caza de cualquier bocado y grupos de indígenas que, asoleándose, beben cerveza Gallo enlatada mientras esperan la salida de la camioneta o la caída del sol.

Ya en el camino, saliendo de la ciudad-campamento, un vendedor de productos naturistas que habla como predicador saluda a los pasajeros como si estuviese en un aula universitaria: «Ustedes son todos gente con educación, gente de alto nivel académico y por eso les pongo a la venta este pequeño libro de recetas naturistas que les ofrece muchos remedios para curarse de cualquier enfermedad...». Cuando se bajó el vendedor, el chofer se encargaría de poner la radio a todo volumen: música ranchera, de los Bukis, «salsa cristiana» y mensajes de las sectas fundamentalistas. Así todo el camino, en medio de una ruta estrecha y polvorienta, que atraviesa ríos y montañas durante más de 3 horas, aunque sólo sean 90 kilómetros de recorrido.

Al fin de la primera cuesta, como a tres leguas de la hacienda de Carrascoso, hay una laja de piedra en el camino, que sale sobre la tierra, redonda, y que tendrá de diámetro como ocho o diez varas. Los indios creen ciertamente, que Moctezuma voló desde México a dicha piedra, en la que dejó estampadas sus huellas y de aquí dio otro vuelo al Kiché. Sobre esta fábula, en llegando los indios a este paraje, si se sienten cansados, se azotan los pies, porque se han cansado del camino y poniéndolos sobre la piedra, con un machete los estampan, de suerte que toda está llena de tales estampaduras y con esta superstición y vana observancia creen y dicen, quedar descansados (Cortés y Larraz 1958: 99).

X. Soloma: Hotel California/Welcome to Soloma

Viajar a este pueblo significa cuatro horas y media de ida y otras tantas de regreso en una camioneta de segunda clase que es cobrada a los pasajeros como si fuera un lujoso servicio de *pullman*. En el centro del pueblo visito el templo católico, donde hay «costumbre» y muchas mujeres elevan oraciones a sus deidades o platican con ellos: les piden, les ruegan, les agradecen, les cuentan sus tribulaciones. Detengo la mirada en una pareja de jovencitos ya matrimoniados que me llama la atención porque no tendrán más de 15 ó 16 años todavía. Todos dentro del templo tienen velas o veladoras y los elevan hacia la mirada del Altísimo. En un costado del templo el Cristo yacente o Señor Sepultado luce todo cubierto con billetes o quetzales de varias denominaciones (1, 5, 10) que pretenden exhibir la prosperidad del lugar.

Doy un largo paseo, para mirar y oír, caminando a lo largo de este pueblo altiplánico donde las viviendas tradicionales ya han sido modificadas por el *block*, la teja prefabricada y las antenas parabólicas. Por las calles, numerosos vehículos de doble tracción van y vienen mostrando sus vidrios polarizados y sus marcas japonesas Mitsubishi e Isuzu. De los vehículos, brota la música estridente en sus distintas versiones y los conductores o choferes parecen todos jóvenes que simplemente dan la vuelta por el pueblo a bordo de su vehículo, para mirar a los demás y para que los demás los admiren.

De algunas casas principales, surgen vociferaciones de los pastores protestantes que —por la radio— increpan a los pecadores y claman a *Yahvé* por la conversión de los impíos. Soloma comprende un área urbana relativamente extensa, con aldeas circundantes que se juntan la una con la otra por caminos de terracería que son transitados por vehículos, animales de tracción y peatones. Se nota la alta densidad demográfica. Desde lo alto, en la entrada del pueblo, sobresalen las torrecillas de un par de «rascacielos» de 4 pisos: el Hotel California, que ya posee servicio de ascensor, y el Hotel Montes Urales, que nos recuerdan la fuerte atracción del dólar y la dependencia de las remesas familiares.

De las distintas congregaciones evangélicas que hay en el pueblo, 8 ó 10 por lo menos, emanan cantos de aleluya o exaltaciones del mundo idílico que hubo una vez en Nazaret, en Bethania o en Galilea. Se nota que a los hombres jóvenes y adultos les gusta vestirse a la manera de los norteños o texanos: *jeans*, botas vaqueras y sombrero de fieltro. Por las calles sobresalen, al mismo tiempo, condiciones de vida que no han cambiado desde siglos: el mal olor, los tiraderos de basura, las aguas negras que fluyen a flor de tierra y, en la plaza o parque central, una novedad para los turistas: «Bienvenido a Soloma/*Welcome to* Soloma» el letrero que pretende dar un toque de mundialización a un lugar que, pese a la relativa prosperidad, sigue pareciendo inhóspito.

> Es camino tan triste que parece se hace palpable la tristeza. Desde los ranchos, las seis leguas restantes es de lo pésimo que puede imaginarse, ni se puede explicar cómo es; todo es subir y bajar por peñas vivas; por consiguiente todo es piedra, por ciénagas y empalizadas, lajas y gradones. Dos leguas antes de llegar a los ranchos y más de otras dos después el suelo retumba, como que tienen muchos huecos subterráneos; y en efecto hay varios hoyos cerca de las sendas, en que a unos se les alcanza el suelo y a otros no; en donde se han abismado varias personas y caballerías, y no deja de caminarse con algún riesgo y hay quien no se atreve a andar a caballo este trecho. Todo ese apiñamiento de montañas que causa horror pensar que se han de penetrar (Cortés y Larraz 1958: 121).

Es día de mercado y huele a pólvora, a incienso y al aceite rancio de los puestos de pollo frito o «campero» que forman un amplio círculo alrededor de la plaza. En el viaje de retorno, aparecerá entre el enjambre de pasajeros una especie de Michael Jackson altiplánico que «agarra» la camioneta en el último minuto y se distingue por sus *jeans* apretados, su camisa vaquera en colores chillantes de verde, naranja y amarillo, con un pañuelo azul o «paliacate» en el cuello, también lleva las infaltables botas vaqueras y el sombrero tejano, además de unos anteojos de sol que pretenden lucir la marca «Rey Bon, *made in* Taiwán». Me da la impresión de que se trata de un joven comerciante que vino a Soloma para vender y ahora regresa a su aldea con las ganancias. Toda la gente lo observa con curiosidad dentro de la camioneta y él sonríe enseñando su dentadura con piezas de oro recién instaladas. Mientras, la camioneta irá escalando una y otra vez por las montañas de la sierra en un viaje que parece interminable.

XI. Awakatán: Vámonos para Barcelona

En el trayecto de este pueblo hasta Huehuetenango, treinta kilómetros de terracería en un camino muy polvoriento, me encontré con otro de los elementos de esta particular globalización cultural guatemalteca: una joven cooperante, española, que habita en el lugar y una trabajadora social guatemalteca de apariencia ladina o ladinizada. La española, que se reconoce como catalana u oriunda de la *Generalitat*, acapara la conversación en un verdadero monólogo del que resalta lo siguiente: «vosotros tendréis un taller para miembros de la ONG en *Pana*, en Xela o en otro sitio para poder salir de *Huehe*, así la gente no se marcha después de la comida / Debíais trabajar en la formación de agrupaciones juveniles, en la capacitación de líderes, para que los jóvenes se hagan oír también, porque ¡vamos! aquí en Guatemala también hay gente valiosa / tú deberías de hacer un viaje a España, de dos o tres meses, para irte a conocer el Mediterráneo, visitar Francia y pasarte unas semanas en Cataluña, en Barcelona que es muy bonita; allí podrías hablar un poco ante los líderes juveniles de base y —de pasada— pedir apoyo financiero para vuestros proyectos».

Como colofón, la cooperante relata una «desagradable» aventura con un par de muchachos, «unos tíos pelmazos», que tenían aspecto de militares y que se la llevaron, forcivoluntariamente, a cenar un churrasco en las orillas del río San Juan, ella parecía muy disgustada y se mostró orgullosa por la forma en que se desprendió de ellos. Después de la «aventura» un anciano awakateco le habría dicho: «Más vale que no les haga caso a esos dos jóvenes porque yo me siento responsable de Usted y de lo que le pase mientras esté aquí».

Bibliografía

Cardoza y Aragón, Luis: *Guatemala, las líneas de su mano*. Editorial Universitaria, Universidad de San Carlos de Guatemala, Guatemala, 1997.

Cortés y Larraz, Pedro: *Descripción geográfico-moral de la diócesis de Goathemala*. Biblioteca «Goathemala», Sociedad de Geografía e Historia, Guatemala, 1958. Tomo II.

Morales, Mario Roberto: *El síndrome de Maximón. La articulación de las diferencias*. Editorial FLACSO, Guatemala, 1998.

EL RITUAL COMO PUESTA EN ESCENA DE LA HISTORIA /

O RITUAL COMO ENCENAÇÃO DA HISTÓRIA

NO MAR COM OS DEVOTOS.
O CONGADO E O CANDOMBE COMO PONTES CULTURAIS ENTRE BRASIL E ÁFRICA

Edimilson de Almeida Pereira
Núbia Pereira de M. Gomes
Universidade Federal de Juiz de Fora

O presente artigo aborda alguns aspectos do Candombe, ritual e grupo devoto que integra o sistema religioso banto-católico do Congado. Por questões de espaço, apresentaremos um panorama sobre esse sistema para, em seguida, nos ocuparmos do Candombe, situando-o como mediador entre determinadas vertentes de nossa cultura afro-brasileira e os ancestrais africanos de procedência banto. As heranças religiosas dos bantos no Brasil têm, como destaque, o Congado ou Congada que, segundo Bastide (1985: 177), apresenta «caráter tipicamente» africano. Os elementos de procedência cristã no Congado não apagaram as tradições bantos que incluem a coroação de Reis e Rainhas, a formação e envio de embaixadas, e os cortejos em que se mesclam danças laudatórias e cantos apoiados pelos instrumentos de percussão. Esse sistema representa o dinamismo cultural e a capacidade de auto-gestão das camadas mais pobres da população brasileira. Nos ternos ou guardas (Congo, Moçambique, Candombe, Catopê, Marujada, etc.) que constituem o Congado, os contatos de heranças africanas e européias delineiam um «catolicismo de negros», marcado por cantos e danças endereçados a Zambi, Calunga, aos ancestrais, bem como aos santos (Nossa Senhora do Rosário, Santa Efigênia, São Benedito, São João, São Jorge, etc.). Os ternos de Caboclos indicam os encontros de tradições afro-ameríndia-européias, pois são os negros que, portando vestimentas e gestos indígenas, desfilam em louvor aos seus ancestrais e aos santos católicos. A coroação de Reis e Rainhas evidenciou a ligação histórica dos africanos com as suas terras de origem e, por isso, adquiriu um peso político dentro da sociedade escravista brasileira. Esses ritos foram vistos pelos defensores do regime escravista como um recurso para controlar os africanos estabelecidos no Brasil, pois reafirmavam suas divergências existentes em África, ao mesmo tempo em que «acalmavam» cada grupo que julgava resguardar, através das coroações, sua identidade na nova condição social. Essa perspectiva transparece nas observações que o Conde dos Arcos enviou à metrópole, referindo-se aos batuques feitos pelos negros:

> Batuques olhados pelo governo são uma coisa e olhados pelos particulares da Bahia são outra diferentíssima. Estes olham para os batuques como para um ato ofensivo dos direitos dominicais, uns porque querem empregar seus escravos em serviço útil ao domingo também, e outros porque os querem ter naqueles dias ociosos à sua porta, para assim fazer parada de sua riqueza. O governo, porém, olha para os batuques como para um ato que obriga os negros, insensível e maquinalmente, de oito em oito dias, a renovar as idéias de aversão recíproca que lhes eram naturais desde que nasceram, e que todavia se vão apagando pouco a pouco com a desgraça comum [...] (Carneiro s/d: 127).

Aos olhos da sociedade escravista, a coroação e os batuques adquiriram valores ambivalentes já que podiam desunir os negros reatualizando seus antigos conflitos, ou reaproximá-los pela experiência comum de pessoas afetadas pelo sofrimento. O aspecto sagrado da coroação ampliou o campo de suas significações, na medida em que a instituiu como um evento social periodicamente renovado e capaz de mobilizar diferentes atores, em particular os negros escravos e forros. Durante suas viagens pelo Nordeste, Henry Koster descreveu uma coroação de Reis e Rainhas ocorrida em março de 1814, na localidade do Pilar (Itamaracá), como preparação para a festa anual de Nossa Senhora do Rosário. Os devotos reconheciam nos coroados um princípio de autoridade social, além de respeitá-los por conta das funções religiosas que desempenhavam. Tudo isso, contrastando com a perspectiva dos senhores, interessados em ver essas vivências apenas como práticas burlescas:

> Aos negros do Congo permitiram a eleição do Rei e da Rainha entre os indivíduos dessa nação. Os escolhidos para esses cargos podem ser escravos ou negros livres. Esses soberanos exercem uma espécie de falsa ju-

risdição sobre os seus vassalos, da qual muito zombam os brancos, mas é
nos dias de festa em que exibem sua superioridade e poder sobre seus
companheiros.

Os negros dessa nação mostram muito respeito para com seus soberanos (Carneiro s/d: 236).

Para os negros, que retomavam a linha histórica de sua ancestrali-
dade, a coroação era mais do que uma pantomima permitida pelos senhores. A confirmação disso se deu quando a coroação indicou, em diversas localidades, o caminho para a obtenção da alforria. Em Minas
Gerais a cerimônia passou a ter o aval das irmandades religiosas de negros, muitas das quais regulamentavam em seus compromissos a eleição e as funções dos Reis e Rainhas. Arthur Ramos (s/d: 180) ponderou
que as sobrevivências políticas bantos podiam ser encontradas «nas festas populares dos Congos, com a coroação de reis e rainhas». Segundo
o autor (1979: 233), nos mesmos festejos estariam impressas sobrevivências do patriarcado e do matriarcado, e a «organização clânica» estaria «disfarçada nos ranchos, clubes e confrarias...». Queremos chamar
a atenção para essa dimensão política da coroação, uma vez que ela rea-
tualizava esquemas de poder de sociedades africanas dentro do escravismo brasileiro. Para os negros a cerimônia possuía função simbólica,
pois Reis e Rainhas representavam o estabelecimento do grupo familiar
ampliado, que se tornava responsável pela sustentação da memória dos
ancestrais. A função política da coroação se revelava quando os negros
respondiam à ordem social escravista com atitudes que não só os rea-
proximavam de suas sociedades de origem, mas também lhes permitiam
gerar mecanismos para reelaborar essas sociedades dentro do novo contexto. Estabeleciam-se, dessa maneira, as confrontações, que incluíam
negociações, entre duas ordens sociais: a de negros (escravos ou forros,
dominados) e a de brancos (senhores, dominantes).

Nesse confronto, a cerimônia de coroação explicitava o desejo de
liberdade dos negros e o receio dos proprietários de escravos. Por isso,
enquanto os negros viam no rito o fortalecimento simbólico e político
de suas atitudes, os brancos, por temerem as suas conseqüências, pro-
curavam desacreditá-lo, expondo-o ao ridículo ou empenhando-se em
reprimi-lo. Em Minas Gerais, onde a coroação adquiriu grande prestígio
—em vista do «costume de se alforriar o rei eleito anualmente no
Congado» (Gomes e Pereira 2000: 246)— podemos avaliar as precau-
ções tomadas pelo aparelho repressor do Estado, que viu no rito uma

forma de incitar os negros à rebelião. A referência ao título de «Rei do Congo», associada a uma série de fatos históricos (como a difusão das idéias liberais no país e a resistência dos negros disseminada através dos quilombos), alcançava uma significação mais ampla que ameaçava a ordem da sociedade escravista. Vejamos essas possibilidades latentes no documento abaixo (Arquivo Público Mineiro, Belo Horizonte, doc. avulso, SP/JGP 1-6, caixa 01), redigido em São João Del Rei, em 14 de fevereiro de 1822, às antevésperas da proclamação da Independência do Brasil:

Ill.mos e Ex.mos Snrs.

Recebi Officio de V. Ex. em data de 25 do mez passado, pelo qual, em resposta a hum do Juiz Ordinario de Villa de Barbacena, me incumbem V. Exas. do exame de **humas patentes, que naquella Villa aparecêrão passadas nesta hora por hum Negro, que he, ou se intitula Rei dos Congos**; e me encarregão de dar todas as providencias que julgar convenientes sobre o exposto naquelle Officio do Juiz Ordinario. Já em 26 de Janeiro eu havia officiado a este, comunicando lhe as minhas idéas sobre tal objecto; e como **a materia he sobremaneira melindrosa**, permittão-me V. Ex.as que eu lhes exponha com toda a submissão o meu modo de pensar a similhante respeito. Convem os melhores Publicistas, que as Leis não devem mencionar crimes, que he de recear se comettão; porque a simples menção delles pode suscitar a idéa de os perpetrar. Assim vemos que perguntado Solon, porque razão não havia estabelecido penas contra os parricidas, respondeo que não julgava que houvesse alguem capaz de commetter hum crime tão enorme. A revolução dos Negros profetisada no Brazil por tantos Escritores, ganhou, he verdade, muita força tanto da Constituição, que elles interpretavão ser a sua alforria, como da demasiada filantropia, com que os Deputados enunciavão no Congresso as suas idéas á cerca da liberdade, idéas estas, que os fingidos humanistas, ou antes os inimigos do Brazil se apressavão em espalhar. Elles esperavão que no dia de Natal, ou a muito tardar no de Reis despontasse a Aurora da sua liberdade; e estas noticias, q. chegarão aos meos ouvidos, me obrigarão a tomar aquellas medidas de Policia, que entendi necessarias, sem contudo demonstrar o motivo verdadeiro, que dirigia os meos movimentos. Felizm.e cessárão logo os murmurios, que assustavão; e eu contei que elles mais erão a expressão de desejos do que a transpiração de Planos. Esta crise passou; e eu me persuado que agora sera prejudicial trazer-lhes por qualquer modo á lembrança huma cousa, de que elles já estão desvanecidos por lhes faltar na ocasião, que a esperavão. Antes entendo que este Juiz Ordinario, bem como as mais Authoridades Constituidas, menos medroso, e mais acautelado deva prosseguir sem estrepito, evitando a união de Negros, prohibindo os seus ajuntamentos, tirando-lhes as armas, e punindo severam.^{e} os que merecerem castigo. O contrario sera publicar hum receio, que elles poderão atribuir á nossa fraqueza, e julgarem o resultado da sua força superior, animando-os assim para hum desacato, que decerto ainda não tem concebido. He o que se me offerece a representar a V. Ex.^{as}, que, Mandando não obstante o que Entenderem mais justo, conhecerão na minha obediencia o alto respeito, e submissão, que me préso de tributar a V. Ex.^{as}. Deos Guarde a V. Ex.^{as} muitos annos. Villa de São João d'El Rei 14 de Fevereiro de 1822. Ill.^{mos} e Ex.^{mos} Snres. Presidente e Deputados do Governo Provisional da Provincia de Minas Gerais. Antonio Paulino Limpo de Abreo.

Como frisamos, a coroação de Reis do Congo teve seu alcance político ampliado por estar inserida num contexto histórico em que se debatiam as forças de legitimação e de contestação do regime escravista. A autoridade policial representa a legitimação do regime, enquanto a atuação do negro intitulado «Rei dos Congos» revela as forças de contestação. O momento histórico que prenunciava a Independência da colônia, ao se alimentar das idéias liberais, favoreceu indiretamente a ação dos grupos oprimidos que se organizavam para superar sua marginalidade social. Evidentemente não foram as idéias de autonomia da colônia que libertaram os negros, tanto é que no Brasil independente os negros permaneceram escravos. Pretendemos dizer que as sementes das idéias liberais encontraram nos negros escravizados um terreno fértil, sendo interpretadas como base jurídica para os cativos reivindicarem sua autonomia através das alforrias, e como base humanitária para se proclamarem livres através das fugas e dos levantes. As nuances dessa situação podem ser notadas no documento acima, quando a autoridade policial comenta: «A revolução dos negros no Brazil, profetisada por tantos Escritores, ganhou, he verdade, muita força tanto da Constituição, que elles interpretavão ser a sua alforria, como da demasiada filantropia, com que os Deputados enunciavão no Congresso as suas idéas á cerca da liberdade».

As ações dos escravos atribuíram expressividade particular aos ecos das idéias liberais, exprimindo-as através das heranças culturais africanas reelaboradas no Brasil, tais como a coroação ou a formação de quilombos. A coroação de Reis e Rainhas apresentava na África um caráter político-social complexo ao apontar, simultaneamente, para o conservadorismo na manutenção de uma certa linhagem e para o dinamismo na perspectiva de substituição de um soberano por outro. No contexto do escravismo brasileiro, a coroação assumiu aspectos também conservadores e liberais, simultaneamente. O aspecto conservador garantia a ligação com o mundo dos antepassados, evitando que o negro tivesse sua memória política, social e afetiva totalmente destruída pelo processo de reificação que o regime escravista lhe impunha. Daí o respeito que os devotos negros e mestiços cultivaram pelos seus soberanos, como destacou Koster, apesar de sofrerem o escárnio daqueles que os viam apenas como uma corte de maltrapilhos, guiada por Reis sem representatividade. O aspecto liberal da coroação se exprimiu na forma de escolha dos Reis e Rainhas, pois passou a privilegiar pessoas diferentes, em diferentes épocas. O tráfico havia dispersado famílias inteiras, o que dificultava a manutenção de uma mesma linhagem nas cerimônias de coroação. A disputa pelo cargo foi readaptada às condições do escravismo e permitiu que Reis e Rainhas de grupos distintos ganhassem o título através de eleições realizadas pelas irmandades. Mas isso não quer dizer que o aspecto liberal tenha impedido a eleição de Reis e Rainhas que se perpetuaram em seus cargos. Esse procedimento, na medida do possível, foi preservado na hierarquia do Congado, onde os soberanos se destacam pela mediação que realizam entre o sagrado e a organização social do grupo a que pertencem. Esse aspecto da coroação se expressou ainda na tentativa que os negros fizeram para não perder de vista um modelo político-social que se opunha à escravidão. Aqueles negros que sabiam quem eram, porque possuíam uma tradição sócio-cultural garantida pelo aspecto conservador da coroação, formavam uma força consistente de contestação, que lhes mostrava uma perspectiva de reorganização da vida social sustentada pelo aspecto liberal da coroação.

O delegado Antônio Paulino Limpo de Abreo chamou a atenção de seus superiores para a importância das idéias como elemento impulsionador das atitudes dos homens. Em relação aos cuidados na repressão dos escravos declarou que a publicação dos receios dos senhores e das autoridades quanto a uma revolução de negros era o mesmo que animá-los «para hum desacato, que decerto ainda não [tinham] concebido». Com isso, o autor do documento se preocupou em estabelecer uma ideologia que favorecesse o sucesso do aparelho repressor do Estado, ao mesmo tempo em que trabalhava para impedir a formação de uma ideologia de resistência dos negros, pois acreditava que eles não poderiam ameaçar os alicerces do regime se estivessem desorganizados ideologicamente. Este, por sua vez, deveria impor decisivamente aos cativos as leis dos grupos dominantes. Apesar dessa estratégia dos defensores do escravismo, os negros tiveram na coroação de Reis e Rainhas, ainda que vigiada, uma fonte de formação de ideologia na medida em que o rito sustentava o vínculo afetivo entre as gerações (antepassados e descendentes) e estabelecia relações entre o sagrado e a organização social dos negros estabelecidos no Brasil. No rito de coroação eram semeadas idéias de participação, respeito, escolha e experiência coletiva —ingredientes necessários para a elaboração de um tecido ideológico capaz de impulsionar o homem para a busca da liberdade.

O Congado atual, com suas variantes regionais, representa um elo na trajetória histórica dos afro-brasileiros, pois suas práticas e valores reelaboram as ações do negro escravo em luta contra a opressão e, de modo particular, a coroação de Reis e Rainhas que permitiu a preservação e a mudança de fatos culturais herdados dos ancestrais. Por conta dessas implicações históricas e ideológicas, o Congado se confirma como um processo de diálogos inter-culturais, resultante da reinterpretação que os negros bantos fizeram de sua religião após a chegada ao Brasil mediante o contato com as tradições indígenas locais e com o modelo religioso do branco europeu. Nesse processo se entrecruzaram os símbolos religiosos e os acontecimentos históricos (como a escravidão, a violência, as fugas e as lutas de resistência dos escravos) gerando, a partir de tensões e negociações, uma realidade sócio-cultural que exprime as expectativas de grupos menos favorecidos da população brasileira.

***

As maiores dificuldades para o estudo do Candombe se ligam à escassez de dados empíricos e de trabalhos publicados sobre o tema. O Candombe consiste num dos ternos ou guardas que constituem o Congado, mas se apresenta também sob a forma de um ritual com canto e dança originalmente religiosos, que ocorre em Minas Gerais, e se completa com a presença de instrumentos sagrados (três tambores; uma puíta de madeira; um ou dois guaiás, isto é, chocalhos de cipó trançado sobre cabaça, contendo contas de lágrimas de Nossa Senhora ou sementes similares). Os cantos são construídos segundo uma linguagem simbólica, que remete aos enigmas do sagrado e a determinados acontecimentos da vida cotidiana. A dança exprime os movimentos do devoto que conduz o canto, sem que haja formação especial dos acompanhantes para indicar uma coreografia coletiva. Os gestos são múltiplos, sua maior ou menor complexidade depende da criatividade do dançante e das evocações feitas pelos cantos, cujas palavras o corpo tem a liberdade para reduplicar ou não. Pode-se dizer mesmo que o candombeiro dança para os tambores, movendo-se em direção a eles, ora aproximando-se, ora recuando. O corpo se contorce em direção ao chão e se eleva, alternadamente, traçando assim a linha geral da dança no Candombe. Vivenciado por pessoas menos favorecidas, residentes em áreas rurais ou nas periferias dos centros urbanos; o ritual pertence a um conjunto social em que a religiosidade atua como força instituinte da realidade, uma vez que o *homo religiosus* do Candombe transporta para a esfera social os procedimentos aprendidos com os ancestrais durante as práticas sagradas. Em sentido inverso, ocorrem no ritual referências a fatos da esfera social, que são traduzidos para a linguagem simbólica do sagrado.

Nossa pesquisa, iniciada em 1986, abrange os municípios de Contagem (comunidade dos Arturos), Jequitibá (povoado de Lagoa Trindade), Matosinhos (distrito de Mocambeiro), Fidalgo (localidades de Quinta do Sumidouro e Lagoa de Santo Antônio), Jaboticatubas (bairro rural de Mato do Tição), Santa Luzia (povoados do Mosteiro de Macaúbas e Indequicé) e a região metropolitana de Belo Horizonte (Justinópolis). Ainda na capital, visitamos o Candombe do bairro Jatobá sem, no entanto, desenvolver estudos, em respeito à vontade do capitão-mor da Irmandade de Nossa Senhora do Rosário, que se reservou o direito de não nos conceder acesso às heranças de seus antepassados (M. Martins 1997: 18). Tivemos oportunidade de acompanhar o ritual em Araçuaí através do documentário «Trilhas e veredas da dança brasileira» (produção independente, 1987) dirigido pela professora Graziela Fonseca Rodrigues (Unicamp). Nos limites deste artigo, apontaremos o perfil híbrido do Candombe (decorrente das interações e conflitos que marcaram os contatos entre as culturas bantos e o catolicismo ibérico em terras brasileiras), enfatizando apenas um lado dessa questão, ou seja, aquele que faz do ritual uma ponte estendida entre Brasil e África. Abordaremos alguns aspectos de sua estrutura situando a hierarquia que define as ações de deuses e devotos, e de suas textualidades indicando os cantopoemas e as narrativas de preceito que ajudam a compor a teia discursiva do Congado.

A invocação de Zambi e Calunga nos cantopoemas demonstra um *continuum* cultural que espelha as heranças bantos em nossas comunidades. Em seu estudo sobre as religiões de Angola, Eduardo dos Santos (1969) observou que os Congos nomeiam Deus como *Nzambi-Mpungu* («criador de tudo»); no distrito de Cuanza-Sul surgem os nomes *Nzambi* ou *Njambi*. Para os habitantes de Benguela-a-Velha, Deus recebe a nomeação de *Suku*. Os Cabindas bavíli, os Bassossos, os Baiacas, os Bussurongos e os Lundas —com algumas variantes— chamam a Deus de *Nzambi*, realçando como suas características o poder e a bondade. Para os Quiocos e Lundas, *Nzambi* é o «ente supremo, criador e senhor do mundo. Também o designam por *Kalunga*. Contudo, predominantemente e em geral, chamam a Deus *Nzambi*, *Mukulu-Nzambi* (O Grande Deus)» (Santos 1969: 326). Para outros grupos bantos, Deus é conhecido como *Kalunga*. É o caso dos Ambós e dos Dongas. Os Hereros estabelecem em suas narrativas uma oposição entre *Nzambi*, «O Benfeitor», e *Kalunga-Ndiambi*. Conforme sintetiza Santos (1969: 327), «os povos bantos de Angola, os do Norte designam a Deus por *Nzambi*, os do Centro por *Suku* e os do Sul e Sudoeste por *Kalunga*. Nzambi insere-se na série de qualificativos que se aproximam do infinito *kuamba* (falar, agir); *Kalunga* vem do radical *lunga* (*kalunga* - fabricar); e *Suku* traduz-se por O do Alto, O do céu». Diante dessas referências e dos fatos identificados nas pesquisas de campo, podemos dizer que o universo cultural e religioso procedente das heranças bantos contribuiu para que os afro-brasileiros mantivessem a percepção de Zambi como força maior e deus protetor. Vejamos alguns cantopoemas do terno de Moçambique, grupo guardião da coroa de Nossa Senhora do Rosário, que integra o Congado da Comunidade dos Arturos (Gomes e Pereira, 2000: 221-370): «Ei, minha mãe mandô chamá/ Ora fio de Zambi vão rezá/ Vem rezá nosso mistero, gente!/ Na hora de Deus amém.»; «Aruera, aruera/ A gunga bateu/ Vamo guerreá/ Coroa de Zambi/ Vamo saravá, ué»; «A roda do mundo/ É grande, ô meu Deus/ A de Zambi/ Inda é maió.»

A densidade da experiência religiosa dos devotos impediu, ou pelo menos minimizou, o esvaziamento do culto e da nomeação de Zambi. Se na esfera profana essas referências se diluíram, na esfera do sagrado, no entanto, elas foram reelaboradas, de modo que Zambi reaparece nos cantopoemas mais reservados dos Arturos ou, então, em áreas isoladas, onde as mudanças se processam mais lentamente. No distrito de Milho Verde, nas proximidades do Serro, encontramos na voz do contramestre de Catopê, Ivo Silvério da Rocha, várias alusões a Zambi.

Segundo o contramestre, na região de Milho Verde os devotos do Rosário empregam a saudação *Ganazambi ecuatiça*, que quer dizer «Deus te ajude». Dentre os cantopoemas do terno de Catopê destaca-se o seguinte: «*Unvanguiapungo*/ É que me criô/ Criô Maria!/ Criô José!». Arthur Ramos, ao relacionar os diversos nomes assumidos pela divindade central dos bantos, observou que em alguns grupos de Angola o deus supremo recebe o nome de *Ngana Zambi* (o senhor deus). A forma *Ganazambi*, originária do termo angolano, sofreu um tipo de modificação explicada por Renato Mendonça em sua obra *A influência africana no português do Brasil*, que citamos a seguir respeitando a classificação fonética proposta nesta obra. O autor demonstra que as «consoantes nasaladas que formam os grupos consonânticos do quimbundo provêm da labial m + as labiais b, p, v, e f ou mb, mp e mf; e da dental n + as dentais d, j, z e a velar g ou nd, nj, nz e ng» (Mendonça 1973: 49). Esses grupos sonoros, que são iniciais em quimbundo, por não existirem na língua portuguesa passaram por modificações ao serem incorporados ao novo sistema lingüístico (Mendonça 1973: 50). Das alterações que afetaram a seqüência /ng-/ destacamos aquela em que ocorreu a perda da nasal inicial (n-), tal como em «*nguzu-guzu*/*ngonga-gonga*», *Ngana Zambi-Ganazambi*. O termo *Unvanguiapungo* mostra também alterações fonéticas e morfológicas ao se referir à divindade conhecida no Congo, segundo Arthur Ramos (s/d: 165), como «Nzambiampungu ou Zambi-ampunga». É importante notar que para os usuários de Milho Verde a mudança na forma não dissolveu o conteúdo primeiro dos vocábulos, pois *Ganazambi* e *Unvanguiapungo* foram aceitos como sinônimos e mantiveram o sentido de «deus maior», em meio às relações entretecidas com as representações religiosas do Catolicismo.

A menor incidência do nome de Calunga em Minas, fenômeno semelhante em Angola, como afirmou Eduardo Santos, reveste esse termo de mistérios e temores. Já em África era identificado com a lepra, doença terrível que impunha sacrifícios aos homens. Porém, Calunga apontava também para as noções de grandeza e infinito, como na expressão *Kalunga-luiji*, que significa mar, extensão maior de *luiji* —rio (Schneider 1989: 82-3). Arthur Ramos (1979: 228) anotou que «Calunga era primitivamente o mar em Angola», mas no Brasil, ao ser representado por uma figura de madeira ganhou o significado de «boneco», sendo incorporado aos rituais dos maracatus. Aires da Mata Machado Filho (1985: 127) reproduziu as informações de Héli Chatelain, que indicam as várias significações atribuídas a Calunga, entre elas: oceano, morte, personificação da morte na figura do rei do mundo inferior chamado *Kalunga-ngombe*. Em nossas pesquisas sobre o Congado temos recolhido referências esparsas sobre Calunga. O nome vem associado ao mar e à água, símbolos que sugerem movimento e transporte. O mistério que envolve Calunga o transformou em elemento poderoso, que instrui e protege aqueles que sabem invocá-lo. Cantopoemas registrados nos Arturos e no município de Nova Era, respectivamente, demonstram as intervenções de Calunga (Gomes e Pereira 2000: 486): «Mané Calunga/ Calunga Dendê/ Passa pro otro lado, Calunga/ Que eu quero vê»; «Cangaruá dadá/ Kererê, kererê/ Vem aqui, Calunga/ Vem me socorrer/ Limpa meus caminhos/ Vem me valer».

Os devotos, muitas vezes, não decifram completamente os cantopoemas onde aparecem as alusões ao nome de Calunga. É como se a rede da memória tivesse assumido um trançado mais largo, permitindo que os afro-brasileiros contemporâneos retivessem apenas fragmentos das mitologias ancestrais. No caso do Congado e do Candombe, restaram dessas mitologias os aspectos que constituíram os fundamentos de vários cantopoemas, como podemos verificar através do terno de Congo, do povoado de Lagoa Trindade: «Oi, minha mãe Calunga/ Calunga lungara/ Eu passei por aqui/ Eu passo bem/ Cada um no seu lugar, ai!». Ao tirar esse canto poema, o capitão convoca os dançantes para assumirem os seus lugares nas fileiras do terno e executarem os movimentos seguindo as batidas dos instrumentos. De acordo com os preceitos, se cada um cumprir as suas obrigações estará bem diante de Nossa Senhora do Rosário e dos assistentes da festa. Essa explicação não contempla as alusões feitas a Calunga e o capitão não soube nos informar o porquê das expressões «minha mãe Calunga/ Calunga lungara». Mas, apesar disso, o cantopoema é tirado com respeito, além de ser considerado um ponto forte justamente porque está envolvido pelos mistérios dos antepassados. Em Milho Verde, registramos o seguinte cantopoema do Catopê, comandado pelo contramestre Ivo Silvério da Rocha: «Oi, oi, gira, ô Calunga/ É cuarimucuá/ De congira muguango/ Cuami curiá». O contramestre não reconhece o significado de todas as palavras, mas identifica algumas com segurança, afirmando que «A água chama Calunga e o tatu é o muguango». Além disso, domina o fundamento do cantopoema, que é utilizado para tirar Reis e Rainhas, quando estão em suas casas, a fim de que sejam conduzidos até a igreja. Porém, se os Reis e Rainhas demoram a sair, o contramestre de Catopê entoa esse cantopoema, cujo fundamento nos foi explicado do seguinte modo:

Sabe a expressão que eu tô falano aí? que nós tamo tirano o Rei com a Rainha. É a mesma coisa assim... É um tipo duma brincadeira de caça-dô. Ele sai, ele vai pro mato caçá, pega sua espingarda, seu cachorro. Chega lá no mato, o cachorro põe o tatu no buraco. Agora, o cachorro tá cavano, nada de saí, nada de tirá. Agora, o que que a gente vai procurá? Eu vô procurá onde tem uma água ali perto. A gente vamo pegá água, quando coloca o tatu vem. [...] Quanto mais ele cavaca pra lá, a água acompanha ele, até ele vim e a gente consegui pegá ele.

Diante do cantopoema, o representante da coroa no Congado tem que se movimentar (como o tatu diante da água), isto é, «tem que saí, porque tá puxano, tá chamano ele». Ao empregar a narrativa de preceito para explicar o fundamento do cantopoema, o contramestre evidencia a complexidade dessas textualidades, na medida em que se desdobram para evidenciar os aspectos rituais e metalingüísticos do Congado e do Candombe. A teia dessas textualidades funciona como residência para as divindades bantos e católicas, explicitando um lugar de interações e conflitos que se mostram e se ocultam sob os jogos de linguagem. O acesso a esses jogos exige atenção dos devotos, cabendo aos iniciados o compromisso e o direito de atuarem como intermediários entre os deuses e os homens, os antepassados e os descendentes. A afirmação de que o Candombe se relaciona às heranças culturais bantos implica dizer que a ponte entre Brasil e África se configura como uma referência existencial para os afro-brasileiros, além de ser um fato histórico e social. Essa referência consiste na preservação e na mudança de um *modus vivendi* que teve a África como berço e o Brasil como terreno de reelaboração. Nessa trama do preservar-mudando e do mudar-preservando foram inevitáveis para o negro as situações em que o pensamento podia «permanecer africano, enquanto o gesto se tornava americano» (Bastide 1974: 85). Por outro lado, o pensamento apreendido no Novo Mundo agregava outros significados aos gestos vindos das origens. A afinidade que constrói a ponte Brasil-África amplia também os conceitos de semelhança e diferença entre as culturas dos dois espaços, estimulando, com isso, o desejo de maior compreensão das relações estabelecidas entre os grupos e indivíduos que transitaram, e transitam, entre as duas áreas. No Candombe não pretendemos apenas identificar valores africanos, mas verificar como esses valores se tornaram brasileiros à medida em que responderam às perguntas que os novos contextos apresentaram aos negros bantos. As respostas dadas forneceram um conjunto de representações e práticas que podem ser lidas como afinidades entre certos grupos do Brasil e da África, no que diz respeito aos aspectos sócio-culturais visibilizados através dos gestos, da maneira de trabalhar e divertir, da vivência religiosa, enfim, de uma certa maneira de pensar o mundo.

Essa afinidade nos estimula a analisar os diálogos entre as realidades africanas e brasileiras considerando-os como caminhos por onde se movem acervos culturais decorrentes de regras de negociações diferentes mas, às vezes, também semelhantes. Robert Slenes (1994: 27-31) observou que herdamos da África Central e Ocidental a utilização das forquilhas na construção de casas e camas (mais conhecidas como girau ou tarimba). Em torno dessa técnica se desenvolveu um *modus vivendi* específico, que caracterizava uma imagem social do homem tal como ele desejava ou podia representá-la, em diferentes contextos. Para o negro em África esse modo de morar estava inserido num sistema social que lhe atribuía um *status* relevante. No entanto, no contexto do escravismo brasileiro essa técnica adquiriu nuances ambivalentes pois, de um lado, representava o vínculo dos negros com suas origens históricas e, de outro, refletia a miséria em que viviam, opondo em condições de desigualdade a casa do negro pobre à casa-grande do branco rico. Além disso, o *modus vivendi* da sociedade brasileira incluía o racismo como elemento que associava a pobreza do negro à insalubridade da moradia que lhe era destinada. Exemplo disso é a divulgação que ainda hoje se faz dos *abecês de negro*, modalidade de literatura popular que exprime a desqualificação do homem de cor e, por extensão, dos valores e objetos relacionados a ele: «Casa de branco é palácio./ Casa de negro é maloca», «Barriga de nego é mala./ Casa de nego é senzala.» (Pereira e Gomes, 2001). A contextualização dos fatos é importante para entendermos o esforço dos afro-brasileiros no sentido de se saberem ligados aos ancestrais e capazes de reinterpretar as heranças deixadas por eles. O emprego de uma técnica de construção vai além do ato ou do gesto que imita o passado, na medida em que é revestido de novas significações num tempo-espaço também novo. A forquilha, como suporte para a reflexão, representa um objeto e também uma maneira de expressar as diferentes realidades sociais. Por isso, as expressões que o negro brasileiro modula para a vida social tornam visíveis as afinidades que relacionam Brasil e África num circuito de valores e práticas inseridas num jogo de aproximação e afastamento. Vários elementos que constituem o universo do Congado, e do

Candombe em particular, podem ser analisados sob essa ótica. Por exemplo, chama a atenção a similaridade entre as formas de tambores africanos e brasileiros, bem como os hábitos de nomeá-los, de utilizá-los em número de três, de sentar-se sobre eles durante os rituais e de afiná-los.

Tambores com base em pedúnculo, com sistema de tensão ou cordas em «N» unindo o couro a uma cinta pregada ao corpo do instrumento aparecem entre os Lunda e os Cokwe de Angola, e entre os candombeiros de Minas Gerais. As pesquisas de Areia (1985) entre os Cokwe revelaram que eles atribuíam a um grupo de tambores os nomes de *ngoma ya shina* (*le plus grand*), *ngoma ya mukundu* (*le moyen*) e *ngoma ya kasumbi* (*le plus petit*). Nos estudos sobre o Tambor de Crioula, no Maranhão, encontramos o registro de tambores chamados de «grande, crivador e meião» (Ferreti 1995: 77). Sobre o Jongo, do Vale do Paraíba, temos referências de rituais com a presença de tambores denominados «tambu grande, candongueiro e canjengo» (Gandra, s/d: 22). A tríade de tambores, mais do que uma exigência rítmica —de acordo com os devotos, há uma estreita relação de harmonia entre «o tambor que chama, o que responde e o que repica»—, é uma demonstração do estágio em que se encontram os rituais, bem como da redefinição de seus perfis identitários. No Jongo e no Candombe considera-se que são necessários todos os instrumentos para se obter o melhor resultado sonoro durante as apresentações. No entanto, as modificações introduzidas no ritual por escolha dos praticantes ou por causa da fragmentação podem levar à adoção de apenas dois tambores. O hábito de sentar sobre os tambores observado entre os Cokwe (Angola) e os Macondes de Moçambique (Dias e Dias 1970) ocorre também em Minas, no Candombe de Quinta do Sumidouro; no Tambor de Crioula (Ferreti 1995: 77-173) e no Jongo (Ribeiro 1984: 21). A afinação dos tambores utilizando o fogo é freqüente no Candombe, no Tambor de Crioula (Ferreti 1995: 172) e no Bumba-boi também do Maranhão (Carvalho 1995: 231). A mesma técnica de afinação foi registrada por Dias e Dias entre os Macondes.

Ao descrever a religião dos bantos, Estermann (*Apud* Santos 1969: 321) observou que o culto aos antepassados e as práticas mágicas foram superpostas ao monoteísmo centrado em Zambi. Reencontramos fatos semelhantes entre os participantes do Congado em Minas. A distância entre o Pai Criador e os fiéis é preenchida pelo culto às almas e à memória dos antigos, que permitem o acesso dos vivos ao mundo sobrenatural. Mas, o acesso ao outro mundo e as realizações da vida cotidiana são ameaçadas pelos obstáculos impostos pela natureza e pelos rituais situados no domínio do sagrado. Dentro dessa concepção da realidade, as práticas mágicas adquirem ampla significação, pois através delas os indivíduos «procuram impor a sua vontade à ordem natural das coisas» (Dias e Dias 1970: 357). Essas práticas são recursos que fazem a diferença entre o forte e o fraco, o vencedor e o vencido e se exprimem por meio de amuletos protetores, fórmulas verbais e atitudes enigmáticas. Como explicam Dias e Dias (1970: 357), «os elementos usados nas práticas mágicas são geralmente escolhidos por serem simbolicamente adequados a representar os resultados que se querem obter. Como os actos mágicos e os ritos mágico-religiosos vão passando de uma geração a outra, tendem, segundo a tradição, a tornar-se procedimentos simbólicos institucionalizados». No Candombe as práticas mágicas se manifestam de maneira discreta, gerando um campo de tensão com as experiências ligadas à religião institucionalizada (Catolicismo), embora não se dissociem efetivamente dela. Essa coexistência é justificada pelo próprio contexto cultural afro-brasileiro, que aproximou em estado de tensão as mais diversas experiências mágico-religiosas. Os grupos dominantes podem não considerar o Candombe como religião ou fato institucionalizado; no entanto, para os candombeiros o ritual *é religião e fato significativo* que participa da organização de sua vivência social. Por isso, as práticas mágicas são entendidas como práticas religiosas, encaixadas na sistemacidade e na significação da cultura popular. O seu caráter sagrado é determinado pelos interditos que as protegem e pelo prestígio que conferem aos iniciados que as utilizam: «Vai lá no Jequitibá e conversa com Zé Polino. Ele tem os fundamento do Candombe. Se ele agradá d'ocê, capaz que ele dá uns ensinamento. Mas cuidado com ele. Vai divagá. O nego véio é desconfiado. Se ele acismá, acabô tudo. Aí é que num fala nada. Ô nego pamba!» (Zé Sapo, *Lagoa de Santo Antônio*). As disputas sociais propiciam o uso das práticas mágicas como meio de ataque e/ou defesa. Uma narrativa dos Macondes se refere aos homens e às mulheres que pretendiam destruir os campos de um vizinho. Para isso, usaram a magia para causar uma grande seca, mesmo sendo a época das chuvas. O prejudicado chamou então um sacerdote (*wayangele*) que desfez o malefício: «Foi tudo tirado e quebrado, e naquele mesmo dia veio muita chuva» (Dias e Dias 1970: 345). Esse tipo de contenda acontece com freqüência nos labirintos do Congado, revelando a competição pela posse do sagrado e pela afirmação do indivíduo em seu meio social:

No Congado tem muita gente que num mexe só com Nossa Senhora, mexe com outras coisa. Então eles costuma derrubá mesmo. Uma vez Janjão fez uma festa em Sete Lagoa e o Congado daqui foi. O povo chegô pingano oro e depois —a nossa gente— desatô. Nem voz, nem instrumento. Então Luiz Lourenço veio aqui. Veio me buscá porque tava todo mundo enterrado lá. Tinha um Moçambique que chegô e tomô conta do lugá. E lá tinha um que sabia o nome da boiada toda. Era de Belo Horizonte ou de outro lugá. Cheguei lá e perguntei:

—O que foi, 'Seu' Antônio?

—Num bate, num tem manejo.

—Bate aí, deixa eu escutá.

Tava uma avacaiação! Uma dó. Dava piedade. Eles bate tão bem que é um sino! Mandei deixá os instrumento.

—Vem cá, bota os instrumento aí. Emborca as viola, em cima da caixa. As viola em cruz, com o tampo pra baixo.

Peguei as espada deles e risquei um Cinco Salamão em cima da última viola. E fui rezano, fui rezano, fui pedino. Aí eu vi que começô a mexê as corda da viola. Dava pra gente escutá: as corda da viola tinino, mexeno.

—Pode virá as viola. E o mestre da viola vem cá batê.

Rezei na espada dele e mandei batê. Bateu. E quando bateu eu vi que a guarda de lá suspendeu a cabeça. Uma guarda só. Eles deve tê pensado: 'Uai, o negócio derramô. Num era pra batê.' Mas bateu firme, firme mesmo, bateu livre, bateu que foi uma beleza! Eu ensinei:

—Vai lá pedi aquele moço que tá com a faixa mais longa pra ele vim aqui saudá a sua bandeira.

Ele num queria vim. Mas veio. Veio e saudô a bandeira do Antônio, saudô a guarda. E eles fizero a festa no resto do dia. Sem nada, sem problema. Todo mundo tem que sabé chegá. Tem que tê humildade mesmo. Senhor e senhora, vamo encontrá, vamo saudá e vamo conversá. Então chega, se num dé saudação num tá certo. Quem chega tem que respeitá quem já está. O sujeito as vez facilita e num dá papo pra ninguém. Então complica mesmo. Ano passado eu fui no Campo Alegre e tinha cinco guarda. Quando acabô eu tava amigo deles tudo, de todo mundo. O importante é isso: chegá e ficá amigo de todo mundo (Zé de Ernestina, *Jequitibá*).

A narrativa identifica as práticas mágicas (tirar a voz dos instrumentos/ devolver a voz aos instrumentos), a competição social (os daqui-Jequitibá e os de lá-Belo Horizonte) e o encontro de diferentes tradições religiosas («No Congado tem muita gente que num mexe só com Nossa Senhora, mexe com outras coisa.») —aspectos que contribuem para compor um certo contexto cultural e, ao mesmo tempo, para autojustificar essa vivência religiosa. A narrativa apresenta ainda o código moral que rege os procedimentos no Congado: «Todo mundo tem que sabê chegá. Tem que tê humildade mesmo. Senhor e senhora, vamo encontrá, vamo saudá e vamo conversá. Então chega, se num dé saudação num tá certo. Quem chega tem que respeitá quem já está». Se esse código é rompido, há que recolocar as coisas no lugar: nessa hora, o iniciado interfere demonstrando seus conhecimentos. Uma guarda não deve desrespeitar a outra, vale o mesmo para as relações que as pessoas estabelecem entre si. Mas, por precaução, algumas práticas podem ser adotadas. O capitão Zé de Ernestina explica que nos tambores existem pequenos orifícios, feitos para ventilação. Além dessa função técnica, os orifícios adquirem função ritual, pois é neles que são colocadas as «defesas» da guarda: um joelho de alho (isto é, um dente isolado, crescido na haste da planta e que serve também para mastigar e recuperar a voz); uma cruz de camboatá feita na Sexta-feira da Paixão e um chocalho de cascavel. O Candombe, que se configura como um ritual de desafio, canaliza as tensões sociais e as exprime através da linguagem enigmática dos pontos e dos procedimentos misteriosos. No Candombe da Família Lucas, as mulheres reconhecem esses imbricamentos do sagrado: «Segredo no Candombe? Ah, isso tem demais. Só os home é que é capitão. Pra sê capitão tinha uma porção de patuá, umas coisa que eles faz do otro lado» (Maria Lucas, *Macaúbas*). O conhecimento das práticas mágicas é decisivo para o bom desempenho do candombeiro. Não bastam a intuição e a fé para se obter sucesso no desafio; *saber* a respeito dos mistérios é uma condição para os devotos garantirem a existência do ritual e do conjunto social que o envolve:

> Dentro do tambor tem um buraco ali, de saí a voz. Bate aqui, tem um buraco ali, de saí a voz. O mandingueiro pega um trenzim e bota ali. Eles falava assim: '- Ê, deu nó na paia. Tem uma duda ali.' Podia olhá lá dentro que tinha uma paia marrada. Uma paia dada nó. O Candombe num vai pra lado nenhum. Ninguém sabe disso. Embaraça o trem tudo. Tem que tê um outro entendido pra desmanchá. Só um macurandamba. No mais, o pessoal de hoje as vez tá dançano e num tá sabeno de nada. Ê lê lê lê —marrado, rouco, frio. O Candombe tá muito ruim, tá cantano desentoado. Tem é nó na paia. Mas os novo num sabe (Zé Paulino, *Jequitibá*).

Recordamos que a recorrência dos procedimentos mágicos deve ser analisada à luz de sua contextualização. *Em torno de* e *a partir de* um candombeiro se desenvolvem relações que não são, exatamente, as mesmas tecidas *em torno de* e *a partir de* um sacerdote dos Macondes ou dos Cokwe, e vice-versa. As interferências dos relacionamentos interpessoais e as sugestões de trocas sociais vão indicando significações relativizadas para as práticas mágicas, de modo que as narrativas de preceito e os canto-poemas do Candombe transmitem juízos de valor e estabelecem modelos de comportamento relacionados ao seu contexto social. Mas isso não indica a interrupção dos diálogos entre Brasil e África, tanto que podemos observar semelhanças entre os ensinamentos do Candombe e aqueles que se inscrevem na ordem social de alguns grupos de Angola. Joaquim Martins (1968: 14), em sua obra *Sabedoria Cabinda*, anotou que entre «os povos do Distrito de Cabinda, especialmente entre os Bakongo e Bauoio, encontra-se um modo, processo de exprimir —diríamos de 'escrever'— as suas leis, conceitos, etc., etc., processo tão belo e tão rico de simbolismo que julgamos absolutamente original e único». O processo comunicativo a que se refere o estudioso não utiliza letras para expor a mensagem, isto é, se estabelece como «uma escrita sem alfabeto, mas escrita por símbolos, por figuras, tiradas do real, visível e palpável, e através das quais dão leis, dizem o que querem, indicam o que se deve ou não deve fazer» (Martins 1968: 15). Os Bakongo e os Bauoio registram suas mensagens na superfície de objetos como tampas de panelas, esteiras, potes, cabaças de vinho, túmulos, pentes, etc. O conteúdo dos ensinamentos funciona como orientação para a conduta social: «Assim, por exemplo, se a mulher cobrisse a panela com um cesto que tivesse um pato ou galinha com a cabeça voltada para trás, quereria indicar ao marido que ele a trata menos bem e dizer-lhe o seguinte: / 'Pensas que não posso voltar para onde vim, para casa de meus pais? Trata-me bem se queres!' (Martins 1968: 16). Considerando alguns temas, podemos estabelecer um paralelo entre os conceitos do universo afro-brasileiro e as realidades culturais dos grupos do Distrito de Cabinda.

Temas	Sabedoria do Candombe	Sabedoria Cabinda
Alegria da dança	.Eu vim de longe Eu vim de longe Eu vim andano Pra dançá um Candombe Na casa dos meus padrinho (Macaúbas)	.(Ilumbu kiliangi va buala: Ilumbu kimakinu) Dia de alegria na aldeia: É (de certeza) dia de dança.

Temas	Sabedoria do Candombe	Sabedoria Cabinda
Família: um tronco comum.	.Oi, nós é tudo farinha De um saco só .Sete lote de burro .Uma cangaia só (Arturos)	.(Befo bonso likanda limueka: Bakana zimbuziana ko) A família vem toda do mesmo centro, da mesma origem. Por isso, devem todos ser amigos e ajudar-se mutuamente
Herança	.Fio de peixe Peixinho é (Arturos) .Ô, fiote de pomba Prende a voá (Macaúbas)	.(Muana isuengie kakúla munu: La tata ko, báti la mama) Os filhos saem sempre aos pais, têm sempre um quê que deles vem
Competição em família	.Papai falô Mais que eu num fosse no Candombe Que o Candombe tem dendê Olha lá quem tem demanda. (Mocambeiro)	.(Itáli, uiliá, itáli andi) Embora da mesma família-sociedade ou raça -uns prevalecem sobre os outros.
Competência para desempenhar uma função	.Rum, rum, rum Menino novo num sabé rezá Chega na igreja Num sabe ajoelhá Ei, menino novo Vamo já rezá (Arturos)	.(Nhoka Nzambi, vuata kinzemba: Minu kike mavembo, bonsi iala vuatila kinzemba?) Não se dão cargos a quem não tem capacidade para eles.
Poder e força de Deus	.Pê, pê, perê É Deus sinhô (Arturos) Ô, quem pode mais É Deus do céu (Mato do Tição)	.(Kifunda kikanga Nzambi: Uala lukútula Nzambi to) O que vem de Deus e por Deus marcado, só Deus resolve.

As similaridades apontadas acima são suficientes para reafirmar a vitalidade da ponte Brasil-África. No entanto, não são suficientes para nos informar sobre a totalidade do Candombe como ritual vivenciado pelos negros de Minas e apoiado em tradições bantos reorganizadas em função de uma realidade histórico-social específica. O que temos em Minas não é apenas a reduplicação do que havia em África, mas uma re-elaboração que preserva tradições, incorpora novidades e se apresenta como uma experiência cultural particular. De modo geral, a herança vinda dos bantos indica uma lógica social em que a interpretação dos fatos culturais se desdobra a partir de diferentes pontos de vista, revelando uma dialética alimentada pelas tensões entre a preservação e a mudança. Isso demonstra, por exemplo, que as características dos antepassados particularizam os grupos aos quais eles pertencem, ao mesmo tempo em que os grupos destacam seus ancestrais na medida em que ambos se inscrevem no mundo a partir de seus aspectos específicos. Nesse sentido, a unidade do culto aos ancestrais se realiza na diversidade de procedimentos que explicita a dinâmica das tradições bantos. No Brasil essa dinâmica influenciou e foi influenciada por outros códigos culturais, implicando no fato de que as visões de mundo dos candombeiros e dos habitantes do Distrito de Cabinda podem ser semelhantes na superfície, mas diferenciadas em suas tessituras particulares. A valorização da família como tronco comum, do qual ramificam as outras estruturas sociais, exprime um desses pontos de semelhança, embora os contextos que envolvem essa atitude sejam diferentes. O modo como se valoriza a família está intrinsecamente ligado ao contexto em que ela surge, se desenvolve e se transforma. O candombeiro reverencia a família a partir da moldura que o colonialismo desenhou em Minas; as comunidades da região de Cabinda o fazem a partir da moldura que o colonialismo traçou para Angola. Trata-se de molduras diferentes, que estimulam os indivíduos e os grupos a adotarem estratégias próprias no momento de definirem suas posições dentro ou fora dessas molduras. Análises desse tipo podem ser estendidas para abordar os temas da alegria da dança, da herança, da competição em família, da competência para desempenhar funções, do poder e força de Deus. A densidade dos laços entre Brasil e África está na formação de modelos culturais que têm a preservação e a mudança como formas intercomplementares. O homem negro, nos dois continentes, diante dos desafios impostos pelas contingências históricas, organizou meios de resistência à opressão e articulou mecanismos de negociação que lhe permitiram fundamentar seus espaços de vivência social. O Candombe, com sua dinâmica, explicita esse processo, ou seja, a experiência dos devotos ensina que não há candombes exatamente iguais, pois os aspectos básicos do ritual funcionam como um centro gerador de diversidades. Daí, o princípio das tensões que anima o ritual, aproximando e distanciando os candombeiros de diferentes comunidades:

> Num deve de perguntá demais, moça, Candombe num é brinquedo, não. Nem pode tê mulhé no meio (Zé Sapo, *Fidalgo*).
> Qualqué menino pode batê Candombe aqui e a gente bate a noite inteira. Mas quando chega alguém com maldade, fica só os velho (Dante Isaías de Siqueira, *Mato do Tição*).
> Candombe é divertido, mas é implicação mesmo, gente. Tem até Candombe travado. O capitão desconfia quando tem um otro implicano (Maria Lucas, *Macaúbas*).

Procuramos alinhar, e alinhavar, algumas semelhanças e diferenças que colocam em relação as realidades dos candombeiros e o universo cultural de alguns grupos africanos, considerando o dinamismo que perpassa os modelos sociais dos quais fazem parte. Os negros que se viram obrigados a reelaborar suas tradições nos contextos brasileiros fizeram isso ora ocultando, ora revelando aspectos relevantes de seu lugares de origem. O Candombe retrata esse jogo, demonstrando que uma série de valores e práticas encobertos (como reação aos atos repressivos do Estado, da instituição eclesiástica e dos próprios cidadãos) continuam a desafiar a nossa percepção para vermos neles o que existe como processo de construção e decodificação do mundo desde um ponto vista africano e brasileiro, enfim, afro-brasileiro. Diante disso, é importante reconhecer que o Congado e o Candombe representam uma memória coletiva alimentada desde a chegada dos ancestrais africanos ao Brasil e reelaborada em vários contextos do país. Essa memória, por sua vez, permite aos afro-brasileiros desenvolverem diferentes pontos de vista para se interpretarem a si mesmos e a sociedade abrangente, seguindo uma lógica de preservar-mudando e de mudar-preservando que tem se estendido de geração para geração. O candombeiro pensa o mundo a partir dessa memória coletiva e dessa lógica e, ao fazê-lo, reconhece seus laços de pertença a um grupo que, embora marginalizado, se apresenta como um segmento social significativo: o dos negros brasileiros, política e economicamente menos favorecidos, devotos de Nossa Senhora do Rosário e guardiães das heranças dos antepassados.

BIBLIOGRAFIA

AREIA, M. L. Rodrigues de: *Les symboles divinatoires*. Universidade de Coimbra, Coimbra, 1985.

BASTIDE, Roger: *As Américas negras*. Difusão Européia do Livro/EdUSP, São Paulo, 1974.

— *As religiões africanas no Brasil*. Livraria Pioneira Editora, São Paulo, 1985.

CARNEIRO, Edison: *Antologia do negro brasileiro*. Ediouro, Rio de Janeiro, s/d.

CARVALHO, Maria P. de: *Matracas que desafiam o tempo: é o bumba-boi do Maranhão* [s/e], São Luís, 1995.

DIAS, Jorge e DIAS, Margot: *Os Macondes de Moçambique*. Junta de Investigações do Ultramar, Lisboa, 1970.

FERRETI, Sérgio Figueiredo: *Repensando o sincretismo*. EdUSP, São Paulo; FA-PEMA, São Luís, 1995.

GANDRA, Edir Evangelista: *O Caxambu no Vale do Paraíba*. SEC/RJ –INEPAC, Rio de Janeiro, s/d.

GOMES, Núbia P.M. e PEREIRA, Edimilson de A.: *Negras raízes mineiras: os Arturos*. Mazza Ed., Belo Horizonte, 2000.

MACHADO FILHO, Aires da Mata: *O negro e o garimpo em Minas Gerais*. Itatiaia, Belo Horizonte; EdUSP, São Paulo, 1985.

MARTINS, Leda Maria: *Afrografias da memória*. Perspectiva, São Paulo; Mazza Ed., Belo Horizonte, 1997.

MARTINS, Pe. Joaquim: *Sabedoria cabinda*. Junta de Investigações do Ultramar, Lisboa, 1968.

MENDONÇA, Renato: *A influência africana no português do Brasil*. Civilização Brasileira, Rio de Janeiro, 1973.

PEREIRA, Edimilson de A. e GOMES, Núbia P. M.: *Ardis da imagem: exclusão étnica e violência nos discursos da cultura brasileira*. Mazza Ed., Belo Horizonte, 2001.

RAMOS, Arthur: *As culturas negras*. Livraria da Casa do Estudante do Brasil, Rio de Janeiro, v. III, s/d.

— *As culturas negras no Novo Mundo*. Editora Nacional, São Paulo, 1979.

RIBEIRO, Maria de Lourdes Borges: *O Jongo*. Funarte, Rio de Janeiro, 1984.

SANTOS, Eduardo dos: *Religiões de Angola*. Junta de Investigações do Ultramar, Lisboa, 1969.

SCHNEIDER, John T.: *Dictionary of African Borrowings in Brazilian Portuguese*. University of the Witwatersrand, Johannesburg, 1989.

SLENES, Robert W.: *Na senzala, uma flor: as esperanças e as recordações na formação da família escrava*. Unicamp/Deptº de História, Campinas, 1994.

LA TRADICIÓN DE ARTESA COMO RITUAL: ACERCAMIENTO DESDE LA INVESTIGACIÓN MUSICAL

Carlos Ruiz Rodríguez
El Colegio de México

INTRODUCCIÓN

La tradición de artesa es una expresión cultural afromestiza de la región costeña[1] de Guerrero y Oaxaca, que conjunta música, danza y literatura en una celebración de participación colectiva. Antiguamente esta manifestación estaba fuertemente vinculada tanto a rituales del ciclo de vida como a celebraciones rituales del ciclo anual de fiestas religiosas. Dicha manifestación es considerada actualmente en la comunidad afromestiza de San Nicolás Tolentino (Guerrero) como una de las tradiciones más representativas de su identidad cultural. Entre lo poco que se ha escrito sobre esta tradición, se ha afirmado —o al menos supuesto— que el origen del baile de artesa fue el eventual zapateo encima de canoas invertidas sobre la tierra. A través del estudio de la *artesa* como instrumento musical, puede trazarse una interpretación diferente que vincula la tradición oral con los antecedentes históricos regionales para sugerir la posible función ritual que esta expresión pudo tener en sus orígenes. Es posible, además, partiendo del repertorio musical, ilustrar someramente el proceso de cambios y vigencia actual de esta manifestación musical.

---

[1] Tradicionalmente a esta región se la conoce como la Costa Chica; se encuentra conformada por población de origen mestizo, indígena y afromestizo. Para un acercamiento etnográfico a la región, véase Aguirre 1985 y Moedano 1996.

El baile de artesa

Aunque actualmente es difícil presenciar el *baile de artesa* en su *contexto antiguo*[2], en los últimos dos años ha habido por lo menos un par de ocasiones en que se ha realizado cercano a un marco tradicional. En una de estas ocasiones, se efectuó para festejar la llegada de un sacerdote recién ordenado que había decidido oficiar una de sus primeras misas en la comunidad; en la otra fecha se llevó a cabo como parte de la celebración en el ritual de unión matrimonial de una pareja de novios.

Baile de artesa en San Nicolás. Foto: Carlos Ruiz Rodríguez.

En eventos ligados a la iglesia la organización del baile regularmente está a cargo de las *rezanderas* (o catequistas), que son un grupo de mujeres voluntarias en las actividades religiosas. Por lo general, ellas mismas colaboran económicamente para solventar la mayoría de los gastos. Regularmente el baile se programa con sólo un par de semanas de antelación a la fecha en que se efectúa y, dependiendo del tipo de celebración, se escoge el espacio en que se realiza. Si es una ocasión religiosa y/o comunitaria suele bailarse dentro del atrio de la Iglesia, bajo la sombra del árbol más grande. Cuando se festeja una boda también se coloca la artesa a la sombra de un árbol, pero en casa de los padres del novio.

---

[2] Según informes, antiguamente el baile de artesa se llevaba a cabo casi en cualquier celebración colectiva. Las ocasiones en que invariablemente se organizaba era en las bodas y en la fiesta religiosa en honor a Santiago Apóstol.

Artesa de San Nicolás. Foto: Carlos Ruiz Rodríguez.

El evento musical invariablemente comienza cuando los músicos to-can *la entrada*: una breve pieza introductoria que abre paso al repertorio de *sones*. La agrupación que toca los *sones de artesa* está conformada ge-neralmente por seis músicos: tres de ellos *tamborean* en el *cajón*, uno toca el *violín*, otro canta, y otro más toca la *guacharasca*[3]. Al iniciar el baile la gente se acomoda ya sea sentada o de pie alrededor de la artesa. Por lo co-mún comienzan a bailar primero los homenajeados siendo invitados por las *bailadoras*[4]; luego, los espectadores se van integrando al baile sin un orden específico aparente. Los bailadores zapatean sobre la *artesa* contri-buyendo musicalmente a la sonoridad del conjunto y desarrollando evo-luciones coreográficas. El baile de artesa cuenta con un repertorio defini-do que en total suma seis *sones*; dicho repertorio no es necesariamente ejecutado en su totalidad en cada evento. Ocasionalmente algunos baila-dores agregan humor a su interpretación al introducir movimientos que no son regulares en las convenciones tácitas de este baile[5]. En cada turno el

---

[3] Los músicos y sus instrumentos musicales han sido ya presentados y descritos en otro espacio (Ruiz 2001), por lo que sólo describiré aquí brevemente la *artesa*. La *arte-sa* es un cajón (similar a una tarima) hecho de una sola pieza de madera, que tiene las orillas labradas en forma de cabeza y cola de caballo u otro animal. Las artesas suelen medir 3 ó 4 metros de largo, un metro de ancho y 50 cm. de altura aproximadamente.

[4] Si bien cualquiera puede participar en el baile, existe un grupo 'designado' de bailadoras que tienen prioridad al baile. Se diferencian porque su indumentaria es uni-forme: falda larga de color vivo y blusa blanca. Este grupo de bailadoras es el que acom-paña también a los músicos cuando son invitados a tocar fuera de la comunidad.

[5] Aunque se baila en proximidad al otro, se mueven sin contacto corporal, se bai-la con el tronco recto, los brazos sueltos (sin mover mucho el cuerpo) y un zapateo in-

baile puede ser entre dos (o tres y hasta cuatro) mujeres solas, hombre y mujer, o bien un hombre con dos mujeres. En general participa gente de todas las edades y continuamente se anima a los bailadores a 'redoblar' sobre la artesa con frases diversas. Los *sones* se alargan dependiendo de la gente que se disponga a subir a bailar en la artesa. Es habitual que las mujeres de mayor edad participen gritando algunos versos antiguos, que son festejados por los espectadores con risas y aplausos. Entre el público, son frecuentes los comentarios de aprobación o desaprobación, tanto de la manera de bailar como de interpretar la música. Cuando los músicos terminan de tocar ocurre una rápida dispersión de la gente, aunque algunos suelen quedarse a comer pues se ofrecen alimentos y bebida al final del baile. La ejecución total dura aproximadamente cuarenta minutos.

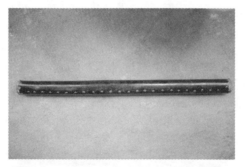

Guacharasca. Foto: Carlos Ruiz Rodríguez.

Cajón. Foto: Carlos Ruiz Rodríguez.

interrumpido. No suele esperarse una parte o momento específico del *son* para relevar a alguien en el baile y tampoco hay sones específicos por género masculino o femenino. No hay diferencia aparente, en la manera de bailar, cuando se ejecuta la parte instrumental o la parte cantada de los *sones*.

«Contenidos» en la tradición de artesa

En la literatura sobre la música de la región suele afirmarse que la artesa es una canoa invertida sobre el suelo[6], y que es sobre dicha canoa
donde se bailan *sones* y *chilenas* en los fandangos. Si bien la artesa se
construye —en un comienzo— de manera similar a como se construían
las antiguas canoas de la zona, no conozco ninguna evidencia clara de
que se haya bailado sobre canoas alguna vez. En general, en San
Nicolás, sólo algunos coinciden vagamente con esta idea, al parecer más
influidos por los comentarios de los investigadores que han transitado el
lugar que por la propia tradición oral. Desde mi perspectiva hubo una
confusión que surgió de los primeros cronistas y estudiosos al tratar de
describir las artesas usando como referencia la forma de una canoa. Es
probable que la idea de las canoas[7] haya sido reproducida íntegramente
por investigadores subsecuentes sin reparo alguno en comprobar tales
datos con trabajo de campo en la zona. Según informes orales, las *artesas* se han construido en San Nicolás desde hace bastante tiempo, con
cabeza y cola de animal (labrada en sus extremos), y con la función ex-
profesa de bailar sobre ellas.

Cabeza de la artesa. Foto: Carlos Ruiz Rodríguez.

[6] Véase Ochoa (1968: 335); Moreno (1979: 47); Chamorro (1984: 72); Stanford
(1984: 41); García (1994: 15); Villanueva (1997: 3).

[7] En realidad, de las ocasiones en que he estado en San Nicolás, nunca he visto una
sola canoa, más aún, la canoa ha caído en franco desuso en la región y existen ya pocas
embarcaciones hechas de una sola pieza; la actividad pesquera en la zona se conserva
con el uso de lanchas de fibra de vidrio con motor.

Más allá de ser un instrumento simplemente ornamentado, la artesa revela en su representación zoomórfica una relación íntima con los orígenes de esta tradición[8]. A decir de don Melquiades Domínguez[9], cantante de la agrupación, la artesa contiene en su forma un significado:

> Es una figura de caballo, esa artesa, los negros africanos que se quedaron aquí, cuando ya tuvieron libertad de hacer sus ritos, ellos hicieron la artesa en figura de caballo en recuerdo de que a ellos los habían traído acá para restituir al indio que no podía domar un caballo, porque el indio al caballo, pues... no es muy bueno para de a caballo, ahora sí porque ya están cruzados, pero primero no... el ganado tampoco lo podía domar... es un recuerdo de que ellos vinieron a domar al caballo.

Como es sabido, los ancestros de la actual población de San Nicolás fueron en su mayoría *cimarrones*, es decir, esclavos africanos que se rebelaron y huyeron de la explotación española durante la época colonial. Las comunidades de *cimarrones* —los palenques— se establecieron relativamente cerca de las grandes estancias ganaderas españolas; esta cercanía fue permitida por los mismos dueños de las haciendas debido a la creciente necesidad de mano de obra en la labor vaquera. Con comunidades cimarronas aledañas no sólo ganarían fuerza de trabajo, sino individuos especialmente calificados para dicha labor. Ya Aguirre Beltrán (1992: 222) ha señalado la competencia de los africanos en la labor ganadera:

> Durante el siglo XVI, período formativo de las haciendas, caporales y vaqueros son negros, esclavos negros inmigrados, originarios de África conocedores del arte de la vaquería. Como es bien sabido, los indios mesoamericanos ignoran la domesticación del ganado vacuno durante el período de su evolución cultural hasta la invasión europea; ésta pone obstáculos al aprendizaje del pastoreo por los naturales e interdice la monta del caballo por razones de seguridad. Con la criollización de la esclavitud y la amalgamación racial, los caporales y vaqueros negros son sustituidos —en el correr de los años— por hombres de mezcla, esto es, por pardos hijos del indio y negro, y por mulatos, producto de la unión de negro y blanco...

---

[8] Geneviève Dournon (1981) ha señalado con anterioridad la importancia de la forma y decoración de los instrumentos musicales en cuanto a características reveladoras de información simbólica.

[9] Entrevista personal a don Melquiades Domínguez, 20 de junio de 1999, San Nicolás, Guerrero.

En este contexto toman mayor relevancia las aseveraciones de Melquiades que atribuyen al baile de artesa una forma simbólica de recordar la superioridad de los negros en cuanto a capacidad y dominio de las tareas ganaderas ante el indio mesoamericano. Es muy posible que se haya tratado de perpetuar en el recuerdo (a través de baile y música), la destreza de los africanos y sus descendientes para la doma del ganado. No es casual que sean figuras de toro, vaca o caballo, las formas labradas en las artesas afromestizas, pues bien pudieron haber sido bateas escarbadas sin forma animal alguna, como las que se utilizan en los fandangos y música de *tabla* de la cercana región de tierra caliente. Tampoco es casual que incluso hoy prevalezca la idea, entre los propios afromestizos de San Nicolás, de que tradicionalmente ellos han sido y son los encargados de someter a las bestias, esto es más que evidente en la fiesta de Santiago Apóstol[10]. La manera en la que montan y el orgullo para hacerlo durante la fiesta, dejan claro en todo momento que ellos dominan sobradamente al animal. La misma fiesta parece ser en sí un concurso o una competencia en la que, tanto hombres como mujeres, reafirman sus virtudes particulares de monta y destreza vaquera.

Pero la artesa no sólo *contiene* el recuerdo de destreza en la monta y doma de ganado, sino un sentimiento más profundo de la propia identidad san-nicolense. Sobre este particular, y abundando en la forma animal de la artesa, don Melquiades agregó en entrevista:

> *Melquiades Domínguez:* le hace la forma del animal que quiera, forma de vaca, forma de caballo, forma de tigre, como quiera, aquí estaba uno que decía que si queríamos lo hacía uno con forma de cara de tigre y dijeron que no, porque en la tradición pues lo natural era caballo, pero sí, orita puede ponerle en la forma que uno quiera
>
> *Carlos Ruiz:* ¿un animal?
>
> *MR:* un animal, pero lo tradicional era caballo, según decían que una era en recuerdo, otra era para molestar al blanco y con eso hasta se molestaban con ese ruido porque al bailar en el caballo hacían de cuenta que estaban bailando en un blanco, fue como, es como molestarlos, lo hicieron como recuerdo pero era para molestar, sí, con el ruido lo molestaban y luego que lo comparaban con un blanco, que estaban bailando sobre de él...
> [...]

---

[10] La fiesta en honor de Santiago Apóstol unifica a la región. Tiene además, como en otras partes del país, fuertes vínculos con la imagen y presencia del caballo.

CR: ¿el caballo quería decir el blanco?

MR: el blanco, porque estaban bailando sobre de él, domamos caballos, contimás blancos...

Es posible que a través de las manifestaciones artísticas se hayan significado muchas de las vivencias y convicciones comunes. Tomando en cuenta la procedencia de estas comunidades conformadas en buena medida por descendientes de cimarrones, los factores compartidos no podían ser sino tomados del pasado inmediato: la esclavitud, el desarraigo, los sentimientos contra el *blanco*; la irreverencia ante el español. Tanto en el Virreinato como en la Colonia hubo frecuentes menciones al uso de la música por parte de la población de origen africano para satirizar y ridiculizar las costumbres españolas. El énfasis de Melquiades en la tradición de labrar una figura de caballo en la artesa se refiere directamente al recuerdo cimarrón de burlarse de los *blancos* cuando los *cimarrones* bailaban sobre el tronco ahuecado. Al asociar[11] la figura del caballo con la imagen del español, el baile de artesa bien pudo expresar de manera metafórica, *bailar* sobre un *blanco*, es decir, reiterar el sentimiento de rebeldía que situaba al negro por encima y fuera del dominio español; un sentimiento que expresaba dignidad, libertad y no sujeción. Es muy probable que esta forma de burla haya sido un código sólo compartido entre cimarrones y desconocido entre los *blancos*, como lo sugiere don Efrén Noyola[12], músico tamboreador de la agrupación:

> *Efrén Noyola:* [...] porque según lo hacían para burlarse de los blancos, porque los negros cuando los trajeron, porque ellos bailaban como quien dice arriba de los blancos para burlarse, y hicieron esto, antes osados los cimarrones negros ...
>
> *CR:* ¿como si el caballo fuera un blanco?
>
> *EN:* ándele, así, pero que ellos sabían nomás, pues... ellos sabían.

Algunos autores han considerado la forma animal de la artesa como puramente ornamental. Las declaraciones de don Melquiades, sin em-

---

[11] Asociación que pudo haber sido compartida por los nativos mesoamericanos al iniciar la Colonia.

[12] Entrevista personal a Efrén Noyola, 11 de septiembre de 1999, San Nicolás, Guerrero.

bargo, parecen atribuirle a este instrumento más que meros propósitos decorativos.

La tradición de artesa como ritual

Según el antropólogo Rodrigo Díaz Cruz, la antropología ha conferido a los rituales dos vocaciones principales: cumplir con una *función* social, o bien, ser una *fuente de significantes y significados* valiosos y constitutivos de una cultura[13]. Sintetiza, de hecho, en una frase, la forma en que históricamente la tradición antropológica ha abordado el ritual: «de la función al significado» (2000: 59). Ilustra esta sintetizada trayectoria histórica con autores clásicos de la teoría antropológica: Durkheim, Radcliffe-Brown y Malinowski, que subrayaron la relevante función que desempeñan los rituales en las sociedades, y Leach, Geertz y Turner, quienes subrayaron los significados que expresan los rituales en términos simbólicos. Sin embargo, matiza más adelante, ni unos ni otros dejaron de contemplar en algún grado ambos enfoques y comprende estas orientaciones como posiciones complementarias más que excluyentes[14].

De acuerdo con Díaz Cruz, a ambos enfoques les subyace una noción general del ritual «en la que se le concibe como una *forma* donde se vierten *contenidos*, esto es, principios, valores, realidades, fines, funciones y significados en otro lugar y en otro momento constituidos, pero que el ritual revela transparentemente». Desde esta noción, el ritual se presenta como «un campo privilegiado para observar la cultura» (Mayer

[13] «Acaso con una insistencia desmesurada, la antropología ha querido dotar a los rituales de dos vocaciones: la de cumplir con una *función social* —bien sea la de promover la integración, solidaridad y cohesión de una comunidad, la de reducir las ansiedades psicológicas de un grupo que padece pobreza en sus conocimientos científicos y técnicos, o bien la de generar catarsis emocionales que sirvan como válvulas de escape efímeras— y la de ser una *fuente de significantes y significados* valiosos, constitutivos de la cultura que los celebra —que expresan ya la tradición y memoria de los pueblos y sus singulares cosmovisiones, ya los códigos culturales subyacentes o la estructura inconsciente común a todos los hombres» (Díaz Cruz 2000: 59).

[14] Pietro Scarduelli (1988) atribuye al pensamiento antropológico otra orientación más en el estudio del ritual: la vertiente psicológica. Luego de cuestionar esta última corriente, Díaz Cruz propone en su obra un cuarto acercamiento en el que relaciona al ritual con los medios de producción.

2000: 22). En el baile de artesa puede advertirse una *forma* que comprende *contenidos*. Como ya expuse, Melquiades atribuye a esta manifestación cultural dos significados: la artesa como recuerdo colectivo afromestizo de su competencia en cuanto a destreza en la doma y labores ganaderas, y la artesa como representación del español sobre el cual bailaban simbólicamente y por el cual no habían podido ser dominados. Pero entre los *contenidos* de la tradición de artesa no sólo se advierten significados, sino también importantes funciones.

La relación de estos grupos afromestizos —conformados mayoritariamente por cimarrones— con los españoles, los coloca, hasta cierto punto, en una contradicción: a comienzos de la Colonia fueron duramente explotados y oprimidos por los peninsulares al ser sometidos como esclavos; después de rebelarse y formar comunidades libres cimarronas, transitaron a una relación casi simbiótica al pasar a ser vaqueros de las haciendas hispanas. Esta coyuntura, en mi opinión, debió haber sido una crisis paradójica: a pesar de la actitud de hostilidad y resentimiento hacia el español, no podían prescindir de tener relación con ellos. Esta emoción reprimida sería regulada y orientada, en buena medida, por el rito. El ritual aquí, «crea un marco conceptual que anula, en el plano simbólico, las contradicciones reales que comprenden las relaciones sociales» (Scarduelli 1988: 110). «Ante la imposibilidad de suprimir una contradicción, ésta se proyecta al plano de lo imaginario y es 'resuelta' de modo ilusorio a través del simbolismo ritual» (Scarduelli 1988: 110). El contexto expresivo en que se efectúa el rito produce efectos catárticos que resuelven la paradoja. En el *baile de artesa* hay una representación que resuelve tal contradicción y la orienta: el negro baila sobre el blanco en la artesa. Dicha representación proporcionó un espacio en que por medio de símbolos se hacía visible lo que no podía «ser establecido y clasificado verbalmente» (Díaz Cruz 2000: 65). El baile de artesa pudo haber sido en otros tiempos un rito profano donde se resolvieron simbólicamente discrepancias y fricciones entre grupos sociales dominantes y dominados; en esta expresión metafórica se cumple una función reguladora de tensiones sociales y preservadora de la trama de relación social.

No sería ésta la única tradición de la región que manifiesta este tipo de expresión metafórica. Entre varias comunidades indígenas se conserva el llamado baile de *Machomula* que, a su vez, representa, según Carleto Tibón y Edgar Pavía Guzmán, el resentimiento de los indígenas contra los negros y mulatos que robaron a sus mujeres, y que fueron además brazo ejecutor de los encomenderos españoles durante la Colonia para exterminarlos. Dice Carleto Tibón al respecto:

> En el parecer de la *gente de razón* del pueblo, el machomula no es sino la venganza de los amuzgos contra los negros. Simulan amansar el animal de madera, como lo hacen los negros en la Costa cuando ellos adiestran a su potro, pero en el fondo el machomula representa para ellos el mismo negro que odian y que, con este rito, tratan simbólicamente de dominar (Tibón [s/f] en Pavía 1998: 7).

La tradición amuzga del baile *machomula* comparte en muchos sentidos esta misma solución simbólica de fricciones entre grupos sociales; tensiones, dicho sea de paso, que todavía muestran sus remanentes en la actualidad.

Otra de las funciones de la tradición de artesa puede rastrearse a través de una ocupación que presenta actualmente aún sólida vigencia en la región: la ganadería. Dicha labor, como actividad común a una población de procedencia cultural diversa, jugó un papel importante en la integración de estas comunidades durante la época colonial. Francoise Neff y Miguel Ángel Gutiérrez han apuntado ya dicha trascendencia:

> *La actividad ganadera*, compartida por seres que la esclavitud había desarraigado de sus tierras, despojado de sus lenguas, de sus culturas, *constituyó* muy pronto *un universo de referencia común*, dando lugar a la posibilidad de expresar una nueva realidad colectiva *que sirvió de cimiento para la cohesión e identidad del grupo* (Neff 1985: 24, cursivas mías).

La labor ganadera representó una actividad en la que se manifestaba una destreza compartida, una competencia y habilidad común al grupo: la doma del caballo y el consiguiente manejo y cría de ganado. Este factor común dio paso a una rápida identificación al interior del grupo, permitiendo una mejor cohesión e integración colectiva. La destreza vaquera fue proyectada a través de esta tradición que contribuyó a «mantener y a manifestar en forma simbólica la unidad distintiva del grupo» (Moedano 1980: 26). Tal destreza, preservada en símbolos a través de música, danza y literatura, formaría pronto un rasgo afromestizo profundo, un «medio para participar de una identidad».

Regresando a la noción de ritual que propone Díaz Cruz, la artesa, dentro de sus *contenidos*, ostenta dos significados ligados a dos funciones. Por un lado, la figura zoomórfica labrada en la artesa representa al grupo dominante, es decir, al colonizador y esclavista español. Al *bailar* sobre él se recuerda y legitima la naturaleza rebelde de estos grupos cimarrones y se resuelve, simbólicamente, la contradicción a la que están expuestos al tener que mantener relaciones con los españoles trabajando para ellos como vaqueros. Por el otro lado, la artesa recuerda la destreza de negros y mulatos para la vaquería, aptitud que más allá de permitirles sobrevivir en libertad teniendo una relación simbiótica con los hacendados, les otorgó un medio de identificación para la integración y cohesión de grupo y una característica particular de identidad compartida. La tradición de artesa es una *forma* que expresa *contenidos* constituidos en otro tiempo, en ese mismo lugar; es la *forma* que alude el recuerdo de su propia supervivencia, una práctica que contribuyó a «plasmar la imagen colectiva de la realidad» (Scarduelli 1988: 11).

La tradición de artesa pudo haber sido, en su origen, un rito profano y festivo que, por su profundo contenido de *función* y *significado*, formó parte importante, a su vez, de casi cualquier celebración ritual y festiva, religiosa o profana. Fue un símbolo[15] integrado a la mayoría de las celebraciones colectivas; un código simbólico compartido por los participantes, en el que subyacían sus propios orígenes y su identidad.

CAMBIO, VIGENCIA Y TRADICIÓN

Desde mi perspectiva, los conceptos expresados por Melquiades Domínguez[16] no son considerados un secreto; aun así, no parecen ser muy conocidos al interior de la comunidad ni fuera de ésta. Entre la gente de San Nicolás prevalece el desconocimiento de las nociones que subyacen al baile de artesa. «Olvido» que pudo haberse originado hace mu-

---

[15] Desde la perspectiva de Turner (1980: 21), un símbolo es una unidad que tipifica, o representa, o recuerda algo, «ya sea por la posesión de cualidades análogas, ya por asociación de hecho o de pensamiento».

[16] Melquiades goza de un particular conocimiento respecto a la tradición de artesa. Esta competencia tiene una explicación. Melquiades tuvo una posición peculiar cuando era niño, al ser conserje (o mandadero) de *los viejos* que eran las autoridades a principios del siglo pasado. Por su continua convivencia con ellos le fueron heredados varios conceptos que formaban parte de la tradición oral que conservaban ya unos pocos. En nuestros días, don Melquiades es ampliamente conocido en su comunidad, donde es respetado por su experiencia y socorrido en cuanto a tradiciones se refiere.

cho tiempo y que ha contribuido, en mi opinión, de modo sustancial al proceso de cambios que han operado en esta tradición.

Como más arriba mencioné, el número de *sones* que pervive en el repertorio actual de artesa de San Nicolás es muy pequeño. Lo reducido del repertorio me hizo sospechar la desaparición intermitente de esta tradición. Al indagar la memoria de la gente se hizo evidente que el baile de artesa no ha sido una expresión de vigencia ininterrumpida durante los últimos cincuenta o sesenta años. Al parecer, el lapso más largo en que no hubo artesa durante este período fue de no más de quince años. Las causas que se atribuyen, entre la poblacion al declive de esta tradición son variadas. Algunos lo atribuyen a que radicaron en la comunidad algunas familias *blancas*, las cuales disentían con el alboroto causado por la bulla de los fandangos en los que participaba la artesa. Esta inmigración originaría conflictos étnicos y de clase que repercutirían en las tradiciones locales. Otros piensan que la artesa se perdió por la manera cómo se baila, es decir, sin contacto físico, por lo que los géneros que permitieron el baile entre parejas enlazadas fueron más favorecidos; algunos más mencionan como causa principal el desplazamiento que provocó la proliferación de medios electrónicos y de los conjuntos modernos en las costumbres de la comunidad.

La tradición de artesa fue retomada a comienzos de la década de los ochenta como resultado de la presencia de algunos investigadores en la zona; en cierta medida, desde esa época, se ha conservado vigente dentro de la cultura y ha encontrado sus propios espacios y tiempos pero con significativos cambios.

A través de la memoria histórica, es fácil percibir cómo la artesa vio ya una parcial desintegración del conjunto de manifestaciones musicales vinculadas a los ciclos festivo-religiosos y de vida. En general, la artesa estaba más integrada a la vida cotidiana y era común a casi cualquier celebración a lo largo del año. A partir del nuevo auge de esta música, la tradición ha estado más vinculada a instituciones culturales que al ámbito familiar y de comunidad en el que se presentaba. Es muy poco frecuente que inviten a los músicos a participar en una boda, *angelito*[17] o fiesta patronal; y en cambio, es más común verlos tocar y par-

---

[17] Los velorios de *angelito* actualmente son poco frecuentes. A partir del incremento de las relaciones con el exterior, la comunidad pudo tener servicios de salud que disminuyeron el alto índice de muertes infantiles que había en el pasado.

ticipar en eventos culturales de diversa índole (encuentros, festivales, eventos diplomáticos internacionales, etc.).

Hasta cierto punto, las maneras de participación también han cambiado, sobre todo cuantitativamente. La artesa reclamaba en tiempos anteriores una celebración comunitaria y una creación colectiva: había códigos compartidos de participación que señalaban a los grandes bailadores y a los grandes improvisadores. El baile de artesa era un espacio (socialmente aceptado) para cortejar al sexo opuesto con la destreza en el baile o con el verso improvisado. En los esporádicos *fandangos* actuales, estos factores han perdido mucha fuerza; sin embargo, la audiencia sigue estando directamente involucrada en el desarrollo del evento musical y esta participación continúa reflejando la naturaleza colectiva de esta música.

La relativa vigencia de esta tradición en la cotidianidad de su entorno cultural es frágil y depende actualmente de varios factores. Las relaciones, al interior de la agrupación y con la colectividad, son a menudo tensas y dificultan el desarrollo de esta tradición; suele haber diferencias en las expectativas e intereses, así como problemas de carácter económico. Otro factor que interviene hasta cierto punto es la dependencia de la orientación cultural del gobierno municipal en turno para ser incluidos o no en la política cultural del municipio, y por tanto, ser apoyados en términos de promoción, necesidades y remuneración. Estos dos factores aunados a la influencia de los medios electrónicos y al alto índice de migración[18], hacen que la preservación de esta tradición siempre se encuentre en condiciones delicadas.

CONCLUSIONES

El baile de artesa es una manifestación cultural que revela varios *contenidos*. Como hemos visto, esta expresión recuerda la destreza de este grupo en la labor ganadera y la rebeldía ante los españoles. Ambos recuerdos están directamente ligados a su supervivencia. Esta tradición

---

[18] La constante migración de la gente en edad productiva hacia el norte promueve una fuerte aculturación al interior del grupo, que repercute invariablemente en las tradiciones y los valores culturales en general. De la gente joven, un porcentaje muy alto se encuentra en EE. UU. trabajando; el resto de jóvenes que residen en San Nicolás, en su mayoría, han viajado por lo menos una vez al vecino país del norte.

debió haber sido, en otro tiempo, la perpetuación de una actividad social que daba sentido al mundo que los circundaba. Es muy probable que como ritual festivo y profano, haya tenido una función catártica a través de la expresión oral, de la música y el baile, para aligerar tensiones sociales con los *blancos*. A su vez dio un punto de referencia con el cual la mayoría de esta colectividad se identificaba. Esos recuerdos, con el paso del tiempo, han sido relegados. La eventual desaparición de esta manifestación cultural, en el pasado es atribuible, en parte, al generalizado desconocimiento de los conceptos que subyacen a esta tradición. Dicha desaparición provocó cambios que se subrayaron con otros factores que han operado al interior de la comunidad, como la migración y los medios de comunicación. Aun así, la artesa no se hubiera «revitalizado» de no haber sido un rasgo de identidad cultural propio de la comunidad que continuara reforzando la integridad y cohesión del grupo; una manifestación que ha conservado entonces su importante función como medio para participar de una identidad colectiva.

BIBLIOGRAFÍA

AGUIRRE BELTRÁN, Gonzalo: *Cuijla, esbozo etnográfico de un pueblo negro*. Fondo de Cultura Económica/Secretaría de Educación Pública, México, 1985 [1958].
— *Pobladores del Papaloapan: biografía de una hoya*. Centro de Investigaciones y Estudios Superiores en Antropología Social (CIESAS), México, 1992.
CHAMORRO, Arturo: *Los instrumentos de percusión en México*. COLMICH-CONACYT, México, 1984.
DÍAZ CRUZ, Rodrigo: «La trama del silencio y la experiencia ritual». En: *Alteridades*, 20, pp. 59-74, México, 2000.
DOURNON, Geneviève: *Guía para recolectar instrumentos musicales tradicionales*. Editorial UNESCO, París, 1981.
GARCÍA H., José Francisco, y otros: «Música de la Costa Chica». En: *XEJAM La voz de la Costa Chica* (disco compacto), Instituto Nacional Indigenista, México, 1994.
MAYER, Leticia: «El análisis del ritual aplicado a la historia de México». En: *Alteridades*, 20, pp. 21-33, México, 2000.
MOEDANO NAVARRO, Gabriel: «El estudio de las tradiciones orales y musicales de los afromestizos de México». En: *Antropología e Historia*, 31, pp. 19-29, México, 1980.

— «La Población Afromestiza de la Costa Chica de Guerrero y Oaxaca». En: *Soy el negro de la Costa* (disco compacto), Fonoteca del Instituto Nacional de Antropología e Historia, México, 1996.

MORENO RIVAS, Yolanda: *Historia de la Música Popular Mexicana.* Alianza Editorial Mexicana/CNCA, México, 1979.

NEFF, Francoise y Miguel Ángel GUTIÉRREZ: «El baile del toro de petate». En: *México Indígena*, 6, pp. 24-28, México, 1985.

OCHOA CAMPOS, Moisés: *Historia del Estado de Guerrero.* Editorial Porrúa, México, 1968.

PAVÍA GUZMÁN, Edgar: *MACHOMULA Población negra en Guerrero.* El Rancho (implementos y productos agropecuarios), Chilpancingo, Guerrero, 1998.

RUIZ RODRÍGUEZ, Carlos: *Sones de Artesa de San Nicolás Tolentino, Guerrero.* Tesis de licenciatura en Etnomusicología, Escuela Nacional de Música, UNAM, México, 2001.

SCARDUELLI, Pietro: *Dioses, espíritus, ancestros. Elementos para la comprensión de sistemas rituales.* Fondo de Cultura Económica, México, 1988 [1983].

STANFORD, Thomas: *El son mexicano.* Fondo de Cultura Económica, México, 1984.

TURNER, Victor: *La selva de los símbolos.* Siglo XXI, Madrid, 1980.

VILLANUEVA, René: «Músicos y Cantores de Guerrero». En: *Músicos y Cantores de Guerrero* (disco compacto), Instituto Politécnico Nacional, México, 1997.

LA DANZA-RITUAL DE LA DIABLADA COMO PRÁCTICA DE RESISTENCIA EN LA ÉPOCA COLONIAL ANDINA[1]

Emmanuelle Lafrance
Université de Montréal

> La democracia, lo mismo que antes la tiranía,
> utiliza la religión principalmente para
> vincular las masas al nuevo Estado.
> La tragedia resulta la mejor mediadora para
> establecer este enlace de religión y política
> dado que está de camino entre religión y arte.
> *Arnold Hauser*

1. INTRODUCCIÓN

Al llegar a la región andina, los evangelizadores ignoraban el significado de los rituales caracterizados por danzas, música y ritos, ya que desconocían todo lo referente a las estructuras lógicas y míticas del pensamiento andino. Muchos veían en ellos un significado idolátrico o un contenido diabólico y vinieron a prohibirlos. Pero dichas ceremonias con sus danzas y música fueron también adaptadas por los misioneros como mecanismos estratégicos para evangelizar a los indígenas. Asimismo, las órdenes religiosas desarrollaron distintas estrategias teológicas como el teatro didáctico con diálogos, coros, danzas y cantos (Albó 1988: 415) para facilitar el adoctrinamiento de los indígenas y enseñarles que el verdadero destinatario de estas ceremonias debía ser

---

[1] El presente trabajo forma parte de un proyecto mayor, aún inconcluso en el cual nos proponemos presentar la danza ritual de la Diablada como una representación teatral de la historia andina.

Dios y que sólo a él le debían implorar y agradecer. Para ilustrar el dogma cristiano recurrieron a la lucha del bien contra el mal protagonizado por ángeles y demonios, mensaje alegórico tomado del Apocalipsis bíblico.

Este mensaje era confuso para la población indígena, cuya cosmología no comprendía una noción del bien y del mal similar a las concepciones occidentales. Su visión del mundo giraba en torno a fuerzas opuestas percibidas como recíprocas y complementarias, necesarias para la reproducción de la sociedad (Silverblatt 1982: 39). El uso de ángeles y demonios para fortalecer la evangelización incrementó la confusión frente al culto idolátrico. Los doctrineros no advirtieron que al aplicar este mensaje católico legitimaban precisamente lo que trataban de extirpar: la existencia de criaturas sobrenaturales. Frente a esta imposición antagónica, la población andina engendró una lógica de confrontación basada en las prácticas andinas (Monasterios 2001-2002: 48).

Donde mejor se nota la ritualización de esta confrontación es en la interpretación de una danza-ritual panandina conocida como la Diablada, que representa la lucha entre los espíritus malignos (diablos) y los espíritus celestiales (San Miguel). Enfocando ese ritual, intentaremos demostrar cómo la Diablada sirvió como mecanismo de confrontación y de resistencia durante la Colonia para poder preservar las tradiciones.

2. LA DIABLADA

Es difícil establecer el origen de esta danza. Existen variedades que subsisten hasta hoy día en distintos sitios de la región andina y que «desechan la idea de un origen común, por lo que resulta arbitrario suponer, para cada caso, una genealogía particular» (Monasterios 2001-2002: 55). Unos investigadores sostienen que es creación de los misioneros españoles para catequizar a los indígenas; otros afirman que es prehispánica, fruto de la población aymara[2], anterior al imperio inca, dedicada al culto a los muertos y a la fertilidad y que fue transformada posterior-

---

[2] Recurrimos a la denominación *andina* aun cuando la danza-ritual involucra en su mayoría sólo a la población aymara, puesto que hay una tendencia a no diferenciar a los aymaras de los demás grupos indígenas andinos. Eso se explica por el hecho de que los aymaras compartieran su territorio y su historia con los quechuas, kallawayas, urus y pukinas durante un largo período, lo que hizo borrar muchas distinciones. Mencionemos

mente por los evangelizadores para servir como modelo de conversión. Esta última opinión se difundió esencialmente a partir de los años 1920, con la corriente del indigenismo. Por todos los elementos indígenas que se encuentran en la danza, se ha querido ver en la Diablada una creación propia de los aymaras, y alterada posteriormente por los españoles.

Opinamos más bien que la danza-ritual se originó durante la Colonia con fines religiosos, y que los atributos indígenas fueron agregados, especialmente durante el barroco, por la población andina, creando así un «estilo mestizo» llamado también «barroco andino» y un sincretismo religioso que permitía seguir venerando en secreto las deidades locales así disimuladas. Se trata, pues, de una confrontación andina con la evangelización puesto que el sincretismo supone, como lo explica Monasterios, «una fusión, en un mismo sistema ritual, de elementos religiosos y filosóficos heterogéneos sin que los fines de unos subordinen a los otros» (Monasterios 2001-2002: 47). En la región andina, el cristianismo fue impuesto con la idea de borrar las creencias andinas. La población andina, consciente de la asimetría que se establecía entre dos mundos antagónicos (diablos, ángeles), concebía esa nueva realidad «como una refiguración de la realidad en términos de confrontación entre opuestos irreconciliables» (Monasterios 2000-2001: 48). En la iconografía cristiana, el clero admitía abiertamente criaturas sobrenaturales antagónicas. Los indígenas interpretaron esas representaciones bajo una lógica de confrontación.

3. Uso de las imágenes

Durante el Medioevo, la Iglesia se aprovechó de las disciplinas artísticas como la literatura, el teatro y la pintura para divulgar su doctrina. Las artes estaban al servicio de Dios, utilizadas incluso como instrumento para el catequismo. Las imágenes tuvieron una función considerable, poseían el valor de un «sermón silencioso» y de un «libro para iletrados» (García Montero 1984: 76). Esta última idea la había afirmado Gregorio Magno: «Lo que la escritura es para los que saben leer lo es la

---

también que hay una influencia recíproca entre aymaras y quechuas por la continua interacción entre ambos, forjándose prácticamente una unidad cultural. Por estas razones utilizamos el concepto de cultura andina.

pintura para quienes no saben leer» (García Montero 1984: 76). En el Nuevo Mundo, los evangelizadores hicieron uso de las imágenes para representar visualmente lo que estaba escrito y al mismo tiempo darle vida a la tradición cristiana. La representación alegórica del Apocalipsis bíblico (San Miguel que lucha contra Satanás) era un tema popular; cabe mencionar que los españoles llegaron al Nuevo Mundo con el dogma de la demonología. Al advertir que los indígenas adoraban a huacas, ídolos y antepasados, no podían sino identificar estas entidades con Satanás. El Nuevo Mundo era visto como su refugio:

> [...] ce diable moyenâgeux, les Espagnols devaient le transporter sur leurs caravelles et le débarquer aux Indes, bien qu'ils aient affirmé par ailleurs qu'il s'y trouvait déjà bien avant leur arrivée! (Duviols 1971: 29).

El demonio era el enemigo personal de los evangelizadores, motivo por el cual se encargaban de derrotarlo, lo que significaba persuadir a los indígenas de que sus divinidades y el diablo eran una sola entidad y que sólo el cristianismo podía salvarlos. Para transmitir mejor la condenación que los esperaba si no acogían el cristianismo, los misioneros recurrieron a la imagen del infierno, ilustrada por las pinturas importadas de Europa. Aquél era dibujado, según los *Concilios*, como

> une maison très obscure, puante, où brûle un très grand feu, et où [les pécheurs] brûleront pendant toute l'éternité sans jamais se consumer, dévorés de soif, de faim, de maladies et de souffrances; ils voudront mourir pour mettre un terme à leur tourment; mais Dieu ne veut pas qu'ils meurent; il veut qu'ils restent là, éternellement, à souffrir pour leurs péchés (Duviols 1971: 39).

Sin embargo, para convertir a los nativos se requerían procedimientos eficientes y enérgicos, lo suficientemente sencillos para ser entendidos por todos; en tal caso una técnica fructuosa consistía en acomodar los rituales para enseñar la devoción a Dios. La danza ritual de la Diablada sirvió ciertamente a este fin, adaptando el combate final del Apocalipsis con el fin de inculcar el concepto del bien y del mal.

La cosmovisión medieval tardía dividía el mundo en dos esferas opuestas: el mundo de la virtud, representado por el bien, y el mundo del vicio, simbolizado por Satanás, la encarnación del mal. Desde el Antiguo Testamento, donde se exhibía como un personaje inmaterial, la figura del Diablo se personificó a través de los siglos en una imagen concreta y multiforme. Entre los siglos xv y el xvii se forjó un modelo casi estereo-tipado del Ángel del mal, que aparecía a menudo como una figura re-pugnante, tomando las formas de gato, cabra o serpiente, animales aso-ciados a ritos perversos de índole sexual (Silverblatt 1982: 33).

4. Ideología andina

Para los indígenas, la entidad del Diablo como concepto único del mal no tenía sentido. Los misioneros ambicionaban institucionalizar las concepciones del mal y del Diablo en unas estructuras cosmológicas donde no existía una dicotomía entre el bien y el mal. Se trata de un pro-ceso que Taussig (1980) llama «aculturación forzada». Los indígenas se veían obligados a acoger el pensamiento occidental, que procede de una concepción lineal del tiempo con un génesis y un juicio final, en detri-mento del concepto cíclico del mundo andino que implica la renovación constante de la historia por medio de creaciones y destrucciones perió-dicas. En el tiempo andino, los cambios transitorios, como la conquista, se interpretaban como *pachacutis* —cataclismos cósmicos— dirigidos por representantes de *Wiracocha* —dios creador andino— que han re gresado para invertir el orden del mundo presente.

Para enfrentar la evangelización y seguir venerando sus deidades, los indígenas recurrieron tanto a prácticas andinas como a maniobras aprendidas de los mismos doctrineros. El uso de *takis*[3] prehispánicos para enfrentarse con la situación colonial es un ejemplo, siendo el más notorio el *taki onqoy* (mal de baile), movimiento antievangelizador que surgió durante el siglo xvi. Luis Millones, al estudiar unas danzas pe-ruanas, observa que:

> [...] la danza pocas veces está ausente en la solemnidad de los orígenes, probablemente porque no existe ofrenda más calificada que el propio cuer-po para celebrar acontecimientos que sobrepasan al sujeto en su condición mortal[4].

---

[3] *Taqui* es la palabra que aparece en las crónicas para designar la danza en gene-ral, acompañada de cantos.

[4] La cita proviene de Monasterios (2001-2002: 55).

La Diablada contemporánea surgió en la segunda mitad del siglo XVIII (Vargas 1993; Gisbert 1994), probablemente de una combinación entre teatro religioso y *taki*. Recordemos que durante esta misma época tuvo lugar la insurrección de Túpac Amaru II y Túpac Katari (1780-1783), lo que provocó una proscripción aún más severa de las ceremonias andinas. La Iglesia toleró la Diablada porque en ella concurría la alegoría cristiana. Pero intervenía también la mitología andina, ocultada tras la simbología católica. Cabe mencionar que al llegar al Nuevo Mundo, los evangelizadores lograron efectuar una reestructuración del ciclo mítico de los indígenas en función de las creencias judeocristianas. Todos los rituales tolerados durante la Colonia fueron transferidos del calendario andino de ciclos agrícolas al calendario religioso cristiano para fortalecer la evangelización. Un caso representativo es el culto angélico en la zona andina, donde los ángeles personifican a fenómenos celestes «para sustituir cristianamente la idolatría de los astros» (Gisbert 1994: 87). Esta substitución permitía a la población andina seguir venerando a sus deidades disfrazadas de ángeles.

Algo parecido ocurrió con la Diablada y su simbología andina. La danza representa la lucha entre San Miguel y los demonios, pero también incorpora divinidades andinas como la *Pachamama,* divinidad relacionada con los campos cultivados y la fertilidad del suelo e identificada con la madre del Dios cristiano y el *tío,* deidad subterránea que los mineros bolivianos reverencian y temen. El culto a estas dos deidades revela el pensamiento andino de fuerzas opuestas pero complementarias y la concepción de la reciprocidad. La Pachamama es a la vez asociada a la abundancia y a la carencia; entrega los frutos del suelo, pero también puede castigar. Hay que reverenciarla para beneficiarse de su fecundidad. El *tío* es el dueño de las minas, «un ser poderoso del subsuelo que ha adquirido muchos rasgos del diablo europeo» (Bouysse-Cassagne y Harris 1987: 41). Como a la Pachamama, hay que convidarlo con ofrendas para beneficiarse de su generosidad y colmar su voracidad. El tío es el obsequiador de tesoros y el usurpador de vidas. Por lo tanto, este «diablo andino» o *supay*[5] no es completamente maléfico como el diablo europeo. La Diablada, «danza de diablos», es, de cierta manera, una veneración

---

[5] En los pueblos andinos de la actualidad, *supay* es el vocablo quechua que designa al demonio. En el diccionario quechua compilado por Domingo Santo Tomás en 1560, *supay* es la raíz quechua para los términos españoles «ángel bueno» y «ángel malo»: *Alliçupa* = ángel bueno; *manaalliçupay* = ángel malo (1951: 40). Entonces *su-*

disimulada del *tío*. Durante la Colonia, la Diablada era probablemente un acto de resistencia disfrazado contra el cristianismo y una «artimaña» para poder seguir venerando a las deidades ya descritas.

En Oruro subsiste un mito asociado a la Diablada que incorpora unos seres míticos que simbolizan lugares sagrados. Estos seres, serpiente, sapo, lagarto, son todavía venerados. El Inca Garcilaso de la Vega (1984: 21) nos informa en sus *Comentarios* que antes del imperio incaico, los «indios del Perú» adoraban a una multitud y variedad de divinidades:

> A las culebras grandes por su monstruosidad y fiereza, que las hay en los Antis de a veinticinco y de treinta pies y más y menos de largo y gruesas muchas más que el muslo. También tenían por dioses a otras culebras menores, donde no las había tan grandes como en los Antis; a las lagartijas, sapos y escuerzos adoraban. En fin, no había animal tan vil ni sucio que no lo tuviesen por dios.

Recordemos que para los europeos, la serpiente y el gato simbolizaban el demonio y que el sapo era considerado «un animal laid, répugnant, inutile, très éloigné de la perfection divine, donc placé tout en bas de l'échelle [de la hiérarchie des cultes de St. Augustin] et considéré comme un culte des plus indignes» (Duviols 1971: 25). Para demostrar la maldad de esos seres que representaban al diablo, los misioneros recurrieron, como hemos dicho, a estrategias teológicas utilizando criaturas antropomorfas para mejor transmitir el mensaje cristiano, aunque la presencia de esas criaturas «inviabilizaba la posibilidad de armonía entre el ideario católico y el andino» (Monasterios 2001-2002: 59). Los indígenas supieron aprovecharse de esas prácticas para disimular sus deidades y seguir venerándolas, como en el caso de la Diablada. Es evidente que la danza en cuestión no se basa, como ya hemos mencionado, en un sincretismo religioso. La asimetría entre los dos mundos antagónicos sigue presente, expresada por un ritual que representa la perduración de creencias prehispánicas que pudieron disfrazarse frente a la opresión católica.

---

pay, originalmente, era neutro, pero como incorporaba parcialmente una idea del mal y una definición en parte sinónima al «ángel del mal» europeo, los españoles manipularon su significado para hacerlo equivalente al concepto europeo del Diablo, facilitando así la catequización de los indígenas.

BIBLIOGRAFÍA

ALBÓ, Xavier (Compilación): *Raíces de América. El mundo Aymara*. Alianza Editorial, Madrid, 1988.

BOUYSSE-CASSAGNE, Thérèse y HARRIS, Olivia: «Pacha: en torno al pensamiento aymara». En: *Tres reflexiones sobre el pensamiento andino*. Hisbol, 1987.

DUVIOLS, Pierre: *La lutte contre les religions autochtones dans le Pérou colonial*. Institut Français d'Études Andines, Lima, 1971.

GARCILASO DE LA VEGA, Inca: *Comentarios Reales*. Editorial Porrúa, México, 1984.

GARCÍA MONTERO, Luis: *El teatro medieval: Polémica de una inexistencia*. Ed. Don Quijote, Granada, 1984.

GISBERT, Teresa: *Iconografía y mitos indígenas en el arte*. Línea Editorial, Fundación BHN, La Paz, 1994.

MONASTERIOS, Elizabeth P.: «De ángeles y otros demonios - lógicas de confrontación en la colonialidad andina: la Audiencia de Charcas». En: *Revista Canadiense de Estudios Hispánicos*, vol. XXVI, no.1-2, Otoño/Invierno 2001-2002.

SANTO TOMÁS O.P., Fr. Domingo de: *Lexicón o vocabulario de la lengua general del Perú, compuesto por el Maestro... de la orden de Santo Domingo*. Valladolid, 1560, Ed. facsimilar, Universidad de San Marcos, Lima, 1951.

SILVERBLATT, Irene: «Dioses y diablos: Idolatrías y evangelización». En: *Allpanchis*, vol. XVI, no.19, pp. 31-47, 1982.

TAUSSIG, Michael T: *The Devil Commodity Fetishism in South America*. The University of North Carolina Press, Chapel Hill, 1980.

VARGAS, Manuel: «Máscaras del altiplano». En: McFarren, Peter (ed.), *Máscaras de los Andes bolivianos*. Editorial Quipus, pp. 29-69, La Paz, 1993.

EL RITUAL COMO FIESTA DE LA PALABRA /

O RITUAL COMO FESTA DA PALAVRA

LA POESÍA ORAL IMPROVISADA: UN RITUAL DESCONOCIDO

Alexis Díaz-Pimienta
Centro Iberoamericano de la Décima
y el Verso Improvisado, Almería
Instituto Superior de Arte, La Habana

La poesía oral improvisada es una de las más pintorescas y desconocidas ritualidades latinoamericanas, y actualmente constituye un terreno fértil y casi virgen para la investigación no sólo de filólogos, musicólogos, antropólogos, etnólogos, folcloristas, oralistas y lingüistas, sino también de historiadores y estudiosos de la cultura y la memoria populares en todas sus formas.

La poesía oral improvisada, arte tradicional, universal y antiquísimo, de profunda raigambre en casi todos los pueblos latinoamericanos, constituye en realidad un complejo artístico con, por lo menos, cuatro componentes bien delineados: el literario (textos en décimas, quintillas, sextillas, octavillas, cuartetas, redondillas y coplas, fundamentalmente); el musical (acompañamiento de instrumentos cordófonos como el laúd, la guitarra, el tres, la jarana, el requinto, el triple o el cuatro, para interpretaciones en tono mayor o menor de cantes, torrentes o tonadas con una gran variedad de nombres y líneas melódicas); el teatral (puesta en escena y actualización en *performance* de rituales individuales y colectivos, con similitudes y diferencias en cada país y en cada ejecutante, con diversos elementos paralingüísticos y paramusicales que completan el cuadro comunicativo); y el repentístico propiamente dicho (las técnicas, los mecanismos de creación y las reglas específicas de este arte lúdico-creativo, elementos que legitiman la autonomía de estas creaciones que no llegan a ser del todo «literarias», «teatrales» o «musicales»)[1].

En realidad, nunca hasta ahora me había planteado analizar la poesía oral improvisada —ni siquiera en su representación más performativa—, como un rito. He nacido y he crecido inmerso en una ritualidad de la que no era consciente, por lo tanto, ajeno a ella. En Cuba, el repentismo es una tradición viva, pujante, mutante, que evoluciona a grandes saltos insertada dentro de la vida cultural; por lo tanto, a no ser que el ejecutante o el investigador se fijen mucho, no le verá aristas de ritualidad tal y como concebimos los rituales en las sociedades primitivas, e incluso, contemporáneas.

Desde fechas muy tempranas la poesía oral improvisada estuvo vinculada a ritos paganos y religiosos de toda índole. Con improvisaciones se retaban en las calles de Al-Andalus los poetas arábigo-andaluces; con improvisaciones se disputaban los favores de Al-Mutamid y Al-Mutasín en las cortes de Sevilla y Almería, respectivamente; con poemas improvisados (obra de *regueifeiros* y *brindeiros*) se ha cantado a los novios en las bodas de las zonas rurales de Galicia; con endechas repentinas se despedía a los muertos en el medioevo español, y aún sigue haciéndose (de modo ya ritualizado) en algunos lugares de América (fundamentalmente, en Cuba y Argentina); poetas improvisadores han ejercido de chamanes y profetas, en sociedades tan disímiles como la Murcia musulmana de los siglos XI y XII, la Groenlandia de los *inuits*, y el Alto Volta y el Sahara Occidental africanos; con décimas, cuartetas, redondillas y otras estrofas que han devenido con el tiempo molde único para la poesía improvisada en lengua castellana, soporte prosódico y molde psico-creativo del improvisador, se evangelizó y castellanizó en América a indígenas y negros africanos; en fin, con improvisaciones, o variaciones de poesía improvisada (la vida en variantes pidaliana) se han venido cantando guerras y paces, nacimientos y muertes, bautizos y efemérides religiosas, matrimonios y celebraciones políticas, lo humano y lo divino, con distintas estrofas, con distintas músicas, en distintos idiomas, pero siempre como parte de un rito mayor, ya tradicionalizado, o cons-

---

[1] Dejamos fuera de la descripción de este complejo artístico tres componentes importantes: el lingüístico, el comunicativo y el «factor tiempo», debido a que los dos primeros están implícitos en cada uno de los componentes anteriores, y en el caso del tercero, porque constituye en sí mismo un parámetro tan importante en la valoración de este arte que merecería un estudio detallado y extenso.

tituyéndose su mera ejecución en un rito propio. De esos ritos propios, de sus particularidades y aspectos comunes en Iberoamérica, hablaremos en las siguientes páginas.

LOS ORÍGENES

Tendrán que perdonarme que, pese al título específico de este Simposio (*Ritualidades latinoamericanas*), me extienda un poco explicando y ejemplificando las raíces europeas de los rituales de poesía improvisada en nuestro continente, incluso su estado actual, sus similitudes y diferencias con lo que sucede en Latinoamérica, porque sólo conociendo las raíces de esta manifestación de la cultura popular podremos tener una idea completa del fenómeno.

Recordemos que estamos hablando de una misma tradición, que mutó y se enriqueció en la extensa geografía latinoamericana, pero conservando su esencia: reglas, mecanismo de creación y leyes creativas. Actualmente se sigue cultivando la poesía oral improvisada en el sur de Portugal (Bajo Alentejo), en las islas Madeira y San Jorge; en las Islas Canarias y Baleares; en el País Vasco, en Galicia, Valencia, Murcia, La Alpujarra, la Subbética Cordobesa y Los Vélez de Almería, cada uno de estos espacios con sus características propias, coincidencias y diferencias, elementos rituales y pararrituales que a la vez los unifican e individualizan. Algunas de estas tradiciones están consideradas «de ida y vuelta» (el ejemplo más notorio es el *punto cubano* de las Islas Canarias), porque su supervivencia se ha debido más a los vínculos mantenidos con las tradiciones vivas en las antiguas colonias americanas que a la conservación y ejecución de las mismas en sus tierras de origen.

DESCRIPCIÓN DE ALGUNOS RITOS: EL TROVO ALPUJARREÑO

En España, una de las más arraigadas manifestaciones de poesía oral improvisada es el trovo alpujarreño, cuyo rito estuvo, en siglos anteriores, muy vinculado a las fiestas de matanzas y a los trabajos de recolección, vendimia y trilla que se organizaban en los cortijos y pedanías de la Contraviesa, la Sierra Nevada y la Sierra de Gádor, así como en torno al trabajo minero. Actualmente, el trovo como ritualidad «viva» ha cambiado de contexto, sobre todo luego de la emigración de gran número de troveros y músicos a las costas de Almería y Granada, abandonando el ambiente montañoso y hostil en el que vivían y cultivaban su arte. Este es otro ejemplo de que actualmente los «productos» u objetos culturales se caracterizan por «una extrema movilidad social y espacial» (Lienhard 2000: 23), y de que no sólo «está agonizando la clasificación que distinguía lo culto de lo popular y ambos de lo masivo» (García Canclini *apud* Lienhard 2000: 23) sino que el cambio de contexto, las poderosas relaciones socio-económicas que subyacen al producto cultural y los nuevos intereses de los ejecutantes, modifican —y hasta determinan— la tradición *original* y provocan mutaciones más o menos explícitas. Actualmente, el trovo alpujarreño ha perdido sus vínculos con los ciclos festivos tradicionales (domésticos), y sólo se manifiesta en festivales (principalmente, en el itinerante Festival de Música Tradicional de la Alpujarra y en el Festival de Trovo de Las Norias, en Almería) y en peñas o encuentros ocasionales que remedan el ambiente casero (con verdaderos ritos báquicos). Sin duda, esta realidad performativa en un nuevo contexto, aunque entorpecida por ciertos «ruidos, desfases, disloques y desquicios» (Echevarría 2001: 59), constituye un nuevo ciclo festivo para la *nueva* comunidad alpujarreña, un ciclo que, por supuesto, también va camino de ritualizarse. Ahora bien, Martín Lienhard deja claro en *La memoria popular y sus transformaciones*, que

> la modificación de cualquiera de los componentes de un acto comunicativo —participantes, propósitos, contextos, escenarios, medios, canales, códigos— repercute en el sentido que se le atribuirá al mensaje. Realizada en otro escenario, la «misma» *performance* —por ejemplo un rito campesino en la ciudad— cobra un sentido parcialmente nuevo. Podríamos decir en este caso que el mismo significante —la *performance de un rito*— muda de significado por el cambio de la situación comunicativa. El procesamiento de un mismo rito en base a un medio diferente [...] termina en cambio en la creación de un significante radicalmente nuevo, cuyo significado no tiene por qué seguir emparentado con el de la *performance* primitiva (Lienhard 2000: 14).

Destaquemos de la cita anterior, con respecto al trovo alpujarreño lo siguiente: en la situación actual, este acto comunicativo (el trovo) no sufre «la modificación de [sólo] parte de sus componentes», sino de todos ellos: participantes (hay troveros jóvenes, hay troveros de otras tradiciones, y aparecen receptores foráneos); propósitos (hay competencia con premios públicos); contextos (actúan en una carpa montada al efecto en un pueblo *desruralizado*); escenarios (se desarrolla en grandes tablados o escenarios profesionales con luces y sonido); medios, canales, códigos (todos y cada uno de los recursos técnicos puestos en función del espectáculo)[2].

Velada de trovo alpujarreño, en Órgiva (Granada, España). Foto: Miguel Manuel Mateo.

En parte a causa de este cambio de ambiente y de intereses, algunos elementos del rito alpujarreño (como el baile y el toque de palillos) se han ido perdiendo, y sólo sobreviven el acompañamiento musical de violín, laúd y guitarra, el cante melismático de eminente ascendencia nazarena y el desafío lúdico, casi siempre cáustico, de los troveros. Aquí hemos asistido, entonces, a la división del rito: en la primitiva fiesta cortijera el ritual de la poesía improvisada tenía una sólida base tripartita: se trovaba, se tocaba y se bailaba a la vez. Al ritmo del violín y el laúd, animados por el cante *rajao* de los improvisadores, hombres y mujeres bailaban parrandas, mazurcas, polkas y otras danzas. Pero con los años, el baile se fue aislando, separándose del cante trovero, hasta constituir en la actualidad una tradición «independiente». Cabe destacar, por último, como parte del *nuevo* rito alpujarreño, el celo con que se vela por el enfrentamiento poético en los festivales y concursos (nada que ver con el tradicional trovo cortijero en el que el tema surgía sólo en el fragor del combate dialéctico), no sólo imponien-

---

[2] Agreguemos otros cambios: las acotaciones temporales de la actuación (quince minutos por grupo, o seis quintillas por trovero); el tema impuesto por el jurado; la interiorización del concepto «espectáculo» en detrimento del concepto «fiesta», tradicionalmente vinculado al trovo. Como mecanismo defensivo, familias enteras con algunos troveros organizan, en lugares aledaños a la sede del Festival de Música Tradicional de la Alpujarra, una microvelada trovera al estilo tradicional: vino, comida, cante, música y, lo fundamental, espontaneidad y «cero límite de tiempo».

do y sorteando los temas que han de ser cantados, sino, decidiendo, también por sorteo, quién de ellos «defenderá» y quién «atacará» el tema escogido.

EL «CANTE DE POETAS»

Otra manifestación de trovo andaluz, muy parecida al alpujarreño (recordemos que toda la poesía oral improvisada en Andalucía, e incluso en la vecina región de Murcia, son remanentes de la cultura árabe impuesta y desarrollada en todo el sur de España durante la estancia musulmana) es el trovo subbético, el «cante de poetas», que también cuenta con una forma de canto dialogístico. Suele darse en un triángulo geográfico que comprende municipios, pueblos, pedanías y cortijos de tres provincias vecinas: Málaga, Córdoba y Granada. También de evidente ascendencia morisca, el trovo subbético o «cante de poetas» es otro rito fragmentado. Originario de las fiestas de verdiales y de chacarrá, el rito poético-musical de la Subbética Cordobesa también se ha escindido, pero no en dos partes, como el alpujarreño, sino en tres. Antiguamente se trovaba (quintillas alternas de cante melismático) al ritmo del chacarrá (laúd, guitarra, bandurria, violín) y a la vez se danzaba (polkas, mazurcas, parrandas). Pero esta trinidad (cante, música y baile), actualmente subiste en tres ritos individuales: el trovo (cante de poetas), sin música y sin baile; el chacarrá, cante memorizado, con acompañamiento musical y baile, y las distintas danzas, ya independientes del cante trovero. Otra de las principales características del rito subbético es que los repentistas no cantan en parejas, como sucede en casi todas las demás tradiciones, sino en tríos o rondas de un número variado de troveros que, a diferencia de la mayoría de los improvisadores, suelen cantar sentados. Más curioso aún, si lo comparamos con los rituales repentísticos latinoamericanos en los que la *performance* es «cerrada» (es decir, cantan exclusivamente los poetas que están en escena), en el trovo subbético, durante el combate poético, cualquier oyente puede, desde el público, interrumpir y sumarse al contrapunto con su propio trovo.

LAS CUADRILLAS DE LOS VÉLEZ

En la comarca de Los Vélez, provincia de Almería, existen como tradición de profunda raigambre popular, las cuadrillas de ánimas, fiesta de corte religioso que se da en torno a las fechas navideñas, y en las que, además de desplazarse de puerta en puerta a lo largo del pueblo, tocando violines, guitarras, mandolas, mandolinas, laúdes y panderetas, uno o dos *guiones* o troveros encabezan las cuadrillas improvisándoles a los vecinos y solicitándoles, con sus coplas, las dádivas necesarias para las ánimas benditas.

Cuadrilla de Ánimas durante su típico pasacalle, con el *guión* o trovero al frente, en Vélez Rubio (Almería, España). Foto: Ginés Bonillo Martínez.

Toda la noche los *guiones* se desplazan, seguidos por una verdadera orquesta popular y rodeados de numeroso público, improvisando versos que mezclan motivos religiosos y paganos, loas a las vírgenes y a los anfitriones, peticiones, reclamos, cantos de *picaílla*, protagonizando así uno de los pocos rituales de poesía improvisada que entroncan con las tradiciones carnavalescas o de teatro callejero. Desde el punto de vista técnico-interpretativo, lo más llamativo es la integración y participación del público que sigue a la cuadrilla y que debe, junto con los músicos y los *guiones*, repetir cantados los dos últimos versos de cada copla.

El trovo murciano

En Murcia (sobre todo en Cartagena y la Unión, cunas del arte trovero en la región) el rito repentístico posee cierto aire de sobriedad, cierto toque elitista pese a su origen popular, que a ratos nos recuerda que Murcia fue cuna de grandísimos poetas árabes, poetas *oficiales* de las cortes moriscas, cantores llenos de boato y señorío. En la actualidad, los troveros

murcianos, a diferencia de la mayoría de sus congéneres, cantan sentados[3], cada uno en un extremo del escenario, con el músico acompañante
—un guitarrista— en medio. Improvisan quintillas alternas (*ababa*) y décimas espinelianas (*abbaaccddc*). Durante todo este ritual —estamos hablando de un ritual *modernizado*, lejos del contexto rural de las minas en
el que tuvo su origen el trovo— el público mantiene una expectación y
una participación muy activa, premiando con aplausos, o reprobando con
silencio y abucheos a cada uno de los repentistas. Si un detalle pintoresco tiene el ritual trovero murciano, lo es, sin duda, la vigencia de un remanente del mundo juglaresco, aquella división existente entre «juglar»
y «trovador». Generalmente, el trovador era el escritor y acaso el compositor, y el juglar el intérprete. En Murcia todavía existe la figura del
cantaor, un intérprete no repentista que, colocado en escena, sentado junto al trovero, canta el texto que éste le susurra al oído. Esta es, sin duda,
una de las partes más curiosas del rito murciano, que no se da en ninguna otra parte del ámbito iberoamericano: el *cantaor* se convierte en *emisor real* del texto improvisado, en una especie de traductor o co-autor de
un texto que se emite con sus inflexiones, pausas, silencios, respiración,
gestos, de modo que se suma a esa otra co-autoría que protagoniza el público en toda *performance* repentista, creando una extraña sensación de
creación colectiva. Cada quintilla improvisada de esta forma pasa por
tres *escalones* performativos-creativos, hasta convertirse en texto oral, en
poema.

RITOS LATINOAMERICANOS

Como ya hemos dicho, la poesía oral improvisada en los pueblos latinoamericanos es un arte tradicional de ascendencia ibérica —si obviamos,
nosotros también, y por mera simplificación metodológica, las primitivas
formas de canto amebeo entre algunos indígenas precolombinos, o, incluso, los antecedentes de este tipo de canto entre los negros sacados de
África y castellanizados en América—; un arte de ascendencia portuguesa y española, condición sociohistórica que determinó estilos, formas de
cante, nomenclaturas, instrumentos acompañantes, estrofas y lenguas. La

[3] Sólo hemos visto esta característica entre los troveros subbéticos, los *glosaores*
mallorquines y, algunas veces, entre los *bertoslaris* vascos.

poesía oral improvisada se extendió por todo el continente americano y ancló allí donde las culturas hegemónicas dejaban una brecha comunicativa, espiritual, ritualizable: entre las clases más humildes (campesinos, ganaderos, pescadores y mineros) de Colombia, Venezuela, Cuba, México, Perú, Argentina, Chile, Uruguay, etcétera, gente pobre y muchas veces ágrafa, que continuó hallando en la oralidad poética el vehículo necesario para sobrevivir y comunicarse con el mundo (con su mundo). De este modo, los ciclos festivos y religiosos, los onomásticos y aniversarios familiares, incluso las jornadas laborales, se tornaron espacios acústicos idóneos para el cultivo de la improvisación poética, de la voz viva, imbuidos los ejecutantes de una necesidad orgánica y múltiple: comunicarse, divertirse y, la vez, exorcizar las penurias de la vida diaria. Todo acto festivo, desde tiempos inmemoriales, ha servido para reafirmar la solidaridad y la comunicación entre individuos que comparten una misma cultura (Echevarría 2001: 57), volviéndose la fiesta, en sí misma, una especie de *macrorritual* integrado por diversos ritos, individuales y colectivos[4]. «Además, como [las fiestas] ocurren en días señalados, sirven para ponerle marcas al tiempo; lo dividen e incorporan a otros órdenes culturales como el religioso o el patriótico, y así vinculan a la colectividad, o al individuo, con el cosmos» (Echevarría 2001: 57). El canto improvisado, fundamentalmente el de estructura dialogística, de preguntas y respuestas, de contrapunto, ha sido siempre parte intrínseca de esa ritualidad mayor que son las fiestas populares en aquellas comunidades en las que esa tradición se ha mantenido viva. Tanto para los autores-emisores como para los participantes-receptores en las fiestas de las que la poesía oral improvisada forma parte, ambas cosas, la fiesta y la improvisación, se tornan entonces unidad indisoluble, marcas que trascienden el motivo individual de las celebraciones para convertirse en acotaciones anímicas, espirituales, que determinan las relaciones espacio-temporales de la colectividad. No olvidemos que la disponibilidad anímica y creativa de todo poeta oral improvisador durante una *performance* —sea payador, *bertsolari*, trovero, repentista, *regueifeiro* o *cantastori*—, responde a un conjunto de reglas generales y a otro subconjunto de reglas particulares que constituyen, por sí solas, un rito creativo individual y que prefiguran y determinan su grado de 'oficio', es decir, su capacidad y dominio de la

---

[4] El *Diccionario de la Real Academia de la Lengua Española*, en la tercera acepción del vocablo *ritual*, lo define como «conjunto de ritos».

creación de poemas orales improvisados. Y que la colectividad, además de poseer una *competencia compartida* para valorar los distintos ritos individuales de los improvisadores, se rige por reglas no escritas que ordenan y dan sentido al rito colectivo que es la fiesta. Hablando de las fiestas, afirma Roberto Echevarría:

> Se celebran cumpleaños o días de santos [...] que responden al santoral establecido por la iglesia. Se observan las fiestas y estaciones del año litúrgico, sincronizado con las estaciones del año celestial, que denotan recurrentes muertes y resurrecciones, creando de esa manera la impresión de que el tiempo es cíclico y renovable...» (2001: 57).

para después citar y glosar la famosa tesis del carnaval bajtiniano, y reconocer que «en sociedades no homogéneas como las americanas [...] el diálogo, sobre todo el festivo, no es un tranquilo toma y daca; lo entorpecen ruidos, desfases, disloques y desquicios» (Echevarría 2001: 59).

Recordemos, además, que todo acto de improvisación poética es un ejercicio lúdico-creativo en el que el autor-emisor tiene que poner de manifiesto, para sí y para sus receptores (incluido el poeta contrincante), sus potencialidades expresivas: es un concurso permanente y acumulativo. La poesía oral improvisada es siempre, entonces, una realidad performativa imposible de darse en toda su expresión sin la ecuación completa que constituye el conocido triángulo creativo: poeta A → poeta B → público[5]. Entonces, la incorporación de la poesía improvisada a gran parte de los ritos tradicionales de los pueblos latinoamericanos, e incluso su empleo exclusivo en algunos de ellos, ha devenido un hecho «natural», consustancial a las necesidades no sólo de la colectividad, sino del propio arte que nos atañe. Sin olvidar tampoco el carácter lúdico, *falso*, que conlleva toda fiesta. Apoyándose en dos ensayos de E. R. Leach, Roberto Echevarría (2001: 58-59), advierte que

---

[5] También puede darse la *performance* entre los respectivos lados del triángulo: poeta A → poeta B; poeta A → público; poeta B → público; no así con uno solo de ellos. En la poesía oral improvisada no existe como *obra* el soliloquio o monólogo creativo. Un poeta improvisador siempre necesita para sus creaciones al público, constituido, en su mínima expresión, por el otro poeta. (Esos monólogos creativos que a modo de ejercicio ejecutan algunos repentistas, sólo son posibles porque en un mismo espacio acústico y en una misma realidad performativa, ellos actúan a la vez como ejecutantes y público, o sea, son a la vez autores-emisores y participantes-receptores de la *obra*.)

[e]l intervalo de la fiesta, como el del teatro, es el de la representación; por eso los disfraces, las máscaras, y sobre todo, la repetición de gestos previstos, la presencia de un guión explícito o implícito que organiza las actividades [...] Lo que se intercambian son imágenes y productos falsos, sin valor real o duradero, con valor sólo en el tiempo de la representación. Por eso la mascarada y el travestismo[6].

Es importante destacar, particndo de estas tesis de Leach citadas por Echevarría, el paralelismo existcnte entre la esencia de la fiesta y la esencia de la tradición repentística, con todas sus complejidades creativas. Por una parte, la fiesta (que en el caso hipotético que nos atañe engloba la *performance* repentista) es una representación cn la que el pueblo «intercambia imágenes y productos falsos»; y por otra parte, toda *obra repentista*, es dccir, toda *performance* de poesía oral improvisada, es esencialmente también una representación, en la que los poetas y el público intercambian (pueden intercambiar) imágenes y productos «sin valor real», «con valor sólo en cl tiempo de la representación». Entonces, un ritual de poesía oral improvisada dentro de uno de los ciclos fcstivos de la colectividad (la Cuadrilla de Ánimas de Los Vélez de Almería, por ejemplo, o la valona mexicana) cs cn realidad una representación dentro de una rcpresentación, un ritual dentro de otro ritual, trenzándose y falscando todos los niveles de comunicación entre las partes, mitificando la realidad festiva, y desmitificando la realidad real. Entonces, las décimas o quintillas, elogiosas o cáusticas, que se cantan en una controversia improvisada son «productos sin valor real», son la *mascarada oral* de un ejecutante cuya realidad expresiva es ésa, y no otra, y que, inserto en una tradición compartida por los receptores, se sabe autorizado para tal travestismo durante el tiempo de una ritualidad mayor: la fiesta. Estamos en presencia, entonces, de la *metarritualidad*, algo que en el fondo caracteriza a la mayoría de las ritualidades (danzarias, musicales, religiosas, festivas) desde la antigüedad.

El concepto de *metarritualidad*, visto así, es tan válido para los panegiristas arábigo-andaluces en las cortes de Al Mutamid (con sus loas, casidas y moaxajas a cambio dc dinares o prerrogativas), como para los

---

[6] Los ensayos de E. R. Leach en los que se apoyan estas tesis son: «*Chronus and Chronos*» y «*Time and False Noses*». En: *Two Essays Concerning the Symbolic Representation of Time, Rethinking Anthropology*, Humanities Press, New York, 1961, pp. 126-136.

payadores argentinos (con sus inocuas descalificaciones mutuas) o para los jóvenes repentistas cubanos (con su falsa nostalgia *tojosista*, su ruralidad de laboratorio). En resumen, toda fiesta es un ritual constituido por muchos rituales, y en el caso específico de las fiestas de poesía oral improvisada, ambos rituales constituyen un *macrorritual* que legitima la falsedad de los gestos, las palabras, los movimientos, las acciones.

La poesía oral improvisada siempre ha estado ligada a los ciclos festivos de las distintas comunidades, a esas fiestas que, como advierten Leach y Echevarría en el texto antes citado, poseen un *guión implícito* y ciertos *gestos previstos* que contribuyen, según nuestra tesis, a convertirlas en rituales (además de agregarles una coreografía y una *escenografía* determinadas). Por ejemplo, la poesía oral improvisada era uno de los *platos fuertes* en las bodas de los campesinos gallegos a lo largo del siglo XIX y a principios de XX (los conocidos *brindis*, en los que los *brindeiros* hacían gala de su capacidad improvisadora); y lo sigue siendo en cumpleaños y onomásticos de amigos y parientes, o en homenajes a músicos y colegas, a todo lo largo y ancho del área geográfica que nos ocupa; en las fiestas de matanzas del cerdo o de la res (en La Alpujarra, en la Subbética Cordobesa, en Canarias, en Cuba, Argentina, Uruguay, Puerto Rico y otros países latinoamericanos); en festejos del fin de la vendimia o de la trilla (en La Alpujarra y la Subbética Cordobesa); en algunas fiestas de quince años (en zonas rurales de Cuba y en el Miami cubano); en carnavales y fiestas patronales (en Cuba, Colombia, Panamá, Puerto Rico, tanto en zonas rurales como urbanas); en fiestas de campañas electorales (en Puerto Rico, Panamá, Venezuela); en festividades de carácter político-social (en Cuba); en espectáculos circenses (en Argentina y Uruguay); e, incluso, en rituales deportivos (en Canadá se hace un curioso espectáculo de improvisación en estadios de jockey sobre hielo; en Euskadi se desarrolla casi siempre el *bertso eguna* —día del *bertso*— en frontones de pelota vasca; en Cuba y Argentina se han llegado a llenar estadios de fútbol para escuchar a los poetas improvisadores, en 1955 y 1956, respectivamente). En fin, en todos estos casos, el arte de los improvisadores puede constituir ora el eje de la festividad, ora un simple aditamento, de modo que la *performance* repentista y sus ejecutantes se adaptan al nuevo contexto y a la nueva situación, en un *acomodamiento* de su propio ritual colectivo (*desnaturalizado* y/o *contaminado*), aunque conservando los ritos individuales.

Lo mismo sucede con las festividades de carácter religioso y sus vínculos con la poesía oral improvisada. En muchas de ellas la *per-*

formance repentista tiene un papel destacado (a veces constituye la esencia y totalidad de la fiesta). Por sólo citar algunos ejemplos, destaquemos las Cuadrillas de Ánimas de Los Vélez de Almería (España), los Altares de Cruces (en la zona oriental de Cuba, aunque ya han caído en desuso), los *maggianti*, propios de algunas zonas de Italia; las modalidades de canto a lo divino en las fiestas de galerón en Venezuela; los velorios de angelitos en Chile; o el canto de endechas durante los sepelios de los poetas repentistas, este último un ritual puesto de moda desde hace algunas décadas en el occidente de Cuba. No debemos olvidar, tampoco, los atávicos lazos entre el arte de la improvisación poética y el chamanismo de algunas tribus africanas; o entre los poetas arábigo-andaluces y arábigo-murcianos de los siglos XII, XIII y XIV, cuando los oradores, los poetas y los profetas eran considerados «los grandes del desierto», distinción que provenía del respeto que sentían por los vates en las cortes de Damasco y Bagdad, donde los poetas eran personajes clave para los políticos y militares de la época[7]. También en el México colonial, entre los veracruzanos cultivadores del son jarocho, «la esencia festiva, e incluso mágica y ritual» de esta manifestación poético-musical fue prohibida y perseguida por la Iglesia y el Estado, apoyados en el largo brazo del Santo Oficio de la Inquisición. «Los procesos más antiguos, como un auto de 1690 que habla ya de 'sones jarochos' en el río Papaloapan, ligan a la música y a los versos con la hechicería y la magia practicada por indios, negros y afromestizos» (García de León 1995: 39). En Cuba el caso más pintoresco de vínculos entre hechicería, magia, chamanismo y poesía improvisada lo protagonizó un popular repentista conocido como «Clavelito», que entre los años 40 y 50 mantuvo un programa de radio desde el que, con décimas cantadas, intentaba catequizar a miles de oyentes, con una especie de horóscopo o lectura de profecías que tuvo gran repercusión social entre las clases pobres. «Clavelito», con la ayuda del vaso de agua y de la vela que ordenaba pusieran sobre el radiorreceptor mientras él cantaba y ejercía su curiosa sesión de *cartomancia oral y mediática*, fue protagonista de un verdadero ritual colectivo que se desarrollaba en miles de hogares cubanos, desde que sonaba su música identificadora, hasta que se oyeran sus versos («pon tu pensamiento en

[7] En la actualidad todavía los improvisadores argelinos y marroquíes, o los poetas del Mawal egipcio, están rodeados de esta aureola mágica.

mí...»). Imaginemos, haciendo una especie de planeo cinematográfico aéreo, la imagen de toda una isla alrededor de un aparato mecánico, oyendo a su *chamán aédico*, y reconozcamos que ello constituyó, en su época, un rito extraño, sin precedentes ni epígonos (conocidos). Otros dos ejemplos citaré que vinculan de manera directa al repentismo cubano con la religión, al acto improvisatorio con el rito, y al protagonista-repentista con el papel de chamán o médium según el concepto *ritual* más ortodoxo. El primero, protagonizado por el Indio Naborí, el máximo exponente de la décima improvisada no sólo en Cuba sino en toda Iberoamérica, en el siglo XX. El segundo, protagonizado por mí. Cuenta el Indio Naborí que en una ocasión, siendo muy joven, estuvo improvisando en una casa campesina del Cotorro, al sur de La Habana. Cuenta que estuvo horas y horas improvisando con otros repentistas, pero que se sentía él, y lo notaba el público, en una noche *especial*, con unos niveles de concentración y de hallazgos poéticos impresionantes. Sus décimas de aquella noche no poseían el carácter irreflexivo ni los niveles de falibilidad que constituyen leyes casi inviolables de la improvisación poética (Díaz-Pimienta 1998: 180; 189-190). Eran décimas perfectas, llenas de imágenes, bellas, sin deficiencias técnicas. Entonces, acabó la canturía, llegaron los aplausos, y sobre ellos la voz de una anciana que se acercó al poeta y le develó, de golpe, el secreto de tan buena actuación. Él no había sido quien había cantado, no era el joven Indio Naborí quien juntaba metáforas, sinestesias, símiles, en tan sublime alarde de lirismo; no, no era él. Había sido Plácido, un mulato llamado Plácido, que había estado todo el tiempo a su lado, dictándole al oído. Cuenta Naborí que se asustó. Plácido había sido uno de los mejores poetas románticos cubanos del siglo XIX. Plácido había muerto fusilado cuando Naborí todavía no había nacido. Plácido era mulato como él, y repentista como él, además de poeta. Y lo más extraño: aquella señora, casi nonagenaria, era analfabeta, no había leído nunca a Plácido, ni siquiera conocía su existencia.

El segundo ejemplo lo citaré *in extenso* tomándolo de *Teoría de la improvisación. Primeras páginas para un estudio del repentismo*, y subrayando aquellos elementos que hacen de éste otro momento en el que se mezclan improvisación poética y ritual. Ocurrió a principio de los años 90, cuando regresé a la provincia de Matanzas, donde había vivido varios años antes, luego de la muerte de quien fuera mi amigo y vecino, el repentista Raúl Hernández. Estábamos cantando en *trilogía* Juan Antonio Díaz, Jesús «Tuto» García y yo.

Poco a poco logramos crear un ambiente bastante raro alrededor de nuestras décimas, afirmando, sin juegos metafóricos, sino como un hecho real, que Raúl estaba allí, entre el público, oyéndonos cantar. Ya el público tenía un alto grado de sugestión al respecto, y yo improvisé una décima muy teatral, muy actuada, atrayendo 'físicamente' a Raúl (representado en un espacio vacío entre dos oyentes) y abrazándolo en escena. Veamos la décima. Al llegar mi turno, *crucé los brazos sobre el pecho, y miré fijamente al lugar donde estaba Raúl, o sea, al espacio vacío.* Así dejé pasar varios segundos, que se traducen en varios interludios y entradas musicales, hecho que contribuyó a crear mayor expectación. *De pronto, descrucé los brazos, y con una mano me dirigí a Raúl, como si sólo él pudiera oírme:*

> Ven y acércate, mi hermano,
> estrecha la mano mía...

Aquí dejé que sonaran otra vez las guitarras, *mirando siempre hacia el lugar vacío,* y repetí los versos.

> Ven y acércate, mi hermano,
> estrecha la mano mía...

Y soltando el micrófono caminé con la mano extendida hasta el espacio entre los dos oyentes, 'estreché' una 'mano de aire', arrastré a Raúl conmigo hasta el escenario y concluí la redondilla.

> Gracias, creía que no podría
> a un muerto darle la mano.

Los aplausos fueron estruendosos, pero esta vez sí los interrumpí para seguir la décima acelerando el ritmo. *Puse el brazo curvado sobre el aire, como si lo abrazara* —recordad el dramático final de *El Hijo,* de Horacio Quiroga—, y me volteé un poco hacia la derecha para seguir hablando con el poeta muerto:

> Pero ponte más cercano,
> acércate más, poeta...

Cerré más el abrazo, como si lo apretara contra mí, y terminé sin detenerme:

> apriétame más, aprieta,
> para sentirte mejor,

> aunque me dejes olor
> a muerte en la camiseta.

Esta décima produjo gran euforia y sugestión colectiva, hasta el punto de que luego una señora, llorando, me aseguraba que yo no sabía lo que había hecho, *que había logrado una misa espiritual, que Raúl estaba allí de veras, que ella lo había visto.*

Este carácter esotérico que a veces rodea la *performance* repentista (ya sea en México, en Cuba, o en sociedades primitivas), además de la profunda catarsis colectiva que provoca, es un botón de muestra de los tantos vínculos entre rito y arte repentista, unas veces por pura religiosidad, otras veces por meras remanencias o asociaciones.

Pero la poesía oral improvisada no sólo ha estado ligada a fiestas de jolgorio o de carácter religioso; también, desde sus orígenes, se ha vinculado a las duras jornadas de trabajo que constituían el *modus vivendi* de sus comunidades. En la marinería tuvo sus orígenes el *punto de navegante* venezolano, raíz del *galerón oriental*; en el duro trabajo minero se desarrolló el trovo murciano y parte del trovo alpujarreño; en la ganadería se cultivó la payada argentina y uruguaya; vinculado a las labores agrícolas se ha desarrollado el repentismo cubano, el trovo alpujarreño, la *regueifa* gallega, el *punto cubano* canario, la trova colombiana, la mejorana panameña, la valona, el decimal y el fandango mexicanos; y existen muchos otros ejemplos que demuestran el vínculo entre la poesía improvisada y el trabajo, ese ritual no artístico, pero tan importante en la vida de todas las comunidades. Es decir que la poesía improvisada, su origen, cultivo y desarrollo, ha estado siempre vinculada a tres de las ritualidades fundamentales de la vida cotidiana de sus ejecutantes: a las fiestas de jolgorio, a las festividades religiosas y a las faenas de supervivencia.

Por otra parte, a diferencia de otras artes como la pintura, la música o la literatura, en las que el artista ejecuta su creación a partir de cánones preestablecidos por las respectivas academias, la poesía oral improvisada es un arte oral en el que los ejecutantes respetan, potencian y utilizan la misma competencia lingüística que su comunidad, velando por no crear barreras comunicativas (fundamentalmente, las gnoseológicas). Esta competencia compartida hace posible el intercambio en todos los niveles. Los poetas improvisadores de cada zona, o país, son portadores de la matriz lingüística de su comunidad, se nutren de ella, crean partiendo de ella y la ponderan y dignifican. Así, los troveros alpujarreños y subbéticos, en Andalucía, por citar un ejemplo, son una especie de último reducto de arcaísmos y figuras retóricas del habla andaluza (sobre todo en su utilización con fines artísticos), son portadores naturales de ese lenguaje oral y popular que tanto remedaron los poetas y dramaturgos áureos, los popularistas y los neopopularistas, y que está vivo, varios siglos después, en sus ejecuciones repentísticas. Sólo en el arte de la poesía oral improvisada podrá hallarse, actualmente, sin que parezca un burdo calco, ni esa parodia del lenguaje del vulgo tan común en la literatura antigua y contemporánea, el empleo de epéntesis, paragoges, metátesis, síncopas, apócopes, y otras figuras del habla común de las personas ágrafas o semiágrafas, sin que ello conlleve una «falta grave», un «deslucimiento», sino, por el contrario, la manera ordinaria de comunicación entre emisor y receptor: su natural competencia lingüística.

Algunos ritos latinoamericanos

En el continente americano encontraremos diferentes manifestaciones de este arte, desde el canto nostálgico de los jíbaros puertorriqueños y los guajiros cubanos emigrados a ciudades como Nueva York y Miami, hasta el canto de la valona, el decimal y el huapango en distintos estados del extenso territorio mexicano, el canto de décimas y decimillas en Puerto Rico, la mejorana y el socavón en Panamá, la bomba en Costa Rica, la poesiya en Nicaragua, el repentismo en Cuba, el galerón, el contrapunto y la fulía en Venezuela, la trova, el ratoneo, el cinco y seis y la piquería en Colombia, la payada en Argentina, Perú y Uruguay, la paya en Chile, la pajada y la cantoria en Rio Grande do Sul y el nordeste brasileños, todas manifestaciones de una misma ritualidad, de un mismo arte, con diferencias y similitudes.

Por un evidente problema de tiempo, no podremos hacer un paseo exhaustivo por cada uno de estos ritos poéticos, pero nos detendremos en algunos de ellos como mera ejemplificación de su existencia.

El repentismo cubano

En Cuba, a la poesía oral improvisada se le conoce como *repentismo* (nombre más culto), *punto cubano* o *punto guajiro* (nombres más populares). En el ritual cubano los improvisadores suelen cantar preferentemente en parejas, aunque también en tríos (llamados *trilogías*) o en corro (llamados *rondas*). Los guateques tradicionales —rituales primitivos—, estaban protagonizados por los repentistas, los músicos e, incluso, los bailadores. Acompañados por el laúd, la guitarra, el tres, el güiro y las claves, los poetas entonaban décimas espinelianas en controversia o con pie forzado, mientras el público aplaudía apoyando a uno u otro contrincante. Entre controversia y controversia, o al final de todo, el conjunto musical tocaba sones, zapateos y guajiras para que los asistentes bailaran. En los ritos modernos, más *canturía* que guateque, el baile apenas aparece, el canto de canciones es mínimo y el repentismo cubre casi todo el ritual, conformando un espectáculo monocorde que suele durar horas de duelo poético-musical. Los indiscutibles protagonistas de este ritual son los poetas, seguidos por los laudistas y el resto de los músicos.

Noche de repentismo cubano, durante *La Canturía más larga del mundo*, en Güines (La Habana). Foto: Archivo del Centro Iberoamericano de la Décima y el Verso Improvisado.

El ritual normalmente está *organizado* (ese guión implícito, esas leyes no escritas que rigen todo ritual festivo) de manera que los poetas comienzan con una o dos décimas de saludo al pueblo sede, o a los anfitriones, abriendo la zona de *tanteo* o *hilvanación*; luego se extienden durante un tiempo indeterminado en la *zona de temática núcleo*, y, finalmente, llegan a la *zona de desenlace*, con décimas de despedida que, invariablemente, tienen un carácter tripartito: despedida, resumen y conciliación (Díaz-Pimienta 1998: 397-399). Sería muy extenso explicar detalladamente el ritual repentístico cubano, pero por último destaquemos que estamos en presencia de un ritual modernizado, descontextualizado, regido por fuertes influencias mediáticas.

Concurso Nacional de Jóvenes Improvisadores «Francisco Pereira», en Triunvirato (Matanzas). Foto: Archivo del Centro Iberoamericano de la Décima y el Verso Improvisado.

La poesiya nicaragüense

En Nicaragua la poesía oral improvisada sobrevive inserta, como en el caso de Los Vélez de Almería, dentro de una tradición callejera, ambulante. En este caso, dentro de otro ritual danzario, carnavalesco, conocido como baile de La Gigantona. La Gigantona pertenece a la tradicional danza de Enanos y Cabezudos que hallamos en algunos pueblos españoles y latinoamericanos. Está protagonizada por tres personajes: La Gigantona, el Enano Cabezón y el Poesiyero, seguidos de dos tamborileros que ponen la música. El ritual danzario y poético-musical se desarrolla en medio de las calles (principalmente en León y Managua), y consiste en el desfile carnavalesco de los personajes, seguidos por el público. Al frente, con un cetro, el *poesiyero*; detrás, los tamborileros, y tras ellos, La Gigantona y el Enano Cabezón, que bailan al ritmo de los toques. De pronto, el pocsiyero levanta el cetro y se detienen la música y el desfile. Entonces, el poesiyero lanza un gritillo rajao (equivalente al gritillo alpujarreño, al *hey* cubano y a la *saloma* panameña), e improvisa una copla. Terminada esta copla, baja el cetro y comienzan otra vez la danza y el desplazamiento, hasta que el *poesiyero* levante el cetro nuevamente e improvise otra copla[8].

---

[8] Esta es la misma estructura del ritual de la *bomba*, propio de Veracruz (México), Costa Rica y Ecuador, por citar tres ejemplos. En estos casos, el coplero grita *bomba*, se detienen la música y el baile, y enuncia la copla. Dicha la copla, continúa la danza hasta que otro coplero grita *bomba* y contesta la copla anterior.

Un momento de la actuación de una gigantona (reducida a su mínima expresión): La
Gigantona y el poesiyero (sin su típica vestimenta), rodeados de un público de clara
extracción popular. Managua, Nicaragua, Foto: Ginés Bonillo Martínez.

Todos los personajes de La Gigantona: El Enano Cabezón, el poesiyero,
los tamborileros y La Gigantona. Foto: Ginés Bonillo Martínez.

El galerón venezolano

En Venezuela son varias las formas de poesía oral improvisada (la fulía, el galerón oriental, la décima zuliana, el punto, el contrapunto, la gaita, el gaitón), pero, por obvios problemas de espacio, sólo nos detendremos en una: el *galerón oriental*. El galerón es una fiesta de improvisación de décimas que suele darse en los Velorios de Cruz, en ofrecimiento a la Cruz del Cielo o a la Virgen del Valle. «Normalmente comienza esta manifestación a las 8 p.m. Y se termina a las 8 a.m. o más tarde. En el transcurso de la noche se les obsequia a músicos y cantores: ron, café, tabaco o cigarrillos, guarapo de piña con papelón y al amanecer un buen hervido de gallina» (Valderrama 1999: 149-150). Éste es también un ritual que con el tiempo se ha descontextualizado, y por lo tanto ha cambiado de sentido o de mensaje. «Desde hace unos 30 años, aproximadamente, el velorio que se ofrecía a la Cruz del Cielo, a la Virgen del Valle u otros Santos, prácticamente ya ha dejado de ser una manifestación religioso-festiva, para convertirse en un espectáculo» (Valderrama 1999: 150). Destaquemos, como parte del rito galeronista, algunos aspectos individuales, diferenciadores. Los improvisadores de galerón conservan rasgos juglarescos que van más allá de la vestimenta, como ese estribillo devenido grito de guerra y de presentación, con los que encabezan cada décima, acompañándola de determinados gestos teatrales, como levantar el puño, o los dos brazos, o mover el cuerpo con evidente tono desafiante. Por ejemplo, Héctor Benjamín sale a la escena y salmodia:

> Aquí está, Héctor Benjamín,
> Jin, jin...

e inmediatamente, y sólo ahora, entona su décima. A lo que su rival, luego del respectivo preludio musical, replica:

> Anjá, mi maestro, anjá

y entona su respuesta. Estos versos no pertenecen al cuerpo del poema improvisado, ni desde el punto de vista métrico ni semántico, sino que lo anteceden invariablemente, como un sello de identidad, como una parte del rito individual de cada uno, detalle mínimo del ritual colectivo.

LA MEJORANA PANAMEÑA

Los cantores de mejorana panameños son, al igual que sus colegas, conocedores y defensores de su protagonismo en el ritual de la poesía improvisada en su país. Ellos también cantan décimas, con una gran diversidad de torrentes o tonadas, acompañados por guitarras (seis), sobre todo por la guitarra mejoranera, que le da nombre a la *performance*. El ritual de la controversia panameña, desarrollado preferentemente entre dos cantores, comienza por la individual entonación de la *saloma*, un gritillo rajao y melismático que, tal como vimos en el galerón venezolano, no mantiene vínculos métricos ni semánticos con el texto de la décima. La *saloma* suele ser, incluso, un sonido gutural, asemántico, de puro lucimiento vocal, que puede ir o no seguida de un *pregón*, un texto memorizado, polimétrico. En la mejorana panameña saber *salomar* es un arte tan difícil y tan válido como saber improvisar versos.

Hasta aquí algunas de las consideraciones que hacen de la poesía oral improvisada uno de los rituales más pintorescos de nuestras culturas populares. Pero no terminaré sin antes apuntar que, para cualquier estudioso de estos temas (ritualidades, memoria popular, tradiciones, oralidad, etc.), no existe mayor gozo y sorpresa que asistir a los actuales festivales internacionales de poesía oral improvisada, en los que se desarrolla, en un mismo *aquí y ahora*, el Ritual Mayor, la fusión de todos y cada uno de estos rituales colectivos, con sus respectivos ritos individuales: sobre un mismo escenario, o bajo una misma arboleda, asistimos al intercambio poético y musical de un trovero alpujareño con un payador argentino, y de éste con un repentista cubano, y de un guión velezano con un poeta subbético, y de un trovador colombiano con un regueifeiro gallego, y de un galeronista venezolano con un mejoranero panameño, etcétera; y frente a ellos, oyéndolos, campesinos y filólogos, amas de casa y folcloristas, niños y ancianos; y junto a ellos, tras ellos, música de laúdes, de guitarrones, de violines, de panderetas, de claves; y en sus voces intercambio de décimas, quintillas, coplas, octavillas; y en los oídos de los emisores y de los receptores, versos en español, en gallego, en catalán, en portugués; y ante los ojos de todos improvisadores sentados, de pie, con los brazos en alto, con los brazos cruzados, serios, jocosos, bailarines; en un mismo *aquí y ahora*, una verdadera amalgama de ritos, un festín de lo oral y lo tradicional, la mayor prueba de una con-ritualidad sesgada por el tiempo y por la historia.

Bibliografía

Armistead, Samuel: «Los estudios sobre la poesía improvisada antes de la décima». En: Trapero, Maximiano (ed.), *La décima popular en la tradición hispánica. Actas del Simposio Internacional sobre la Décima.* Universidad de las Palmas de Gran Canaria / Cabildo Insular de Gran Canaria, pp. 41-69, Las Palmas de Gran Canaria, 1994.

Díaz-Pimienta, Alexis: *Teoría de la improvisación. Primeras páginas para el estudio del repentismo.* Editorial Sendoa, Oiarzun, 1998.

— «Aproximaciones a una posible 'gramática generativa' de la décima improvisada». En: Trapero, Maximiano; Santana, Eladio y Márquez, Carmen (eds.), *Actas del VI Encuentro-Festival Iberoamericano de la Décima y el Verso Improvisado. I, Estudios.* Universidad de las Palmas de Gran Canaria / ACADE, pp. 201-214, Madrid, 2000.

Echevarría González, Roberto: «Fiestas cubanas». En: *Encuentro de la Cultura Cubana,* 20, pp. 57-74, Madrid, 2001.

García Canclini, Néstor: «El debate postmoderno en Iberoamérica». En: *Cuadernos hispanoamericanos,* 463, enero, pp. 79-92, Madrid, 1980.

García de León, Antonio: «La décima jarocha y las vinculaciones de Veracruz con el Caribe». En: *La décima popular en Iberoamérica.* Colección Ciencia y Sociedad, Instituto Veracruzano de Cultura, pp. 29-43, 1995.

— «La décima: territorios históricos y sociales de una glosa posible». En: Novo, María Teresa; Salazar, Rafael (coords.), *La décima hispánica y el repentismo musical caribeño.* Universidad de Oriente, Comisión V Centenario, Fundación Tradiciones Caraqueñas, pp. 49-64, Caracas, 1999.

Jiménez de Báez, Yvette: *La décima popular en Puerto Rico.* Universidad Veracruzana, Xalapa, 1964.

— «Décimas y glosas mexicanas: entre lo oral y lo escrito». En: Trapero, Maximiano (ed.), *La décima popular en la tradición hispánica. Actas del Simposio Internacional sobre la Décima.* Universidad de las Palmas de Gran Canaria / Cabildo Insular de Gran Canaria, pp. 87-109, Las Palmas de Gran Canaria, 1994.

Leach, E. R.: «Chronus and Chronos». En: *Two Essays Concerning the Symbolic Representation of Time, Rethinking Anthropology,* Humanities Press, pp. 126-136, New York, 1961.

— «Time and False Noses». En: *Two Essays Concerning the Symbolic Representation of Time, Rethinking Anthropology,* Humanities Press, pp. 126-136, New York, 1961.

Lienhard, Martín: «La memoria popular y sus transformaciones», En: *La memoria popular y sus transformaciones. América Latina y/e países luso-africanos,* Iberoamericana, pp. 13-24, Madrid, 2000.

TRAPERO, Maximiano (coord.): *La décima popular en la tradición hispánica. Actas del Simposio Internacional sobre la Décima.* Universidad de las Palmas de Gran Canaria/Cabildo Insular de Gran Canaria, Las Palmas de Gran Canaria, 1994.

— *El libro de la décima (La poesía improvisada en el mundo hispánico).* Universidad de Las Palmas de Gran Canaria, Las Palmas de Gran Canaria, 1996.

— *La décima. Su historia, su geografía, sus manifestaciones.* Centro de la Cultura Popular Canaria / Cámara Municipal de Évora, 2001.

VALDERRAMA PATIÑO, Alberto: «La décima en la música tradicional neo-espartana». En: Novo, María Teresa; Salazar, Rafael (coords.), *La décima hispánica y el repentismo musical caribeño.* Universidad de Oriente, Comisión V Centenario, Fundación Tradiciones Caraqueñas, pp. 137-156, Caracas, 1999.

LENGUAJE RITUAL Y PALABRA EN FIESTAS DE CONTROVERSIA

Yvette Jiménez de Báez
El Colegio de México

Dentro de las prácticas sociales, las puestas en acto de carácter ritual suelen convocar diversos lenguajes o discursos. Su interrelación pone en juego la palabra, la música, la danza, los movimientos y gestos, en un espacio y un tiempo que trascienden la experiencia sociohistórica de la cotidianidad y, al mismo tiempo, la incluyen. La trascienden en tanto el acto se inscribe en la tradición que lo sostiene (memoria colectiva o mito) y, a su vez, manifiesta la concreción presente del acto mismo que, en alguna medida, transforma el pasado y convoca el futuro.

Esa puesta en acto estimula la creatividad de los sujetos participantes y activa la normatividad del ritual cuyos componentes, al actualizarse, se flexibilizan y se abren a la virtualidad de la transformación, sin perder los componentes mínimos, determinantes de los rasgos de identidad colectiva en que se reconocen todos los individuos del grupo. Para Teun A. van Dijk la identidad social se restringe a «un conjunto de representaciones sociales que los miembros consideran específicas de su grupo», y se identifican con ellas. Éstas constituyen «las manifestaciones contextualmente variables de la identidad social» (1999: 158-161), y se elaboran como un discurso intergrupal propio; de modo análogo se comportan los movimientos sociales.

Hablar de identidad presupone compartir unos rasgos culturales, un imaginario social que se manifiesta de manera parcial en cada actualización. Esta idea-imagen del mundo (para muchos ideología) filtra la experiencia y se convierte en una mediación decisiva para entender el sistema de relaciones sociales que subyace a los ritos, y que cabe detectar además en las diversas prácticas y discursos de los sujetos que integran el grupo social, con su modo particular de apropiarse de su historia y su contexto. La experiencia ritual forma parte de nuestra cotidianidad, si bien los grados de conciencia de este hecho son muy variables entre los miembros del grupo a que pertenecemos principalmente.

Al estudiar los ritos vigentes en un grupo social, deberá tomarse muy en cuenta el grado efectivo de su vitalidad. Los cambios ideológicos, o en el sistema de valores de un grupo social, actúan sobre los diversos estratos de las prácticas rituales. Como ya señalé, a la tradicionalidad del rito le acompaña una capacidad virtual de cambio. Ambas tendencias, en condiciones favorables, equilibran y proyectan el rito. Esto condiciona (se verá después) la vigencia del ritual, y la posibilidad de que los cambios efectuados prosperen. Paradójicamente, serán innovadores eficientes, improvisadores eficaces y buenos guías culturales aquéllos y aquéllas que tengan un dominio mayor del reglamento y de la tradición, junto con una apertura mental sensible e inteligente ante los procesos históricos y culturales de su entorno y de su tiempo.

Los ritos marcan la relación de los grupos sociales con las diversas esferas cognitivas. Con lo divino (ritos religiosos); con el tiempo (ritos de las estaciones); con la naturaleza y el contexto físico (ritos de acabe, y de otros trabajos); ritos festivos (cíclicos, que devienen costumbre); ritos de la vida (nacimientos, bautizos, bodas, etc.). La sociedad celebra «todo lo que la afirma [...] todo lo que la singulariza y quiebra la rutina cotidiana» (Prieto 1990: 7-8). Sin embargo, no siempre el cambio social propicia la vitalidad de los ritos, como se verá. Si bien el hombre y la mujer han ritualizado los ciclos de las siembras y de la naturaleza, y han construido los «tiempos y espacios sociales», no toda práctica social es ritualizable, ya que el rito,

> requiere tener raigambre histórica y un sentido cultural que permita reproducir identidades sociales. El ritual es una práctica formalizada y normada por el orden cultural, lo cual da un elemento «numinoso» que trasciende el plano de lo individual (Aguado y Portal 1992: 72-73).

Por otra parte, la experiencia del trabajo de campo y el estudio de otras culturas, nos llevan a modificar el concepto de ritual polarizado entre lo profano y lo sagrado que resulta limitante. Sin negar la presencia actuante de rituales religiosos plenos de significación, para sus iniciados y el pueblo creyente en general, hay que rescatar el carácter ritual de otras prácticas culturales. Entre lo *sagrado* y lo *profano*, hay una amplia gama de interrelaciones posibles que nunca agotan los términos. El hombre y la mujer viven la historia y el sentido del Misterio que es, a su vez, límite y proyección. Por eso buscan establecer relaciones que propicien la cohesión dinámica del grupo, gracias también al componente lúdico, creativo, que anima las celebraciones. Todo ello implica que la práctica ritual involucra a los participantes en un proceso de reconocimiento mutuo y de interdependencia que cohesiona al grupo social y fortalece el sentido de pertenencia.

Vivir el ritual es, en buena medida, recrearse. De ahí su relación con el gozo y la alegría. Por eso lo festivo se convierte en una medida de la autenticidad de la práctica. Y el hieratismo tiende a su negación (Cox 1983: 87-92).

El hombre y la mujer son creadores de símbolos; gestadores de mundos de significación que implican su dominio de la naturaleza y se manifiestan en la diversidad de lenguajes y discursos. De ahí la relación intrínseca entre el rito y los símbolos rituales que constituyen la unidad mínima de la conducta ritual (Turner 1969: 21 y ss.).

Estudiar los ritos equivale a estudiar las formas simbólicas en las que una sociedad se reconoce y organiza su dominio del mundo, gracias a su acción. El símbolo se refiere a una particular interpretación del mundo y combina una pluralidad de significaciones en una concreción sensible que apela a la sensorialidad múltiple de la experiencia humana, particularmente del arte y de la cultura. Y los símbolos en el ritual se concatenan en un *orden* que marca la periodicidad característica del rito: sus secuencias significativas. La participación ritual informa la conducta individual y la integra (o reintegra) a los valores colectivos que el rito conlleva (Turner 1990: 47).

Sin embargo, el carácter reiterativo del rito debe entenderse siempre como parte de un proceso que, en función de la historia, no puede ser ajeno a las transformaciones de los procesos sociales y culturales[1]. La reiteración fundante del rito se manifiesta como repetición en prácticamente todos los estratos del ritual.

---

[1] Aun en términos de la trascendencia, del mito, los rituales tienen que asumir su historicidad. Es preocupante la visión estatificadora que rige todavía en muchas posturas de los estudiosos de las producciones culturales. Sobre este punto, *cf*. Aguado y Portal 1992: 84-85.

Dado lo anterior, cabe inferir que los rituales son determinantes para comprender la constitución básica de las sociedades humanas. Ya lo había percibido Mónica Wilson en los cincuenta, como lo indica Turner, quien señala en los sesenta que las ciencias sociales ya reconocen la importancia de las prácticas religiosas, «para comprender cómo piensa y siente la gente acerca de [las relaciones sociales], así como sobre el entorno natural y social en el que actúan» (Turner 1988: 18).

FIESTA Y RITO

¿Cómo hacer un deslinde entre fiesta y rito? Ambos son conceptos que suelen confundirse cuando se habla de fiestas tradicionales, pero no exclusivamente. El componente ritual le comunica a la fiesta su tendencia a la perdurabilidad, lo cual implica un reforzamiento de las tendencias vitales, solidarias y celebratorias del hombre y de la mujer, como personas y como parte de un grupo social.

El componente festivo, en cambio, tiende a favorecer la liberación de la cotidianidad y permite sentirnos, pensarnos otros, sobre todo en lo que se refiere a posibilidades de cambio y de transformación personal y social. En tanto su organización depende también de la comunidad y no corresponde a un acto oficial, se fortalece la confianza en que la solidaridad aligera los caminos de liberación (p. ej., costos y tiempos), y se acentúa, naturalmente, lo lúdico y lo creativo.

Las fiestas son memoria, como lo es también el rito: conservan, reproducen y transforman componentes identificables de la identidad. Tienen una clara función expresiva que pone en acto un modo de ser y estar en la historia que se re-conoce (cuando se finca en la tradición o en una práctica compartida) o que anuncia el nuevo tiempo en su manifestación transgresora. Es también un tiempo y un espacio de encuentro, cara a cara, que facilita los vínculos de empatía y pertenencia; de ahí su vínculo con el mito. Pero también son un tiempo y un espacio que pueden subrayar las diferencias y marginaciones respecto de otros grupos. Conviene pues atender a esta última perspectiva, para registrar y estudiar las tendencias de apertura o de exclusión, y tratar de ubicarlas en los procesos histórico-sociales de la comunidad.

En la práctica, la fiesta y el rito pueden estar condicionados, en exceso, por relaciones de poder y de prestigio, que se dan, tanto en el canon tradicional (las mayordomías), como en las nuevas tendencias, y siempre con una fuerte base en lo económico. Cuando estos valores prevalecen sobre los de unidad, liberación y recreo, la fiesta se hieratiza y tiende a identificarse con las tendencias de opresión y marginación. Por eso es clave para entender la fiesta el componente de lo festivo.

Ya he señalado que los cambios en los rituales y en las celebraciones tienen su correlato en los procesos sociales. El paso de una economía tradicional a una urbana, o las tendencias hegemónicas, globalizadoras, contribuyen en la sociedad a la pérdida de identidad, y provocan un proceso de indefinición en las celebraciones tradicionales, que dejan de ser culminación simbólica de lo que ocurre en el ámbito social. La cotidianidad desborda los límites simbólicos de las fiestas que devienen espectáculo, se desintegran, o se transforman conforme a los nuevos procesos[2]. Vacías de su sentido original, las prácticas rituales tienden a degradarse.

No se trata de una tendencia inevitable. Muchos de los procesos culturales de nuestras sociedades urbanas buscan contrarrestar las prácticas que pretenden eludir el hecho de la identidad y de las culturas marginales. Se tiende a revitalizar la tradición frente, por ejemplo, a la emigración campesina o urbana debido a razones económicas. No es raro, entonces, que el trabajador emigrante sostenga en su región las celebraciones tradicionales; invite a su nuevo ambiente a grupos de músicos, danzantes, etc.; modifique sus actuaciones conforme a los nuevos espacios y tendencias, con alternativas realmente operantes, como se verá cuando hablemos de La Sierra Gorda, en la zona central de México.

Fiesta, orden ritual y social. La fiesta suele transgredir y rebasar la cotidianidad. Propicia la actitud lúdica y la alteración o el cuestionamiento de lo establecido. No obstante, comparte con el ritual la tendencia a restablecer el orden después de la catarsis individual o colectiva. Sin embargo, pienso que nunca se regresa al mismo punto, sobre todo cuando el tiempo y el espacio festivos están ligados al rito, o se establecen en situaciones de crisis o umbral. Entonces suele ser frecuente la inversión propia de la parodia, la ironía, la paradoja... que promueve la crítica social y política. Si bien la inversión es simbólica, muestra lo arbitrario y convencional del orden propuesto, con lo cual contribuye a despertar la conciencia de que el orden puede ser subvertido (Galván

---

[2] Cf., entre otros, Villardy (1968). También, en nuestro medio, Gilberto Giménez (1979) esboza una comparación entre «fiesta campesina tradicional» y «fiesta urbana».

Tudela 1987: 116-117), para aniquilar, como dice Duvignaud (1973: 94), lo que aleja de la utopía.

Cuando se han dado cambios sociales muy fuertes, la colectividad suele proponer otras alternativas festivas, en busca de nuevas expresiones y equilibrios. O cuando los procesos sociales tienden a estancarse, la fiesta puede funcionar como un «simulacro de revolución», y recuperar en el plano simbólico lo que el proceso histórico no llega a resolver, de modo análogo a lo que ocurre con la literatura, y otras artes (Villardy 1968: 668-669).

En el comentario crítico se notará que asumo el género estudiado como texto; integro criterios antropológicos e históricos, y utilizo nociones literarias para la lectura ya que, de hecho, lo dominante es la palabra, el discurso.

La fiesta de controversia

Prácticamente en toda América, se registra la tradición de la controversia en verso (payada en Argentina, controversia o porfía en Puerto Rico, controversia o competencia en Venezuela, topada en la región centro de México, desafío en Brasil, etc.). El género se sustenta en el diálogo y en el reto entre los actores.

Los orígenes de esta forma son muy antiguos y su modo de manifestarse en nuestras diversas tradiciones es múltiple, con variaciones notables de complejidad en el ritual. Me centraré en el caso de la topada, larga controversia en décimas glosadas, que incluye música y zapateado y conserva hasta hoy todo el rito.

La frecuencia de las controversias en décimas en casi toda Hispanoamérica implica complejas redes de relación y posiblemente un tronco común, incluso de textos. Una de las áreas temáticas más amplias del género, es la del *saber*[3]. Se trovaba «por astronomía», «por el cuerpo humano», «por geografía», «por historia» (sagrada o civil), etc. Hoy se incorporan nuevos campos del saber, pero la intención es la misma.

---

[3] Posiblemente la importancia de este tipo de décimas (libre o en glosa) se asocia al hecho de que el género se utilizó durante la Colonia para los procesos de transculturación. Fue, sin duda un modo eficaz de transmitir la cultura e incluso el saber de algunos libros que circulaban. Muchas de estas prácticas se mantienen en nuestros países (p. ej. la mesa redonda, en Puerto Rico).

Es decir, se versa «por fundamento», «por argumento», lo cual ya muestra su relación con la controversia, a la que suele asociarse. En general, el retador elabora su glosa normal (valona dirían en Michoacán), a base de preguntas que demuestran el dominio del tema y retan al opositor, aunque —lo veremos en la Sierra Gorda— podrían ser otros tipos de glosas, como la de línea o mote (Berrones 1988: 50-51).

Considero que, en este modo de trovar, la Biblia es uno de los intertextos fundantes, y que es el estilo de los dos discursos de Yahvé[4] el que sirve de modelo a buena parte del género. Ambos discursos van seguidos de las breves respuestas de Job. La brevedad, y el contenido mismo, indican la superioridad del gran retador, Hacedor y Sabio (Job 40, 1-3; 42, 1-6).

Si bien en el ritual de la controversia, el que lleva «la mano» (que tiene derecho a abrir la contienda) tiene ventajas en tanto pone las condiciones del diálogo, hay una pretendida paridad entre los actores que tensa ambos discursos, aunque finalmente prevalezca uno sobre el otro. No es raro, sin embargo, que, hacia el final, se pretenda disminuir la diferencia.

He mostrado en otros trabajos algunos antecedentes de las décimas y glosas actuales, a partir del siglo XVI, a los que se han sumado nuevos ejemplos (Jiménez de Báez 1995: 142; 1992). Después el pueblo y sus poetas trovadores se fueron adueñando del espacio y de las tradiciones. Intercambian —creando y recreando lo recibido— la palabra, la música, el baile, la representación, en celebraciones, justas y certámenes públicos. Se va de lo culto a lo popular y de lo popular a lo culto; la oralidad se entrevera con lo escrito y se levanta el grito de la valona y el grito de independencia que pasa por la circulación de las hojas sueltas y la clandestinidad. En el atrio de las iglesias y las capillas adjuntas se ha aprendido la nueva lengua y su cultura, aunque de manera fragmentaria y parcial. América tiene ya voz y lo manifiesta con la fuerza y las contradicciones de su mestizaje y de sus etnias.

La Sierra Gorda y la topada

Precisamente en el centro de México se localiza la Sierra Gorda, la zona de mayor vigencia de la décima en el país, sobre todo en la forma de glo-

---

[4] Primer discurso: Job 38, 1-41; 39, 1-30. Segundo discurso: 40, 6-32; 41, 1-26.

sa, y vinculada a la «Topada», «fiesta del decimal» característica de toda la región[5]. Se trata de una celebración con amplio poder de convocatoria, que mantiene una autonomía relativa respecto a los procesos de comercialización, y que, sin embargo, tiene una clara tendencia, efectiva, a rebasar los límites que imponen las fronteras étnicas (a través del contacto con grupos indígenas, por ejemplo), así como las fronteras nacionales (por medio de los grupos de emigrantes al Distrito Federal y a Estados Unidos, como veremos más adelante, pero también con la presencia en foros internacionales de trovadores, músicos y guías culturales).

Al interior de las comunidades de la Sierra, sin embargo, el pueblo vive relativamente aislado. La referencia a los lugares de emigración, a la proyección educativa y cultural, y otros signos de modernidad, es relativa. En buena medida, se vive entre la nostalgia de un bienestar anterior perdido y una promesa de bienestar que no se concreta como experiencia diaria. La emigración mayor ha sido y sigue siendo a los Estados Unidos, propiciada, en grandes grupos, con la decadencia de la minería.

La topada es un ritual complejo que mantiene sus rasgos definitorios y que, no obstante, tiende a abrirse a otras perspectivas. Puede observarse entonces en su totalidad y como proceso. Mantiene además el carácter festivo, y no de espectáculo, aunque de ella derivan ciertas puestas en acto que funcionan como tal.

Me interesa observar la topada como un espacio que se abre y permite que se manifieste el gran encuentro que subyace a todo el ámbito social de la tradición y la modernidad. Al hacerlo, no parto de una imposición desde fuera. Por lo que conocemos, la décima en la zona privilegia, sobre otras formas del género, el interés por «la historia» y con ello por el «saber» y la reflexión que, como vimos, es una de las grandes vetas del decimario hispanoamericano. Esto implica todo un proceso de la tradición del género que por ahora dejo de lado. Baste señalar

[5] La décima en la Sierra Gorda se encuentra en una parte media de San Luis Potosí, y del norte de Guanajuato y de Querétaro. En la Zona media de San Luis Potosí destaca el Municipio de Río Verde, donde el género está vigente en un buen número de rancherías (ca. unas 30), y se encuentra también en los municipios de Ciudad Fernández, San Ciro de Acosta, Santa Catarina, Cerritos, Villa Juárez, Alaquines, Cárdenas, Ciudad del Maíz, Rayón, Lagunillas y Tamasopo. De la Zona norte de Guanajuato destacan los municipios de San Luis de la Paz, Victoria, Xichú, Atarjea, Tierra Blanca, San José y Doctor Mora. Y en la Zona norte de Querétaro, Peña Miller, Pinal de Amoles, San Joaquín, Arroyo Seco, Jalpan de Sierra y Landa de Matamoros (Perea 1989).

que esta tendencia dominante a la reflexión y al «saber» refuerza la función crítica potencial de la décima y la glosa, si bien genera otro tipo de problemas por lo que silencia o subordina.

Desde un punto de vista literario, la décima —y sobre todo la glosa en décimas— es un género híbrido también entre lo épico y lo lírico, es decir, entre su carácter expresivo y su carácter relatante. La función poética se ejerce hacia ambos polos y más bien debe señalarse que el género es épico-lírico y que, en última instancia, el paso por el sujeto (colectivo e individual —con marcas de lo colectivo—), determina la dominante (Jiménez de Báez 1999). No es menos importante señalar que la glosa implica el entreverado de los dos géneros predominantes en la poesía tradicional hispanoamericana: la copla y la décima. Este hecho moviliza la tradición de un modo muy particular. Pero es más: la décima es un género en umbral en otros aspectos: entre lo oral y lo escrito; entre la tradición y la improvisación; entre géneros; entre lo culto y lo popular. Y virtualmente la gama temática es abierta.

Este último rasgo es compartido por el ritual de la topada. Sin duda, se trata de una celebración que no reconoce límites noéticos, y su temática puede abarcar todas las modalidades de la vida social. Es el rito el que estructura y centra para que se facilite la manifestación del sentido subyacente, relativamente implícito (sobre todo para los que no son dueños de un saber suficiente). Es además un rito altamente semiótico en el entreverado de su composición, como se verá enseguida.

EL ESPACIO. La disposición de los componentes de la reunión acota el espacio de la celebración. Se colocan frente a frente dos entarimados de madera, a manera de bancos con postes muy altos. Entre ambos se marca el espacio para el baile, donde también se coloca una tarima, o se llegan incluso a enterrar tablas, relativamente pequeñas, para el zapateado. En cada entarimado se colocará uno de los dos trovadores participantes, con su guitarra huapanguera, y acompañado por su primer y segundo violín, y el vihuelista. La altura en que se colocan los competidores principales, implica un dominio del espacio y del tiempo. Sin duda también protege y, sobre todo, propicia la concentración y la libertad necesaria al trovador para improvisar y componer toda la noche. En términos de la controversia, refuerza la función conativa de los enunciados respectivos. No obstante la distancia que media entre uno y otro, se enfrentan cara a cara.

Cuando se inicia la topada, entre la tradición que se actualiza en el presente, mediante la palabra y la música, y el público, se establece un acto de comunicación, y una creciente tensión, acorde con el ritmo y las reglas del ritual[6].

El rito tiene cuatro partes básicas: los saludos, el desarrollo de los temas, la bravata y las despedidas. Cada parte está constituida por un número variable de secuencias que mantienen el mismo orden interno de sus componentes.

Cada secuencia del rito consta básicamente de una Poesía, glosa de línea que suele traer preparada el trovador, alusiva casi siempre al motivo de la celebración. La música se detiene y deja paso a la Voz que recita la glosa. Después irrumpe el canto, por lo general improvisado, del Decimal o Valona. Ésta es una glosa normal, que glosa una cuarteta inicial o planta, en cuatro décimas, cada una de las cuales concluye con el verso correspondiente de la cuarteta. Entre cada una de las décimas se toca y se baila el zapateado. Al terminar la glosa se toca el jarabe y el son, y se cantan coplas que suelen ser de seis versos, tradicionales o improvisadas. Habrá iniciado la secuencia el trovador que lleva la mano.

TOPADA DE LA EMIGRACIÓN: DE LA SIERRA GORDA AL DISTRITO FEDERAL Y A LOS ESTADOS UNIDOS

Paso a comentar una topada que se celebró en la Cancha de Fútbol Rápido «Francia», de Cuautitlán, Izcalli, en el Estado de México, entre el 31 de mayo y el 1 de junio de 1997, aunque por su extensión, deberé limitarme a partes significativas de los saludos y del final, con breves comentarios que hilen el discurso ritual. Cuautitlán es una zona fronteriza entre el Estado de México y el Distrito Federal, lo cual diluye la diferencia de los espacios en contacto. Para los emigrantes de la Sierra Gorda a la Ciudad de México éste es el ámbito de su asentamiento principal, antes de que muchos se desplacen hacia los Estados Unidos. Es pues también ruta de pasaje o de ida y vuelta. Se vive en situación de umbral la experiencia de la emigración, en este juego contradictorio y plural de las fronteras culturales y económicas: campo-ciudad; Estado de México-Distrito Federal; Distrito Federal-Austin, California, etc. Una topada en esta zona se mueve entre el deseo y la nostalgia; entre la

---

[6] Para una descripción concisa y sensible del rito en una topada ejidal, *cf*. Avilés (2002). También Nava (1992).

denuncia y el humor desacralizador; pero también se afirma en los rituales festivos de la identidad y la diferencia.

Los trovadores de la topada fueron Guillermo Velázquez y su grupo de Los Leones de la Sierra de Xichú, y Cándido Martínez de El Aguacate, en Río Verde, San Luis Potosí, y sus músicos[7]. Participaron también, antes de la topada, la esposa de Guillermo, Isabel Flores, varios espontáneos y algunos músicos o trovadores, muchos de ellos emigrantes, que fueron invitados «a participar», como es el caso de Gonzalo Alvarado, de La Lagunita, Victoria, Guanajuato, quien comenta que se repartieron «volantes de invitación» y que él «va a tocar 'así libre'. Viene a participar, a convivir y a cantar una canción»[8].

ANTES DE LA TOPADA. En la cancha se ha dispuesto el espacio para el encuentro. Hay también algunos puestos con tacos y antojitos mexicanos. Un locutor anima, y va haciendo la crónica del momento. Así acerca a los participantes e incluso los vincula por teléfono con algunos migrantes de los Estados Unidos y de la Ciudad de México. En las breves entrevistas que hicieron los investigadores esa noche, se constata que se trata efectivamente de emigrantes y que han acudido muchos troveros y músicos de la Sierra que vienen de allá, viven en el Distrito Federal o llegan de los Estados Unidos. También es evidente que se han estado reuniendo durante mucho tiempo. El acto adquiere visos de ritual por la frecuencia, el ánimo festivo que prevalece durante toda la noche, el sentido de pertenencia. Es, además, un público conocedor de la tradición.

El objetivo que ordena la topada rige incluso la selección de las canciones previas (de hecho toda esta preparación tiene ya rasgos de ritualización). Se cantan temas de la Tierra, como «El gustito»; de viaje («La Petenera») y de la migración con el corrido «Soy chavo y ando en el D.F.», compuesto por Guillermo Velázquez. Estamos inmersos en la tradición y en un ambiente festivo. De «La Petenera», destaco una estrofa «de lugares» que, como tantas otras, es tradicional en México y en todo el ámbito hispánico:

> Francia, París y España,
> Roma, Londres y Turquía,

---

[7] Las grabaciones de esta topada y de varias entrevistas que se hicieron sobre ella pertenecen al *Acervo décima*.

[8] Entrevista núm. 88 (31 de mayo de 1997), hecha por Claudia Avilés Hernández (*Cf. Acervo décima*).

> Roma, Londres y Turquía
> Francia, París y España;
> pero Asia nos acompaña —¡ay, la, la lá!—
> Puerto Rico y la Oceanía,
> Se encuentra la Gran Bretaña
> África y la tierra mía.

El añadido, —¡ay, la, la lá!—, de trazo claramente andaluz, aparece también en la Valona de Michoacán y es frecuente, por ejemplo, en el decimario puertorriqueño y en el de otros países.

La topada. Cuando comienza la topada desaparece la función del locutor. Los trovadores y sus músicos son dueños del espacio y la palabra y la música, también el baile, apelan al público. No habrá interrupciones fuera del ritual mismo.

Los saludos. Ambos trovadores inician su secuencia de saludos con una poesía reconocidamente tradicional en la forma. Cándido Martínez, quien lleva la mano inicialmente, la hace en esdrújulos, que no tienden a usarse en español, porque son escasos y, por lo general, de procedencia erudita. Como se alarga una sílaba, se altera el ritmo del verso, y se usa más bien en poesía humorística, satírica o circunstancial (Baehr 1981: 64-65). El trovador utiliza la rima esdrújula tanto a mitad del verso como al final. Es evidente el alarde formal, pero hieratiza la poesía que no pretende ser ni humorística ni satírica. Temáticamente habla del arte del trovador, e indica la conciencia de que la décima llega a los Estados Unidos. Copio los primeros versos:

> Existen músicos por todo el ángulo
> sobre este tránsito de la melódica:
> unos muy prácticos en la sinfónica
> lucen sus módulos en cada triángulo,
> lucen sus modos en aquél rectángulo;
> [...]

Cuando canta el decimal, Cándido saluda a la concurrencia y a Guillermo. Marca una actitud de servicio que reiterará. Esto es parte del reglamento, y recuerda la tradición de la literatura cortesana, de donde proceden la décima y la glosa. La cuarteta inicial sintetiza la intención y la actitud:

Otra vez a tu presencia
te canta tu servidor:
Buenas noches, concurrencia,
buenas noches, cantador.

Guillermo Velázquez comienza su saludo con una poesía en versos encadenados a manera de espiral, característica de ciertos géneros tradicionales como las cadenas. Destaca la relación con el tiempo y la memoria colectivos, y la procedencia del poeta, quien se identifica como portavoz de esa historia:

De la Sierra traigo vientos
vientos de tiempo y memoria:
memoria de nuestra historia
de nuestra historia sarmiento;
sarmiento de sentimiento
[...]

Desde la cuarteta, Guillermo inicia el decimal conjuntando en su presente todos los espacios, la voluntad de saludar, y la música:

Desde Xichú, desde el Real,
vengo a estrecharles la mano,
¡viva el huapango serrano
y el son en la Capital!

De manera análoga a otros géneros —la copla, el corrido— canta en primera persona y se remite a su genealogía. Asoma lo que será uno de los motivos ejes de su topada esa noche, la mina:

Guillermo me han bautizado
y si en la memoria escancio
soy hijo de aquel Venancio
soy Velázquez y Alvarado;
yo me crié y sigo enraizado
en el árbol ancestral
d'aquél pueblo mineral,
y de allá donde arraigamos
hoy a Cuautitlán llegamos
desde Xichú, desde el Real.

El poeta trae como don para la concurrencia, la alegría, lo festivo: «del Real de Xichú llegamos/ para darles alegría». Busca conjugar lo que parece irremediablemente antagónico: la vida en el campo y en la ciudad; la música moderna y la tradicional. Sin duda ya están las claves principales de sus poemas:

> Hoy el aroma del pino
> con el del esmog se junta;
> el campo y los citadinos
> tuercen hoy la misma punta;
> fuerza de una sola yunta
> nuestro son y el rock urbano,
> ya verán que no es de plano,
> soy Guillermo su carnal
> y como el rocanrol, igual,
> ¡viva el huapango serrano!

La fuerza rítmica del zapateado indica la recepción gozosa de la poesía. Después entra Cándido Martínez y acentúa el tono «humilde» que sabemos es parte de la tradición, pero matizado por el trovador en turno («me disculpen que aquí les relate/ me disculpan algún disparate/ que llegara a decir de repente»). Guillermo, por ejemplo, entrará a la próxima secuencia, humilde («no presumimos de competentes/ en el manejo del instrumento/ ni presumimos conocimiento»), aunque retante, como es su estilo, acorde con su conciencia social y el temple («pero ya entrados en un fandango, / Enrique Iglesias nos viene guango»). Sin embargo, cuando se distancia un poco de este tono polémico que predomina en la bravata, el trovador de Xichú entra en el reglamento, y lo hace con altura poética. Se identifica entonces con la siembra (¿reminiscencias del antiguo campo semántico del hortelano de amor?) y se declara portador de las voces que ha sembrado en él su pueblo:

> Si yo me planto cantando aquí
> no es porque tenga mérito propio;
> soy siembra y milpa; soy un acopio,
> de lo que ustedes siembran en mí.
> El don del verso que recibí
> no es un motivo de lucimiento;
> es flor de vida y es instrumento.
> huingar o barra, machete, lazo,

arma o apero, según el caso.
Guanajuatense de nacimiento,
[...]

Da la sensación de que se aboca a preparar el cierre. Advierte a Cándido que debe trovar por «la experiencia de emigrar». Para ello se dispone a alcanzar «las raíces de la memoria, / de Xichú y de nuestra historia». Se regresa al acontecimiento histórico-económico que cambia el rumbo de la población: el cierre de la mina en el lugar de origen del trovador:

La mina fue una esperanza,
y si hoy hacemos historia,
evocaré la memoria
de aquella última bonanza;
el tiempo implacable avanza,
[...]

Quedan claros dos rasgos ejes de la topada: 1. la mayor tradicionalidad del discurso de Cándido Martínez, que no se actualiza plenamente, y 2. la tradición y la modernidad asumidas por el discurso de Guillermo Velázquez, que tiene un saber histórico más «alerta» a su presente.

Cándido entra a una secuencia con una poesía suya sobre escritores, ya publicada (Perea 1989: 214). Seguramente muchos de los presentes identifican la glosa, aunque en esta ocasión el trovador añade al final una décima sobre un poeta potosino. Sigue una glosa de poetisas. Guillermo continúa el tema de la nostalgia de los tiempos pasados (pérdida del Paraíso —sobre todo por razones económicas—, y comienzo del éxodo a los Estados Unidos) que lo llevará a la protesta abierta:

[...]
Hace cincuenta años se mentaba el Real
como un horizonte, como una esperanza;
muchos campesinos dejaban labranza
la yunta, el arado, y se hacían mineros:
¡cómo nos dejaron los canijos güeros!
Recuerdos me quedan de aquella bonanza,

Dije antes que el público de la topada era «conocedor». Cuando lo es, sabemos que se convierte en un árbitro implacable, da muestras de entusiasmo si así lo amerita el acto. Guillermo lo recuerda en su valona decimal:

> Bailando el pueblo y parando oreja
> juzga sus poetas en las topadas,
> y con los gritos y las mentadas
> o nos encumbra o nos empareja;
> y en estos bailes se hacen madeja,
> vidas con muerte, y en su momento,
> voltea jorongos el firmamento
> escupe sangre la madrugada
> y ahí le sigue como si nada.
> Guanajuatense de nacimiento.

Cándido sigue con la añoranza del estudio, como un hecho individual; luego generaliza para hablar del «destino humano». Se empieza a perfilar la diferencia ideológica básica entre él y Guillermo. Si bien en la poesía Cándido alude a la muerte de Colosio, asesinado cuando era candidato a la presidencia de México en el sexenio anterior (1994-2000), cuando canta el decimal, vuelve a la intención generalizadora. Es evidente cierto decaimiento en el tono que se siente también en la música.

> Hermano, ¿por qué te quedas?
> da tú en vida lo que puedas,
> no llores después de muerto
> porque si resulta incierto
> todo lo que has prometido,
> [...]

Después de algunos saludos, Cándido inicia varias glosas de carácter tradicional. Una sobre la luz eléctrica; otra sobre el número siete, ya publicada (Perea 1989: 248), y una glosa por el tiempo cronológico que es análoga a la de los números.

El proceso paralelo de Guillermo varía del de Cándido. En otra de las glosas sobre la mina, da como fecha de su pérdida, el año de 1957. Se produce entonces el Éxodo, como lo ha repetido varias veces durante la noche, y lo indica desde la planta:

> Cuando se acabó la mina,
> se desparramó la gente,

y ahora ya es capitalina
muchacha que echó simiente.

Sigue una tirada de nueve saludos que el trovador de Xichú dedica a diversas personas de los presentes. La mayoría es a petición de los interesados. Se nota que los saludos se improvisan. Sin alarde, fluyen y se percibe el dominio de la tradición. Al final de esta tirada de décimas, se oye el zapateado muy fuerte y animado. Vuelve otra tirada de diez saludos, lo cual indica una recepción excelente. Destaco unos versos del último que alude al rito que debe cumplirse:

Y en otro papel chiquito
otro nombre y apellido,
y yo respondo al pedido
con un cariño exquisito;
para cumplir con el rito
que tenemos en el agro,
que mi verso no sea magro
y que lo bendiga Dios,
amigos, Manuel Quiroz,
de aquél rancho de El Milagro.

En Guillermo se acentúa el uso de la lengua coloquial y los anglicismos («sobrevives en este desmother/ o te pilas en un dos por tres»), índices de la proximidad de la bravata, que Cándido anuncia también, pero con poca variación de estilo; además lo inserta en el son, y él mismo dice: «disculpen si me desvío, / Alfredo Rodríguez Mata, / saludos para su tío».

La bravata. En esta parte del ritual, seguir la intensidad de las secuencias y los cambios de ritmo y significación (en la palabra, la música y el baile) es una experiencia gratificante. Se percibe el orden ritual y la fuerza de su capacidad transformadora, lo cual explica, en parte, su vigencia. No tengo tiempo de detenerme. Para tener una idea de la música en consonancia con la palabra, durante la bravata, remito a una publicación nuestra (Jiménez de Báez 1998: 118-131).

Es Guillermo quien indica, con un cambio de tono, la proximidad de la despedida, y se refiere a la bravata (también «aporreón») como una lucha a muerte: «pero no temo a la muerte». Es el momento en que se resuelve simbólicamente la bravata, entre la muerte y la vida:

Ya vamos de amanecida,
Cándido, digo sin demora,
quedan unas cuantas horas
pa definir muerte y vida.
Disculpa que te lo pida,
con los versos en mi boca;
soy fuerte como una roca,
y hoy lo vas a comprobar,
Cándido, éntrale a pelear,
y a ver de cómo nos toca.

El tono pleno de aporreón se restablece de inmediato en el son y el jarabe. Después entra Cándido, seguro, y dice su poesía, de la cual copio la primera décima y el pie:

Yo soy Cándido, tú ya lo sabes,
el más noble, pero sí consciente;
cuando toco contigo de frente
me divierten, me gustan tus claves;
y me agrada escuchar que te alabes
y que empieces a hacer disgarriate;
si a tu altura no tienes empate,
puedes ser de los más vivarachos;
yo burrito y papá de los machos.
Vamos, vamos entrando al combate,
con cuidado, mi fiel compañero
que si vienes igual de grosero,
voy a darte a comer cacahuates.

Si se sigue el desarrollo de la estrofa, van saliendo los puntos del argumento. Después Guillermo afirma haberle perdido el miedo; lo reta y descalifica como poeta. Cierra la secuencia con una amenaza de muerte en un tono medio humorístico que recuerda los versos de calavera, en la tradición mexicana:

Cándido, yo no quisiera
Cándido yo no quisiera,
pero sigues en porfía,
y antes que amanezca el día
bailaré en tu calavera.

En la parte final de la bravata, ambos trovadores se emparejan en el discurso peyorativo de la secuencia que sigue, cada quien en su estilo.

Destacaré sólo algunos puntos clave de las dos últimas secuencias. En el decimal, el trovador de Xichú contesta a la crítica que se ha hecho de su formación, con la crítica más dura al adversario, precisamente porque deja de lado el tono, al fin y al cabo festivo de la bravata, y adopta el discurso de la reflexión. Guillermo reivindica la autoridad de los mayores, acorde con su postura y práctica de integrar, de cara al futuro, la herencia de la tradición y la presencia de la modernidad. Es claro el tema desde la planta del decimal:

> Los sabios, viejos autores,
> que no presumen de brillos,
> los humildes, los sencillos,
> han sido mis profesores.

El tema invade el jarabe. En sus tres estrofas se censura la impericia de Cándido como improvisador. Y en la tercera el trovador de Xichú se declara implícitamente ganador. Cándido puede morir, pero él le perdona la vida:

> Cándido, puedes morir,
> Cándido, puedes morir,
> pero como León te digo:
> Te voy a dejar vivir
> por divertirme contigo.

El carácter de cierre del verso se acentúa con el son que concluye la secuencia: el aire de libertad y lirismo lleva al trovador a la naturaleza, al recuerdo amoroso, a saludar a personas cercanas. La imagen del amanecer se reitera con fuerza simbólica y real al mismo tiempo: «y rumbo al amanecer/ horas vienen y horas van»; «Por el rumbo del Oriente, / ya presiento la alborada/ ya presiento la alborada/ por el rumbo del Poniente».

Toca el turno a Cándido quien se mantiene en el aporreón en la poesía, pero en el decimal pone la mira en la alborada y da por concluida la fiesta. Se omite el jarabe, y el son repite dos coplas de «Cupido», con variantes.

Sorpresivamente, Guillermo vuelve a la bravata con un decimal de cinco décimas, que me parece crucial en la topada. Toda la noche se percibió una bifurcación temática entre los poetas que puede tener varias interpretaciones. Se marcan las dos tendencias quizá predominantes en la tradición de la topada: una de cara al pasado, con variaciones; otra —lo he estado señalando— que asume el presente y lo integra a la tradición. Pero es algo más. Cándido trova mucho más apegado a formas tradicionales que a veces simplemente reproduce. Le fue difícil esa noche ser más creativo y flexible ante la poesía avasallante de Guillermo. Quizá el impedimento mayor es el que denuncia el trovador de Xichú en esta última secuencia. Si recordamos, Cándido no accede mucho al discurso de la emigración o del choque con la vida citadina o con los procesos de cosificación producto de una economía consumista. Es decir, hay una brecha ideológica entre las poesías. El decimal muestra lo implícito precisamente al final de la topada. Cándido queda definido como un «poeta de corte», de autoridad degradada. La muerte después de la bravata ha sido objetivar en la palabra lo implícito: que el de Cándido es un arte que se vende. La muerte es ese vacío de sentido desde la óptica del trovador de Xichú. Reproduzco la segunda décima, y el pie:

> Mucho te buscan los candidatos,
> para que cantes en sus campañas,
> te pagan miles los alimañas,
> por echar versos algunos ratos
> y andas tras de ellos como los gatos
> que hieden carne de roedores,
> y tanto quieres a esos traidores,
> que ni de chiste los desacatas;
> antes les lambes hasta las patas.
> Vienes de mata de trovadores
> pero te falta mucha vergüenza;
> en ti no hay nada que convenza
> y allá en mi tierra los hay mejores.

En contrapunto, como es su estilo, el remanso en el decimal. El amanecer sale de la muerte del otro (el sacrificio para renacer). Se canta a la vida en tanto mujer(Amanda)-alba; alba-renacer del día después de la noche; alba-resurrección; alba-musa que eleva-poesía; alba-libertad; alba-pasión:

> Amanda, ya va a alborear
> y esto te lo digo en serio,

eres hija de un misterio,
que no alcanzo a descifrar;
es un enigma, y ni hablar,
Amanda, ¿qué puedo hacer?
Sólo cumplir el deber
de seguir en esto inmerso,
e improvisarte este verso
Amanda, al amanecer.

El son amplía el espacio lírico de la ilusión que reintegra a la vida. La imagen del caballo-ave connota la ligereza de la libertad y el gozo («Tengo un caballo muy bueno/ que le llamo el pavo real/ aunque no sabe de freno/ nomás de puro gozar [...]»).

En el decimal, también Cándido anuncia un nuevo tiempo, «antes que amanezca el día», y se despide: «Casi, casi llega el día/ la fiesta estuvo muy grata:/ ya se acaba la bravata/ ¡Viva el gusto y la alegría!».

Sabemos hasta el final que la topada se ha organizado para apoyar el festival de Xichú que se celebra cada diciembre, con un fuerte poder de convocatoria. Guillermo trova una poesía con uno de los temas principales de la noche, de amplia tradicionalidad: el contraste entre la vida de campo y la de ciudad. Es un poco la biografía del Éxodo:

Cuántos serranos, cuántos y cuántos
dejan el rancho por la ciudad:
pocos por gusto; más, en verdad,
buscando el paño de sus quebrantos.
Sea por los hijos —a veces tantos—
para que estudien y hallen salida
porque en el rancho ya pocas la hacen
aunque los años pasen y pasen,
la tierra de uno nunca se olvida
por más que lejos ande el cristiano
nunca se borra, nunca de plano
dentro del alma se nos anida.

Los trovadores se despiden, cada uno en su momento. Al despedirse, agradecen a los organizadores. Cándido es el primero en hacerlo. Invita a toda la concurrencia a visitar Río Verde, su tierra de origen. En el decimal habla de la fiesta como una actuación: «Se culmina la actuación». Guillermo Velázquez cierra la topada. Canta a la tierra-madre y al placer de regresar al espacio del recuerdo de lo vivido, de la memoria, como en esta estrofa:

> Ya cuando los años pasan
> y se va amasando todo,
> se forma un mágico lodo
> y en la memoria se amasan
> vivos recuerdos que trazan
> rutas para descifrar
> mucho de lo que al andar
> pasa desapercibido,
> cerrando paso al olvido
> Es bonito regresar
> a la tierra en que nacimos,
> pasearnos y recordar
> tantas cosas que vivimos.

Y al final, la ronda de las despedidas, y después, en el son, la invitación para el próximo encuentro: «en noviembre, Dios mediante/ nos vemos en Culhuacán».

Se oyen los últimos cantos después de cerrada la topada. Se escucha, a lo lejos, «El querreque», y a Isabel Flores que canta «¡Qué rechula es la fiesta del Bajío!».

El rito festivo ha reunido la música, el baile, la representación, y sobre todo, la palabra y la voz. También conjura la Historia y la revela. Pienso que este pasar de la noche al día, y estar a la espera del amanecer, se analoga en mucho a los rituales de sacrificio y resurrección. El paso simbólico de la muerte a la vida, no creo que haya sido en vano. Si bien es cierto que se restablece un equilibrio, al final, nunca se regresa exactamente al mismo punto. Algo ha ocurrido, por lo menos en los límites de la conciencia crítica y de la sensibilidad.

BIBLIOGRAFÍA

Acervo décima: Proyecto La décima y la glosa tradicionales en México, Puerto Rico y otros países hispánicos. En: Fonoteca y Archivo de Tradiciones Populares, C.E.L.L., El Colegio de México.

AGUADO, José Carlos y PORTAL, María Ana: *Identidad, ideología y ritual*. U.A.M.-Iztapalapa, México, 1992.

AVILÉS, Claudia: «Ritual y discurso en una topada ejidal de Cárdenas, San Luis Potosí». En: Jiménez de Báez, Yvette (ed.), con la colaboración de R. Mosqueda y M. A. Molina, *Lenguajes de la tradición popular. Fiesta, canto, música y representación*. El Colegio de México, México, 2002.

BAEHR, Rudolph: *Manual de versificación española*. Gredos, Madrid, 1981.

BERRONES, Francisco: *Poesía campesina*. SEP-Subsecretaría de Cultura-Culturas Populares, México, 1988.

Biblia: Biblia de Jerusalén, ed. dir. por Santiago García, Desclee de Brouwer, Bilbao, 1975.

COX, Harvey: *Las fiestas de locos. Ensayo sobre el talante festivo y la fantasía*. Taurus, Madrid, 1983 [1969].

DUVIGNAUD, Jean: *Fêtes et civilisations*. Librairie Weber, Paris, 1973.

Entrevista núm. 88 (31 de mayo de 1997), hecha por Claudia Avilés Hernández. En: *Acervo décima*.

GALVÁN TUDELA, Alberto: *Las fiestas populares canarias*. Interinsular/Ediciones Canarias, Tenerife, 1987.

GIMÉNEZ, Gilberto, *Cultura popular y religión en el Anáhuac*. Centro de Estudios Ecuménicos, México, 1979.

— (comp.): *La teoría y el análisis de la cultura*. SEP-Universidad de Guadalajara-COMECSO, Guadalajara, 1987.

JIMÉNEZ DE BÁEZ, Yvette: «Oralidad y escritura: Las décimas de Colón en México y Puerto Rico». En: *Actas del XXIX Congreso del Instituto de Literatura Iberoamericana* (Universitat de Barcelona), pp. 437-451, Barcelona, 1992.

— «Tradición e identidad: décimas y glosas de ida y vuelta». En: Ortega, J. y R. Carmosino (eds.), *México fin de siglo, INTI. Revista de Literatura Hispánica*, 42, pp. 139-150, Providence, 1995.

— (ed.), con la colaboración de E. Fernando Nava L., Claudia Avilés H., Rafael Velasco V. y Juan Antonio Pacheco: *Voces y cantos de la tradición. Textos inéditos de la Fonoteca y Archivo de Tradiciones Populares*. El Colegio de México/Seminario de Tradiciones Populares, México, 1998.

— «Lirismo y prosa en las décimas y glosas tradicionales de México y de otros países». Conferencia magistral presentada en el Segundo Encuentro de Decimistas y Versadores de Latinoamérica y del Caribe (Instituto de Cultura de San Luis Potosí, 18-22 de agosto de 1999) [en prensa].

NAVA, Fernando: «Tonadas y valonas: música de las poesías y los decimales de la Sierra Gorda». En: R. Olea Franco y J. Valender (eds.): *Reflexiones lingüísticas y literarias*. II: Literatura, El Colegio de México, pp. 355-378, México, 1992.

PEREA, Socorro (ed.): *Décimas y valonas de San Luis Potosí*, introd. de S. Perea, y pres. de T. Calvillo. Archivo Histórico del Estado-Casa de la Cultura de San Luis Potosí, 1989.

PRIETO, José Luis: *Ritos festivos*. Centro de Cultura Tradicional (Dip. de Salamanca), Salamanca, 1990.

TURNER, Víctor: *La selva de los símbolos*. 2a. ed., Siglo XXI, Madrid, 1990 [1967].

— *El proceso ritual. Estructura y antiestructura*. Taurus, Madrid, 1988 [1969].

VAN DIJK, Teun A.: *Ideología. Un enfoque multidisciplinario*. Gedisa, Barcelona, 1999 [1998].

VILLARDY, Agnes: «Fiesta y vida cotidiana», trad. de C. Héau. En: *Fête et vie quotidienne*, Paris, 1968 [Tomado de Giménez 1987].

Los rituales y su reinterpretación por el cine, el teatro y la literatura /

Os rituais e sua reinterpretação pelo cinema, o teatro e a literatura

RITUALIDADE NORDESTINA, PROCESSOS DE LIBERAÇÃO E CINEMA (ENTREVISTA)

José Araújo, *Fortaleza e New York*
Martín Lienhard, *Universität Zurich*

MARTÍN LIENHARD: O simpósio sobre Ritualidades latino-americanas pretendia, como se podia ler no programa, «enfocar nem só as formas, os conteúdos, as transformações e a relevância social dos próprios
rituais 'populares' na América Latina, como também as interpretações
científicas e as recriações artísticas (literatura, cinema, etc.) que esses rituais têm suscitado». É evidente que seu cinema —nomeadamente *O
sertão das memórias* como também, agora, *As tentações do irmão
Sebastião*— tem uma relação importante com a (ou alguma) ritualidade.
Que tipo de relação? Trata-se de «recriação artística» de rituais existentes? E, se for o caso, de que rituais?

JOSÉ ARAÚJO: Em *O Sertão das Memórias* e *As Tentações do Irmão
Sebastião* represento uma cultura influenciada por sequidão, calor,
fome, sede e violência, misturada com a herança religiosa dos antepassados católicos/ibéricos, indígenas e africanos. Personagens bíblicos,
mais específicamente do Antigo Testamento, heróis de lendas européias,
decantados nos livretos de cordel das feiras livres e quermesses, juntos
com heróis índios, negros e portugueses, sincretizaram-se nos cangacei-
ros, beatos, coronéis, místicos, ciganos, jangadeiros, boiadeiros e nos
grandes heróis do sertão, Lampião, Antonio Conselheiro e Padre Cícero.
O sertanejo mais tradicional, o que vive isolado nas brenhas, pode par-

ticipar em cultos religiosos, procissões, danças folclóricas, sentindo-se quase que «incorporado» por esses símbolos culturais.

A vida de resistência do sertanejo já é ritualizada. Para muitos deles, Palestina, Roma antiga, os espaços da bíblia, Europa medieval, floresta, mar e sertão são partes do mesmo universo. Não usei atores profissionais em *O Sertão das Memórias*, ao contrário, busquei personagens verdadeiros, pessoas mais introspectivas, vivendo quase que num transe místico, nos espaços imaginários das lendas e da bíblia. Maria e Antero, o casal de velhos, o padre, o político populista, a mulher que recita textos da bíblia e os outros personagens, entendiam e sentiam um mundo onde os Cavaleiros do Apocalipse, o dragão/demônio/explorador dos oprimidos e da terra, David e Golias conviviam com eles.

O realismo do cotidiano, ritualizado, junta-se ao mundo dos mitos culturais e religiosos, criando um novo plano, um misto de realismo mágico da literatura latino-americana com «um certo realismo» de Pasolini. Em ambos os filmes trabalhei nesses dois planos. Retrato uma vida já ritualizada, em *O Sertão*, a ritualidade de um sertão imaginário e real ao mesmo tempo, e em *As Tentações*, a ritualidade do mundo pós-apocalíptico onde a religião cresce ao redor de movimentos messiânicos.

Em *As Tentações do Irmão Sebastião* trabalhei com diferentes tipos de elenco. Fiz uma mistura de atores de teatro locais, selecionados por critérios de personalidade e tipos, com médiuns da umbanda, incorporados, fazendo os papéis das próprias entidades, com grupos folclóricos e religiosos da tradição nordestina e com gente das favelas e do sertão, os sobreviventes do apocalipse. No mundo pós-apocalíptico do futuro retratado, as manifestações culturais e as ritualidades sobrevivem ao final dos tempos e servem de parâmetros para a criação de uma nova sociedade onde a religião tem um papel importante.

ML: Quando se estreou *O sertão das memórias*, alguns críticos (entre eles Peter B. Schumann) sugeriram que alguns dos recursos ou meios empregados por esse filme lembravam os do Cinema Novo. É provável que eles estivessem pensando, em particular, no trabalho de «ritualização» que podemos observar em seu filme. É verdade que os rituais parecem cumprir um papel relevante em alguns filmes do Cinema Novo, por exemplo em *Antônio das Mortes* de Glauber Rocha. A maneira de trabalhar a «ritualidade» no Cinema Novo foi, para você, uma fonte de inspiração? Como é que você contrastaria o «uso» da ritualidade em —por exemplo— *Antônio das Mortes* e em *O sertão das memórias*?

O Sertão das Memórias.
Um filme de José Araújo.

As Tentações do Irmão Sebastião.
Um filme de José Araújo.

JA: Eu diria que num primeiro momento, a «ritualidade» do Cinema Novo, principalmente a maneira como Glauber Rocha tratou do assunto em *Antônio da Mortes* e *Deus e o Diabo na Terra do Sol*, veio para comprovar algo que já sentia naturalmente, por ser do sertão, brasileiro, católico e politizado. Muito cedo pude entender o papel da ritualidade na vida cotidiana e depois aprofundei-me mais, estudando em um seminário para ser padre e frequentando terreiros de umbanda e candomblé, por muitos anos.

Em *Antônio das Mortes* gosto dos movimentos circulares que os personagens ficam fazendo em algumas das cenas. Glauber usa os símbolos culturais e religiosos da região de uma maneira mais política. Seus filmes falam da força do povo e respeitam o valor da cultura no processo de liberação econômica-política, mas a religião, por si, fica caracterizada de uma maneira mais negativa. Em *Barravento*, o candomblé é retratado como fonte de atraso. É o ópio do povo da visão marxista. O Coronel, o dragão, a Santa e os grupos folclóricos são alguns dos mesmos símbolos que utilizo em *O Sertão das Memórias*. No mundo latino-americano, pósteologia da liberação e pós-marxista, o conceito do papel da religião mudou e ficou mais difícil separar o religioso do cultural e vice-versa.

ML: No contexto do Cinema Novo se falou, insistentemente, do cinema como de uma prática produtora de «alegorias». Embora (às vezes) inspirados em rituais existentes, os que se observam nos filmes de Glauber Rocha (e outros cineastas) teriam, sobretudo, uma função alegórica. Para você, a transformação artística do ritual em alegoria é uma hipótese viável?

JA: É uma hipótese viável, já usada em todas as cinematografias do mundo, principalmente no cinema soviético pós-revolução, em graus variados, e totalmente válida no processo criativo. O resultado dessa transformação é que varia de filme para filme e de cinematografia para cinematográfica. O desafio é captar na imagem a força desse significador. Em *O Sertão* e *As Tentações* tenho personagens de dentro da própria ritualidade, que são inseridos de uma maneira mais natural na narrativa, mas sem perder o realismo. Tento retratar a força desse universo com, pelo menos, parte da fé dos participantes. A força da ritualidade se perde na sua transformação em mera alegoria. É como um artefato religioso, uma relíquia no museu, em vez da igreja.

ML: Segundo o antropólogo Roberto DaMatta, a diferença entre a literatura e a etnografia é que a primeira se interessa nos dramas individuais, enquanto que a segunda procura descrever os «costumes» —a rotina, a ritualidade, etc.— de uma comunidade. O cinema hollywoodiano nasceu, se invocarmos essa classificação de DaMatta, enquanto «literatura». O que difunde, como a gente sabe, são histórias —«dramas»— individuais. Tem-se a impressão (para dizer pouco) que você, nos seus filmes, procura um caminho diferente, de uma certa maneira mais próximo da «etnografia». O que DaMatta não considerou na sua classificação é o critério da ficção. Seus filmes poderiam se qualificar de «etnografia-ficção» ou «ficção etnográfica»?

JA: Escrevi o roteiro de *O Sertão* de uma maneira como se escreve poesia, minha primeira forma de expressão. Baseei a história na minha própria experiência e com personagens ligados à minha vida. As imagens eram antigas e vinham de fotografias tiradas ao correr dos anos, poemas e anotações. Queria fazer um filme usando gente da minha cidade e cenários do sertão, como se fossem cenários da bíblia. Queria aproveitar a oportunidade para servir de voz aos anseios e necessidades desse mesmo povo, respeitando sua história, imagens e principalmente sua espiritualidade. Trabalhei com elementos do realismo, porém levando-o para a esfera do espiritual/mágico. Os personagens individuais transformam-se em arquétipos e modelos, tentando reencontrar-se em um mundo em transformação, e suas histórias são mais que relatos «individuais». Na verdade não saberia enquadrar esses filmes na classificação de DaMatta, nem tampouco qualificá-los de «etnografia-ficção» ou «ficção etnográfica».

ML: Em termos de «ritualidade», o cinema hollywoodiano se contenta, geralmente, com a representação dos «ritos» da vida cotidiana dos burgueses, dos pequeno-burgueses ou dos operários aburguesados. A ritualidade 'popular' não costuma ocupar nele espaço nenhum. Durante várias décadas do século xx, a alternativa a esse cinema parecia ser, principalmente, o de S. M. Eisenstein. Pensando nos filmes desse cineasta soviético, é difícil não se lembrar da importância que neles tem a «ritualidade» —uma ritualidade talvez não inspirada diretamente nos rituais populares existentes e que parece ter, sobretudo, uma função cinematográfica. O que é que você (a partir de sua própria experiência) pensa sobre isso e, também, sobre a obra de Eisenstein como «alternativa» ao cinema burguês?

JA: Para Eisenstein não foi difícil atravessar da ritualidade russa para a mexicana. Ele provou em *Que Viva Mexico* que sua visão em utilizar a ritualidade como conceito de imagem liberadora pode ser levada de um país a outro ou de uma cultura a outra. Usa símbolos e ritualidades universais. Imagens de homem trabalhando na terra, de mãe chorando a morte do filho assassinado por questão política e de uma maneira injusta, de água, fogo, armas, podem ser interpretadas da mesma maneira em várias culturas. Tem um grande valor político. O povo tem que se ver na tela com seus significadores e com sua própria ritualidade, ditando o ritmo da existência.

O cinema hollywoodiano prega o modo de vida burguês como modelo a ser seguido e é imitado no resto do mundo. No Brasil, por exemplo, fui criticado por fazer filme «miserabilista» na visão de alguns, que vêem a ritualidade popular como o passado e atraso. Eisenstein influenciou quase todos as novas cinematografias do mundo, Nouvelle Vague, Cinema Novo, Nuevo Cine Cubano, etc. Eisenstein retrata a fé na revolução ou religião e suas ritualidades como fator liberador. Como latino-americano, parto da premissa que, sem a cultura popular, estaremos mais longe da liberação total de nossa identidade e esqueceremos quem somos e seremos uma espécie de mortos-vivos. A antropafagia cultural necessita do elemento local liberado e desenvolvido para poder se misturar com as influências externas, sem perder a essência. A bossa-nova buscou o samba, o cinema novo buscou o sertão e a favela e o «arido» music de Recife mistura rap com maracatu.

ML: Não mudar, como todos sabemos, significa estar morto. Você, e não só como cineasta, é um ser vivo e portanto em transformação constante. Em que medida, entre *O sertão das memórias* e *As tentações do irmão Sebastião*, você mudou sua concepção ou compreensão da «ritualidade» em geral e, em particular, a função possível da «ritualidade» no (seu) cinema?

JA: Acho a transformação natural. Fui evoluindo pouco a pouco, afinando minha visão para poder ver o mundo da maneira como escrevi e retratei esses dois filmes. É um processo que continua dinâmico, e é a base da existência dessas culturas que retrato. O que seria a cultura latino-americana hoje sem sincretismo e com a transformação pelas diversas influências externas, no decorrer de sua história? Acho que, em virtude de se levar tanto tempo para fazer um filme, não tem como não se evoluir no processo. O cinema abre possibilidades de resposta a várias questões culturais, se seguirmos o preceito do respeito e da incorporação da ritualidade como parte da linguagem e do discurso.

Passei seis anos para terminar *O Sertão* e vou levar uns cinco para completar *As Tentações*. Nesse período passei por transformações individuais significantes, primeiro porque consegui realizar esses trabalhos, mantendo uma certa linha de visão e uma direção poética, e depois porque também faço parte de um mundo que se transforma constantemente. Acho que, à medida que vou fazendo filmes, irei descobrindo mais, até onde poderei chegar com meus interesses na espiritualidade e ritualidade popular. Quando imaginei as *Tentações do Irmão Sebastião* ainda não tinha certeza que ia poder usar médiuns de verdade, incorporados com entidades, vivendo seus próprios personagens nas histórias, ou com atores que usam a ritualidade do transe para transmitir uma idéia. Tinha um pai-de-santo que era meu assistente e me ajudava a dirigir as entidades incorporadas nos médiuns. Esse tipo de possibilidade foi uma surpresa que descobri no decorrer do processo de fazer, depois que meus próprios rituais para abrir caminho foram realizados, no meio da mata, com oferendas e velas para as diversas entidades protetoras.

DE *ORFEU NEGRO* A *ORFEU*: O CARNAVAL CARIOCA NA SEGUNDA METADE DO SÉCULO XX

Lídia Santos
Yale University

Este trabalho examina o ritual brasileiro do carnaval através de uma construção discursiva. Trato aqui do filme *Orfeu* (1999), de Carlos Diegues, como superposição de duas outras obras: o filme *Orfeu Negro* (1959), do francês Marcel Camus, e o texto da peça de teatro *Orfeu da Conceição* (1955), de Vinicius de Moraes, ponto de partida do filme de 1959 (Moraes 1995: 51-109)[1]. A obra de Diegues, à maneira desconstrucionista da pós-modernidade, não esconde as referências. A homenagem a Moraes é feita na primeira cena, onde uma voz em *off* declama a primeira estrofe da peça *Orfeu da Conceição*. O conteúdo visual da cena que se segue —animais circulando numa favela— confirma a citação em abismo, já que respeita as notações feitas pelo autor no texto teatral (Moraes 1995: 57-58). Daí em diante, o filme de 1999 vai dialogando com seu antecessor, compondo-se através da comparação contrastiva com o filme de 1959. Como muitas outras obras artísticas dele contemporâneas, construídas com a citação de suas predecessoras, *Orfeu* (1999) já não se refere ao carnaval em si mesmo: é um simulacro

---

[1] Moraes usa a parte amorosa do mito de Orfeu: a paixão por Eurídice e a morte desta, causada acidentalmente pelo rival Aristeu. A escolha da mitologia grega está de acordo com a poética do que é classificado nos manuais de literatura brasileira como a «geração de 1945», à qual Moraes pertenceu, caracterizada pela volta ao formalismo e aos temas clássicos. A forma da peça também se atém a esse programa. Escrita em versos rimados, chega a ter sonetos como diálogos.

(Baudrillard)[2]. E o carnaval que se mostra no filme, será também um simulacro?

Uma primeira leitura do filme de Diegues permite afirmar que sim. A transposição do mito grego de Orfeu para a favela carioca, tema das produções artísticas anteriores que motivaram sua realização, transformou o personagem num intelectual orgânico dessa comunidade pobre. Nas três obras, Orfeu é o compositor mais prestigiado da escola de samba que representa a favela no desfile anual de carnaval (Cavalcanti 1994: 25)[3]. Nos três casos, seu caráter de mediador (Vianna 1999: 20)[4] entre os diversos atores sociais que circulam na agremiação transformam-no não somente num respeitado e digno líder comunitário, mas também no homem mais desejado pelas belas jovens do morro. Sua paixão por Eurídice, estranha ao grupo nos dois filmes, provoca ciúme entre elas[5]. No entanto, o Orfeu *negro,* trabalhador integrado na vida comunitária do filme de 1959, tendo no samba e no carnaval um trabalho extra e voluntário, se transforma, na versão recente, em um *profissional* que não só compõe música, mas também coordena o trabalho do *barracão*[6].

---

[2] Segundo Baudrillard (1981) a falta de referencialidade a uma dada realidade caracteriza o simulacro que predomina nas obras pós-modernas.

[3] Segundo a autora, a vinculação ao local é uma das características básicas das escolas de samba. Muitas delas, lembra Cavalcanti, trazem o bairro, ou a localidade, no nome. Portanto, o fictício Morro da Carioca e a escola de samba Unidos da Carioca, do filme de Carlos Diegues, são a representação não apenas de uma localidade, mas de toda a cidade do Rio de Janeiro, já que a palavra *carioca* se refere à pessoa aí nascida.

[4] Vianna (1999) usa o sintagma «mediador intercultural» para definir os intelectuais da alta cultura que, no princípio do século XX, foram responsáveis, segundo ele, pela interconexão entre a cultura erudita e a «cultura popular».

[5] Moraes parte da versão do mito grego em que Orfeu é morto pelas bacantes, enciumadas por sua fidelidade a Eurídice. A mesma versão é seguida por Diegues. As bacantes também são citadas nos primeiros versos do samba-enredo com que a escola de samba desce à avenida, no filme de 1999.

[6] O barracão é a *fábrica* do desfile. Situado quase sempre fora da favela ou bairro, abriga durante meses os operários, as costureiras e os artistas responsáveis pelas fantasias, adereços e carros alegóricos que a escola mostra em sua passagem. A figura máxima desses *profissionais* pagos pela escola é o *carnavalesco*, responsável pela concepção do enredo e coordenador de sua execução. Orfeu, no filme de Diegues, apesar de mostrado como o compositor oficial da escola, também exerce funções de «carnavalesco» (Cavalcanti 1994: 59-71; 1999: 25-43).

Sua capacidade de mediação é ameaçada, no filme de Diegues, pelas ofertas irrecusáveis da indústria fonográfica e de outros atores sociais oriundos da *cidade* (quando começa o filme, Orfeu já é um compositor famoso)[7]. O tratamento atualizado do tema da favela transforma os barracos precários do filme de Camus (que idilicamente expunham os personagens à ação da natureza) em casas de alvenaria. A mudança de cenário é a representação realista da contemporânea urbanização «vernácula» da comunidade favelada (Jacques 2001: 11-19). A construção de casas mais sólidas tem, mais que um novo gosto ou pretensão de conforto, o propósito de dificultar sua remoção ou erradicação pelo Estado (ver nota 27). Facilita também as reivindicações por titulação, por parte de seus moradores (Sen 1997: 45-51)[8]. Nas primeiras cenas, a câmera descreve em detalhes o interior da casa de Orfeu, cuja arquitetura e decoração revelam um gosto afinado com o dos apartamentos dos que vivem na parte plana do mesmo bairro[9]. Finalmente, a favela de Diegues é *high tech*: Orfeu escreve as letras de suas músicas num computador *lap-top* e tem no telefone celular seu principal veículo de comunicação.

Eurídice, por sua vez, chega de avião ao Rio de Janeiro (Veloso 2000)[10]. Embora continue a ser mostrada, como no filme de 1959, como uma ingênua mocinha do interior, vem agora do estado amazônico do Acre, região só muito recentemente integrada no imaginário do espec-

---

[7] A oposição entre a favela, ou o morro, e a cidade se baseia na diferença entre a cidade formal e sua parte *informal*, representada pela favela. Em outro lugar descrevo a origem e usos das palavras *favela* e *morro* (Santos 2001: 56).

[8] A palavra *entitlement*, usada por Sen, não se refere ao título de propriedade em si mesmo. Significa o reconhecimento, por uma sociedade determinada, dos direitos de seus cidadãos. O Estado brasileiro vem sendo forçado a reconhecer esses direitos por parte de parcelas da população praticamente excluídas da cidadania. Na cidade do Rio de Janeiro, projetos como o *favela-bairro*, que estende à favela o saneamento básico presente nos bairros da cidade formal, ou a promessa de títulos de propriedade aos moradores de casas construídas nas favelas são também um esforço de regular a economia informal da favela, cujo aumento faz com que a cidade informal já seja quase maior do que a cidade formal.

[9] Graças à topografia da cidade do Rio de Janeiro, as favelas em geral ocupam a parte alta (os morros) dos bairros formais.

[10] Caetano Veloso esclarece que essa mudança coincide com uma idéia de Jean Luc Godard. Ao ver o *Orfeu Negro* de 1959, o diretor francês reclamou que Orfeu deveria ser um chofer de *lotação* (pequenos ônibus que modernizaram, nos anos 50, a frota de transporte coletivo do Rio), em lugar dos velhos *bondes* (*street cars*). Ainda segundo Godard, Eurídice deveria chegar de avião ao Rio de Janeiro, representando melhor, des-

tador das grandes cidades brasileiras, especialmente através do noticiá-
rio político[11]. A mais óbvia diferença na proposta dos dois filmes se evidencia no encontro de Eurídice com a morte. No filme de 1959 a cidade é o inferno do favelado: Eurídice tem que descer o morro para
encontrá-la[12]. No filme de 1999, o inferno está na favela: Eurídice não
precisa sair dela para morrer. Em 59, a heroína se integra na escola de
samba e desfila na avenida. Em 1999, ela permanece no morro. Assiste
ao desfile pela televisão em companhia de outros membros da comunidade que não podem pagar o alto preço de um lugar nas arquibancadas[13].

O filme *Orfeu Negro* (1959) retrata um carnaval muito diferente. As
imagens, que ainda não tinham a concorrência das que são anualmente
transmitidas pela televisão para o mundo inteiro, se ocupavam em fazer
um registro pioneiro do carnaval carioca. O olho que está por trás da câmera tem um ponto de vista etnográfico, similar ao de Vinícius de
Moraes[14]. O filme começa em planos gerais, descendo a detalhes em seguida. Durante o desfile das escolas de samba, ocupa-se metonimica-

sa maneira, a *modernidade* em avanço no Brasil dos anos 50. Curiosamente, Diegues,
apesar de criticar o olhar estrangeiro e distorcionante da realidade brasileira presente em
Orfeu Negro, e de fazer um filme oposto à estética godardiana, aceita, quarenta anos depois, a idéia, disseminada em outros detalhes de *Orfeu* comentados a seguir. O que indica a permanência de valores *modernos* em seu modo de filmar.

[11] Eurídice narra o assassinato de seu pai no garimpo onde trabalhava. A personagem se conecta assim às disputas entre os garimpeiros e os trabalhadores extrativistas
da borracha natural —os seringueiros— no Acre, estado amazônico onde nasceu e morreu o líder seringueiro Chico Mendes. A ignorância dos favelados sobre a região indica
que eles não estão a par do que se passa em lugar tão distante, repetindo internamente a
«exotização» da Amazônia pelos estrangeiros. No entanto, a intenção crítica se neutraliza no clímax do filme, quando um índio selvático prepara beberagens alucinogénias
para drogar o bando antagonista de Orfeu. Há na cena uma referência à seita do Santo
Daimé, também localizada no estado do Acre, mas cujos membros não pertencem a tri-
bos indígenas. Assim se reintroduz a exotização criticada. Além disso, é retomada ne-
gativamente (um ritual que se transforma em consumo aditivo) a antiga dicotomia estruturalista entre o mito, próprio das sociedades indígenas sul-americanas, e a história.

[12] Ver Carlos Augusto Calil, «Fantasia do poeta» *in* Moraes 1995: 9-16, 12.

[13] Em 1992, os preços iam de 38,41 (local de pior visibilidade) a 116 dólares, ha-
vendo camarotes de 12 lugares oferecidos por 2.447 dólares. O setor de melhor visibilidade estava reservado aos turistas (Cavalcanti 1999: 29). Os preços podem ter aumen-
tado, mas a «hierarquia de visibilidade» permanece a mesma.

[14] O depoimento de Moraes sobre a gênese da peça *Orfeu da Conceição*, nascida
de suas incursões «por favelas, macumbas, clubes e festejos negros do Rio» como ci-
cerone do escritor socialista norte-americano Waldo Frank, indica que *Orfeu da*

mente dos pés dos passistas, enfatizando-lhes o *baile*. Ou sublinha o que acontece à margem do desfile, como a disputa por um lugar nas primeiras linhas por detrás das cordas que marcavam o limite, guardadas pela polícia. Como resultado, a câmera francesa de Marcel Camus nos mostra uma festa de beleza primitiva, controlada à distância pelo Estado[15]. A ação do governo consistia em delimitar o espaço de uso comum da cidade, invadido pela diversão dos pobres. Nos anos 50, havia uma inversão real, nos moldes em que a descreveu Bakhtin, porque as escolas desfilavam no centro administrativo e financeiro, a Avenida Rio Branco[16]. Tal «desordem» afastava os ricos do desfile que o viam, quando muito, ao encaminhar-se para o baile do Teatro Municipal (hoje extinto), mostrado em *off* no filme de 1959 (DaMatta 1980)[17].

No *Orfeu* do ano 1999, a câmera que narra o desfile das escolas de samba parodia a ação da câmera de televisão. Há momentos em que as duas maneiras de filmar se superpõem. Usando outra vez o simulacro, o carnaval a que o espectador do filme assiste se confunde com o que é visto pelos personagens através da televisão. As cenas são de caráter metafórico. Em grande angular, similares às que são produzidas pelos canais de televisão, selecionam com o *zoom* o que deve ser destacado da massa da escola, como o protagonista. A mesma precisão com que a nova tecnologia permite mostrar o desfile está presente na arma do assassino incumbido de matar Orfeu. Sua posição de mira se coloca num ângulo similar ao das câmeras de televisão e a lente do fuzil também pode destacar em *zoom* o personagem da multidão, facilitando a visua-

Conceição já contemplava uma perspectiva antropológica sobre o tema da favela e dos negros (Moraes 1995: 47). No entanto, Vinícius renegou sua participação no roteiro de *Orfeu Negro*. Conta-se que saiu a meio da primeira projeção do filme, bradando que seu Orfeu havia sido «desfigurado» (Veloso 2000). Veloso corrobora a opinião de Moraes, qualificando o personagem mostrado na película francesa como uma «caricatura».

[15] Como não se pagava para ver o desfile (nos anos 50 nem sequer havia arquibancadas), garantir um bom lugar era sempre motivo de confusão. Em 1962 se construíram arquibancadas de madeira, com venda de ingressos ao público. Segundo Cavalcanti, aí começa a «comercialização irreversível» do desfile (Cavalcanti 1994: 26).

[16] É preciso ressaltar que o gigantismo das escolas de samba mostrada em *Orfeu* é restrito às poucas agremiações do «primeiro grupo». Há escolas menores e outros tipos de agremiações carnavalescas que continuam desfilando na Avenida Rio Branco. Aí também persiste um «carnaval de rua» durante o dia (DaMatta 1980: 89).

[17] A dualidade entre a ordem e a desordem estrutura o estudo de Roberto DaMatta (1980 e 1991) sobre o carnaval, ao qual voltarei mais tarde.

lização do alvo. A música, antes mantida unicamente com o som acústico da bateria, se potencializa com a reprodução em aparelhagens sonoras cada vez mais sofisticadas. Estas cenas retratam, uma vez mais, um simulacro?

A antropologia afirma que não. O desfile das escolas de samba do Rio de Janeiro, segundo pesquisadores contemporâneos, mantém a dimensão agonística da festa carnavalesca. Ele é um «grande ritual urbano contemporâneo» porque a competição entre as escolas se baseia num objetivo valorizado por todas (ganhar o campeonato) e a rivalidade é controlada «por meio de regras comuns (os quesitos de julgamento) renovadas por consenso a cada ano» (Cavalcanti 1999: 74). Mantendo do trabalho pioneiro de Roberto DaMatta (1980 e 1991) o conceito de inclusão próprio das agremiações carnavalescas, os estudos antropológicos contemporâneos sobre o carnaval não condenam, como o filme *Orfeu* pode fazer supor numa primeira leitura, a interferência no desfile de atores sociais alheios à favela. Cavalcanti chama a atenção para o caráter aberto dos processos culturais, valoriza seu permanente movimento como sintoma de vitalidade e vê a defesa de uma autenticidade e de uma pureza original da cultura popular como uma «visão romântica».

A história oferece uma perspectiva similar. O que parece para muitos uma «decadência» dos «autênticos» carnavais do passado não é nada mais do que o ponto de chegada de um longo processo de «intensa troca simbólica», onde a «negociação de significados ou limites, a busca de espaço e aceitação» são as moedas correntes (Cunha 2001: 306). Este ponto de vista difere de análises históricas anteriores, segundo as quais o carnaval foi sempre uma forma de resistência à opressão (Soihet 1998). A análise de Cunha, no entanto, também chama a atenção para «a ausência de direitos, a fragilidade da cidadania e a desigualdade radical» características da sociedade brasileira. «Um incorrigível populismo nacionalista», presente inclusive nas análises eruditas da cultura do país, foi responsável, segundo a historiadora, pelo encobrimento dessas evidências.

As duas filmagens de *Orfeu da Conceição* podem ajudar a compreender a trajetória desse populismo. Na época da escritura da peça, na qual se baseiam os dois filmes, o campo intelectual brasileiro estava dominado pela teoria econômica do desenvolvimento e do subdesenvolvimento (de base estruturalista), que analisava a ação do poder sobre a massa da população. Nesse quadro, os pobres permaneciam a reboque da análise: eram olhados ao longe, como primitivos que viviam nos morros cariocas, na época ainda verdejantes, como se pode ver em *Orfeu Negro*. A poética de *Orfeu da Conceição* agrega a esta análise uma espécie de filosofia do bom selvagem. A cidade é o inferno da favela, vista até então como lugar idílico, habitada por um grupo, ou melhor, uma *classe social* racial e ideologicamente homogênea.

Na verdade, a peça de Moraes já se alinha no ideário da nova esquerda que, criticando e contestando a teoria desenvolvimentista, constrói a sociologia da dependência. Embora continue a situar os pobres no estágio social correspondente à etapa mais atrasada na corrida ao desenvolvimento, a sociologia da dependência pelo menos estimula a sua inclusão na categoria de novo modelo. Num esforço de superar a dependência interna e externa, os pobres são incluídos na nova categoria do «povo» brasileiro. O depoimento de Moraes é esclarecedor a esse respeito. Confessa sentir-se, com as incursões às favelas, «particularmente impregnado do espírito da raça» (Moraes 1995: 47). Mais além, o autor afirma que o negro está integrado no «complexo racial brasileiro», prestando «uma contribuição verdadeiramente pessoal à cultura brasileira: aquela liberta dos preconceitos de cor, credo ou classe» (*id.*: 48). Finalmente, Moraes rememora que ele e o escritor Waldo Frank, a quem acompanhava, concluíram «que todas aquelas festividades a que vínhamos assistindo tinham alguma coisa que ver com a Grécia». O negro que vivia nas favelas e praticava o candomblé era como se «fosse um grego em ganga —um grego ainda despojado de cultura e do culto apolíneo à beleza, mas não menos marcado pelo sentimento dionisíaco da vida» (*id.*: 47).

O comentário de Moraes confirma sua aproximação ao movimento intelectual que irá derivar na ideologia nacional-popular, derrotada pela ditadura militar em 1964. Sua participação, embora mais tarde renegada, num filme dirigido por um francês que «exotizava» o Brasil estava perfeitamente de acordo com os ditames da época, quando a arquitetura de Niemeyer, a poesia concreta e a bossa-nova[18], se incluíam no projeto de «superação do subdesenvolvimento» previsto pela sociologia da

---

[18] A encenação de *Orfeu da Conceição* marca o princípio da bossa-nova. A música da peça e a do filme *Orfeu Negro*, premiado em 1959 com a Palma de Ouro do Festival de Cannes e com o Oscar de melhor filme estrangeiro, é assinada por Antônio Carlos Jobim. A maioria das canções são obras canônicas de sua parceria com Vinícius de Moraes (iniciada com a trilha sonora de *Orfeu da Conceição*), com quem forma a mais famosa dupla desse movimento musical (Castro 2000: 75-78).

dependência. A arte fazia sua parte ao nivelar-se com a produção internacional. Na nacionalidade de exportação assim desenhada, os favelados tinham também um papel importante. Enquanto os intelectuais cosmopolitas se mediam em condições de igualdade com seus pares no exterior, a música e os ritos dos negros pobres se transformavam nos ícones da nacionalidade *popular* (não mais restrita a uma determinada classe social, como no modelo marxista) sem a qual a imagem *nacional* e *mestiça* não poderia ser construída[19].

Refilmar *Orfeu* no ano 1999 significa reavaliar o discurso nacional popular. O diretor, formado na estética do Cinema Novo, do qual foi um dos fundadores, faz uma leitura dualista dos dois momentos[20]. O Brasil globalizado que ele escolhe narrar se opõe ao Brasil nacionalista dos anos 60. Quanto ao modelo de interpretação social, o filme também se atualiza. O que se vê no filme de 1999 é uma favela habitada por grupos não só heterogêneos, mas principalmente *multiculturais*. Dentre personagens e *extras*, há em *Orfeu* negros, brancos caucasianos, asiáticos, mestiços de várias raças e até, como se viu, um índio amazônico. No interior desses grupos, a proposta de resistência e solidariedade, representada por Orfeu e Eurídice, coexiste com a da quadrilha de jovens que aterroriza o morro, alternando com a polícia no papel de opressores da comunidade. Portanto, a nova versão da «tragédia carioca» —subtítulo da peça teatral de Vinícius de Moraes— afasta-se radicalmente da homogeneidade que reinava na classe trabalhadora de *Orfeu Negro*, onde a unanimidade dos bons caracteres transformava o antagonista de Orfeu num símbolo abstrato.

Quanto ao desfile das escolas de samba, vale a pena ressaltar o destaque dado a João Clemente Jorge Trinta, o *Joãosinho* (sic) *Trinta*, selecionado pelo *zoom* numa das cenas do filme. Segundo a maioria dos

---

[19] A importância da peça teatral *Orfeu da Conceição* na fixação da identidade cultural nacional-popular pode ser medida pela sua representação no Teatro Municipal, edifício construído no início do século para abrigar a música erudita. Sua arquitetura copia a Ópera de Paris. Segundo Castro, a estréia de *Orfeu da Conceição*, em 25 de setembro de 1956, marcou a subida de atores negros ao palco do teatro, pela primeira vez (Castro 2000: 81). Vale recordar que o alegórico cenário da peça foi desenhado e construído por Oscar Niemeyer, arquiteto *cosmopolita* (e filiado no Partido Comunista), que dividiu com o urbanista Lúcio Costa o planejamento e a construção de Brasília, a nova capital do país, inaugurada quatro anos depois.

[20] O Cinema Novo deu projeção internacional ao cinema brasileiro nos anos 60, especialmente através dos premiados filmes de Glauber Rocha, seu maior expoente.

pesquisadores dedicados ao carnaval carioca, Trinta encarna a renovação do desfile (Montes 1997)[21]. Iniciada nos anos 60 por um grupo de artistas ligados à Escola de Belas Artes, a «revolução»[22] atinge seu ápice com a incorporação da ópera trazida por Trinta —que era bailarino do Teatro Municipal—, e consequentemente do espetáculo, à festa. Portanto, o destaque do artista por Carlos Diegues nos lembra que mudaram-se não só os tempos, mas também as vontades. A noção de «visual», introduzida no desfile por Joãosinho Trinta em 1970, «liga-se intimamente à de espetáculo, que distingue entre ator e espectador por oposição à idéia da festa, que une os participantes numa experiência da mesma ordem» (Cavalcanti 1994: 52). Logo, Diegues está consciente de que este tipo de carnaval deixou de ser uma festa: trata-se de um espetáculo caro, incluído no circuito turístico do Rio de Janeiro.

O fato não se restringe ao desfile carnavalesco carioca. Aceitando os argumentos de George Yúdice, se pode afirmar que esta mudança se inscreve no movimento dos grandes conglomerados globais de entretenimento, gerados pela globalização e pelo neoliberalismo. Nesse contexto, as artes e a cultura se transformam num setor das indústrias culturais, atualmente dividido em três conjuntos integrados. Um deles gira em torno do turismo (relacionado, por sua vez, à indústria do transporte e da hotelaria) e agrupa a constelação de produtos composta pelo artesanato, os festivais, os museus, o folclore, as artes visuais e as artes cênicas (Yúdice 2001: 639-640).

Roberto DaMatta também deve ser lembrado. Aceitando o fato de que as escolas de samba estão hoje integradas numa «indústria de diversão», há que reconhecer que o dualismo com que DaMatta compara o carnaval brasileiro com o carnaval de New Orleans quase desaparece. Não apenas por uma questão de método, mas principalmente porque cada vez mais o desfile das grandes escolas de samba se parece ao *carnival* norte-americano. O filme de Diegues evidencia que o desfile, como analisa DaMatta, ocorre numa zona marcada (DaMatta 1980: 121). Ali também há «um múltiplo encontro dos homens com as máquinas, já que o *carnival* é uma «diversão com carrossel e shows».

---

[21] Apesar do consenso sobre o papel de Trinta no desfile, o trabalho de Montes é o mais indicado para estudar sua trajetória em detalhe.

[22] Os próprios carnavalescos usam esta palavra para marcar a mudança radical ocorrida no desfile a partir dos anos 60 (Cavalcanti 1994: 55).

Também a localização desses *carnivais*, nas fronteiras das cidades, zonas liminares e mortas, freqüentemente desocupadas ou abandonadas, corresponde ao que vemos no filme, onde o carnaval aparece confinado à zona do *sambódromo*[23], que se localiza numa parte do Rio de Janeiro, apesar de toda a intenção histórica contida na escolha, liminar e morta[24]. Como o filme de Diegues restringe o carnaval aos desfiles das escolas de samba realizados nessa zona morta, a percepção do espectador é a de que, também do ponto de vista do espaço (acrescido à maquinaria presente nos carros alegóricos), o carnaval carioca cada vez mais se parece ao carnaval de New Orleans.

Dentre as várias causas dessa transformação, há de recordar a contribuição de um colega de profissão de DaMatta. Quando secretário de cultura do estado do Rio de Janeiro, nos anos 80, o antropólogo Darcy Ribeiro pediu a Oscar Niemeyer um projeto arquitetônico que marcasse o desfile de carnaval. Dava-se assim um passo mais na organização e controle do carnaval carioca iniciada pelo populismo de Getúlio Vargas (Soihet 1998). O monumentalismo característico da arquitetura de Niemeyer espremeu o desfile num corredor de concreto composto de altíssimas arquibancadas. O único espaço de reunião espontânea, ou de *festa*, fica confinado às extremidades, onde a escola faz sua entrada, ou dispersão. Ou seja, no tempo excluído do desfile: o tempo do antes e o tempo do depois[25]. Claro está que o processo já se vinha implantando: o que se efetivou em 1984, data da construção do sambódromo, foi o re-

---

[23] A palavra, cunhada para definir o complexo arquitetônico e urbanístico compreendido pela rua destinada ao desfile e suas arquibancadas, define bem a delimitação da zona. Embora durante o ano os camarotes se transformem em salas de aula de uma escola pública, seu nome continua a ser o *sambódromo*, lugar de consagração do samba, ou, sendo fiel à etimologia, onde o samba desfila, ou corre (do grego *drómo*, 'corrida').

[24] A localização do sambódromo pretendeu atender às origens históricas do samba, que nasceu na Praça Onze, que ficava próxima. Com a construção da Avenida Presidente Vargas, no princípio do século XX, cujo objetivo era também o de «limpar» a área da Praça Onze, essa parte da cidade se livrou do «bairro sujo» e mal afamado, mas continuou abrigando a zona de prostituição. A construção do sambódromo deu o golpe final na «limpeza» da área, hoje apenas um corredor do tráfego de veículos.

[25] Vale ressaltar que, nos anos seguintes ao da construção do sambódromo, um «carnaval paralelo» se criou espontaneamente nos seus arredores. Em torno de refeições preparadas por gente ligada às escolas, se reuniam os passistas e músicos que saíam do desfile, ou aguardavam sua vez de entrar na «passarela». Rapidamente, o lugar se transformou em ponto de reunião e *festa*. Nos últimos anos, também este ponto foi controlado e organizado pelo Estado, oferecendo *shows* de músicos contratados.

conhecimento, pelo Estado, do «potencial turístico, econômico e artístico do desfile» (Cavalcanti 1994: 28; 1999: 75). Segundo Darcy Ribeiro, sua ampliação irreversível justificava o projeto de arquibancadas permanentes, o que também evitaria a corrupção gerada durante os preparativos anuais da cidade para o carnaval.

O novo espaço acelerou a transformação em curso no desfile das escolas de samba. Vistas do alto, as alas se transformaram em massas de cor, onde o indivíduo, que DaMatta destacava como a distinção própria da sociedade brasileira, desaparece. Ou, como parece afirmar Diegues, só tem possibilidade de uma existência virtual, já que de destaque da escola de samba se transforma cm destaque da mídia, caso tanto de Orfeu quanto de sua namorada Mira, modelo da revista *Playboy*. Até a arte aparece no filme como simulacro: o menino-artista, que finge chamar-se Michael Jackson, pinta retratos de seus vizinhos a partir da imagem do desfile projetada na tela da televisão.

Ao *corrigir* a visão essencialista da cultura brasileira por parte de Moraes e o ponto de vista exotizante da câmera francesa de Camus, Diegues às vezes recai no que condena. Por exemplo, se a favela não tem mais somente negros, o líder dos criminosos é branco, atendendo ao novo mercado de exportação politicamente correto. Ao suprimir o caráter mítico do texto de Moraes e do filme de 59, o diretor transforma a tragédia original num naturalismo folhetinesco. Confundindo o mito de Orfeu e Eurídice com o destino dos favelados, Diegues os condena a uma desgraça atávica, acentuada pela atmosfera claustrofóbica em que o filme se desenrola. Aristeu, que no filme de 1959 conservava o caráter abstrato próprio dos mitos, se transforma em Lucinho, viciado cm drogas e delas traficante. Antagonista brutal, carrega nos ombros o peso de não haver sido, como ressalta Cunha, alçado à condição de ícone nacional-popular (Cunha 2001: 307) como acontece, mais uma vez, com o herói Orfeu.

Quanto ao carnaval, o problema do filme de Carlos Diegues está em restringi-lo ao desfile das escolas de samba do primeiro grupo. Em obras anteriores (*Bye, bye Brazil*, de 1980, é o exemplo mais contundente), o diretor sugere a vitalidade da cultura popular brasileira, embora continue fiel, com essa concepção, a um certo essencialismo próprio da visão nacional popular. Sua permanente capacidade de hibridização aparece metaforizada em *Orfeu* na cena em que o protagonista insere estrofes e ritmo de *rap* ao samba-enredo. Por outro lado, o filme negligência as cenas de *outros* carnavais que ocorrem paralelamente em vários pontos da cidade e nos quais a *festa* sobrevive.

Nesse ponto, *Orfeu* difere radicalmente de *Orfeu Negro*, onde o inferno que era a cidade em época de carnaval permitia ao espectador vê-lo em totalidade. Apesar da compartimentação pós-moderna que o filme de Diegues compõe, as escolas de samba mais pobres, do segundo e terceiro grupos, continuam desfilando apesar de não terem «patronos». Além delas, os blocos de bairro, nascidos a cada ano em diferentes pontos da cidade parecem confirmar a vitalidade do carnaval carioca. Nesses últimos grupos se mantém o caráter de experiência coletiva, sem hierarquia entre participador e espectador. O confinamento do enredo de *Orfeu* (1999) ao morro, ao contrário de *Orfeu Negro* (1959), onde a interação da favela com a cidade era a tônica do carnaval, não permite uma reflexão mais profunda sobre as causas da exclusão de um grande número de atores sociais da vida formal da cidade (na verdade, o tema central de *Orfeu*). Ao contrário, o filme contribui para confirmá-la, já que os personagens se transformam em reféns da cidade. O grande premiado com a cidadania é Orfeu. No entanto, para exercê-la e usufruir de suas benesses tem que deixar a favela, como outros personagens várias vezes lhe repetem. Sua recusa em fazê-lo causa-lhe a morte.

Como a ação não desce à cidade, o espectador de *Orfeu* vê a tragédia carioca do ponto de vista do marginal, que não pode sair do morro sob pena de ser morto «lá embaixo». Fazendo outra citação pós-moderna, o chefe de polícia que persegue o bandido é, na realidade, seu parente e espelho, como na «Ópera dos Três Vinténs» de Brecht. Assim, a heterogeneidade do grupo social que constitui a população que habita hoje o cantado «morro» dos anos 60 não se deixa depreender no filme de Diegues. O antagonismo bandido (Aristeu/ Lucinho, traficante de drogas) / herói (Orfeu, artista popular) marca a diferença para confirmá-la. Não se trata mais, como analisou Roberto DaMatta, de uma simples oposição entre o «bom» e o «mau» malandro. Os dois componentes da dicotomia são agora *profissionais* atuantes numa cidade que os exclui, inclusive espacialmente, num processo que a história revela não ser novidade (Cunha 2001).

Esta segunda leitura sugere que *Orfeu*, ao fim e ao cabo, não é um simulacro. O diretor tem em vista um referente claro: a favela carioca, mostrada diversas vezes durante o filme em grande angular. Apesar da análise pessimista de sua relação com a cidade formal, Diegues deixa a esperança em *off.* O corifeu da tragédia é a rádio comunitária, cujo *script* prega a conciliação entre os diferentes grupos do morro, nos quais também se incluem os adeptos das seitas protestantes, em aumento nas favelas. O locutor clama pela paz ao fim de cada conflito armado, seja ele interno, ou causado pela invasão da polícia à busca dos traficantes de drogas. Embora a estação de rádio —e a ação do filme— não alcancem a população «lá de baixo», o detalhe alude ao esforço da cidade do Rio de Janeiro para encontrar uma convivência possível de suas heterogeneidades, que não se restringem ao multiculturalismo[26]. Outra evidência desse esforço é a presença do nome de Paulo Lins nos créditos do filme como colaborador do roteiro. Lins é também autor de *Cidade de Deus*, romance que tem como protagonista a vida da favela onde nasceu e viveu[27], saudado com prestígio pela crítica e editado por uma das mais conceituadas editoras brasileiras.

Ao contrário do olhar branco sobre a cultura negra, ou do discurso interpretador «lá de baixo» sobre a vida da favela, presente nas três obras aqui examinadas, Lins encarna a parcela da população «lá do alto» esquecida pelas exaltações da nacionalidade popular[28]. A exacerbação da violência, presente também no seu romance *Cidade de Deus*,

---

[26] Refiro-me ao conceito de heterogeneidade cunhado por Antonio Cornejo Polar em sua análise da literatura latino-americana. Com ele, o autor peruano contempla não somente as desigualdades sociais e culturais, mas também as disparidades temporais e geográficas contidas nas sociedades latino-americanas (Cornejo Polar 1994: 16-18).

[27] A Cidade de Deus é fruto de um projeto urbanístico-social dos anos 60. O bairro, como outros da época, se criou com a erradicação de favelas ostensivamente visíveis na zona sul da cidade, onde vive a classe média alta. A erradicação incluía a derrubada dos barracos e a remoção dos moradores para conjuntos de casas populares situados em pontos distantes do centro e dos bairros de classe média. Como abrigavam comunidades vindas de favelas diferentes, as disputas entre elas causaram problemas que se estendem aos dias de hoje, transformando a violência interna desses conjuntos num problema de difícil solução. Esse é o tema do romance de Paulo Lins.

[28] Contradizendo o destino atávico que *Orfeu* propõe, o autor teve sua condição de escritor enriquecida pela graduação em Letras pela Universidade Federal do Rio de Janeiro —UFRJ. Durante sua estada na universidade, participou, como pesquisador assistente, do trabalho da antropóloga Alba Zaluar, que estuda as favelas cariocas (Zaluar 1998). Para a escritura do livro teve também o apoio do crítico literário Roberto Schwarz (Lins 1997: 549), cuja obra já se ocupou dos «pobres» na literatura brasileira (Schwarz 1983). A data de edição do livro de Schwarz indica que o título se refere ao conceito de pobreza estabelecido pela teologia da libertação. Vale lembrar que a teologia da libertação partia da «Igreja com uma opção preferencial pela solidariedade com os *pobres*» (Boff 1986: 9, grifo meu), categoria que englobava os deserdados da modernidade conservadora efetivada no Brasil pela ditadura militar. A transformação do «povo», presente nas teorias nacionais populares dos anos 60, em «os pobres» antecipa a categoria dos «excluídos» a que me refiro neste trabalho.

corresponde à forma que adquiriu a busca de espaço e aceitação dos grupos excluídos num país que, segundo Lins, «tem uma tremenda vocação para matar gente pobre» (Rothter 1999). A exibição dessa violência pode não agradar a gregos e a troianos, como desejava Moraes nos anos 50, principalmente porque dirige suas lentes ao que foi cuidadosamente ocultado pelo modelo de interpretação construído naqueles anos. No entanto, no doloroso processo de sua desconstrução, talvez seja um primeiro passo necessário.

BIBLIOGRAFIA

BAKTIN, Mikhail: *Problemas da Poética de Dostoiésvsky*. Trad. Paulo Bezerra. Forense Universitária, Rio de Janeiro, Hucitec, 1981.
BAUDRILLARD, Jean: *Simulacres et simulation*. Débats. Ed. Michel Delorme. Galilée, Paris, 1981.
BOFF, Leonardo & BOFF, Clodovis: *Liberation Theology: from Dialogue to Confrontation*. Harper & Row, New York, 1986.
CASTRO, Ruy: *Chega de Saudade: a História e as Histórias da Bossa-Nova*. Companhia das Letras, São Paulo, 1990.
— *Bossa Nova: The Story of the Brazilian Music that Seduced the World*. A Capella, Chicago, 2000.
CAVALCANTI, Maria Laura Viveiros de Castro: *Carnaval Carioca: dos bastidores ao desfile*. FUNARTE: UFRJ, Rio de Janeiro, 1994.
— *O Rito e o Tempo: Ensaios sobre o Carnaval*. Civilização Brasileira, Rio de Janeiro, 1999.
CORNEJO POLAR, Antonio: *Escribir en el aire. Ensayo sobre la heterogeneidad socio-cultural de las literaturas andinas*. Horizonte, Lima, 1994.
CUNHA, Maria Clementina Pereira: *Ecos da Folia: Uma história do Carnaval Carioca entre 1880 e 1920*. Companhia das Letras, São Paulo, 2001.
JACQUES, Paola Berenstein: *Estética da Ginga: A Arquitetura das Favelas através da obra de Hélio Oiticica*. Casa da Palavra / RIOARTE, Rio de Janeiro, 2001.
LINS, Paulo: *Cidade de Deus*. Companhia das Letras, São Paulo, 1997.
DAMATTA, Roberto: *Carnavais, Malandros e Heróis: Para uma Sociologia do Dilema Brasileiro*. Zahar, Rio de Janeiro, 1980.
— *Carnivals, Rogues, and Heroes: An Interpretation of the Brazilian Dilemma*. Trans. John Drury. U. of Notre Dame Press, Notre Dame, Ind., 1991.
MONTES, Maria Lúcia: «O Erudito e o que é Popular». Em: *Revista USP 32, Dossiê Sociedade de Massa e Identidade*, pp. 6-25 (dez. 1996 - fev.1997).
MORAES, Vinícius de: *Teatro em Versos*. Ed. Carlos Augusto Calil. Companhia das Letras, São Paulo, 1995.

Rothter, Larry: «Film: the Stuff of Legend in a Brazilian Slum». Em: *New York Times,* p. 14, 6 Jun. 1999, late ed., sec.2, C5.

Santos, Lidia: *Kitsch tropical: Los medios en la literatura y el arte de América Latina.* Colección Nexos y Diferencias: Estudios Culturales Latinoamericanos. Iberoamericana / Vervuert, Madrid / Frankfurt, 2001.

Schwarz, Roberto (org.): *Os Pobres na literatura brasileira.* Brasiliense, São Paulo, 1983.

Sen, Amartya: *Poverty and Famines: An Essay on Entitlement and Deprivation.* Clarendon, Oxford, 1997.

Soihet, Rachel: *A Subversão pelo Riso: Estudos sobre o Carnaval Carioca da Belle Époque ao Tempo de Vargas.* Fundacão Getúlio Vargas, Rio de Janeiro, 1998.

Veloso, Caetano: «Orpheus, Rising from Caricature». Em: *New York Times* 20 Aug. 2000 <http://nytimes.qpass.com/search/restricted/article>.

Viana, Hermano: *O Mistério do Samba.* Jorge Zahar Ed. / Editora da UFRJ, Rio de Janeiro, 1995.

— *The Mistery of Samba. Popular Music and National Identity in Brazil.* Ed. Trans. John Charles Chasteen. U North Carolina P, Chapel Hill, 1999.

Yúdice, George: «La reconfiguración de políticas culturales y mercados culturales en los noventa y siglo xxi en América Latina». Em: *Revista Iberoamericana,* pp. 639-659, 67.197 (2001).

Zaluar, Alba; Alvito, Marcos (org.): *Um século de favela.* 1. ed. Fundação Getúlio Vargas, Rio de Janeiro, 1998.

Filmografia

Orfeu Negro. Direção: Marcel Camus: *Atores*: Breno Mello, Léa Garcia, Lourdes de Oliveira, Adhemar Ferreira de Souza. Roteiro Jacques Viot. *Inspirado na peça* «Orfeu da Conceição», de Vinícius de Moraes. *Adap. e diálogos:* Jacques Viot e Marcel Camus. *Música:* Antônio Carlos Jobim e Luís Bonfá. *Prod.* Franco-italiana. Tupã Filmes, 1959.

Orfeu. Direção: Carlos Diegues. *Roteiro*: Carlos Diegues, *colab.* Hermano Vianna, Hamilton Vaz Pereira, Paulo Lins e João Emanuel Carneiro. *Baseado na peça* «Orfeu da Conceição», de Vinícius de Moraes. *Atores:* Toni Garrido, Patricia França, Murilo Benício, Zezé Motta, Milton Gonçalves, Isabel Fillardis, Maria Ceiça, Stepan Nercessian, Lucio Andrey, Caetano Veloso. *Carnavalesco*: Joãosinho Trinta. *Música*: Caetano Veloso. *Prod.* Rio Vermelho Filmes. *Distrib.* Warner. 1999.

UNOS RITOS Y OTROS:
LA RITUALIDAD CARIBEÑA EN EL TEATRO CUBANO

Ernst Rudin
Université de Fribourg

¿Qué lugar ocupa el teatro ritual caribeño en el teatro cubano del siglo XX? Quisiera acercarme a esta pregunta enfocando los tres aspectos «Rito y teatro», «Desarrollo del teatro ritual caribeño en Cuba» y «Ritualidad caribeña en el teatro cubano actual». Si tuviera que definir los rasgos distintivos de los términos rito, ritual, y ritualidad dentro del contexto que me interesa aquí, diría que, *grosso modo*, lo ritual es la expresión más global, el rito y el ritual designan no sólo un conjunto de prácticas, sino también una ceremonia individual; mientras que ritualidad, el término más filosófico, hace hincapié en la observación de un rito determinado y expresa una actitud frente a la vida. En las publicaciones sobre el teatro ritual caribeño, estos términos forman parte de un mismo todo y suelen emplearse sin separación semántica clara. Según la autora o el autor y a veces dentro de un mismo texto se habla de «teatro ritual», «lo ritual y el teatro», «rito y representación», o «teatro y ritualidad».

RITO Y TEATRO

El entrelazamiento semántico de rito y teatro y la polisemia de ambos términos hacen difícil su definición y diferenciación. La relación entre estas dos prácticas performativas se ha estudiado desde distintos ángulos (Türner 1982; Schechner 1988; Stefanek 2000; Zilliges 2001). Patrice Pavis, en su *Diccionario del teatro*, la define para tres contextos. Primero, repite la conocida tesis de que el teatro nació del rito, de las representaciones de un mito, y añade que ritos de este tipo existen todavía hoy en varias regiones del mundo:

> ... teatralizan el mito encarnado y narrado por celebrantes según un desarrollo inmutable: ritos de iniciación que preparan el sacrificio, ritos de integración que aseguran el regreso de todos a la vida cotidiana. Sus medios de expresión son el baile, la mímica y la gestualidad muy codificada, el canto y luego la palabra. De este modo se producía antaño en Grecia, según Nietzsche, «el nacimiento de la tragedia a partir del espíritu de la música» [...].

En segundo lugar, cada puesta en escena es un ritual, en el sentido que lo entiende Foucault en *El orden del discurso* —un acto performativo altamente codificado desde el juego gestual, los tipos de enunciado y las circunstancias de una representación teatral hasta su recepción por el público y la crítica.

El tercer contexto es la supervivencia o resurrección del rito en el teatro. Relacionando este fenómeno con los nombres de Artaud, Grotowski y Brook, Pavis afirma que

> muchas puestas en escena se transforman en una «misa en escena»: rito de sacrificio del actor, paso a un estado de conciencia superior, sumisión a la machaconería de la repetición y el deseo de hacer visible lo invisible, creencia en un cambio político al término de la muerte ritual del individuo, obsesión por la participación del público en el ceremonial escénico.

Los contextos definidos por Pavis podrían resumirse como sigue:

1. Lo ritual como fuente histórica del teatro (Nietzsche)
2. La puesta en escena como ritual (Foucault)
3. La resurrección del rito en el teatro moderno (Grotowski)

Mientras que no cabe duda sobre la atribución de Nietzsche y Foucault a los dos primeros contextos, el tercer caso es más complejo. Grotowski es uno entre varios representantes paradigmáticos. Cornago caracteriza el «nuevo teatro ritual» como un «amplio, rico e incluso contradictorio movimiento teatral». Sitúa su desarrollo en los años sesenta del siglo veinte, lo relaciona con un rechazo del teatro realista y con el movimiento de la «nueva izquierda», y define sus coordenadas más en detalle que Pavis:

Antonin Artaud, Jerzy Grotowski, Peter Brook, Eugenio Barba, Richard Schechner, Joseph Chaikin, el Living Theater o el Bread and Puppet Theater fueron algunos de los nombres que se convirtieron en puntos de referencia esenciales, blandiendo las diversas insignias que caracterizaron este tipo de teatro, a saber: «teatro de la crueldad», «teatro pobre», «teatro de lo invisible», «teatro sagrado», «teatro ritual» y «teatro antropológico», entre otras (Cornago Bernal 1999: 35, véase también 35-42).

Puesto que lo que me interesa aquí es la ritualidad en el teatro de Cuba, quisiera añadir las opiniones de algunos teatristas cubanos sobre la relación entre rito y teatro, aunque no se trate de definiciones premeditadas, sino de reacciones espontáneas. En el curso de una investigación sobre el teatro cubano, hice una treintena de entrevistas a teatristas cubanos. En un momento de la entrevista solía espetar una serie de palabras sueltas (público, realismo, cubanía, etc.) a la persona entrevistada. Ésta podía responder a cada palabra con una sola palabra o frase corta, o explayarse. También la palabra rito formaba parte de este cuestionario y quisiera citar algunas de las respuestas:

Todo es un rito.

La magia, el mundo de lo inusual, pero en lo que puede estar presente todo. Todo es posible en el mundo del rito.

El teatro.

Aunque cada una de estas tres respuestas apunta a una dirección distinta («todo», «la magia», «el teatro»), las tres son breves y revelan un concepto amplio del rito. Mientras que algunos de mis interlocutores siguieron una línea parecida —«tierra», «misterio»—, otros entraron en más detalle:

[...] para el hombre a través de todas la culturas, todas las religiones, todas las creencias, siempre de alguna manera la luna es un símbolo, es un lugar donde el hombre se mira, donde el hombre conecta todas sus sensaciones, sus creencias, sus ritos y sus mitos. Entonces yo digo que como la luna siempre es símbolo de todas las creencias, de todos los ritos, de todos los sueños del hombre, y para nosotros el único sueño, el único rito y la única creencia es el teatro —entonces nosotros creamos este nombre de Teatro de la Luna. Este es nuestro rito; nuestro rito es el teatro mismo. Que en sí es un rito; es un ritual —crearlo y hacerlo.

Las respuestas citadas hasta ahora coinciden en darle importancia y un valor positivo al rito. La compenetración entre teatro y rito que expresan explícita o implícitamente las acerca a la tercera, la grotowskiana, de las definiciones de Pavis. En otras respuestas la relación entre rito y teatro se ve de un modo distinto:

> Conozco muy poco de eso, aunque sé que el teatro en sus inicios partía de los ritos, o sea, no lo niego ni lo desconozco, pero no es mi especialidad. Ni creo tampoco que el teatro deba ser siempre un rito. O sea, pienso que el teatro, quizás, en determinados momentos pueda ser un rito, pero pienso que en otros determinados momentos el teatro, pienso que la mayoría, debe dirigirse a la inteligencia, a la sensibilidad del espectador.

Estas frases subrayan el valor histórico, nietzscheano del rito; ni Foucault ni mucho menos el nuevo teatro ritual tienen cabida en ellas. Sugiriendo que la ritualidad está reñida con la inteligencia y la sensibilidad, el interlocutor parece rechazar su uso en el teatro actual.

El desarrollo del teatro ritual caribeño en Cuba

Para diferenciar los sistemas mágico-religiosos caribeños de la ritualidad en otras manifestaciones del nuevo teatro ritual (Artaud, Grotowski, Brook, etc.), no hablo simplemente de lo ritual o de teatro ritual, sino de teatro ritual caribeño, expresión usada también por Martiatu (Martiatu 2000). Para el propósito de este artículo, el término designa aquellas prácticas teatrales, obras dramáticas y puestas en escena que, en la segunda mitad del siglo veinte y en Cuba, se nutren de elementos mágico-religiosos caribeños de una manera u otra y que se desarrollan, producen y representan en (o para) el contexto teatral propiamente dicho. Excluye, en otras palabras, lo que Ortiz ha llamado «teatro de los negros», los rituales teatrales que corresponden al primer punto mencionado por Pavis —los güemileres y bembés, los actos festivos y litúrgicos que pueden ser teatrales o contener elementos teatrales, pero que no suelen hacerse por profesionales o aficionados del teatro ni en el contexto del movimiento teatral cubano. Y hay otra diferenciación que me parece importante: entre la ritualidad caribeña que se manifiesta en un texto dramático —*Réquiem por Yarini* de Carlos Felipe o *María Antonia* de Eugenio Hernández son teatro ritual caribeño ya por su esencia textual—, y la ritualidad caribeña que influye en mayor o menor grado en la puesta en escena de una obra teatral de cualquier tipo, como es el caso de la *Otra tempestad* (1997), por ejemplo, la versión que hizo el Teatro Buendía de *La tempestad* de Shakespeare, o *Noches de satín regio* (1997) del autor venezolano José Gabriel Núñez en la versión de la Compañía Rita Montaner.

Antes de 1959 —y excluyendo las formas religiosas y festivas de las que habla Ortiz— la ritualidad caribeña no existía en los textos teatrales y puestas en escena de Cuba, salvo destellos aislados en el teatro vernáculo y en alguno u otro texto de autor (las escenas con actrices y actores negros en *Electra Garrigó* de Virgilio Piñera, por ejemplo). En la segunda mitad de los años cincuenta, el movimiento habanero de Las salitas constituyó una verdadera revolución teatral y preparó lo que Rine Leal llama «La eclosión dramática» (Leal 1980: 142) de los sesenta. Pero los directores de las salitas se inspiraron en Broadway y en las vanguardias teatrales europeas y no en la ritualidad autóctona (Muguercia 1988).

El teatro ritual caribeño debe mucho a la iniciativa de unos cuantos creadores y se desarrolló en parte a contracorriente. Al mismo tiempo no sería lo que es y a lo mejor ni existiría, si no fuera por la Revolución. Debe a ésta el respaldo general que recibió la cultura por el joven gobierno revolucionario y el espíritu de apertura, búsqueda y experimentación artística que reinaba en Cuba en los primeros años después de la Revolución.

Quisiera mencionar cuatro elementos que considero claves para el desarrollo del teatro ritual caribeño.

1. *Réquiem por Yarini* de Carlos Felipe, una tragedia de hechura clásica, terminada en 1960 e inspirada en la vida de Alberto Yarini, un chulo del barrio habanero de Colón de principios del siglo xx. La obra de Felipe comienza con un oráculo: el santero Bebo la Reposa echa los caracoles y pide la ayuda del espíritu de Ña Virgulita. El toque dialectal que marca su lenguaje no llega a dificultar la comprensión: «Ña Virgulita, ¿dónde etá tú? ¡Vení a mí ayudá, viejita linda, que no pueo ve!... Conguita congá, la del trapito blanco y el ramito de hierba fresca, ¿dónde etá tú?» (214).

Cuando su vida peligra, Yarini busca la ayuda del santero Bebo la Reposa. Éste le hace un despojo, un acto de limpieza, que la acotación escénica describe:

> Dos de los negros se colocan el batá entre las piernas y dan los golpes litúrgicos sobre el cuero. La Reposa y el tercer negro ofician el despojo alrededor de Yarini, que está de pie. Con sagrado recogimiento la Jabá contempla la ceremonia (276).

La Reposa le da la orden de salir de La Habana sin volver la cabeza atrás. Pero en el momento en que su amante preferida lo llama, Yarini, como la mujer de Lot en la Biblia, vuelve la cabeza, y poco después muere en la lucha con un rival.

2. Los cursos del seminario de dramaturgia y del seminario de folklore organizados por el Teatro Nacional entre 1960 y 1964. Roberto Fernández Retamar, Alejo Carpentier, Rogelio Martínez Furé y Osvaldo Dragún estaban entre los profesores y varios de los participantes se convirtieron después en exponentes del teatro ritual caribeño o influyeron en su desarrollo: la investigadora Inés María Martiatu y los teatristas José Ramón Brene, Eugenio Hernández, Tomás González y Gerardo Fulleda.

3. El teatro de guiñol de Pepe Camejo, Carucha Camejo y Pepe Carril, cuyo grupo se llamó Teatro Nacional de Guiñol a partir de 1963 y cuya sala en el edificio Foxa existe todavía hoy. «Los Camejo» no hacían sólo teatro de títeres para niños, sino que en los años sesenta montaron también *La asamblea de mujeres* (Lisístrata) de Aristófanes, *El Ubu Rey* de Jarry, *La loca de Chaillot* de Giraudoux, la zarzuela *La corte del faraón* (Guillermo Perrín, Miguel de Palacio, música: Vicente Lleo) y, en el campo de la ritualidad caribeña, adaptaciones de cuentos populares recogidos por Lidia Cabrera y otros (*La loma de Mambiala*, 1968; *Chicherekú*, 1964). La obra *Alelé alelé* de 1963 se basaba en un canto folklórico y en 1966 el Teatro Nacional de Guiñol estrenó el misterio yoruba *Shangó de Imá*. El novelista y crítico Calvert Casey afirmó en 1964 que «El camino de un teatro mitológico y poético extraído de la tradición cubana no puede ser otro que el elegido por el Guiñol. Una comprensión muy lúcida de lo que es dramatizable y lo que no puede adelantarnos mucho» (Casey 1964).

4. El estreno de *María Antonia* de Eugenio Hernández Espinosa en 1967, una tragedia que va más allá de *Réquiem por Yarini* en su urdimbre ritual caribeña y cuya carga elevada de fórmulas rituales de la santería y de jerga callejera contrasta con el lenguaje un tanto altisonante de la obra maestra de Carlos Felipe. Así, el yerbero elogia su mercancía ante la protagonista: «Ofá. Abiale. Iggolé. Ikí Yenyé Ewo ofá», y ésta le responde: «¿Qué jerigonza estás hablando?» (77). Con estas palabras, María Antonia, más que expresar su propia extrañeza, —ella, al fin y al cabo vive rodeada del mundo de la santería— se solidariza con gran parte del público, compartiendo su extrañeza frente al número elevado de

intervenciones herméticas. Éstas empiezan desde que la madrina abre la
obra con una evocación a los dioses:

> ¡Ay, Babá orúmila, Babá piriní wala ni kofiedeno Babá Babá emí ka-
> fún aetie omi tutu, ana tutu, kosí aro, kosí ikú, kosí eyé, kosí efó, kosí iña,
> kosí achelú, iré owó, ilé mi Babá. Babá re re, ¡siempre camino blanco!
> Babá, vengo a ti amanecida en dolor [...] (63).

Mientras que los espectadores no familiarizados con la ritualidad
caribeña tienen que recurrir al glosario que acompaña el texto impreso
de *María Antonia* o al *Vocabulario anagó* de Lydia Cabrera para descifrar esta intervención, los iniciados en la santería reconocerán esta fór-
mula para evocar al orisha. Martiatu ha señalado la influencia del güe-
milere, la fiesta ritual de la santería, en la obra y la ha relacionado con
el nacimiento de la tragedia (Martiatu 1992: 939), —vinculando así
Nietzsche con Grotowski para volver a las definiciones de Pavis. Los
elementos inspirados en la ritualidad caribeña, la carga elevada de lenguaje popular, de erotismo y de brutalidad, y la ubicación de la obra en
una capa social marginada contribuyeron al éxito de la obra y al hecho
de que *María Antonia* lograra atraer a un sector de la población que antes nunca había ido al teatro, pero estas mismas características también
causaron el escándalo y una fuerte polémica en la sociedad y en la prensa habaneras.

En *María Antonia* (1967), lo que escandalizó y puso en guardia a
ciertos teatristas y alguna prensa (no así al público, tuvo veinte mil espectadores), fue la irrupción de elementos de lo popular. La santería vista como religión, no como brujería, y una mujer negra transgresora que
bien pudiera haber sido aceptada como protagonista de una crónica de
sucesos de sangre, pero nunca de una tragedia. Algunos quisieron darle
a esta polémica matices políticos y hasta religiosos, pero fundamentalmente fue una crisis ideoartística (Martiatu 1999: 115).

En *Medea en el espejo* de José Triana (1960), *Santa Camila de la
Habana Vieja* de José Ramón Brene (1962), y otras obras que también
contribuyeron al desarrollo del teatro ritual caribeño, no me puedo detener por razones de espacio (véase Fulleda 1996: 22-23).

En los años setenta el teatro de La Habana vivió su quinquenio gris
según algunos y su década negra según otros. Rine Leal habla de «una
especie de lineamiento oficial de burócratas culturales que tanto daño
hicieron al teatro cubano» (Leal 1997: 18). El teatro siguió vivo, pero

con menos teatristas, menos estrenos, menos experimentación que en la década anterior. El grupo que sí floreció fue el teatro Escambray, formado por teatristas habaneros que se mudaron a la Sierra de Escambray para hacer un teatro de perspectiva político-didáctica y abogando por la creación colectiva, la obra abierta y la participación del público. La ritualidad caribeña no estaba en el centro de las preocupaciones del teatro nuevo del Escambray, pero otra agrupación, el Cabildo de Santiago (anteriormente Conjunto Dramático de Oriente), después de seguir una línea similar a la del Escambray, cambió su enfoque hacia la ritualidad popular a partir de 1973, desarrollando con los directores Ramiro Herrero y Rogelio Meneses todo un sistema de práctica teatral y puesta en escena basada en la ritualidad caribeña. Cuando las ideas de Grotowski, Brook, Barba y otros hicieron sentir su impacto en el teatro ·cubano y empezaron a suplantar el teatro nuevo —el teatro político-didáctico al estilo del Escambray, que se había convertido en paradigma oficial—, Cuba ya tenía su teatro antropológico propio y sus «laboratorios de teatro» autóctonos, que investigaron, por ejemplo, el concepto de la posesión con planteamientos cercanos a los de Grotowski, pero basándose en la tradición histórico-social y religiosa del negro esclavo.

La ritualidad caribeña en el teatro cubano actual

Los elementos rituales que se encuentran en el teatro cubano de los últimos cinco años no siempre se inscriben en la tradición ritual caribeña. En las puestas en escena de directores como Vicente Revuelta, Pepe Santos o Raúl Alfonso, por ejemplo, aflora una ritualidad evocadora de Artaud y Grotowski, pero no de la tradición ritual caribeña.

Iliam Suárez en *Carlota*. Dir. Raúl Alfonso. Teatro Eclipse, 1997.

El término teatro ritual caribeño no abarca sólo aquellas obras cuyo tema principal es la religiosidad caribeña, ni tampoco es una categoría absoluta a la que una puesta en escena corresponde o no. La ritualidad caribeña en el teatro tiene infinidad de matices y se puede manifestar en la temática, los personajes, el lenguaje, la estructura, la escenografía, el vestuario, o la actuación —en uno de estos elementos o en todos a la vez. Esta diversidad encuentra su expresión en las varias agrupaciones teatrales que cultivan el teatro ritual caribeño.

El teatro caribeño es dirigido por Eugenio Hernández Espinosa, un autor versátil y a veces transgresor que con frecuencia pone en escena sus propias obras. En su monólogo *Masigüere* —«una suerte de continuación de un costado argumental de *María Antonia*»— «la representación de lo ritual resulta [...] evidente» (Pino 1998: 23).

Julio Reyes en *Masigüere*. Dir. Eugenio Hernández. Teatro Caribeño, 1997.

Las puestas en escena del grupo Teatreros de Orilé de Mario Morales son austeras, bastante herméticas y para nada orientadas hacia el gran público. Funcionan muy bien en espacios pequeños, como en el patio de la sede del grupo en la Habana Vieja, pero menos en escenarios de gran tamaño. De los grupos habaneros, Teatreros de Orilé es quizás el que más completa y exclusivamente sigue una filosofía ritual caribeña.

Orelves Flores en
Chago de Guisa.
Dir. Mario Morales.
Teatreros de Orilé,
1999.

Xiomara Calderón trabaja en parte con actrices y actores princi-
piantes en el taller de experimentación Espacio Abierto, quienes «vienen de la calle», prácticamente, y aprenden el oficio durante la elaboración de la puesta en escena. En *La esclava Elena*, la experiencia
histórica de las negras esclavas se entreteje con aspectos de ritualidad
caribeña.

La esclava Elena.
Dir. Xiomara Calderón.
Taller Experimental Espacio
Abierto, 2000.

La compañía de Teatro Rita Montaner no se limita al teatro ritual
caribeño, pero trabaja con cierta frecuencia textos del mismo o incluye
elementos o una óptica de ritualidad caribeña en obras que no salen de
esta tradición. *Remolino en las aguas* de Gerardo Fulleda es un texto
dramático inspirado en la cantante cubana La Lupe. La ritualidad caribeña se manifiesta no sólo en el texto sino también, y sobre todo, en el
juego escénico.

Trinidad Rolando en *Remolino en las Aguas.*
Dir. Tony Díaz. Compañía Rita Montaner, 1997.

Otros grupos de teatro incluyen elementos de ritualidad caribeña en sus puestas partiendo de un paradigma posmoderno, de Grotowski, de Barba. El más conocido de ellos es el Teatro Buendía dirigido por Flora Lauten.

Dania Aguerrebérez, Ivanesa Cabrera, Sandra Lorenzo y Giselle Navaroli en *Otra Tempestad*. Dir. Flora Lauten. Teatro Buendía, 1997.

Fuera de la capital cabría mencionar el Cabildo, Palenque y otros grupos de Santiago —y Papalote, de Matanzas, que desde hace algunos años y dentro del teatro de guiñol cubano está desempeñando un papel parecido al de los hermanos Camejo en los años sesenta.

Nganga. Palenque, 1999.

En cuarenta años, el teatro ritual caribeño ha llegado al floreci- miento y a una rica variedad de expresión. Al mismo tiempo parece que se ve un tanto marginado en el panorama del teatro cubano en general: «No es un secreto que este teatro, por las fuentes de que se nutre, ha su- frido los mismos prejuicios que otros aspectos de nuestro acervo popu- lar» (Martiatu 1998: 9). La controversia que desató el estreno de *María*

Antonia y el tono de algunas publicaciones teatrales apoyan la aseveración de Martiatu. El siguiente comentario sobre *Yarini* en el prólogo al *Teatro* de Carlos Felipe puede servir de ejemplo:

> Es curioso cómo el escritor va manejando los elementos eróticos y sexuales a través de la obra, cosa lógica en un ambiente como el de los prostíbulos habaneros y en una religión como la yoruba, inundada por el sexo (Garzón 1979: 13).

El estreno de *María Antonia* data de 1967, la frase que acabo de citar se publicó en 1979. ¿Hasta qué punto sigue habiendo este tipo de prejuicios hoy en día? En mis entrevistas a teatristas cubanos, algunas de las réplicas a la palabra rito insinúan su persistencia. Los reparos frente al teatro ritual caribeño suelen ser implícitos, como en el ejemplo ya citado arriba. Sólo una teatrista me dijo abiertamente que estaba harta de ver la religión negra vinculada al teatro. Y el tono general de las entrevistas es otro. La abundante mayoría de las respuestas no expresan prejuicios frente al teatro ritual caribeño: tanto los teatristas comprometidos con este tipo de teatro como aquellos cuyo trabajo es ajeno a él, hablan del rito en un sentido amplio —no restringido a la ritualidad caribeña— y lo consideran una parte fundamental del teatro.

La persistencia de prejuicios frente a la ritualidad caribeña sí se encuentra reflejada en algunas reseñas y publicaciones teatrales. Puesto que mi tema es el teatro ritual caribeño y no la animadversión que pueda haber contra él, quisiera limitarme a un ejemplo: *De las dos orillas. Teatro cubano* es una colección de ensayos publicada en 1999 en Alemania. Las primeras contribuciones corren a cargo de dos de las voces más prestigiosas de la crítica teatral cubana: Graziella Pogolotti y Raquel Carrió. Ambas proponen, desde enfoques un tanto distintos, un repaso del teatro cubano desde la Revolución y ambas hablan de *María Antonia*. «Con aliento de tragedia, el texto revela el poder de los grandes mitos, encarnados en una cultura otra, subyacente», dice Pogolotti, y llama al texto «evocador de una tradición hispánica» (Pogolotti 1999: 21, 22). No hace explícitos los aspectos de ritualidad caribeña que caracterizan la obra. Refiriéndose al Teatro Buendía, en cambio, habla de los «mitos y rituales transmitidos por la tradición afrocubana» (24). Raquel Carrió, en su artículo «Teatro y modernidad: 30 años después», califica a *María Antonia* de «metáfora de extraordinaria belleza sobre la marginalidad negra, [con] la figura trágica de una mujer que es el signo de su raza y su cultura» (Carrió 1999: 34). También menciona el Cabildo de Santiago. Según ella, las obras del Cabildo y del Escambray eran:

> [...] respuestas estéticas a demandas de comunicación en el contexto de las transformaciones sociales en áreas específicas. De ahí que sean obras surgidas de la investigación histórica o sociocultural, que privilegian la realización escénica (el texto espectacular) sobre la escritura literaria y que en la mayoría de los casos significan un rescate del juego, la música, la danza, la pantomima, o formas de representación como la narración oral, la controversia, la fiesta campesina, el carnaval, el baile de comparsas o las llamadas relaciones (35-36).

Si alguien lee estas frases sin una noción previa del significado de los términos relación y comparsa en el contexto cubano, no se le ocurrirá identificar estas palabras con la tradición «afrocubana». Al igual que Pogolotti, Carrió pone la ritualidad caribeña en primer plano cuando comenta una puesta en escena del Teatro Buendía, del cual es guionista y asesora literaria: «*Otra tempestad*, del Teatro Buendía (versión a partir de textos shakesperianos y fuentes de las culturas yoruba y arará de procedencia africana en el Caribe)» (40).

El Teatro Buendía de Flora Lauten es una fragua de talentos, una de las mejores compañías de teatro que tiene Cuba y una de las más conocidas en el extranjero. Sigue una línea posmoderna relacionada con la estética de Barba e incorpora elementos de ritualidad caribeña con sensualidad y eficacia escénica. Pero los mayores méritos para el desarrollo del teatro ritual caribeño partiendo de las tradiciones populares pertenecen a otros. Por eso resulta extraño que Pogolotti y Carrió —escribiendo historia del teatro cubano— mencionen por un lado *María Antonia* (y Carrió además el Cabildo) sin hacer explícita su importancia para el teatro ritual caribeño y que atribuyan por el otro lado un amplio vocabulario evocador de la ritualidad caribeña al Teatro Buendía: «mitos y rituales transmitidos por la tradición afrocubana»; «fuentes de las culturas yoruba y arará de procedencia africana en el Caribe». Esta actitud extraña también, y sobre todo, porque Carrió afirma en el mismo artículo que la herencia vernacular es «casi siempre estudiada al margen de la expresión vanguardista cuando en realidad la anticipa y forma parte de ella» (31).

Si he dicho lo que acabo de decir no lo he dicho para sumarme al conocido discurso que exalta la extraordinaria singularidad del caso cubano. Cuba tiene unas coordenadas político-sociales un tanto distintas a las de otros países, pero esto no implica que todo lo que pase en la isla se distinga radicalmente de lo que pasa en el resto del mundo. El fraccionamiento del mundillo cultural y el hecho de que algunos artistas tengan un gran eco mediático mientras que los logros de otros se vean silenciados no se dan con más frecuencia en Cuba que, pongo por caso, en los Estados Unidos, Brasil, España o Suiza.

La actriz Mireya Chapman trabajó durante muchos años en el Cabildo de Santiago. Para dar otra vuelta de tuerca, quisiera terminar con lo que me respondió cuando le espeté la palabra rito:

se ha hecho mucho abuso en el teatro con el rito [...] se ha hecho un cliché con el rito y se ha malinterpretado el rito en muchas ocasiones; otras veces no. Pero se hizo un cliché que en una escena para ser cubana, tanto en la danza como en el teatro, se tenía que tener una gente interpretando a Changó a Ochún, a la Yemayá y yo qué sé. Y yo detesto todo eso; así, claritamente: lo detesto. Porque una cosa es, digamos los religiosos, la gente que tiene esos ritos específicos de la religión afrocubana y los mantiene como una forma de vida, como un modo de ver el mundo, como una filosofía propia, que llevarlos de un modo esquemático y frío [...] al teatro. Pero entonces yo ya no resisto una puesta con un rito de ese tipo y que yo la haga. Tanto es así, que en Medea, cuando [...] a mí me proponen hacer esa puesta en escena, [...] Rafaelito [el director Rafael González] me trae a mí el libreto y me lo da; yo empiezo a leer y decía: «Medea, mujer de cuarenta y pico de años» —toda la descripción— «rodeada de ...» y pone: «calderos» no sé qué cosa, «palos ...», yo cogí y le dije, «Rafael yo estoy arrebatada por hacer algo, [...] pero si tú pudieras eliminarme todas esas cosas». ¿Sabes cómo nosotros empezamos Medea? [...] Solamente lo que hay en escena en Medea es: un periódico y tres cosas que semejan fotos; tres pedazos de cartulina. Ya. Eso es todo.

Bibliografía

Cabrera, Lydia: *Anagó. Vocabulario lucumí (el yoruba que se habla en Cuba)*. Ediciones Universal, Miami, 1986 [1970].

Carrió, Raquel: «Teatro y Modernidad. 30 años después». En: Adler, Heidrun y Adrián Herr (eds.), *De las dos orillas. Teatro cubano*. Vervuert, pp. 29-42, Frankfurt am Main, 1999.

Casey, Calvert: «Chicherekú». En: *La Tarde*, 4 de mayo, La Habana, 1964.

Cornago Bernal, Óscar: *La vanguardia teatral en España (1965-1975). Del ritual al juego*. Visor, Madrid, 1999.

Felipe, Carlos: «Réquiem por Yarini». En: Felipe, Carlos, *Teatro*. Letras Cubanas, pp. 205-296, La Habana, 1979.

Fulleda León, Gerardo: «Lo ritual, cauce de lo popular». En: *Tablas*, 4, pp. 21-23, La Habana, 1996.

Garzón Céspedes, Francisco: «Prólogo». En: Felipe, Carlos, *Teatro*. Letras Cubanas, pp. 5-19, La Habana, 1979.

Hernández Espinosa, Eugenio: «María Antonia». En: Felipe, Carlos, *Teatro*. Letras Cubanas, pp. 61-165, La Habana, 1979.

Leal, Rine: *Breve historia del teatro cubano*. Letras Cubanas, La Habana, 1980.

— «Respuestas sin preguntas». En: *La Gaceta de Cuba*, enero-febrero, pp. 16-18, La Habana, 1997.

Martiatu Terry, Inés María: «Una Carmen caribeña». En: Espinosa Domínguez, Carlos (ed.), *Teatro cubano contemporáneo. Antología*. Centro de Documentación Teatral, pp. 935-940, Madrid, 1992.

— «¿Problemas para el estudio del teatro ritual caribeño?» En: *Tablas*, 4, pp. 9-11, La Habana, 1998.

— «El negro: Imagen y presencia». En: Adler, Heidrun y Adrián Herr (eds.), *De las dos orillas. Teatro cubano*. Vervuert, pp. 111-119, Frankfurt am Main, 1999.

— *El rito como representación. Teatro ritual caribeño*. Ediciones Unión, La Habana, 2000.

Muguercia, Magaly: *El teatro cubano en vísperas de la Revolución*. Letras Cubanas, La Habana, 1988.

Pavis, Patrice: *Diccionario del teatro. Dramaturgia, estética y semiología*. Paidós, Barcelona, 1984.

Pino, Amado del: «Socio visita a socio». En: *Tablas*, 4, pp. 22-23, La Habana, 1998.

Pogolotti, Graziella: «Mostrar lo invisible». En: Adler, Heidrun y Adrián Herr (eds.), *De las dos orillas. Teatro cubano*. Vervuert, pp.19-27, Frankfurt am Main, 1999.

SCHECHNER, Richard: *Performance Theory*. Routledge, New York, 1988.

STEFANEK, Paul: *Vom Ritual zum Theater. Gesammelte Aufsätze und Rezensionen*. Edition Praesens, Wien, 2000.

TÜRNER, Victor: *From Ritual to Theatre. Performing Arts Journal Publications*. New York, 1982.

ZILLIGES, Diane: *Täuschung — Ent-Täuschung. Studien zum Verhältnis von Ritual und Theater*. Teiresias, Köln, 2001.

Y citas de entrevistas hechas a Raúl Alfonso, Freddy Artiles, Roberto Blanco, Xiomara Calderón, Mireya Chapman, Raúl Martín, María Teresa Pina y Bárbara Rivero entre 1997 y 2000.

Todas las fotografías son del autor.

LA INFLUENCIA DE JOÃO CABRAL DE MELO NETO EN EL TEATRO RITUAL ANDALUZ

Maribel Parra Domínguez
Boston College-Harvard University

A finales de los años 60 el dramaturgo y director Alfonso Jiménez Romero (1931-1995) crea una forma de teatro regionalista que él mismo denominará «teatro ritual andaluz». En este estudio explicaré las características generales de este tipo de teatro ritual y hablaré de la influencia que ejerció sobre Jiménez Romero el auto de navidad pernambucano *Morte e Vida Severina* del poeta brasileño João Cabral de Melo Neto (1910-2000). Por otra parte, situaré a ambos autores dentro de un movimiento general de época. Concretamente, señalaré las semejanzas que tiene este tipo de estética sagrada con las propuestas teóricas del teatro pobre de Jerzy Grotowski y con las del teatro antropológico de Eugenio Barba. Finalmente, propondré que, con esta corriente de teatro ritual, pobre y antropológico, estamos ante una nueva visión del arte y de la cultura popular que se desvincula del proyecto estético que comúnmente se ha llamado posmodernidad dentro del capitalismo tardío. En consecuencia, la investigación que aquí se expone no es un estudio del rito en sí mismo, sino de la utilización que cierta corriente de teatro hace de los elementos rituales y antropológicos para plantear un nuevo concepto de arte.

Teatro Ritual Andaluz es un libro de Alfonso Jiménez Romero que consta de una trilogía compuesta por cuatro obras: *Oratorio* (1968), *Oración de la Tierra* (1972), *La Cruz de Yerba* (1977) y *Diosas del Sur* (1991). La característica principal de este teatro es la presencia constante de elementos antropológicos de la cultura andaluza. De esta forma, a lo largo de la trilogía aparecen ritos religiosos, vinculados a las tradiciones «paganas» de Andalucía, junto con cantes y bailes flamencos. De hecho, toda la trilogía está construida con un lenguaje dramático exclusivamente lírico, basado, precisamente, en la lírica popular del flamenco. Es decir, el flamenco tiene un papel relevante no sólo como aportación musical, sino como elemento en el que se basa el lenguaje poético de toda la trilogía. Por otra parte, es importante señalar que estos elementos antropológicos se incorporan al teatro sin ningún tipo de aparato técnico y rechazando los medios de comunicación de masas. De esta manera, Jiménez Romero establece una distinción entre «la cultura popular» que él utiliza y «la cultura de masas», pues esta última se conforma haciendo uso, precisamente, de los aparatos técnicos y los medios de comunicación masivos. En abierta oposición a este concepto de cultura de masas, dice este dramaturgo andaluz:

> *Oración de la Tierra* es la austeridad... de espaldas a cualquier efectismo, porque las situaciones de la que parte no lo admiten. Si no es «teatro al uso», mejor que mejor... y, por supuesto, no para lo que se llama «público de consumo» o «teatro comercial»... (Diario *Informaciones* de Madrid, febrero 1973).

Para Jiménez Romero, la estética que se forma haciendo uso de la cultura de masas tiene como resultado la reducción de la función del arte a simple entretenimiento o consumo intelectual. Considerando estas premisas, puede decirse que lo que básicamente plantea el teatro ritual andaluz es la función del arte a partir de un cuestionamiento de la cultura de masas y de una reformulación de la «cultura popular» dentro del capitalismo tardío.

Unida a esta función del arte como una toma de conciencia libre de todo efectismo experimental, Jiménez Romero declara que su teatro ritual es absolutamente testimonial. De hecho, toda la trilogía es una reivindicación de los vencidos de la Guerra Civil española vista como una relación entre víctimas y verdugos y una denuncia testimonial de la situación socioeconómica del medio rural en Andalucía. También se cuestiona la historia como el discurso ideológico de los vencedores y se privilegia el origen y la formación de Andalucía a partir de la cultura tartésica y de los mitos mediterráneos (griegos, romanos, árabes, judíos y cristianos) que se fueron mezclando con ella. En realidad, puede decirse que la trilogía entera es la historia de Andalucía concebida desde los mitos mediterráneos a partir de la cultura tartésica.

Otro aspecto a destacar del teatro ritual andaluz es su fuerte vinculación con la tragedia griega. A este respecto, es importante tener en cuenta que el libro *Teatro Ritual Andaluz* es una trilogía con un lenguaje lírico, que se compone de cuatro obras. Es decir, al nivel de la organización estructural, estamos ante el modelo clásico de construir las trilogías con tres obras y una cuarta que cierra el ciclo. También es significativo que la trilogía empiece con la leyenda del mito de Antígona rebelándose contra el tirano Creonte. Por su parte, Jiménez Romero asegura que el flamenco en sus obras es «como el coro en la tragedia griega» y que su concepto de ritual vuelve a las fuentes del teatro griego:

> Con la relación [del hombre] con la tierra que lo despide y lo golpea, con la austeridad, el rito coral y los cantos nos dimos de boca con la cultura mediterránea, y volvimos a las fuentes sin querer, al teatro griego (Diario *Informaciones* de Madrid, febrero 1973).

Por otra parte, al igual que en la tragedia, todos los personajes de la trilogía, aun siendo mujeres y campesinos andaluces, se presentan desde una dimensión mítica, como si fueran arquetipos colectivos, religiosos y paganos. Así, en la trilogía tenemos a Caín y a Abel, al hombre doliente, que al mismo tiempo es Gerión y el Cristo crucificado, a Antígona, que es la Tierra, la diosa Astarté, Florinda la Cava y la Virgen del Rocío. No obstante, lo paradójico de esta forma de representación mítica es que no se utiliza como entidad universal o abstracta, sino para construir un concepto de personaje como ser concreto. Tanto es así que, como dije anteriormente, el autor insiste en calificar su teatro como testimonial.

Por consiguiente, estamos ante un teatro que se construye con la lírica popular del flamenco, con ritos antropológicos regionalistas y que se propone como un testimonio de su época. Teniendo esto en cuenta, habrá que preguntarse cómo este teatro ritual puede ser considerado un verdadero teatro de tragedia. Para abordar esta cuestión hay que tener presente que, para Jiménez Romero, los orígenes del teatro griego se encuentran en los elementos antropológicos que forman la cultura popular y no en la tragedia como tradición literaria. En este sentido, Jiménez Romero asegura que la creación de su teatro ritual procede íntegramente de sus vivencias culturales, marcadas en su subconsciente desde la niñez: de la Semana Santa, de la procesión de nazarenos, del olor a incienso, de los altares y, por supuesto, del contexto rural en el que se crió y del cante y del baile flamencos.

Junto a esta testimonialidad, Jiménez Romero también reconoce la influencia decisiva que ejerció sobre su teatro ritual *Morte e Vida Severina* que el poeta brasileño João Cabral de Melo Neto escribió en 1956. En 1965, Joaquín Arbide, el director del Teatro Universitario Español (el TEU), montó esta obra y le encargó a Jiménez Romero que escribiera dieciséis canciones con los temas de las dieciséis acotaciones del texto. Para ello, se creó un nuevo personaje que cantaba romances y que situaba la acción al estilo de los coros griegos. El dramaturgo andaluz habla del fuerte impacto que le causó *Morte e Vida Severina*, cuando escuchó en una cinta el montaje de esta obra realizado por un grupo de teatro brasileño:

> Tuve la ocasión de oír una grabación hecha en directo... Era totalmente musical. Toda ella se cantaba a ritmo de samba y de músicas tradicionales brasileñas. Recuerdo que, cuando yo escuchaba aquello, me parecía imposible que pudiera existir un teatro tan vivo, tan verdadero y tan fuertemente enraizado en la música y el acento de un pueblo. Aquella tarde, en el aula de música de mi facultad, se empezaron a tambalear todos mis conceptos fundamentales del teatro. Y, cuando leí el texto de la obra, poético y diferente, ya fue el colmo. El colmo, porque lo que yo tenía por delante era completamente distinto a lo que yo entendía por un texto teatral... Pensé: si los brasileños la han montado con sus ritmos de samba, ¿por qué nosotros no lo hacemos con los nuestros, es decir, con flamenco? (Jiménez Romero 1996: 94-95).

Impresionado por el lenguaje lírico y por la incorporación de los elementos antropológicos en el teatro, Jiménez Romero le propuso a Arbide la posibilidad de montar la obra brasileña con flamenco, pero el director del TEU rechazó su propuesta diciendo que estaba loco. Al final, pudo convencerlo parcialmente y, entre los romances que tuvo que escribir, incluyó una petenera (una copla flamenca). Hay que tener en cuenta que durante el franquismo la cultura popular había sido manipulada con fines políticos, de tal manera que el flamenco había servido para vender y consumir, dentro y fuera del país, lo «típicamente español» (especialmente lo andaluz). Como consecuencia, en el contexto universitario de los años 1960 se miraba con recelo cualquier tipo de manifestación artística antropológica y se privilegiaba el experimentalismo de la vanguardia por su condición revolucionaria. El propio Jiménez Romero declara al respecto:

En aquellos años sesenta, el ambiente del TEU estaba abierto al teatro de vanguardia y a las nuevas corrientes dramáticas extranjeras difundidas por [la revista teatral] *Primer Acto*, y completamente de espaldas a Andalucía y sus raíces... Las formas teatrales válidas y respetadas siempre venían de fuera... Figúrense ustedes en qué lugar podía estar el flamenco. Nadie que tuviera la cabeza en su sitio se atrevería a proponer un montaje con flamenco o que oliera a Andalucía (Jiménez Romero 1996: 93).

No cabe duda que detrás del teatro ritual andaluz se encuentra la presencia de esta obra brasileña, no sólo por su marcado regionalismo y por su lenguaje lírico, sino porque el personaje principal, el campesino Severino, también se representa como una figura arquetípica y crística que testimonia la miseria, la muerte y la injusticia del medio rural en Brasil. El tema de *Morte e Vida Severina* es el mismo que el del teatro ritual andaluz: la relación del hombre con una tierra seca que, como afirma Jiménez Romero, «lo despide y lo golpea». Por otra parte, la denuncia testimonial de ambos autores sobre la situación socioeconómica de la tierra culmina en una reivindicación cultural del contexto rural. Y es importante destacar que, en este compromiso político testimonial, el yo lírico no se sitúa en un plano de subjetividad personal, sino dentro de un proceso de relación y creación comunitarias donde la toma de conciencia con la realidad se concibe a través de ciertas «representaciones» rituales. En definitiva, la fuerte impresión que *Morte e Vida Severina* causó en este director y dramaturgo andaluz puede entenderse si tenemos en cuenta que en João Cabral de Melo Neto el concepto de lo sagrado se vincula a la cultura popular a partir de referentes rurales concretos (antropológicos) de la región de Pernambuco. Desde mi punto de vista, esta posibilidad de construir un teatro haciendo uso de una estética antropológica sagrada, expresada a través de un lenguaje lírico popular (donde el yo se concibe como una entidad colectiva arquetípica), es lo que provocó que a este dramaturgo andaluz se le tambaleasen, como él mismo declara, todos sus conceptos fundamentales del teatro. En 1966 Jiménez Romero escribió los romances y la petenera para *Morte e Vida Severina* y en 1968 escribió su *Oratorio*.

Junto a la influencia de este poeta brasileño, el teatro ritual andaluz también hay que entenderlo con relación a sus «coincidencias» con los postulados del teatro pobre del polaco Jerzy Grotowski y con los del teatro antropológico del italiano Eugenio Barba. A pesar de que la relación con Grotowski y con Barba no ha sido reconocida ni por el poeta brasileño ni por el dramaturgo sevillano, señalaré los puntos de encuentro que hay entre ellos para demostrar que forman parte de una misma corriente.

Durante los años 60, Grotowski empezó a teorizar sobre la necesidad de crear un teatro pobre y sagrado que incorporara los elementos antropológicos autóctonos sin ningún tipo de aparato técnico y cuya función fuera la de despertar en el espectador un fuerte compromiso con la realidad social. Para el director polaco, el teatro debía concentrarse en ofrecer lo único que ni el cine ni la televisión —los medios de comunicación de masas— podían proporcionar: «la cercanía del organismo vivo». Como Jiménez Romero, Grotowski también rechazó el concepto de cultura de masas y propuso para el teatro la búsqueda de un público que no recurriera al arte como una forma de diversión o de consumo intelectual. Esto lo llevó incluso a marcar una separación entre el cine (el arte de medios) y el teatro (el arte sin medios). En su libro *Hacia un teatro pobre*, declara el director polaco:

> ...No nos interesa el hombre que va al teatro para satisfacer una necesidad social y tener un contacto con la cultura; en otras palabras, para tener algo que decir a sus amigos y ser capaz de hablar sobre tal y cual cosa y decir que era interesante. No estamos allí para satisfacer sus «necesidades culturales». Eso sería un fraude. No nos interesa el hombre que va al teatro para relajarse. Nos interesa el hombre que tiene genuinas necesidades espirituales y que desea analizarse a través de su confrontación con el espectáculo (Grotowski 1999: 34).

Los postulados que propone Grotowski para el teatro igualmente se encuentran en el teatro antropológico del director italiano Eugenio Barba. En su libro *The Paper Canoe. A Guide to Theatre Anthropology*, Barba explica que su concepción del teatro se remonta al impacto de las vivencias de su niñez en Gallipolli, un pueblo del sur de Italia. Entre sus recuerdos destaca la «teatralidad» de los ritos, los cantos procesionales religiosos y cómo su teatro parte de esas manifestaciones antropológicas. Al igual que Jiménez Romero, Grotowski y Barba privilegian el concepto de creación teatral vinculado a las experiencias vividas en contacto directo con la cultura local; esto es, vinculado a la testimonialidad por encima de cualquier tipo de tradición literaria.

Las semejanzas entre Grotowski y Barba con João Cabral de Melo Neto y Jiménez Romero son, pues, obvias: elementos antropológicos rituales, un concepto de teatro sagrado, desprovisto de medios, y una voluntad testimonial. A modo de resumen, quiero añadir que João Cabral construye un auto de navidad pernambucano, Grotowski habla de teatro pobre, Barba de teatro antropológico, Jiménez Romero de teatro ritual, y curiosamente, cada término apunta hacia una de las características básicas compartidas por los demás. Teniendo en cuenta que estos hombres fueron coetáneos, las fuertes semejanzas encontradas en sus concepciones teatrales me han llevado a pensar que el teatro ritual andaluz de Jiménez Romero forma parte de una corriente estética bastante delimitada y muy peculiar, ya que, aparentemente, surge de manera aislada, en contextos rurales y dentro de distintos países.

Con respecto al teatro antropológico, se sabe que Eugenio Barba fue a Polonia entre 1961 y 1964 para conocer a Grotowski y a sus actores. El caso de Jiménez Romero se hace más complejo, no sólo porque con la dictadura franquista los contactos con el exterior eran difíciles, sino porque el autor andaluz sólo reconoce la influencia de João Cabral de Melo Neto. Lo interesante de este poeta brasileño es que, si con Grotowski y Barba tenemos a directores con postulados teóricos sobre el montaje, el texto y la interpretación, con João Cabral tenemos esta misma visión de un teatro sagrado, pobre y antropológico contenida dentro de un texto literario. Eso sin olvidar que este autor brasileño se anticipa a los postulados de Grotowski (el director polaco creó su laboratorio en 1959 y João Cabral publicó *Morte e Vida Severina* en 1956) y que, al igual que Jiménez Romero, tampoco ha sido estudiado como parte de esta corriente ritual, pobre y antropológica de los años 60. Por consiguiente, la importancia de la obra pernambucana no se restringe a la influencia directa que ejerció sobre el teatro ritual andaluz, sino que incluye asimismo el hecho de que pueda situarse como texto precursor de esta corriente de teatro.

Además de la influencia del brasileño J. Cabral de Melo Neto y de su conexión con los postulados de Grotowski y Barba, para una mejor comprensión del teatro ritual andaluz como fenómeno estético es importante tener en cuenta el contexto político en el que surgió. En particular, este marco ideológico puede ayudarnos a entender tanto sus planteamientos políticos y testimoniales como la falta de continuidad que el teatro ritual andaluz ha tenido como corriente estética. De esta manera, hablaré en términos generales sobre el teatro ritual andaluz dentro del contexto universitario de las revueltas estudiantiles y con relación al papel revolucionario que el marxismo de los 60 le adjudicó a la cultura popular.

El teatro ritual de Jiménez Romero se gestó en el contexto político-cultural universitario sevillano de donde saldrán los principales líderes del Partido Socialista Obrero Español (PSOE). De hecho, estos líderes van a ser los representantes de la izquierda que, desde 1982 y por casi catorce años consecutivos, ocuparán los cargos políticos más altos tanto en el gobierno nacional como en el andaluz. Estos políticos socialistas, junto con un grupo de intelectuales de izquierda, habían impulsado durante los años 60 un proyecto político que incluía, entre otras cuestiones, los dos temas recurrentes del teatro ritual de Jiménez Romero: la reivindicación de los vencidos en la Guerra Civil española y el problema socioeconómico del campo andaluz. En este proyecto político, la transición del fascismo a la democracia española estuvo vinculada a la reivindicación de las culturas regionales, hasta entonces marginadas por el gobierno central. En otras palabras, la reivindicación de los regionalismos y la creación de un nuevo arte que representara a esas «culturas periféricas», incluyéndolas dentro de un nuevo proyecto democrático-nacional, fue crucial para la legitimación de ese proyecto de descentralización política que impulsó el PSOE con la construcción de los gobiernos autonómicos.

Por otra parte, y sin negar la especificidad de los hechos dentro de su propio marco nacional, no hay que olvidar que este reconocimiento social, político y artístico de las culturas marginales es algo que formó parte del proyecto «internacional» de las movilizaciones estudiantiles de los sesenta. Como es bien sabido, los cambios sociales que se exigían en estas revueltas no se proponían a partir de un discurso exclusivamente nacional, sino que, postulando la desmitificación de los nacionalismos políticos, abogaban por una apertura de fronteras donde la idea de democracia se presentaba como un universal político para la sociedad.

Ahora bien, si el teatro ritual de Alfonso Jiménez Romero «encajaba» con los cambios sociales reivindicados por las movilizaciones estudiantiles y si, por otra parte, la denuncia de este tipo de teatro sobre la situación socioeconómica de Andalucía representó una aportación significativa en su lucha contra el fascismo y en la creación de una política cultural regionalista, cabe preguntarse por qué Jiménez Romero fue ignorado por sus propios «compañeros» de lucha política cultural antifranquista, no llegando a formar parte del teatro oficial que impulsó el PSOE en pleno proyecto democrático. Es curioso que este autor y director andaluz, cuyas obras causaron tanto impacto estético y político dentro y fuera de España, quedara tan pronto relegado al olvido. Es decir, a pesar de «presentarse en consonancia» con el proyecto político de la izquierda de los años sesenta, el teatro ritual andaluz quedó excluido, precisamente, cuando ese proyecto democrático se puso en marcha. Tanto es así que, como corriente, no ha tenido ningún tipo de continuidad dentro de Andalucía. Este dato se hace aún más revelador si consideramos que ni siquiera los postulados del teatro pobre de Grotowski, internacionalmente reconocidos, han llegado a ponerse en práctica. En general, se puede decir que este tipo de teatro ritual, pobre y antropológico no ha tenido continuidad como corriente, al menos de una manera visible.

Para dilucidar este aspecto, me parece crucial tener en cuenta que la creación de una cultura de masas mediante la incorporación de los medios de producción en el arte formaba parte del proyecto político del marxismo de los sesenta. No cabe duda que los textos de Walter Benjamin y sus teorías sobre el teatro brechtiano tuvieron una influencia decisiva al respecto. En fuerte contraste con el proyecto estético del teatro ritual, pobre y antropológico, Brecht apostó por los medios de producción en el arte, concibió el teatro como artefacto y propuso la creación de una cultura de masas mediante la elaboración de un «new method of entertainment» para formar «the true children of scientific age», como refiere John Willet en su libro *Brecht on Theater*. Con la inclusión de la técnica, el objetivo de Brecht se dirigía hacia una absoluta desacralización del teatro. Es decir, su proyecto revolucionario partía de la premisa de una renovación de la tragedia creada mediante el distanciamiento crítico, donde el proceso de desacralización se proponía como la clave para la creación de una cultura de masas dentro de la nueva era científica. Esta propuesta brechtiana bien puede entenderse como precedente del proyecto político de la izquierda intelectual de los sesenta, donde el papel revolucionario de la cultura popular se concibe a partir de su transformación en cultura de masas y de su incorporación dentro de contextos urbanos.

Si, como consecuencia de esta desacralización, Benjamin igualmente apostó por la pérdida aurática del arte, con la estética ritual, pobre y antropológica estaríamos ante lo que voy a denominar una «nueva sacralización» del arte. Quiero hacer énfasis en lo de «nueva» porque esta sacralización del arte no representa una continuidad de ese arte aurático burgués al que se refiere Benjamin; más bien entabla una ruptura con él y propone una alternativa, un nuevo «sacrum secular», como lo denomina Grotowski. Desde mi punto de vista, con esta nueva sacralización del arte estaríamos ante la reactualización de una línea de pensamiento que, formulada desde la filosofía a partir del pensamiento nietzscheano, reaparece a finales de los sesenta como un movimiento estético que incluye al poeta brasileño João Cabral de Melo Neto, al dramaturgo andaluz Alfonso Jiménez Romero y a directores de teatro como el polaco Jercy Grotowski y el italiano Eugenio Barba.

En *El nacimiento de la tragedia* Nietzsche ya había señalado que los orígenes sagrados de la tragedia había que buscarlos en la canción popular (en la unión de la lírica con la música) y en la incorporación de ciertos elementos antropológicos como las festividades dionisíacas y los ritos populares. Nietzsche también estableció una relación entre la muerte de la tragedia y la desacralización de la cultura y predijo que la tragedia volvería a nacer cuando la cultura popular y el arte recuperasen la función sagrada de «proporcionar consuelo metafísico» (Nietzsche 1995: 32). Junto a esta concepción de un teatro sagrado, Nietzsche también rechazó la idea de la función del arte entendida como entretenimiento o consumo intelectual y la vinculó a los medios de comunicación de masas:

> De <críticos> de ésos ha estado compuesto hasta ahora el público... preparados por la educación y los periódicos... Mientras en el teatro y en el concierto había implantado su dominio el crítico, en la escuela el periodista, en la sociedad la prensa, el arte degeneraba hasta convertirse en un objeto de entretenimiento de la más baja especie, y la crítica estética era utilizada como aglutinante de una sociedad vanidosa, disipada, egoísta... (Nietzsche 1995: 176-177).

El estudio de la tragedia que hace Nietzsche representa una interpretación del arte a partir de la función «sagrada» que le adjudica a la cultura popular y a la relación que «el artista griego tuvo con sus arquetipos» (Nietzsche 1995: 47). Junto a esta idea de arquetipo colectivo, Nietzsche concibe el mito como algo concreto (yo diría antropológico) y no como una idea universal y abstracta:

> ... y ni siquiera el Estado conoce leyes no escritas más poderosas que el fundamento mítico, el cual garantiza su conexión con la religión, su crecer a partir de representaciones míticas. Confróntese ahora esto con el hombre abstracto, no guiado por mitos, la educación abstracta, las costumbres abstractas, el derecho abstracto, el Estado abstracto... imagínese una cultura que no tenga sede primordial fija y sagrada... eso es el presente, como resultado de aquel socratismo dirigido a la aniquilación del

mito... El enorme apetito histórico de la insatisfecha cultura moderna, el coleccionar a nuestro alrededor innumerables culturas distintas, el voraz deseo de conocer, ¿a qué apunta eso sino a la pérdida del mito, a la pérdida de la patria mítica...? (Nietzsche 1995: 180).

Como puede verse, Nietzsche sitúa la aniquilación del mito en la cultura moderna y la vincula a un problema artístico y cultural, legal y político. Por su parte, Jiménez Romero también apunta en esa misma dirección cuando dice:

... Yo sé a quién me dirijo... no es al universo en general... No es un compromiso abstracto con el hombre en general... Esta preocupación socio-política está presente en mis espectáculos flamencos. En *Oración de la Tierra* hay un hombre muerto, pero es un hombre andaluz, y las injusticias tienen nombre y la gente es real y concreta... No tengo ninguna pretensión universalista porque partir de esa pretensión es tarar la obra de antemano (Diario *Informaciones* de Madrid, febrero 1973).

En definitiva, la preocupación socio-cultural de ambos autores parece que se dirige hacia la necesidad de construir una política que, conformada a partir de valores antropológicos concretos, pueda deshacerse de los principios universales, filosóficos e históricos, abstractos e idealistas, que nunca forman parte de la cultura de un pueblo.

Como conclusión de lo dicho hasta ahora, podemos entender el posicionamiento de este tipo de estética ritual, antropológica y sagrada a partir de la oposición que Nietzsche establece entre el mito y las nociones universales y abstractas sobre la ley, la política, el arte y la cultura. Es decir, el proyecto político de este tipo de teatro ritual, pobre y antropológico puede verse como una crítica a la idea de democracia «universal», propuesta por el marxismo de los años sesenta, y como un rechazo a la creación de una cultura de masas donde la técnica y los medios de comunicación consiguen desvincular el arte y la cultura de sus manifestaciones antropológicas, transformando estas manifestaciones rituales en objetos estéticos de consumo listos para su circulación dentro de un mercado internacional.

De esta manera, si para Walter Benjamin la incorporación de la técnica y los medios de producción en el arte se dirigían hacia una liberación de la estética tradicional burguesa, en el teatro ritual, pobre y antropológico esta misma incorporación de la técnica se identificó con el consumismo cultural que se estaba generando con la nueva economía capitalista (neoliberalismo). Como consecuencia, parece que lo que esta corriente de teatro ritual propone es una superación de esa racionalidad brechtiana que, si bien muestra un rechazo visceral por la tradición metafísica, no es capaz de superar sus redes. En otras palabras, la «racionalización posmoderna» de la tragedia representaría una nueva forma de mantener una metafísica burguesa que, apelando a una función crítica desacralizante, no haría sino legitimar los objetivos del capitalismo tardío. Por consiguiente, es importante tener claro que el teatro ritual andaluz no sólo desmitifica a la «Andalucía de pandereta» difundida por el franquismo, sino que también problematiza el papel revolucionario de la cultura popular entendida como cultura de masas.

Para terminar, también quiero proponer que el rechazo que esta corriente de teatro ritual experimenta por la técnica y los medios de comunicación masivos no debe entenderse como un proceso de regresión social con respecto a los avances tecnológicos, sino como un replanteamiento de la función del arte dentro de la sociedad contemporánea, donde la estética sagrada se propone como una forma de distanciamiento crítico con respecto al nuevo sistema económico capitalista. Es evidente que este concepto de distanciamiento crítico difiere del que Brecht propuso mediante la incorporación de la técnica y los medios de producción en el arte. También es evidente que el teatro marxista brechtiano formó parte de la política cultural que se desarrolló con la izquierda intelectual de los sesenta y que, en contraste con esta corriente de teatro ritual, pobre y antropológico, su proyecto estético sí ha tenido una amplia continuidad.

BIBLIOGRAFIA

BARBA, Eugenio: *The Paper Canoe. A Guide to Theater Anthropology.* Routledge, London and New York, 1994.

BENJAMIN, Walter: *Illuminations.* Harcourt Brace Jovanovich, New York, 1968.

— *The origin of German Tragic Drama.* Verso, London, 1977.

— *Reflections.* Harcourt Brace Jovanovich, New York, 1978.

CABRAL DE MELO NETO, João. *Morte e Vida Severina e outros poemas en voz alta.* Sabia, 3a ed., Rio de Janeiro, 1968.

GROTOWSKI, Jercy: *Hacia un teatro pobre.* Siglo Veintiuno, 2a ed., Madrid, 1999.

JIMÉNEZ ROMERO, Alfonso: *Teatro ritual andaluz.* Centro Andaluz de Teatro, Sevilla, 1996.

NIETZSCHE, Friedrich: *El nacimiento de la tragedia.* Alianza Editorial, Madrid, 1995.

WILLET, John: *Brecht on Theater.* Hill and Wang, New York, 1964.

LA COMPARSA CUBANA DEL DÍA DE REYES: *PERFORMANCE* COLECTIVA Y RECREACIÓN POÉTICA

Yasmina Tippenhauer
Université de Genève

La ritualidad, en su acepción más general, viene a ser la «observancia de las formalidades prescritas para hacer una cosa» (*Diccionario de la Real Academia Española*) y deriva de la palabra «rito» que significa, siempre según la misma fuente, «1. Costumbre o ceremonia. 2. Conjunto de reglas establecidas para el culto y ceremonias religiosas». Dicho esto, podemos definir el concepto de ritualidad como la práctica de una ceremonia o costumbre establecida alrededor de reglas religiosas o principios culturales por una comunidad particular. Se trata además de una manifestación colectiva puntual que diferencia una comunidad de otra y que, paralelamente, determina quién pertenece a la comunidad de «iniciados» y quién está excluido de ella. Hablar de la práctica de un rito en América implica en seguida dar precisiones en cuanto al contexto en el que diferentes prácticas se oponen. En efecto, en una sociedad colonial (o poscolonial) y multicultural, los ritos autorizados e impuestos son los de la sociedad colonizadora y dominante. Lo que singulariza, en términos formales, los rituales populares en América Latina es principalmente su condición híbrida; al ser populares, su carácter social es generalmente subalterno. Por ende, la supervivencia, la adaptación o la creación de rituales de las culturas colonizadas implica la presencia de conflictos de poder, luchas «cimarronas» o estrategias de disimulo y supervivencia.

Es sobre todo a partir de finales del siglo xix y principios del xx cuando se empiezan a documentar, con el nacimiento de la etnología, manifestaciones de las culturas subalternas de América. Si bien es cierto que los misioneros y viajeros habían cumplido anteriormente el papel de observadores y relatores de dichas manifestaciones, sólo en las últimas décadas del XIX numerosas prácticas colectivas de comunidades indígenas y negras se encuentran plasmadas a través de descripciones «científicas» escritas, realizadas por intelectuales locales. Años más tarde, en la década de 1930, encontramos a su vez algunas de estas prácticas descritas en los versos de la poesía negra de las vanguardias. Así es como la comparsa del Día de Reyes en Cuba —a la que podía asistir todo ciudadano— retuvo a lo largo del tiempo la atención de un sinnúmero de viajeros, pintores, estudiosos y poetas. Ese día excepcional, los diferentes cabildos[1] negros desfilaban por las calles con sus símbolos y santos, sus atuendos particulares, sus *diablitos*, sus Reyes, sus instrumentos y un carácter explosivo que dejaba sus huellas en todos sus participantes y testigos.

Ese desfile, en el que se unían creencias africanas y europeas, católicas y profanas, así como mulatos y negros esclavos o libres, fue objeto de diversas disposiciones legales, prohibiciones y temores. Su aspecto abigarrado y desenfrenado producía diferentes efectos: preocupaba al «orden público» o a las autoridades, intrigaba y atraía a los ciudadanos y representaba a la vez el único día oficial de libertad de expresión para las comunidades negras cubanas.

A pesar de haber sido perseguida por las leyes, esta práctica sobrevivió con vivacidad, tanto en la realidad como en sus representaciones poéticas. Interesa entonces observar cómo y por qué motivo el ritual de la comparsa aparece reproducido en los versos de ciertos cultivadores de la poesía «negra» de los años treinta, enriqueciendo sus creaciones. No cabe aquí una definición extensa de la poesía negra, pero en muy resumidas cuentas podemos afirmar que este movimiento poético se produce en un marco geográfico tan amplio que cubre casi toda América, así como regiones lingüísticas *créoles*, españolas, francesas, inglesas y portuguesas. Su marco cronológico se sitúa aproximadamente entre 1920 y 1940, y postulamos brevemente que se llama poesía «negra» porque rescata intencionalmente el aporte de los descendientes de esclavos a las respectivas culturas nacionales. Aunque no quepa aquí una discusión

---

[1] Cofradías de negros esclavos y libres de la misma nación, organizadas alrededor de un sistema de socorro mutuo, que se reunían en un domicilio fijo; sus manifestaciones públicas estaban autorizadas en fechas puntuales. Véase el artículo de Fernando Ortiz «Los cabildos afrocubanos» (1992 [1921]).

acerca de este movimiento poético, podemos subrayar su papel innovador y fundador. Releída hoy, esta poesía puede parecer a veces ingenua o superflua, sin embargo, considerando su contexto de escritura, estimamos que ha constituido un movimiento de reivindicación cultural importante. Y gracias a ello empezaron a aparecer en los versos cubanos (y antillanos) descripciones de rituales de los esclavos y sus descendientes. (A pesar de tomar como ejemplo la comparsa cubana, este fenómeno ilustra el de otras regiones del Caribe en las que se encuentra el mismo proceso de *recreación* de tradiciones rituales y profanas de las comunidades negras por poetas del movimiento negrista.)

Nos interesa el proceso de adaptación que se opera a partir de principios del siglo veinte a través de personalidades que desempeñan un papel que consideramos de mediación entre expresiones orales y rituales negras y una élite «letrada». A través del ejemplo de las comparsas, podemos ilustrar este fenómeno, sin olvidar que éste forma parte de un proceso de legitimación que se dio en toda América y con respecto a diferentes manifestaciones de la cultura popular. Creemos que las décadas del veinte al cuarenta en Iberoamérica y las Antillas son fundadoras en cuanto a una actitud integradora con respecto a las comunidades sometidas por el poder colonial o neo-colonial, y también en cuanto al intento de una concepción más completa de las respectivas y diversas culturas nacionales.

El siguiente poema de Emilio Ballagas (Cuba, 1908-1954) podía leerse en La Habana a mediados de los años 30 (Ballagas 1934):

Comparsa habanera
(fragmento)

La comparsa del farol
(bamba uenibamba bó)
pasa tocando el tambor.
¡Los diablitos de la sangre
se encienden en ron y sol!

«A'ora verá como yo no yoro.
(Jálame la calimbanyé...)
Y'ora verá como yombondombo.
(Júlume la cumbumbanyé)»

El santo se va subiendo
cabalgando en el clamor.

«Emaforibia yambó.
Uenibamba uenigó.»
¡En los labios de caimito,
los dientes blancos de anón!

La comparsa del farol
ronca que roncando va.
¡Ronca comparsa candonga
que ronca en tambor se va!

Y... ¡Sube la loma!... Y ¡dale al tambor!
Sudando los congos van tras el farol.
(Con cantos yorubas alzan el clamor.)
Resbalando en un patín de jabón
sus piernas se mueven al vapor del ron.

¿Qué podía haber llevado a este cultivador de una llamada poesía
pura a inspirarse en una manifestación colectiva y pública de las comunidades negras de La Habana? Bien se sabe que Emilio Ballagas se de-
dicó sobre todo a la poesía pura; sin embargo, en 1930 publicó el poema
«Elegía a María Belén Chacón» en la *Revista de avance 1930* de La
Habana. Cuatro años más tarde la ciudad de Santa Clara publica su
Cuaderno de poesía negra. Su compromiso con esta poesía va más allá
de la pura experimentación estética, llevándolo a presentar una tesis de
grado en 1946 titulada *Situación de la poesía afroamericana.* En el poema citado, Emilio Ballagas asocia las imágenes descriptivas de la comparsa con los recursos característicos de la poesía negra, que consisten en
reproducir por escrito la atmósfera vivaz, musical, de la *performance*
oral. Para ello son de uso común, entre otros recursos, la rima aguda, la
presencia abundante de jitanjáforas y de palabras «africanizantes», así
como las aliteraciones en *p*, *b*, y *m* que evocan el sonido de las percusiones. El poema «Comparsa habanera» presenta ciertos límites inevitables.
El cuadro que ofrece Ballagas es alegre, pero también pintoresco e incluso, en algunas ocasiones, pobre. Es lo que ocurre con la mención que
el poeta hace de los *diablitos* o *ireme*, personajes que, pese a ser fundamentales en las comparsas, aparecen en el poema de manera muy breve
y sin mayores detalles. Ballagas se refiere a ellos como meros elementos
embriagadores no obstante tengan un amplio significado en las diferentes manifestaciones de la cultura afrocubana. Fernando Ortiz, por ejemplo, explica sus numerosas funciones y apariciones en su libro *Los bai-*

les y el teatro de los negros en el foklore de Cuba (1985 [1951]), ocupando más de ochenta páginas (de la página 435 hasta la 521).

La descripción de la fiesta del Día de los Reyes

Veamos en qué consiste «realmente» esta fiesta. Dentro de un sistema colonial alienante, la supervivencia de antiguas creencias se hace por medio del disimulo y de la asimilación de rituales vigentes e impuestos, produciendo una metamorfosis de los rituales originales. La Iglesia organiza gran parte de los eventos públicos durante el período colonial, constituyendo así, indirectamente, uno de los principales medios de contactos e intercambios entre la cultura de los esclavos y la de los colonos. Gran parte del proceso de «sincretismo»[2] religioso establecido entre el cristianismo y las creencias africanas se lleva a cabo a través de las fiestas religiosas que organiza la Iglesia con el fin de atraer a los esclavos. Las estrategias creadas por éstos, respondiendo a su situación de comunidad sumisa, se vuelven necesarias en ambas direcciones: se establece una negociación indirecta en la que, por un lado, el esclavo adopta a la fuerza expresiones de la cultura dominante y, por otro, la Iglesia tiene que integrar en sus celebraciones algunas manifestaciones de las comunidades negras.

Ejemplo de este proceso es la fiesta del Día de Reyes en Cuba; evento público, de origen católico, en el que se autorizaba de manera excepcional la participación colectiva de comunidades negras, con sus creencias, vestuarios, cantos y bailes. A modo de procesión carnavalesca, las calles se llenaban de tradiciones negras el día de la Epifanía: era prácticamente el único día en que los diferentes cabildos negros podían desfilar abiertamente por las calles de la ciudad. Fernando Ortiz describe la fiesta del Día de Reyes en La Habana:

> Aquel día el África negra y ultratlántica con sus hijos, sus vestidos, sus músicas, sus lenguajes y cantos, sus bailes y ceremonias, sus religio-

---

[2] Es preciso tener en cuenta que la palabra «sincretismo», que se suele emplear para definir un proceso de fusión cultural y religioso, tiene connotaciones de reciprocidad que no corresponden a las condiciones de adaptación forzada que sufrieron los esclavos. El término «transculturación» propuesto por Fernando Ortiz es probablemente el más adecuado.

nes e instituciones políticas, se trasladaba a Cuba, principalmente a La
Habana. La esclavitud que fríamente separaba hijos y padres, maridos y
mujeres, hermanos y compatriotas, atenuaba aquel día su tiránico poderío
y cada negro se reunía en la calle, con los suyos, con los de su tribu, con
sus *carabelas*[3], ufanamente trajeado con los atavíos ceremoniales e indu-
mentarias de su país, dando al aire sus monótonos y excitantes canturreos
africanos, aturdiendo con el ruido de sus atabales, campanas, tambores y
demás instrumentos primitivos y, sobre todo, gozando de la ilusión de la
libertad, en una orgía de ritos, bailes, música, cantos y aguardiente (Ortiz
1992 [1921]: 25-26).

Según esta descripción, la presencia de los esclavos y sus descendientes en las festividades se asemeja a un torbellino desestabilizador a
la vez que atractivo. Esto aparece en los términos descriptivos que el autor emplea: «ufanamente trajeado», «atavíos», «monótonos y excitantes
canturreos», «aturdiendo», «instrumentos primitivos», «orgía» y, sobre
todo, «la ilusión de libertad». Nótese además la organización comunitaria, incluso política, que supone esta fiesta por parte de los diferentes
grupos negros, así como la presencia del África en La Habana. Este considerable «traslado» parece haber marcado particularmente a los habitantes de la ciudad: se encuentran menciones y representaciones de ella
en numerosos poemas, novelas y pinturas. En las descripciones citadas,
halladas por el autor en artículos de periódicos de los años 1842 a 1891
y en relatos de viajeros, aparecen ya los tópicos empleados para retratar
a los esclavos o sus descendientes, y su universo, algunos de los cuales
vuelven a ser encontrados más tarde en la poesía negra de las vanguardias. Se habla «de bocas rojas y de dientes blancos», «contorsiones, [...]
saltos, volteos y pasos, al compás del agitado ritmo de los tambores»,
«salvajes cantos», «aguardiente y sangre de gallo», de instrumentos y
nombres de resonancia africana; un conjunto de elementos considerados, por lo menos desde un punto de vista externo, como característicos
del descendiente de africano y de la supervivencia de sus tradiciones ancestrales en tierra americana. Según las descripciones citadas en el ensayo de Ortiz, asistía un gran número de espectadores atraído por el tam-
boreo, los gritos y los trajes extravagantes y llamativos de los negros.

---

[3] «Se decía de los negros que venían de África, como esclavos, en una misma *car-
gazón* o buque.» F. Ortiz: *Nuevo Catauro de Cubanismos*, Ciencias Sociales, La Habana,
1985, pág. 124. Por extensión, vino a significar igualmente «compañero, amigo».

¿Qué podía atraer, con tanta fuerza, a todos estos espectadores blancos, criollos, mulatos y negros, esclavos y libres…? En su artículo «Los cabildos afrocubanos» Ortiz cita la descripción que de dicha fiesta hace Jesús Castellanos:

> Es innegable que hay cierta poesía de sabor violento y exótico en esas olas abigarradas que pasan enardecidas por las calles de los barrios bajos. Tienen algo de ceremonias religiosas y de guerreros delirios […].
> Son columnas de gentes enardecidas que caminan roncas, graves, inyectado en sangre lo blanco de los ojos. Un farol de papel volteando en lo alto los hipnotiza, y el tambor hace infatigables sus pies, que batiendo al mismo compás, tragan las calles y plazas insensibles e hinchados. Los cuellos al aire, brillando bajo el esmalte del sudor las venas gordas como cuerdas de violín, sale el tango de las gargantas amplias, en ronquidos monótonos, ardiente, bélico. […] Pero la fiebre se propaga y contagia a las máscaras perdidas por las esquinas y a poco el río arrastra un caudal confuso, donde sólo el canto bárbaro y vibrante rueda en armonía justa como sentida por todos los pechos (Ortiz 1992: 19 20).

Ya en 1916 se podía leer el poema «La Comparsa» de Felipe Pichardo Moya (Cuba, 1892-1957), cuyas imágenes se asemejan a las que ofrece Castellanos:

La Comparsa
(fragmento)

Por la calleja solitaria
se arrastra la comparsa como una culebra colosal.

En el silencio de la noche
hombres, mujeres, niños, cantan con un monótono compás;
los unos detrás de los otros en una fila inacabable,
van agarrados por los hombros con un temblor epilepsial.

Los ojos brillan en las órbitas
chispeando como un puñal en la siniestra oscuridad,
y los cuerpos se descoyuntan con una furia demoníaca
al impulso irresistible de los palitos y el timbal.

Por la calleja solitaria
se arrastra la comparsa como una culebra colosal.

...
Uno, dos, tres, cuatro hércules
con sus trajes más chispeantes y el paso esclavo del compás,
van apoyando sobre el vientre unas farolas gigantescas
que un equilibrio penoso parecen irse a derribar.
Dan unos pasos hacia el frente,
luego dan otros hacia atrás
como en un rapto de locura... Y de pronto, a un vago impulso,
atravesando las aceras como en un rápido zig-zag,
hacen temblar a las farolas con un temblor epilepsial.

Por la calleja solitaria
se arrastra la comparsa como una culebra colosal
(Albornoz y Rodríguez Luis 1980: 105-106).

Si bien es cierto que aún no incluye la presencia abundante y característica de jitanjáforas y percusiones, Pichardo Moya reproduce grá-
ficamente el *zigzagueo* de la comparsa, como culebra que se arrastra, a
través de la disposición métrica: los versos aumentan y disminuyen al-
ternativamente dibujando una *S*. Pichardo Moya describe la comparsa
como observador exterior. Veinte años más tarde Marcelino Arozarena
(Cuba, 1912) describe la comparsa en forma casi «hablada», usando in-
terjecciones así como la segunda persona del singular, como si él for-
mara parte del desfile (Arozarena 1970: 148)[4]:

La comparsa del Majá
(fragmento)

Tus hombros bienen y ban
con el ritmo de las ancas,
miras e paso,
y cuando a mí te aproximas me bas hasiendo bagaso.
El ritmo etá cumbanqueando
y su cumbacumba aprieta:
prieta,
tu sintura quema,
y, ella sudando rema,
rema que rema nabegando sobre un pié.

---

[4] Se trata de un poema escrito en 1936 y publicado en la edición *Canción negra
sin color* de 1966.

Sus cuerpos ya son veletas.
El rumor de las chancletas
como rabo de cometa va dejando un rastro en «ese».
Tumbando así me pareces
un majá color de noches:
deja tu cuerpo sin broches
«pa que no piedda e compá».

Obviamente, los poemas que retratan este desfile puntual pierden el significado ritual: ya no se trata de un evento simbólico en alguna fecha determinada, y se trata menos aún de una *performance* colectiva y en vivo. El poema cristaliza ese ritual en una descripción fija, y es vigente en todo momento, cada vez que un lector individual lo actualice.

Legitimación de una cultura «subalterna»

Janheinz Jahn (1969) afirma que para que una creación extranjera se beneficie de cierto prestigio en el mundo occidental, necesita cumplir con tres condiciones: (i) la intuición de un «descubridor» occidental, (ii) el trabajo de un traductor occidental que conozca la lengua (¿entiéndase cultura?) original y (iii) un género que corresponda a alguna moda occidental. Las tres condiciones —que forman parte de lo que llamamos proceso de legitimación— parecen ser también necesarias para que una cultura local dominante «descubra» una cultura local subalterna. El proceso a través del cual la cultura negra llegó a los versos de los poetas vanguardistas caribeños se desarrolló a partir de principios del siglo xx en base a dos tipos de mediación. Por una parte se encuentran las recopilaciones «científicas» de tradiciones orales negras, llevadas a cabo por etnólogos, musicólogos, e incluso, en algunos casos, por los mismos cultivadores de poesía negra. Por otra se encuentran textos programáticos de los poetas negristas en las introducciones de antologías, en artículos de periódicos o revistas, o en sus propios poemas. En ambos casos, detrás de estas publicaciones se percibe un meta-discurso relativamente similar y coherente en todas las regiones estudiadas. Este discurso es el que sustenta una nueva actitud hacia las culturas americanas de origen africano, así como un nuevo tratamiento literario de las expresiones rituales negras.

Los materiales locales fueron *des*cubiertos o más bien difundidos por etnólogos, musicólogos y escritores que recopilaron y documentaron científicamente, según los métodos y aspiraciones de la época, algunas manifestaciones de la cultura oral negra[5]. Las publicaciones de principios del siglo XX sobre dicha cultura pretenden compensar la falta de reconocimiento en cuanto a la participación de la población negra en el proceso de construcción de las naciones americanas[6]. Ya mencionamos a Fernando Ortiz (1881-1969)[7] que en Cuba publica numerosos estudios sobre los negros en su país; y personalidades como Jacques Roumain en Haití, Mário de Andrade en Brasil o Alejo Carpentier en Cuba[8], entre otros, son partícipes de la misma iniciativa. Al llevar al texto expresiones culturales negras que se daban sólo oralmente, crean una fuente a partir de la que los escritores en busca de inspiraciones locales pueden abastecerse. Como señalábamos, paralelamente a sus creaciones negras, los poetas mismos participan en el proceso de legitimación de la cultura negra, acompañando su quehacer poético con ensayos. En efecto, numerosos cultivadores de la poesía negra de las vanguardias enuncian claramente su «proyecto negro» en textos teóricos o ensayísticos, haciendo de sus creaciones el resultado de una política cultural y de una elección consciente. Ramón Guirao (Cuba, 1908-1949), recopilador, crítico y poeta negrista, propone en su prólogo a la recopilación *Cuentos y leyendas negras de Cuba* (publicada en 1942) un programa cultural

[5] A principios del siglo veinte numerosos estudios científicos sobre las civilizaciones «primitivas» eran muy leídos en Europa y en América, contribuyendo a forjar la disciplina de la etnología. Entre ellos se encuentran: Funck-Brentano, *La civilisation et ses lois* (1876); Gustave Lebon, *Lois psychologiques du développement des peuples* (1900); Mgr Leroy, *La religion des primitifs* (1911); Durkheim, *Les formes élémentaires de la vie religieuse* (1912); Sébillot, *Le folk-lore* (1913); Lévy-Bruhl, *Les fonctions mentales dans les sociétés inférieures* (2da edición de 1922); Dr. A. Cureau, *Les sociétés primitives de l'Afrique Equatoriale* (1912); Maurice Delafosse, *Les noirs de l'Afrique* (1922); *L'âme nègre* (1922).

[6] En Estados Unidos el etnólogo negro W. E. Du Bois (1868-1963) publica en 1903 un libro fundamental sobre la cultura negra estadounidense: *The Soul of Black Folk*.

[7] Entre los estudios publicados por Fernando Ortiz se encuentran: *Los negros brujos (apuntes para un estudio de etnología criminal)*, Librería de F. Fe, Madrid, 1906. *Glosario de afronegrismos*, Siglo XX, La Habana, 1924. *Contrapunteo cubano del tabaco y el azúcar*, J. Montero, La Habana, 1940. *La Africanía de la música folklórica en Cuba*, Ministerio de Educación, Dirección de Cultura, La Habana, 1950. *Los bailes y el teatro de los negros en el folklore de Cuba*, Ministerio de Educación, Dirección de Cultura, La Habana, 1951.

[8] Recuérdese que todos publicaron, entre otros, estudios sobre la música de sus respectivos países.

claro que además forma parte de un gran proyecto que Guirao iniciara ocho años antes con la publicación de su poemario *Bongó; poemas negros*, y prosiguiera en 1938 con la antología de poesía negra *Órbita de la poesía afrocubana 1928-1937*. Pregona Guirao:

> La propaganda abolicionista[9] olvidó recoger, porque no convenía a sus fines inmediatos, lo mejor y más cuajado del alma negra, sus más propios y variados brotes estéticos, no importa ahora si rudimentarios o esplendentes. Lamentamos así la falta de mitos, apólogos, cuentos, fábulas, cantos de cabildo y de comparsa; invocaciones, farsas escritas en jerga africanoide, décimas y villancicos que conservaban el seguro secreto de la tradición oral. [...] En la presente antología recogemos un muestrario representativo de la tradición oral, salvándolo de su posible olvido.
>
> Clasificada, ajustándonos a la pauta que nos ofrecen los afrólogos más enterados, pertenece esta selección a la narrativa popular, en la cual es el negro maestro. [...] Quizá sea útil este breve muestrario del mundo animista del hombre negro, no tan sólo para completar en una dirección particular nuestro folklore, sino también para llegar a la comprensión más certera de las capas populares de nuestra cultura. [...] Tales son los propósitos y el valor posible de la presente selección (Guirao 1942: 5-7).

En este prólogo, que hace las veces de manifiesto, Guirao insiste en la necesidad de reconstituir un archivo o una memoria del «alma negra» olvidada hasta entonces, para tomar consciencia de un patrimonio común y nacional. Alma negra que tenía que ser valorada y respetada por la cultura dominante.

Así, a partir de las vanguardias históricas, numerosos escritores caribeños, y por ende sus lectores, descubren en su versión escrita diferentes prácticas de los descendientes de esclavos, entre las que se encuentran las fascinantes comparsas cubanas. Es preciso recordar que su aspecto fascinante también infundía el miedo a lo desconocido y ostentaba el caos de una multitud de comunidades negras que derrochaban por fin su energía creadora en las calles.

---

[9] Recuérdese que algunas publicaciones —en particular narrativas— habían usado el tema negro durante el período de lucha por la abolición de la esclavitud, y aún después. Además de la famosa novela *Uncle Tom's Cabin* publicada en los Estados Unidos en 1851 por Harriet Beecher Stowe, se pueden citar otros ejemplos: Jorge Isaacs, *María*, Colombia, 1867; Antonio Zambrana, *El negro Francisco*, Cuba, 1875 y Cirilo Villaverde, *Cecilia Valdés*, Cuba, 1879.

Alejo Carpentier dirá en 1949, en su prólogo a la novela *El reino de este mundo*:

> ... así como en Europa occidental el folklore danzario, por ejemplo, ha perdido todo carácter mágico o invocatorio, rara es la danza colectiva, en América, que no encierre un hondo sentido ritual, creándose en torno a él todo un proceso iníciáco. [...] Y es que, por la virginidad del paisaje, por la formación, por la ontología, por la presencia fáustica del indio y del negro, por la Revelación que constituyó su reciente descubrimiento, por los fecundos mestizajes que propició, América está muy lejos de haber agotado su caudal de mitologías (Carpentier 1992 [1949]: 55-56).

Esto constituye un elemento esencial que determina las diferencias entre las modas negras (en particular el africanismo europeo) y el movimiento negrista americano. Aquéllas no son más que una nueva experiencia estética, un tanto superficial, que enriquecen la producción poética de algunos escritores con elementos africanos ajenos. El *modo negro*, como lo llamó Nicolás Guillén (1987: 64-65), por su parte, es una expresión poética que se arraiga formal y temáticamente en alguna cultura negra local, buscando de cierta manera su reconocimiento y proponiendo una nueva modalidad lírica. Aun en sus versiones más «folclorizantes» —en las que el poeta describe bailes y jolgorios de los esclavos o de sus descendientes—, se estima que la poesía negra americana de los años 20 a 40 ha formado parte de un proyecto cultural amplio. Se puede añadir que el folclor representa un aspecto fundamental de la cultura de un país; reproducirlo poéticamente contribuye en cierta manera a reconocer su «hondo sentido ritual» y a difundirlo en otros ámbitos (siempre y cuando no se caiga en el pintoresquismo superficial).

La aparición, en la década del treinta, de una poesía inspirada en prácticas locales tiene varios elementos estructurantes. En primer lugar, a principios del siglo XX, frente a la derrota de los valores occidentales como consecuencia de la Primera Guerra Mundial, surge la necesidad de encontrar nuevos valores, menos sofisticados, más «primitivos». Surge igualmente la necesidad de reconocer las culturas locales tanto tiempo subyugadas y menospreciadas, así como la necesidad de crear literaturas propiamente americanas, literalmente independientes de las ex-metrópolis. Otro punto de influencia es también la presencia molesta de los Estados Unidos en diferentes lugares del Caribe (por no decir América), lo cual llevó a pensadores y creadores a tomar posición, afirmándose en lo más «auténtico» de sus respectivos países. Así, en último lugar, numerosos intelectuales producen no sólo creaciones inspiradas en elementos populares locales sino también discursos teóricos o programáticos de política cultural, pregonando la necesidad de desarrollar una literatura (y, paralelamente, una pintura y una música) nacional, anclada en tradiciones vernáculas. En resumidas cuentas, se trataba de la ambiciosa misión de cambiar los cánones, de pasar de una manifestación popular subalterna a su reproducción e interpretación reconocida, desplazando el foco de atención.

Cultura popular y élites nacionalistas

Prosiguiendo esta reflexión sobre el papel del intelectual, etnólogo o poeta, que intenta ubicarse en una situación intermedia entre la cultura popular —en este caso una práctica ritual colectiva como la comparsa— y la tradición escrita de su país, se piensa en el trabajo de Partha Chatterjee (1993: 35-75) sobre la fragmentación de la nación y las élites nacionalistas. Pese a que el autor analice el contexto colonial de la India, su análisis permite aclarar algunos aspectos conceptuales relacionados con las tensiones heredadas del sistema colonial, presentes en gran parte del continente americano. Como bien lo señala Chatterjee, se trata de la negociación entre el pueblo y otra instancia «superior», que busca definir y proponer un discurso nacionalista que integra las «minorías» (cuantitativamente, éstas son a menudo mayorías). Este discurso está constituido, en palabras de Chatterjee, por una creencia y una práctica; ambas informadas por la necesidad de combinar y representar tanto al pueblo como a los portavoces del poder y de la «alta» cultura —local o de la metrópoli. Esto implica un cambio en la forma de comunicación así como en el lenguaje. Implica, además, oponerse a la racionalidad intransigente europea (colonial), reevaluando ciertos elementos locales considerados como irracionales y primitivos. Cuando se empieza a plantear el asunto de «lo nacional» en su complejidad y diversidad, el aspecto exclusivamente racional (y escrito) aparece ajeno a ciertas especificidades locales que necesitan ser representadas para poder formular un discurso nacional integrador. Frente a la aplastante cultura hegemónica —que impuso sus moldes históricos, literarios y morales—, numerosos intelectuales proponen *grosso modo*: rehabilitar ciertos personajes populares, centrarse en aportes orales como la música, darle un lugar privilegiado a lo «primitivo» por oposición a una modernidad irreversible, centrarse en aspectos «irracionales» o rituales (como el vodú, la santería, el carnaval) y proponer una comprensión positiva de la cultura negra americana.

Lo que cambia entonces a partir de los años 20 es la curiosidad o la atracción intelectual de un grupo cultural por otro, así como los medios de difusión: medios tanto ideológicos (que hacen posible la difusión a través de recopilaciones), como materiales, es decir el soporte escrito (publicaciones de estudios y poemas sobre las culturas negras de América). Los investigadores documentan la cultura oral local, haciéndola accesible y fijándola en una forma escrita definitiva, alimentando la construcción de un proyecto estético y cultural. Detrás de ello resuena una preocupación que Martí formulara algunos años antes:

> Se ponen en pie los pueblos, y se saludan. «¿Cómo somos?» se preguntan; y unos a otros se van diciendo cómo son... Las levitas son todavía de Francia, pero el pensamiento empieza a ser de América. Los jóvenes de América se ponen la camisa al codo, hunden las manos en la masa, y la levantan con la levadura dura de su sudor. Entiende que se imita demasiado, y que la salvación está en crear. Crear es la palabra de pase de esta generación» (Martí 1970 [1891]: 21).

Así, la definición del «cómo somos» americano ocuparía parte de las actividades intelectuales del continente a partir de principios del siglo veinte, y pasaría, entre otras cosas, por la comprensión del aporte africano a América y de las prácticas rituales relacionadas con otras religiones que la Católica. Los trabajos de numerosos investigadores sirvieron de mediación ideológica y «material», poniendo a disposición un patrimonio oral que se convertiría en fuente para poetas en busca de nuevos acentos literarios.

De la creación colectiva al ritual solitario de la escritura, en el que el poeta ha sido observador (y en algunos casos participante) del ritual, y luego relator subjetivo, la práctica de la comparsa se encuentra readaptada a través de diferentes contextos y lenguajes, y para diferentes públicos. De testigo a creador, el poeta parte de una creación colectiva para ofrecer su lectura personal y artística de la *performance*, contribuyendo a desplazar el centro de la atención de una tradición a otra, lo que viene a ser cambiar el canon dominante (blanco) por una expresión subalterna (negra): el ritual admirado y temido de las comunidades negras locales. Aunque se trate del descubrimiento del «otro» dentro de los márgenes de la ciudad misma, estos poetas contribuyeron en su momento a la memoria colectiva, aportando una versión más de la *performance* de la comparsa. Aun cuando resulta problemático estetizar elementos culturales que forman parte de una práctica comunitaria destinada a la participación activa y viva de los negros, el caso de las comparsas es interesante porque se trata de una práctica pública, exhibicionista y provocadora, en cuya esencia se encuentra también incluido el papel del público. La comparsa constituye la producción de una expresión de adentro hacia afuera (además, claro está, de la producción de adentro hacia adentro). Tanto el *performer* como el observador exponen (en doble sentido) la *performance*, la brindan como objeto de «consumo».

REFLEXIONES

Después de haber propuesto el análisis de la comparsa reproducida por poetas cubanos de las vanguardias, estimamos necesario plantear los presupuestos alrededor de los cuales articulamos estas consideraciones, con miras a ampliar el debate sobre las ritualidades en América Latina.

(1) En primer lugar, partimos de la relación histórica que existe entre las manifestaciones culturales populares orales y la literatura escrita, es decir entre dos tipos de discursos diferentes que se han ido alimentando constantemente. Esta diferencia ha sido fomentada por la relación jerárquica establecida por el sistema colonial entre manifestaciones populares y publicaciones oficiales de la cultura dominante. Por su misma condición, la oralidad cumple un papel fundamental como modo de expresión que permitió permear, por su forma «rebelde», diferentes formas de la cultura oficial, dominante y excluyente. Paralelamente, señalamos la vivacidad, la función y el significado de las *performances* de la cultura popular.

(2) Detrás de ello se encuentra la posición que adopta la Nación respecto de su(s) cultura(s): el discurso político cultural de la Nación acerca de sus componentes múltiples —relacionados jerárquicamente a partir de la colonización entre cultura hegemónica o dominante y las llamadas culturas locales subalternas— varía en función de sus intereses. En el caso de la comparsa se pueden cotejar las diferentes normas emitidas para reglamentar su desenvolvimiento para entender hasta qué punto esta manifestación era manipulada: normas permisivas, restrictivas o totalmente represivas que servían los intereses del momento. Las normas permisivas, por ejemplo, eran emitidas cuando los políticos re-

cuperaban las comparsas para apoyar sus candidaturas o seducir a las comunidades *de color* con el fin de obtener mayor cantidad de votos.

(3) Por todo lo expuesto hasta aquí, el sentido de la ritualidad en un contexto colonial o poscolonial de oposición de poderes culturales conlleva el sentido de la lucha por la supervivencia cultural y el de la hibridez. En efecto, dicho contexto produjo la necesidad de readaptación de manifestaciones de las culturas subalternas, negadas, adaptadas y modificadas. Esto es más patente aún en el caso de las prácticas culturales oriundas del África que tuvieron que *transculturarse*.

(4) Como lo señalamos en el primer punto, la literatura escrita se alimenta de las creaciones orales populares. La escritura cumplió constantemente un papel de *re*creación estética de esas formas orales con metas meramente de disfrute, pretendidamente gratuito, de lo estético. Pese a inspirarse en manifestaciones orales, las creaciones literarias escritas se benefician de una dimensión creativa más libre que permite transformar sus fuentes de inspiración según la percepción e intención subjetiva del escritor.

(5) Siguiendo esa línea, parte del movimiento literario de los años 1920 a 1940 reforzó esta tendencia partiendo de culturas locales. Así, las vanguardias históricas en América son fundamentales en cuanto a la constitución de discursos literarios, culturales y, en sentido amplio, políticos, con respecto a la integración y la comprensión de la diversidad nacional y americana.

De manera más general podemos concluir esta discusión con las propuestas planteadas por James Clifford en su libro *Routes* (1997). Clifford nos invita a reflexionar sobre el uso de los materiales ajenos, sobre la manera de readaptarlos, interpretarlos y exponerlos. Es imprescindible cuestionar el papel de intelectuales (como nosotros) que pretenden interpretar, a partir de un discurso académico, esas manifestaciones dinámicas de la cultura popular. Es un deber académico importante el de tener conciencia del lugar a partir del cual emitimos nuestros análisis: ¿cuáles son nuestras lecturas?, ¿qué teorías y críticas seguimos y rechazamos?, ¿qué deseamos demostrar o invalidar? Nuestro discurso no es neutro y a partir del momento en que analizamos una *performance* (como en este caso un ritual), somos observadores con pretensiones científicas y no participantes envueltos en la creación de la *performance* misma. Nosotros también seguimos una forma de ritual, académico...

Bibliografía

Albornoz, Aurora de y Rodríguez Luis, Julio: *Sensemayá: La poesía negra en el mundo hispanohablante*. Orígenes, Madrid, 1980.

Arozarena, Marcelino: *Canción negra sin color*. Kraus Reprint, Liechtenstein, Nendeln, 1970 [UNEAC, Cuadernos Unión, La Habana, 1966].

Ballagas, Emilio: *Cuaderno de poesía negra*. Imprenta La Nueva, La Habana/Santa Clara, 1934.

— *Órbita de Emilio Ballagas*. Prólogo de Á. Augier, selección y notas de R. Antuña, Col. Órbita, UNEAC, La Habana, 1965.

Carpentier, Alejo: *El reino de este mundo*. Edhasa, Barcelona, 1992 [Ibero Americana de Publicaciones, México, 1949].

— *La música en Cuba*. Fondo de Cultura Económica, México, 1984.

Chatterjee, Partha: *The Nation and its Fragments*. Princeton University Press, Princeton, 1993.

Clifford, James: *Routes. Travel and Translation in the Late Twentieth Century*. Harvard University Press, Cambridge (MA)/London, 1997.

Évora, Tony: *Orígenes de la música cubana*. Alianza Editorial, Madrid, 1997.

González, José Luis y Mansour, Mónica: *Poesía Negra de América*. Era, México, 1976.

Guillén, Nicolás: «Cuba, negros, poesía. Esquema para un ensayo». En: *Prosa de Prisa*. Letras Cubanas, La Habana, 1987.

Guirao, Ramón: *Bongó; poemas negros*. Úcar, García y Cía, La Habana, 1934.

— *Órbita de la poesía afrocubana 1928-1937 (antología)*. Kraus Reprint, Liechtenstein, Nendeln, 1970 [Úcar, García y Cía, La Habana, 1938].

— *Cuentos y leyendas negras de Cuba*. Mirador, Colección «Verso y Prosa», La Habana, 1942.

Jahn, Janheinz: *Manuel de littérature néo-africaine. Du xvie siècle à nos jours de l'Afrique à l'Amérique*. Resma, Paris, 1969.

Martí, José: «Nuestra América». Ariel, Barcelona, 1970 [*El Partido Liberal* de México, 30.01.1891].

Ortiz, Fernando: *Nuevo Catauro de Cubanismos*. Ciencias Sociales, La Habana, 1985.

— «Los cabildos afrocubanos». En: *Los cabildos y la fiesta afrocubana del Día de Reyes*. Ciencias Sociales, La Habana, 1992 [1921].

— *Los bailes y el teatro de los negros en el folklore de Cuba*. Letras Cubanas, La Habana, 1985 [1951].

ENTRE LA CONTINGENCIA Y LA PREDETERMINACIÓN: RITUALIDAD EN *CHANGÓ EL GRAN PUTAS* DE MANUEL ZAPATA OLIVELLA[1]

Stefan Hofer
Universität Zürich

La crítica literaria —en su afán reciente de re-definirse dentro del marco de los *cultural studies*— se interesa cada vez más por todo tipo de prácticas culturales y, por ello, también por los rituales más diversos. Es creciente en la actualidad el número de publicaciones que investigan y rastrean los orígenes del arte en rituales religiosos del mundo antiguo, o que establecen paralelismos entre el teatro y el ritual, o en la danza entendida como práctica ritual[2]. Sin embargo, estos trabajos deben enfrentar continuamente la heterogeneidad extrema de la comunidad científica, incapaz de llegar a un consenso a la hora de definir o situar al ritual como concepto o categoría. Este hecho dificulta a menudo no sólo la comunicación entre los diferentes frentes científicos sino también la posibilidad de obtener conocimientos verdaderamente científicos, convincentes[3].

[1] Quiero agradecer a varias personas su contribución en este ensayo: a Heidi Krucker, Víctor Vallejo, Frida y Carlos Tascón-Krucker, Imre Hofmann y Marco Concilio.

[2] Para una vista general y referencias bibliográficas sobre el tema véase: Neumann 2000.

[3] Como ejemplo quisiera mencionar la investigación *Ritual und Literatur* de Wolfgang Braungart, que recopila una cantidad impresionante de trabajos teóricos y prácticos acerca del ritual en los campos más diversos (véase la extensa bibliografía [Braungart 1996: 145-312] pero que no logra dar a su propia concepción del ritual como práctica hermenéutica el rigor requerido para volverla pertinente).

Teniendo en cuenta esta problemática, he redactado el presente ensayo sirviéndome de la llamada *teoría de sistema*. A diferencia de otras teorías, ésta permite acercarse a campos científicos de naturaleza diversa, para lo cual se vale de una terminología claramente definida, aplicable en los más diversos entornos. De este modo, podemos establecer paralelismos, fijar divergencias o resaltar aspectos importantes del fenómeno estudiado. En la teoría de sistema que propone el sociólogo alemán Niklas Luhmann, toda acción o expresión social —por ende también el ritual y la literatura— cabe en el campo de los estudios de la comunicación. Este principio teórico nos permite colocar en un mismo nivel ritual y literatura para analizarlos desde diferentes puntos de vista, por ejemplo desde la función que ejercen en la sociedad[4].

Partiendo de la novela épica *Changó el gran putas* de Manuel Zapata Olivella voy a reflexionar precisamente sobre la función del arte y del ritual. Después trataré de analizar, siempre teniendo como base la teoría de sistema, cómo Zapata Olivella usa la comunicación ritual en dicha obra literaria.

Changó el gran putas, la gran epopeya de Manuel Zapata Olivella sobre el pueblo africano en América es, sin duda alguna, la obra cumbre de este autor colombiano; su composición exigió casi veinte años de escritura. Cuando el texto se publicó en 1983, habían transcurrido dos décadas desde la aparición de su novela anterior *En Chimá nace un santo* (1964). En este lapso, Zapata Olivella realizó extensas investigaciones en los campos de la antropología y el folclor, convirtiéndose de esta manera en uno de los más destacados representantes de las negritudes, no sólo de Colombia sino de toda Latinoamérica[5]. El conocimiento adquirido en tales investigaciones se puede rastrear claramente en *Changó*, obra que re-crea, desde una perspectiva artística, la historia de la opresión del pueblo africano en América, su evolución y sus estrategias de enfrentamiento con una larga serie de adversidades, muchas veces atroces. En cinco capítulos, la novela nos lleva desde los orígenes míticos de los pueblos africanos hasta los movimientos por la liberación y la igualdad de derechos de los años sesenta del siglo pasado en los Estados

---

[4] Para la concepción de comunicación de Luhmann véase: Luhmann 1998: 140-171.

[5] Véase, por ejemplo, *El hombre colombiano* (1974) o, de publicación más reciente, *Las claves mágicas de América* (1999 [1989]) o *La rebelión de los genes. El mestizaje americano en la sociedad futura* (1997).

Unidos. Enfoca la trata y la llegada de los africanos[6] esclavizados a América, el principio de la época colonial, la primera revolución exitosa de Latinoamérica en Haití, el período de las luchas por la independencia y la historia de los africanos en los Estados Unidos. Los protagonistas históricos o ficticios son en su mayoría descendientes de africanos, pero no falta entre ellos algún representante indígena, criollo, e incluso europeo[7]. Sin embargo, éstos actúan a favor de los africanos[8], hecho que insinúa que la distinción de base de esta comunicación literaria no es meramente étnica. Esta distinción hay que reconocerla, más bien, como una relación dada entre opresores y oprimidos que, en cierto modo, constituye la espina dorsal del desarrollo novelesco. Mediante un enfoque consecuente de los hechos históricos desde la perspectiva de los oprimidos, de los vencidos[9], y mediante una relación de los hechos llevada a cabo por las mismas voces[10], el texto adquiere la forma de una historiografía universal alternativa[11]. Pero la preocupación primordial de la novela no es la retrospectiva: mediante su organización como epopeya, basada en las mitologías y las cosmologías africanas, amalgama los

---

[6] Utilizo este término siguiendo —como lo hizo también el mismo Zapata Olivella— la propuesta de los movimientos desalienadores que recomiendan la sustitución de la palabra 'negro' por 'africano' o 'afro', para evitar las connotaciones despectivas acumuladas en ella. Véase la nota 141 en su ensayo *La rebelión de los genes* (Zapata Olivella 1997: 345).

[7] Véanse las historias de los siguientes personajes novelescos y/o históricos: el líder indígena norteamericano Gato Salvaje (Zapata Olivella 1983: 471-497), el libertador Simón Bolívar (232-284) y Captain Brown, luchador por los derechos de los afroamericanos en la guerra civil de América del Norte (432-435 y 458-463).

[8] Pertenecen en este sentido a lo que es designado en el texto como «ekobio», palabra que se podría traducir como 'compadre del alma' (véase Captain-Hidalgo 1993: 135) o 'cofrade' (véase Zapata Olivella 1983: 517). El único de los tres personajes de la novela que no se empeña totalmente a favor de los afroamericanos es Simón Bolívar, quien es juzgado después de su muerte por el «tribunal de los ancestros» por traicionar a su seguidor afroamericano José Prudencio Padilla (Zapata Olivella 1983: 238s.).

[9] En el tercer capítulo de la primera parte hablan también los negreros blancos a través del libro de bitácora (Zapata Olivella 1983: 58-91); sin embargo, estos apuntes se ven contradichos por las voces de los esclavos, a las cuales el texto concede más espacio. Además, estos apuntes son comentados en los subtítulos, que finalmente transforman el «libro de bitácora» en «libro de derrota» y anuncian de esta manera el enmudecimiento de la voz del opresor para el resto del texto.

[10] Destaca en la novela la organización altamente polifónica de las voces, según la concepción de Mijaíl M. Bajtin.

[11] Va, por ende, más allá de una pura 'etno-historia' de los africanos en América.

tiempos en un presente continuo: ancestros, dioses y seres humanos vivos dialogan libremente entre sí sin barreras de tiempo.

He aquí un ejemplo. Habla un difunto con Agne Brown, heroína del último capítulo de la novela y cuyo modelo es Angela Davis, la luchadora por los derechos de los afroamericanos en los Estados Unidos de los años sesenta del siglo pasado:

> Al principio, Agne Brown, ahora, todas las noches vemos la Sombra del abuelo Nagó. Unas veces se nos presenta vestido con la piel de puma y hablando una lengua de silbidos y cantos, nos dice que se llamará Nat Turner, en un tiempo todavía no llegado. Aún conserva sus ropas rotas, las barbas salpicadas con la sangre de sus amos. [...] Me dice que no encontrará reposo en la vida y en la muerte hasta que el Muntu esclavizado cumpla el mandato de Changó de liberarse de sus amos (Zapata Olivella 1983: 386).

Reiteradamente, esta cosmovisión panteísta se ve enfrentada en el texto a la concepción cristiana del mundo; varias veces este enfrentamiento adquiere un carácter de auténtica lucha[12]. Problematizando de esta manera las tres diferencias opresor/oprimido, cristianismo/panteísmo y tiempo lineal/tiempo circular, la novela *Changó el gran putas* ofrece al lector posiciones alternativas para observar la historia, la religión y el tiempo lineal. Cuestiona, en otras palabras, la convención de percibir el mundo como único.

Esta observación me permite recurrir a lo que Niklas Luhmann, sociólogo alemán y representante de la versión más elaborada de la teoría de sistema, señala como la función del sistema de arte: esta función consiste en «hacer aparecer un mundo en el mundo —y esto teniendo en cuenta la ambivalencia que consiste en que todo acto de ofrecer algo a la observación siempre sustrae algo a la observación. O sea, toda distinción y denominación en el mundo también oculta el mundo»[13].

---

[12] Véase por ejemplo las páginas 78-80 y 188-189 (Zapata Olivella 1983).

[13] Traducción mía. Véase el original alemán: «[Die Funktion der Kunst wäre es demnach], Welt in der Welt erscheinen zu lassen — und dies im Blick auf die Ambivalenz, dass alles Beobachtbarmachen etwas der Beobachtung entzieht, also alles Unterscheiden und Bezeichnen in der Welt die Welt auch verdeckt» (Luhmann 1996a: 241). Respecto a esta traducción mía y las que siguen quisiera remitir a la «Nota a la versión en lengua castellana» de Javier Torres Nafarrete, que precede su edición de *Sistemas sociales. Lineamientos para una teoría general* de Niklas Luhmann. Describe

Este postulado intrincado tal vez traiga a la memoria la ya muy manoseada idea de la mimesis aristotélica. Sin embargo, con la idea de hacer aparecer un mundo en el mundo, Luhmann se refiere a otra cosa. Para ello, es preciso indagar más en el pensamiento de la teoría de sistema. Vamos a ver algunos de sus principios epistemológicos:

La teoría de sistema es una teoría constructivista. Partiendo de los avances de las investigaciones biológicas y neurológicas más recientes, se le niega a nuestra conciencia la posibilidad de establecer un contacto inmediato con el mundo. Eso no quiere decir que no exista un mundo empírico, pero sí que no tenemos acceso directo a él[14]. El mundo con el cual todos nos enfrentamos en cada instante es computado en nuestros cerebros mediante operaciones neurológicas; es fruto de nuestras maneras de percibir, de nuestras observaciones; es, por ende, radicalmente subjetivo. Es un mundo en el cual en vano buscamos sostén en ontologías, puesto que todo es construcción propia. Vivimos en una realidad puramente cognitiva[15]. Sin embargo, esta relatividad y contingencia del mundo sólo se vuelve perceptible si cambiamos de nivel de observación. En un primer nivel, llamado observación de primer orden, no se plantea problema alguno: cada observador se atiene a lo que ve. Cabe mencionar que la operación 'observar' es en sí misma paradójica, ya que reúne dos operaciones en un solo momento. Al mismo tiempo, el observador distingue algo del resto del mundo —es decir, establece una diferencia— y se coloca de uno de los dos lados de la diferencia. De esta manera genera identidad, que es, a su vez, lo que le proporciona certidumbre. No le importa su 'mancha ciega', es decir, todo lo que no puede observar mientras observa, todo lo que queda excluido de su observación: el otro lado de la distinción. Se atiene a su propia versión del mundo. Pero esta fidelidad, consecuentemente, le impide a su vez darse cuenta de que su observación, y lo que genera es puramente relativo[16].

en esta nota las dificultades para traducir a Luhmann: «El plazo que nos habíamos fijado y las dificultades del estilo luhmanniano nos obligaron a aferrarnos al texto y a no dejarnos seducir por un lenguaje más libre. Tenemos la convicción de que la obra, ahora, está en el punto preciso para iniciar su verdadera 'traducción'. Parafraseando a Luhmann: traducir el libro dentro de lo ya traducido» (Luhmann 1998: 25).

[14] Véase por ejemplo el ensayo «Wahrnehmen wahrnehmen» (Percibir la percepción) del cibernético Heinz von Foerster (Foerster 1991).

[15] Véase Roth 1991: 235.

[16] La operación 'observar' no se refiere solamente al aspecto visual. Los sistemas más diversos son capaces de 'observar', es decir, de establecer una diferenciación entre

Es en el nivel de observación de segundo orden en el cual ya no observamos tan 'ingenuamente'; en este nivel no observamos el mundo (es decir, nuestro propio mundo), sino las observaciones hechas por otros, y allí, lo no observado por ellos, lo cual nos permite dar cuenta de lo relativo de su visión del mundo. Ya no observamos entonces entidades, sino procesos: el de establecer una diferencia y el de concentrarse en uno de sus dos lados[17]. Es precisamente allí donde radica el punto fundamental de la teoría de sistema: en el hecho de centrar todo su interés, y la construcción de la propia teoría, en la diferencia y no en la unidad.

Ahora bien, aunque se puede considerar como un hecho la relatividad, en tanto característica de nuestro mundo, no todo el tiempo nuestra observación se lleva a cabo en el nivel de segundo orden. El ser humano necesita de las ilusiones de identidad que ofrece la observación de primer orden, puesto que éstas le otorgan la estabilidad que necesita. No es de extrañar por lo tanto que la sociedad opere generalmente en el nivel ontológico de observación de primer orden. No así el sistema de arte, que ha deslizado completamente su procedimiento al segundo nivel[18]. Quiero aclararlo con un ejemplo: si leemos una receta de cocina, lo que nos importa es la información que podemos obtener de ella: ¿necesito doscientos gramos de harina o trescientos para hacer una torta? Separamos de esta manera la información necesaria del acto de comunicar: me interesa la información sobre la harina y no el cómo esta información está presentada mediante las palabras. En este caso no me interesan el significado de las palabras sino su referente, que inmediatamente establece mi trato con el mundo. Aquí nos encontramos precisamente en el nivel de

---

ellos y su entorno —así por ejemplo, una célula orgánica o un sistema social. Sin embargo, la mayoría de veces este término está relacionado exclusivamente —también por el propio Luhmann— con su sentido visual, hecho que ilustra el significado cotidiano del término.

[17] Obviamente la observación de segundo orden es en sí también una observación de primer orden, dado que tampoco puede evitar su 'mancha ciega'.

[18] Véase: «[D]as Beobachtetwerden bei der Bemühung um Wirkung [ist] eher störend. Der Beobachter der Planung gefährdet die Durchführung des Plans. In der Kunst ist dagegen das Beobachtetwerden die beabsichtigte Wirkung selbst. Ein Kunstwerk unterscheidet sich, um beobachtet zu werden» (Luhmann 1997: 78). (Molesta ser observado durante el esfuerzo de lograr un efecto. El observador de la planificación pone en peligro la realización del plan. Sin embargo, en el arte el efecto anhelado es ser observado. Una obra de arte se distingue para ser observada [traducción mía]).

observación de primer orden, al diferenciar entre el acto de comunicar y la información, para luego concentrarnos solamente en la información.

Las cosas cambian al iniciar la lectura de una novela: en este caso no me interesa la información sobre el mundo. Si así fuera caería en la misma trampa que Don Quijote, cuya observación se detiene claramente en el nivel de primer orden, pues su lectura se limita a sacar de la novela solamente la información que requiere para enfrentarse al mundo. En la literatura, el acto de comunicar (o, en otras palabras, la materialidad de la distinción) y la información jamás se presentan por separado puesto que están íntimamente entrelazados, formados en un proceso de continua referencia recíproca[19]. Una información o distinción de la obra literaria se conecta a otra, y esta a otra, hasta conformar todas juntas un final mutuo que cierra la obra y la convierte en una totalidad artística[20]. Es de esta manera que se crea un 'mundo en miniatura', dotado de un orden y de una estructura, a pesar del alto grado de improbabilidad que ello entraña puesto que jamás deja de tenerse en cuenta que cada distinción es en sí misma improbable y ha sido elegida de entre una inmensidad de otras posibilidades. Es de esta manera cómo está hecho un mundo que no omite la información de su propia conformación, ya que el lector, gracias a la artificialidad y falta de fin inmediato de la obra literaria, registra que su observación se realiza a través de la lectura de las observaciones hechas por un autor, es decir, de las palabras y frases de otro observador. El lector opera de esta forma en el nivel de segundo orden, *y lo sabe*. El texto literario —para volver a la cita de Luhmann— hace en este sentido aparecer un mundo en el mundo. Es decir, un mundo artístico autorreferencial, construido, completo, ordenado. Pero esta manifestación se escuda en la ambivalencia: hacer un mundo observable esconde algo de la observación y por ello es contingente, probable: el lector se da cuenta cómo funciona su propia manera de observar. Queda de este modo desenmascarada la operación de la observación, constitutiva en nuestro trato con el mundo. La literatura demuestra de esta manera nada menos que la imposibilidad de observar el mundo, dado que éste se sustrae constantemente a una observación objetiva y permanece en su estado de contingencia. En cada obra, la literatura ofrece un mundo autorreferencial compuesto por formas (es decir, pala-

---

[19] La obra literaria no es en este sentido un signo, dado que sólo se refiere a sí misma.
[20] Véase Luhmann 1996a: 63.

bras y frases) que sustituyen lo que no se puede observar en su conjunto: el mundo[21].

Ahora se aclara tal vez lo destacado arriba sobre el texto *Changó el gran putas*. En un primer paso éste se distingue manifiestamente de su entorno, del mundo, al declararse novela, es decir, obra de arte, y al no esconder su artificialidad detrás de un fin evidente como podría ser, por ejemplo, el 'preparar un plato de comida' en un libro de cocina. Esta declaración de artificialidad nos lleva por consiguiente a observar sus formas en el nivel de observación de segundo orden, es decir, a observar sus observaciones dentro del medio del lenguaje artístico. Como he señalado, mediante las tres distinciones básicas, opresor/oprimido, cristianismo/panteísmo y tiempo lineal/tiempo circular que se comentan y completan mutuamente, el texto literario logra crear la versión alternativa de un mundo entero. Dicho mundo nos ofrece una posición de observación real, no ficticia, dado que constituye un orden completo hecho de observaciones, desde la cual es posible arrojar luz sobre el mundo 'real' y distinguirlo como contingente, es decir, opcional, probable, y no necesariamente fijo e inmutable. La realidad del mundo, la realidad de lo que se llama dentro del texto «la Loba Blanca» es decir, las fuerzas opresoras, es marcada de esta manera como mera construcción; resulta ser solamente una versión posible del mundo dentro de un mundo que bien podría estar organizado distintamente. El texto de Zapata Olivella nos lleva de esta forma a reflexionar sobre el mundo así como es común y tradicionalmente aceptado, nos invita a dudar de su veracidad[22].

Ahora bien, el texto no se contenta con desenmascarar el mundo real como construcción; va más lejos: propone su versión alternativa, que considera mejor y está dotada de una meta hacia la cual debería di-

---

[21] Véase Luhmann 1996a: 74.

[22] Esto es, a mi juicio, un mérito considerable de toda obra literaria y también de ésta, sobre todo si pensamos en lo difícil que resulta poner en entredicho los juegos de poder que se llevan a cabo fuera del sistema de arte. Un ejemplo reciente que tiene que ver con la temática de *Changó* es el libro *The debt: what America owes to blacks* de Randall N. Robinson, en el cual el autor exige una indemnización para el pueblo afroamericano por el daño causado durante los 244 años de esclavitud sufridos en Estados Unidos. La polémica que causó esta publicación «combativa» en los Estados Unidos no se puede simplemente explicar en términos económicos; más bien transparenta la estructura de pensamiento de mucha gente, que se había instalado en una versión bastante cómoda de la historia.

rigirse toda la fuerza de los oprimidos y, sobre todo, la de los descendientes africanos en Latinoamérica. Para llevar a cabo este propósito se vale de una forma de comunicación especial: el ritual.

Antes de analizar el manejo del ritual que lleva a cabo Zapata Olivella, quiero cuestionar el concepto general de ritual, utilizando para ello de nuevo algunas definiciones de la teoría de sistema. La comunidad científica no parece dudar de la existencia empírica de los rituales —como lo testimonian numerosas publicaciones recientes alrededor del tema. Sin embargo, al acercarnos a diversas prácticas rituales, ya sea como participante o como científico, nos vemos enfrentados a los mismos problemas epistemológicos que antes he esbozado en el contexto del arte. No es de extrañar la ausencia de consenso en la comunidad científica alrededor del ritual como categoría o concepto. La controvertida discusión teórica[23] abarca preguntas tan fundamentales como, por ejemplo, si el ritual tiene significado/significación o no; si el ritual aparece solamente en el contexto religioso o no; si la gente que participa en un ritual tiene que saber que se trata de un ritual, hecho que definiría el ritual como surgido de la intuición humana, o si el ritual se realiza también independientemente de lo que saben los participantes. Y como último ejemplo: si el ritual está ligado íntimamente al mito o si puede prescindir de tal subtexto[24].

Estas preguntas surgen inevitablemente si uno intenta comprender el ritual como entidad ontológica, observando de esta manera en un nivel de primer orden. En este nivel hay tantos rituales como observadores y es imposible llegar a una idea general de ritual, a un concepto teórico. Propongo por esta razón buscar un acceso al ritual a través de la función que éste ejerce en la sociedad. Llamo función a los procesos específicos que efectúa constantemente cualquier sistema, diferenciado a la vez de su entorno por las características de estos procesos. Un sistema consiste entonces en su procedimiento propio y continuo de conectar permanentemente una operación específica a la próxima[25]. En reali-

---

[23] Daniel de Coppet habla del ritual como «topic of lively discussion which from the beginning has divided the scientific community and which has often touched on the very essence of the subject...» (Coppet 1992: 2).

[24] Para estas posiciones contradictorias véase por ejemplo las colecciones de textos: Caduff 1999 y Coppet 1992.

[25] Esto se vuelve evidente al considerar la forma de originarse de un sistema. Veamos el sistema de la sociedad: en ésta surge un problema de manera evolutiva; como

dad, la función puede ser considerada en este sentido como punto de partida para hablar de un sistema. Y sin embargo, uno evade el peligro de proponer ontologías, ya que al observar la función observa procesos de distinción de otro sistema, es decir, observaciones, teniendo en cuenta su 'mancha ciega', la relatividad de la propia observación. Observar funciones significa por ello operar en un nivel de segundo orden.

Veamos ahora lo que dice Luhmann sobre la función del ritual. Esta consiste en «traduc[ir] las incertidumbres externas en un esquematismo interno que puede tener o no lugar, pero que no puede variar y que neutraliza, así, la capacidad de engaño, de mentira y el comportamiento discrepante» (Luhmann 1998: 179[26]). En otras palabras: cada comunicación se ve obligada a contar con incertidumbres; una oferta de comunicación puede ser observada de manera insospechada, dado que las posibilidades que ésta puede desencadenar son inmensas. Para manejar la situación descrita, la comunicación tiene que proveerse de toda una serie de factores para incrementar la probabilidad de éxito de la conexión deseada. Como ejemplo: un texto literario incrementa considerablemente la posibilidad de ser percibido como comunicación literaria si a su título se adjunta un subtítulo de 'novela' o 'cuento', o si se dejan de lado las notas al pie de página que, en este caso, dotarían el texto de un carácter científico, etcétera. Pero a pesar de estas operaciones de apoyo acometidas en el texto, permanece como característica primaria la contingencia de toda comunicación, es decir, la incertidumbre de lo que sigue a una oferta comunicativa, puesto que en esa evolución puede suceder de todo, incluso la interrupción de la comunicación.

Es muy probable que la contingencia hasta aquí esbozada ofrezca algunos problemas. Hay que pensar sobre todo en las estrategias para imponer autoridad, puesto que, al ser tan numerosas sus posibilidades de conexión, éstas terminan siendo una verdadera molestia. En estos casos, a menudo, la comunicación se ritualiza, es decir, se pone muy rígida y

---

respuesta se generan en el transcurso de la evolución varias posibilidades para enfrentar el problema, de las cuales terminará imponiéndose sólo una de ellas. Esto significa que, mientras tanto, se ha originado un nuevo sistema que en adelante no hará otra cosa que enfrentar al problema social con sus procedimientos, es decir, mediante su función. En este sentido, el sistema se define precisamente por el procedimiento descrito, que es lo que lo distingue de otros sistemas que se ocupan de otros problemas (véase Luhmann 1998: 37-76).

[26] Versión original en: Luhmann 1996b: 253.

esquemática para excluir de sí el sentido —es decir, «la actualización continua de posibilidades» (Luhmann 1998: 82)— e imponer su visión única[27]. El ritual es en este sentido una forma de comunicación que intenta evitar la *comunicación de conexión* pues ésta podría llevar a la reflexión. Queda aquí suspendida la distinción entre el acto de comunicar y la información, como consecuencia el ritual se limita a informar sobre sí mismo, sin un fin inmediato[28].

Mientras que, en la misma constelación, el arte transparenta su artificialidad e invita a observar las distinciones ejecutadas por el autor, sugiriendo reflexión, el ritual intenta bloquear totalmente la posibilidad de reflexionar al considerarse a sí mismo como algo natural, y aludiendo con este propósito, especial y exclusivamente, a la percepción inmediata de los participantes[29]. De ahí que esta forma de comunicación recurra a una cantidad de fórmulas estandarizadas, a objetos o a símbolos que atan o 'congelan' la atención; de esta manera el ritual logra sugerir seguridad y estabilidad: la ilusión de hallarse ante un sentido único y por lo tanto incuestionable.

---

[27] Es de suponer que es la religión sobre todo la que recurre con frecuencia a las formas comunicativas del ritual, sin embargo, hay que destacar que éstas aparecen también en otros ámbitos de la sociedad, como es, por ejemplo, el del derecho (véase: Fögen 1999).

[28] Véase Luhmann 1998: 403 (Versión original en: Luhmann 1996b: 613s.): «Los *rituales* son comprensibles si se bloquea cualquier inicio de comunicación reflexiva. [...] La comunicación se obstina como proceso fijo, y su propia rigidez ocupa el lugar de la pregunta de por qué es así. [...] Los elementos del proceso y su orden se fijan de modo inalterable, las palabras son tratadas como cosas, el presente cuenta y no se puede corregir ni con vistas al futuro ni con base en experiencias pasadas. El riesgo del uso simbólico se mantiene lo más reducido posible. Los rituales se pueden comparar con las trivialidades incuestionables de la vida cotidiana que también eliminan la reflexividad. [...] Pero cumplen con esta función también en situaciones más tensas, en las que esto ya no es tan evidente, pues los intereses, las dudas o los temores deben mantenerse bajos; para situaciones más problemáticas aplican medios más artificiales. Por ello, las violaciones al ritual no aparecen como una extrañeza, un capricho personal, una broma, sino como una falta peligrosa; y en vez de cambiar a la reflexividad, se suprime la falta.»

[29] La diferencia fundamental entre el ritual y la literatura como formas comunicativas se manifiesta también en su particular manejo de la percepción: mientras en el ritual la 'percepción inmediata', lo que percibe en el acto, ata la atención humana, en la literatura, la percepción se aleja del ritual en dos sentidos: primero con la escritura, soporte de la literatura: aquí la percepción es usada para fines divergentes, puesto que lo que nos interesa de ella no son las palabras en su materialidad —la tinta de imprenta en el papel— sino su referente, su significado; segundo: en el uso específico del idioma es-

En el texto de Zapata Olivella abunda el uso de lo que ha sido caracterizado de esta forma como ritual. He aquí un ejemplo, en el cual es introducido al relato uno de los protagonistas, la figura histórica de Benkos Biojó, el líder de una revuelta de cimarrones en la Cartagena de principios del siglo xvii[30]. Asistimos a su nacimiento, comentado por un babalao, es decir, un sacerdote del culto vodú:

> – ¡Oíd, oídos del mundo. Oíd! Aquí nace el vengador, ya está con nosotros el brazo de fuego [...]¡Oigan los que me oyen! Oigan ustedes que traen a esta vida los hijos del Muntu. Escuchen: el protegido de Elegba trae sangre de príncipe. Nace entre nosotros, será nuestro Rey. Protegido de Elegba será bautizado con el nombre cristiano de Domingo pero todos lo llamaremos Benkos, porque Benkos, se llama el tatarabuelo Rey que sembró su kulonda. Criado en la casa del padre Claver se alzará contra ella. Morirá en manos de sus enemigos pero su magara, soplo de otras vidas, revivirá en los ekobios que se alcen contra el amo (Zapata Olivella 1983: 97s.).

El episodio de la primer aparición de Benkos en la novela no deja mucho espacio para sorpresas: a través de un presagio muy preciso es resumida en detalle toda la vida de Benkos; quiero decir, toda la información de peso sobre este personaje, recibida a lo largo del relato, es aquí mencionada dando a la acción un carácter de predeterminación que ocurre en el mundo novelístico. Lo que sigue después del pasaje mencionado no puede por ello sorprender al lector, ya que solamente se cumplen las palabras del sacerdote. Cito como ejemplo el nombramiento de Benkos como líder por un oricha que tiene lugar sesenta páginas más adelante:

> – ¡Padre! – lo llama [Benkos] reconociendo al Ancestro que sembró su kulonda. El Oricha lo ayuda a subir a su chalupa. Sol y luna juntos en la noche. Le quita las cadenas que lo aprisionaban y le entrega el sable fundido por Ogún.
> – Eres el escogido de Changó para iniciar la rebelión del Muntu. Tu grito resonará en otras voces, en otras vidas, donde quiera que la Loba Blanca pise la sombra de un negro (Zapata Olivella 1983: 158s.).

crito con fines literarios tampoco cuenta el referente cotidiano; el lenguaje artístico se refiere sólo a sí mismo, pierde su sentido utilitarista al tratar con el mundo. La percepción es usada por la literatura para fines, en este sentido, doblemente divergentes (Véase Luhmann 1998: 368ss.; Luhmann 1996a: 13ss., 27ss., 41ss.).

[30] Véase sobre el trasfondo histórico Zapata Olivella (1997: 64).

Esta forma de introducir y manejar a los caracteres se repite de modo muy parecido con todos los protagonistas del relato[31]. Sin embargo, no sólo los protagonistas y sus respectivas aventuras aparecen de esta manera; el relato en sí funciona siguiendo el mismo esquema que el de su organización como texto. Arranca con un prefacio de treinta páginas, en las cuales Ngafúa, un dios-ancestro, invoca a todo un ejército de dioses, poderes y acontecimientos de lo que podríamos llamar mitología africana. Veamos las primeras líneas:

> Soy Ngafúa, hijo de Kissi-Kama.
> Dame, padre, tu voz creadora de imágenes,
> Tu voz tantas veces escuchada a la sombra de un baobab.
> ¡Kissi-Kama, padre, despierta!
> Aquí te invoco esta noche,
> Junta a mi voz tus sabias historias (Zapata Olivella 1983: 6).

Partiendo de esta invocación, el prefacio resume el trasfondo mitológico del texto: el enfrentamiento de Changó con sus co-dioses, las sanciones impartidas por éstos y, en réplica, su venganza: la condena de los pueblos africanos a su destierro en América. Pero el prefacio no sólo mira hacia atrás, también se manifiesta sobre los acontecimientos que luego tendrán lugar en América: presagia la rebelión de los oprimidos, la constante lucha de los descendientes africanos para liberarse del yugo de la esclavitud y de la marginación. Afirma el texto, por ejemplo: «¡Los esclavos rebeldes / esclavos fugitivos / hijos de Orichas vengadores / en América nacidos / lavarán la terrible / la ciega / maldición de Changó!» (Zapata Olivella 1983: 26).

La redundancia, creada de este modo por la repetición de acontecimientos, tanto a nivel del relato como de la misma estructura, dota al mundo novelístico, precisamente, de la seguridad y la estabilidad del ritual antes esbozado[32]. La estructura del relato restringe las posibilidades

---

[31] Véase para los distintos caracteres: Ngafúa transmite desde el principio la voz divina de los Orichas Changó y Elegba (pp. 6-34). Nagó es introducido y en el mismo instante es revelado su destino en la página 40. Lo mismo ocurre con Agne Brown (342s.), José Prudencio Padilla (241s.), el Alejaidinho (285s.), José María Morelos (312s.) y Simón Bolívar (235). Tan sólo en el caso de Toussaint L'Ouverture los presagios son menos fuertes (por ejemplo en la página 172); supongo que tiene que ver con el hecho de que la revolución de Haití todavía estará más presente en la memoria colectiva que los otros acontecimientos que narra la novela.

[32] Cabe mencionar otros elementos que sostienen dicha afirmación: El texto opera constantemente con canciones (véase por ejemplo las páginas 167, 176, 263 y 373s.),

del lector de buscar, por la vía de lectura sugerida, un más allá del sentido propuesto. Esta restricción se evidencia aún más si pensamos en las tres distinciones básicas mencionadas: opresor/oprimido, cristianismo/panteísmo y tiempo lineal/tiempo circular. Sobre todo las dos últimas generan una cosmología en la cual la 'redundancia ritual' parece ajustarse perfectamente.

Ahora bien, en la primera parte del presente ensayo he derivado la función de la literatura de su concepción en la teoría de sistema. Mi intención era mostrar que la obra de Zapata Olivella tiene precisamente esta función, al ofrecer al lector la posibilidad de reconocer lo artificial y relativo de nuestra percepción del mundo y, consecuentemente, del mundo en el que vivimos. Sin embargo, este conocimiento contradice con firmeza lo dicho anteriormente sobre el ritual: su forma comunicativa aparece permanentemente en el relato, sugiriendo de esta manera al lector una lectura determinada y, mediante ella, también un sentido único.

Por lo tanto, vemos al texto oscilar entre dos polos opuestos, el de la contingencia y el de la predeterminación. Sin embargo, es posible resolver esta contradicción; para ello retomo el prefacio de la novela. En él se presagia lo siguiente: «¡Eía, hijo del Muntú! La libertad / la libertad / es tu destino» (Zapata Olivella 1983: 25). Esta declaración la quiero confrontar con el final del texto. Entonces Changó y Elegba toman la palabra por última vez y ceremoniosamente[33] dirigen su discurso a los difuntos y —dada la circularidad del tiempo en un presente continuo que nos permite también comprendernos como «difuntos» o vivos-muertos— también al lector:

con oraciones (60, 69ss.), con la puesta en escena de cultos (bautizos [111], invocaciones de dioses [159s., 166s., 336], procesiones [131s., 306], ceremonias vodús [183s., 204], coronaciones [132s.], etcétera) y con la declamación de una epopeya (recitada por el personaje Pupo Moncholo a lo largo de toda la segunda parte [94-167]).

[33] Los orichas emplean en la cita que sigue la segunda persona plural. Escribe Ian Isidore Smart a propósito de este particular uso de la persona gramatical: «The second person plural, used in Spain as the familiar form, is reserved in Spanish America for only the most formal occasions, most commonly in sermons. It is this high-register form that Legba employs in the final utterance of the long text» (Smart 1999). Este hecho 'ritualiza' también la última intervención de los orichas; sin embargo, la forma severa que se utiliza no corresponde al contenido que, como veremos en seguida, altera la rigidez característica del ritual.

—Difuntos que podéis mirar de cerca las Sombras de los Ancestros, comparad vuestros insignificantes actos con las hazañas de nuestros Antepasados y encontraréis justificada la furia de los Orichas. ¡Desde que Changó condenó al Muntu a sufrir el yugo de los extraños en extrañas tierras, hasta hoy, se suman los siglos sin que vuestros puños hayan dado cumplimiento a su mandato de haceros libres!

¡Ya es hora que comprendáis que el tiempo para los vivos no es inagotable! (Zapata Olivella 1983: 511).

Teniendo en cuenta la cita anterior, nos encontramos aquí con un presagio no cumplido: la libertad del muntú americano, de los oprimidos, obviamente no se ha realizado. Al contrario, los actos de rebelión de los oprimidos son declarados insignificantes por los mismos dioses, que renuncian además completamente a dar un esbozo de cómo podría seguir el relato, lo cual en el mundo ficticio obviamente sería posible. Por vez primera en todo el texto, el 'destino' del relato se muestra incierto. Y al mismo tiempo, la responsabilidad por él ya no está inscrita en un horizonte mitológico, sino es entregada a los interlocutores de los dioses y, eso es de suponer, también al lector.

Con esto, el texto le pone límites a la comunicación del ritual. Sin salir totalmente del marco cosmológico introducido, ya no le otorga el poder de predeterminar. El empuje fuerte que dirigió al lector durante la lectura hacia la aceptación del mundo, propagado por la novela como mejor, queda suspendido. El texto opta de esta manera definitivamente por la función del arte, por lo abierto, incierto y dudoso. Y nos invita a reflexionar sobre ello.

BIBLIOGRAFÍA

ALTMANN, Werner: «Der kolumbianische Roman». En: Altmann, Werner *et al.* (eds.): *Kolumbien heute: Politik, Wirtschaft, Kultur.* Vervuert (= Biblioteca Ibero-Americana 62), pp. 437-456, Frankfurt/M., 1997.

BRAUNGART, Wolfgang: *Ritual und Literatur.* Niemeyer, Tübingen, 1996.

CADUFF, Corina y PFAFF-CZARNECKA, Joanna (eds.): *Rituale heute. Theorien – Kontroversen – Entwürfe.* Reimer, Berlin, 1999.

CAPTAIN-HIDALGO, Yvonne: *The culture of fiction in the works of Manuel Zapata Olivella.* University of Missouri Press, Columbia/London, 1993.

COPPET, Daniel de: «Introduction». En: Coppet, Daniel de (ed.): *Understanding rituals.* Routledge, pp. 1-10, New York, 1992.

DAVIS, Robert H.: *Historical Dictionary of Colombia.* 2ª ed. Metuchen, London, 1993.

FÖGEN, Marie Theres: «Ritual und Rechtsfindung». En: Caduff, Corina y Pfaff-Czarnecka, Joanna (eds.), *Rituale heute. Theorien – Kontroversen – Entwürfe.* Reimer, pp. 149-163, Berlin, 1999.

FOERSTER, Heinz von: «Wahrnehmen wahrnehmen». En: Barck, Karlheinz *et al.* (eds.): *Aisthesis. Wahrnehmung heute oder Perspektiven einer anderen Ästhetik. Essays.* Reclam, pp. 434-443, Leipzig, 1991.

KRAUSE, Detlef: *Luhmann-Lexikon. Eine Einführung in das Gesamtwerk von Niklas Luhmann mit 27 Abbildungen und über 500 Stichwörtern.* 2ª ed., Enke, Stuttgart, 1999.

LUHMANN, Niklas: «Die Ausdifferenzierung der Religion». En: *Gesellschaftsstruktur und Semantik – Studien zur Wissenssoziologie der modernen Gesellschaft.* Suhrkamp, pp. 259-357, Frankfurt/M., 1989.

— *Die Kunst der Gesellschaft.* 2ª ed., Suhrkamp, Frankfurt/M., 1996a.

— *Soziale Systeme. Grundriss einer allgemeinen Theorie.* 6ª ed., Suhrkamp, Frankfurt/M., 1996b.

— «Weltkunst». En: Gerhards, Jürgen (ed.): *Soziologie der Kunst: Produzenten, Vermittler, Rezipienten,* Westdeutscher Verlag, pp. 55-102, Opladen, 1997.

— *Sistemas sociales. Lineamiento para una teoría general.* Traducido por Silvia Pappe y Brunhilde Erker; coordinado por Javier Torres Nafarrete. 2ª ed. en español. Antropos, Rubí (Barcelona), 1998.

— *Die Religion der Gesellschaft.* Suhrkamp, Frankfurt/M., 2000.

NEUMANN, Gerhard: «Begriff und Funktion des Rituals in der Literaturwissenschaft». En: Neumann, Gerhard y Weigel, Sigrid (eds.): *Lesbarkeit der Kultur. Literaturwissenschaft zwischen Kulturtechnik und Ethnographie.* Fink, pp. 19-52, München, 2000.

NÜNNING, Ansgar (ed.): *Metzler Lexikon - Literatur- und Kulturtheorie. Ansätze - Personen - Grundbegriffe.* Metzler, Stuttgart/Weimar, 1998.

ROBINSON, Randall N.: *The debt: what America owes to blacks*. Plum Books, New York, 2001.

ROTH, Gerhard: «Erkenntnis und Realität. Das reale Gehirn und seine Wirklichkeit». En: Schmidt, Siegfried J. (ed.): *Der Diskurs des Radikalen Konstruktivismus*. Suhrkamp, pp. 229-255, Frankfurt/M., 1991.

SMART, Ian Isidore: *Orisa and Literature – The contribution of Manuel Zapata Olivella* (http: //www.iansmart.com/smarttalk/Manuel2.html), 1999.

WILLIAMS, Raymond Leslie: *The Colombian Novel, 1844-1987*. Austin, 1991.

ZAPATA OLIVELLA, Manuel: *El hombre colombiano*. Canal/Ramírez/Anatares. (=Enciclopedia del Desarrollo Colombiano. Colección los Fundadores, vol. I). Bogotá, 1974.

— *Changó el gran putas*. Editorial La Oveja Negra. (= Biblioteca de Literatura Colombiana 24), Bogotá, s. f. [1983].

— *¡Levántate mulato! Por mi raza hablará el espíritu*. Rei Andes, Bogotá, 1990.

— *La rebelión de los genes. El mestizaje americano en la sociedad futura*. Altamir, Bogotá, 1997.

— *Las claves mágicas de América*. 2ª edición. Plaza & Janés, Bogotá, 1999 [1989].

LA RITUALIDAD EN UN TEXTO DE CORTÁZAR

Rocco Carbone
Università degli Studi della Calabria, Cosenza
Universität Zürich

> *Difficilis facilis, incundus acerbus es*
> *idem: nec tecum possum vivere nec sine te.*
> Marcus Valerius Martialis,
> *Epigrammata,* XII, 46.

La crítica no es sino la desestructuración de un modelo, la obra-objeto, con vistas a elaborar una nueva estructura que presente de forma ordenada sus elementos constitutivos. A partir de aquí y utilizando como modelo hipotético de descripción aquél proporcionado por la metodología estructuralista (concretamente las propuestas de R. Barthes en *L'analyse structurale du récit,* y de U. Eco en *Opera aperta*) quiero deconstruir y luego re-construir una *long short story* de un autor argentino (Julio Cortázar, *El perseguidor,* 1959), para mostrar y analizar las comunicaciones rituales que se establecen entre los dos personajes centrales del relato, procurando iluminar, a través de ellos, los mecanismos de la obra y lo que en ella determina la ritualidad, intentando enriquecer así la percepción de una existencia artísticamente representada.

En otras palabras, me propongo examinar, en dos fases sucesivas, la ritualidad de un complejo diseño creativo. Ante todo intentaré sintetizar y analizar el tipo de relación que se establece entre el protagonista y el deuteragonista en tres momentos diversos de comunicación ritual, para luego preguntarme cómo esta relación singular se define con graduales evoluciones.

En *El perseguidor,* que constituye un espacio peculiar en la narrativa cortazariana, se presentan ciertos dualismos arquetípicos de la condición humana: la oposición entre razón e intuición, términos antitéticos que permiten llegar al conocimiento pleno, o el choque entre el sistema burgués y los sectores marginados de la sociedad, entre el tiempo cronológico y la falta de temporalidad, entre la norma y sus desviaciones; en síntesis, la oposición entre una realidad codificada y una realidad paralela que debe ser descubierta e indagada. La obra se basa, en efecto, en la aceptación/oposición, en el encuentro y choque entre dos personajes que —según la terminología de la lingüística— constituyen el significante y significado del mismo signo: el genial *jazzman* Johnny Carter y Bruno V., su biógrafo, crítico musical y además narrador de la obra. Esta pareja, en situación de oposición, determina y estructura, pues, la significación global de la obra.

Con su propia música y sus propias intuiciones, Johnny indaga las remotas regiones de una realidad metafísica, mientras que Bruno es el observador convencional, el crítico que vive de las creaciones ajenas y a quien le está negado el acceso a estratos superiores de aquella entidad polisémica que se define realidad.

Cortázar, a través de sus personajes, no resuelve las antinomias que presenta; al final de la obra, en efecto, Johnny Carter se muere sin haber logrado alcanzar lo que se proponía conquistar con su propio arte, y Bruno, en su biografía sobre Johnny, ofrece una imagen distorsionada del *jazzman*. Por lo tanto, se puede afirmar que el valor de la obra no está tanto en la demostración de las propuestas, sino en su propia exposición.

En este análisis no tengo la intención de aplicar al relato un ilusorio principio de verdad o no-verdad, sino de utilidad. Intentaré, por lo tanto, elaborar «[...] un modelo cuya validez y eficacia operativa dependen de la cantidad de los hechos que, en su aplicación, resultan coherentemente explicados»[1].

Barthes empieza su párrafo sobre las funciones afirmando que:

> [...] primeramente es necesario dividir el relato y determinar los segmentos del discurso narrativo [...]; en una palabra hay que definir las unidades narrativas más pequeñas. [...] De los formalistas rusos en adelante se constituye en unidad cada segmento de la historia que se presenta como el término de una correlación. [...] La función desde el punto de vista lingüístico es evidentemente una unidad de contenido. Es 'lo que' un enunciado

---

[1] Giordano 1983: 55.

'quiere decir' que lo constituye en unidades funcionales, no el modo en que se dice[2].

Siguiendo este modelo haré un reconocimiento superficial de la obra, o sea, procederé a la identificación y la delimitación de diez unidades narrativas que constituyen la secuencia de la historia[3]:

—El relato se abre con la presentación de tres personajes: Dédée (una de las tantas amantes de Johnny, que ahora vive con él, y que aparece como elemento ajeno a la acción), Johnny y Bruno, ubicados en una pieza de hotel de la *rue Lagrange*. Es la una de la tarde. El narrador fundamenta el universo del discurso y después de haber presentado la situación (en la cual se incluye como personaje) deja espacio al diálogo irracional de Johnny. El músico le cuenta que ha perdido el saxo en el *métro* y necesita otro, porque dentro de dos días debe tocar. Bruno le dice que existe la posibilidad de conseguirle otro. Luego el *jazzman* intenta explicarle con una serie de reflexiones sobre las irregularidades del tiempo la experiencia vivida en el *métro*. Antes de despedirse, Bruno ofrece dinero a Dédée, habiéndose percatado de la difícil situación económica que la pareja atraviesa.

En esta primera unidad narrativa, al encontrarse Johnny y Bruno por primera vez, se genera la primera comunicación ritual[4]: los dos personajes entran en contacto y el *jazzman* intenta compartir con el amigo sus experiencias visionarias.

A través de un diálogo, Johnny proporciona una «epistemología» sobre otra forma de temporalidad, que se convierte en el núcleo temático y semántico de la primera unidad. Con su distracción respecto al tiempo,

---

[2] Barthes 1969: 15-16. La traducción es mía. El único problema del que me ocupo es de revelar la concatenación global de las unidades mínimas. Dicho de otra forma, tomo en examen solamente los elementos más importantes, aquéllos que determinan el orden lógico o causal de la obra.

[3] La historia o argumento es aquel gran nivel que evoca el referente real, los personajes y sus acontecimientos, por lo tanto comprende la lógica de las acciones y una sintaxis de los personajes. Historia y discurso, o sea, descripción significativa y ornamental, estructuran el universo del discurso de la obra de ficción.

[4] Cuando hablo de «comunicación ritual» me refiero a un acto, rigurosamente codificado, que ayuda a soportar y a superar un obstáculo, que se lleva a cabo de manera ceremonial, repetitiva, y que se establece en las comunicaciones entre los dos personajes centrales y más importantes de la obra; aquéllos que proporcionan una ingente cantidad de información: Johnny y Bruno.

Johnny subraya su *posición de distanciamiento* respecto a la realidad. Intentar manipular la noción de tiempo cronológico (lineal y continuo) significa rechazar un concepto básico del mundo occidental, por lo tanto significa alejarse de él, apartarse de esa cultura de la cual Bruno es el mejor ejemplo.

El crítico, por su parte, reconoce la peculiaridad del discurso de Johnny, admira su autenticidad, pero lamentablemente es incapaz de cambiar su existencia. Le hace falta alejarse para olvidar todo; su actitud, por lo tanto, no sufre ninguna transformación.

—Algunos días después, Bruno va al estudio de Tica (una marquesa amante de Johnny) para descubrir si es ella quien le proporciona la marihuana al músico. Allí encuentra también a Marcel Gavoty y Art Boucaya. Hablan del gran éxito de la grabación que Johnny ha hecho el día anterior. Poco después éste aparece, y juntos comentan la importancia del concierto que tendrá lugar esa misma noche.

—Durante el concierto Bruno reflexiona sobre la música de Johnny fundamentando los presupuestos de una posible teoría estética sobre el arte del saxofonista negro.

—Después de cuatro o cinco días, en el *Dupont* del barrio latino, Art (haciéndose cargo de la narración) le cuenta a Bruno el desastre de la grabación que Delaunay había preparado para Johnny y un quinteto. Al día siguiente, por el periódico —*Le Figaro*—, Bruno se percata de que su biografiado está en el hospital a causa del incendio de su pieza. Intenta visitarlo pero no logra verlo y se dirige a casa de Delaunay para escuchar *Amorous*, una de las dos composiciones grabadas.

—Después de cinco días, Bruno recibe una llamada de Dédée para decirle que Johnny quiere verlo. Tenemos en esta unidad la segunda comunicación ritual. Bruno, esta vez, limita su intervención en la acción y aparece solamente como fuente de información de la situación. Las reflexiones del músico se organizan a través de la forma dialogada, en la que el crítico aparece como elemento ni principal y ni secundario, pero necesario.

Esta vez el diálogo se desarrolla en un hospital después de una nueva crisis del saxofonista. En esta segunda situación no hay ningún personaje ajeno a la comunicación ritual como en la primera lo era Dédée.

Johnny empieza esta segunda situación con la necesidad de contarle a Bruno su experiencia visionaria: un campo lleno de urnas invisibles, enterradas, que contienen cenizas de muertos, y una de ellas parece ser del mismo Johnny. A partir de este momento parece que él empieza a experimentar de forma creciente y progresiva su propio futuro como presente, es decir que parece experimentar su muerte «futura» como un hecho presente. Creo que esta actitud se puede considerar como una manera de desafiar el «proceso progresivo» del tiempo, o, en otras palabras, una manera de desafiar la «lógica cartesiana».

Después, Johnny pasa a referirse al período transcurrido en la clínica siquiátrica de Camarillo, atacando a los médicos que con su ciencia y su guardapolvo se protegen de los *agujeros*, símbolos de las *inseguridades* y de los *miedos* que afectan al personaje. «Ellos», los de Camarillo, son los sabios, los que perpetúan la verdad oficial, la visión institucionalizada de lo real, por lo tanto se oponen a lo que Johnny *es*.

Todo el discurso del saxofonista, pura expresión de la insolencia del lenguaje, se transforma en la tentativa de descubrir la fuerza irracional, el sonido frente al eco, el poder de la locura frente a la racionalidad en general, y en particular, a la de Bruno.

En esta unidad, se presentan, pues, dos sub-actos temáticos (los discursos sobre las urnas y la clínica de Camarillo), que determinan una comunicación ritual más estructurada y completa respecto a la primera; anunciando además un ejemplo aún más compuesto, que se presentará en la penúltima parte del relato.

Empezamos a darnos cuenta de que Johnny tiene la necesidad imperiosa de compartir sus experiencias y sus intuiciones para superar los obstáculos que éstas determinan, y que busca, por lo tanto, a su doble, a su destinatario, generando así una forma de comunicación ritual, es decir repetitiva, de alguna manera ceremonial. Bruno representa lo fundamentalmente racional y Johnny lo esencialmente emocional, intuitivo. Ésta puede ser la razón por la cual ellos se buscan sistemática y recíprocamente. La búsqueda determina una complementariedad dialéctica y ésta la ritualidad en la historia.

—Cuando Johnny se adormece Bruno sale del hospital y se dirige a un café donde intenta reflexionar sobre la identidad de su amigo.

—Unos días después, Dédée y Art van a buscar a Bruno al periódico para ir juntos al *Vix* a escuchar las dos grabaciones: *Amorous* y *Streptomicyne*. Luego discuten sobre los nuevos planes para cuando Johnny salga del hospital.

—Tica llama urgentemente a Bruno al periódico para informarle de la muerte de Bee, hija menor de Johnny y Lan (su mujer). Él se precipita al hotel para ver al amigo y lo encuentra acostado y muy quieto. Poco después Johnny empieza a vomitar palabras de desprecio sobre todos los presentes.

—En la novena parte, la penúltima, ya al principio del fragmento se señala una coordenada temporal: «pasarán quince días vacíos». En efecto, después de una quincena de días, resumidos en una sola frase que provoca una brusca aceleración del cuento, Tica, Bruno y Baby Lennox (una cantante de *blues*) se encuentran en el *Café de Flore*. En cuanto a la coordenada espacial, cabe decir que, ya que se trata de una coordenada de tipo dinámico, los acontecimientos se desenvuelven en diversos sitios.

En esta parte se desarrolla la última comunicación ritual, la tercera, que apunta hacia el final de la obra. En la primera parte de esta unidad narrativa se establece una forma tácita de comunicación entre los dos personajes centrales, o sea, hay una comunicación de tipo gestual, son los gestos que tienen densidad semántica. En efecto, Johnny entra en el café «totalmente fumado» y va a sentarse lejos de sus amigos. Luego, se acerca a ellos, poniéndose de rodillas frente a Bruno y mirándolo fijamente. Más allá del efecto de la marihuana, este acto posee un sentido profundo, porque Johnny incide lo real por cuenta propia, él no tiene necesidad de las palabras para comunicar, tiene su música para actuar, él está —para decirlo con palabras de Ricardo Piglia— «[...] *antes* que las palabras, porque el discurso de la acción es hablado con el cuerpo. Es el discurso de la acción»[5].

Más tarde, durante el paseo por Saint-Germain-des-Prés, se cumple la comunicación ritual. La pareja está ubicada en un espacio abierto y libre, y la comunicación que ahora se establece es de tipo oral, se fundamenta en la palabra, en el acto individual. En la misma comunicación ritual tenemos, por lo tanto, dos sub-actos comunicativos, es decir una correlación entre el tipo de comunicación establecida entre Johnny y Bruno y el espacio en que ellos están ubicados.

Durante este acto, el diálogo invade la narración. Bruno sigue con sus reflexiones íntimas, pero paralelamente interviene en la comunicación cuando Johnny ataca sus seguridades, o sea, la biografía. El músico, como siempre, utiliza un lenguaje delirante que progresivamente desorienta al narrador.

Lo que provoca el discurso delirante de Johnny es la biografía de Bruno. La crítica que el *jazzman* hace es progresiva y heterogénea, sus palabras van discurriendo a saltos, avanzan de manera fragmentaria y

---

[5] Piglia 1980: 52.

disociada, sin llegar a incidir plenamente en lo que Bruno está buscando: una respuesta racional. La biografía no es más que un espejo que refleja una imagen distorsionada de Johnny Carter, la que el público necesita. Se puede afirmar, por lo tanto, que la imagen reflejada en el libro contradice o se opone a lo que Johnny *es*. Bruno es un vigilante racional de Johnny y de él envidia y desea[6] la locura, hasta eliminarla de su obra. Por esta razón —a mi parecer— el *jazzman* denuncia su ausencia en el libro. El crítico intenta racionalizar lo que no se somete a los principios de la «lógica cartesiana», obteniendo una *ausencia* en lo que debería ser absoluta *presencia*. El músico se percata de esto y ataca a su biógrafo diciéndole: «te has olvidado de mí». El crítico empieza a sospechar y a temer que el perseguidor haya elaborado una contra-teoría capaz de destruir aquel sistema estético que tantos elogios le había proporcionado, pero al final la situación se estabiliza y a las tres de la madrugada todo se disuelve, los dos se separan y Bruno logra librarse del «sujeto del propio prestigio». El crítico vuelve a su normalidad común y corriente, considerada como la única realidad posible e imaginable, porque son las tres de la madrugada y es necesario dormir.

—Johnny, Tica y Baby Lennox han vuelto a Nueva York, mientras que Bruno se ha quedado en París esperando la salida de la segunda edición de su libro. Éste, por el periódico, se entera de que Johnny ha intentado otra vez el suicidio y no mucho tiempo después recibe telegramas y una carta de Baby en la que se narra la noticia de la muerte del saxofonista.

Después de haber identificado la primera serie constituida por las unidades narrativas mínimas y las comunicaciones rituales que estructuran la obra, hay que elaborar una segunda serie de unidades semánticas capaz de replantear los elementos constitutivos de la primera de manera ordenada. Asigno, pues, a cada una de las diez unidades narrativas una calificación identificadora de tipo ternario (A/B/F). De esta manera se obtiene la siguiente serie de unidades semánticas:

---

[6] Desear, viene del latín *desiderare*. Bruno —como los antiguos astrólogos, que cuando no podían ver las estrellas (en latín *sidera*), a causa de las nubes, evitaban mirar al cielo, pues *desiderabant* (deseaban)—, en la biografía sobre Johnny, *desiderat* (desea, conformemente al étimo) lo que no tiene y que no puede alcanzar; por lo tanto, su libro, que celebra la ausencia de su sujeto, no es propiamente un texto sobre el *jazzman*, sino sobre su propio deseo, sobre su propia manera de no poder (por no saber) ver, a causa de sus nubes, en este caso, su racionalismo.

A B B B A B B B A F

Se ha obtenido, pues, un sintagma que encierra las conexiones de las acciones en la cadena discursiva y temporal, o sea, en la continuidad del texto. Dicho de otra manera, se ha producido una secuencia horizontal bastante uniforme y simétrica en la que aparecen elementos constantes que se repiten (excepto la existencia de F que aclararé más adelante), cuya regla generativa es la siguiente: (X, nY, X, nY, X, Z), o sea, la secuencia ha de empezar con un primer elemento, seguir con n repeticiones de otro elemento, duplicar esta ocurrencia, repetir el primer elemento y terminar con otro diverso de todos los precedentes[7]. Además, esta serie de unidades semánticas se estructura verticalmente en cinco ejes que se autoincluyen sucesivamente del primero al último:

AB *vs.* F. Entre estas calificaciones identificadoras se establece respectivamente la correlación: evolución *vs.* conclusión del proceso[8] de las acciones.

A *vs.* B.

Sí *vs.* No.

Comunicación de tipo activo entre Johnny y Bruno *vs.* Comunicación de tipo pasivo[9].

Comunicación ritual *vs.* Comunicación dialógica habitual, ordinaria entre todos los actantes que se mueven en el ámbito del universo del discurso.

Después de haber replanteado los elementos constitutivos de la obra[10], es posible proponer el problema y formular la pregunta siguiente: ¿qué tipo de proceso o de procesos determinan la pareja de oposición

[7] Esta aplicación se ha estructurado merced a las propuestas de Eco 1995: 291-306. Además, es necesario subrayar que el orden que rige esta serie es aquéllo de la causalidad de los eventos que representan, y que las reglas sintácticas se basan en la unión de las unidades semánticas que están conectadas en una situación de implicación recíproca.

[8] Por *proceso* entiendo la dinámica evolutiva, *in fieri*, que sostiene el universo del discurso hasta su décima parte que constituye el final del texto.

[9] Cuando hablo de *comunicación de tipo activo* me refiero al hecho de que Johnny y Bruno parecen comunicar entendiéndose, y con *comunicación de tipo pasivo* la situación contraria.

[10] Este complejo, así generalizado, tiene las propiedades de un modelo porque, a partir de ello, se puede, por derivación, encontrar un número infinito de tramas.

Johnny/Bruno a través de la ritualidad que ellos mismos generan? Para poder contestar a la pregunta e intentar resolver el problema conviene considerar separadamente a ambos miembros de la pareja.

Empecemos por Johnny. Él no es solamente el protagonista, sino que circunscribe y ocupa áreas diferentes en el universo del discurso. Es sin duda el sujeto principal de la acción, pero se le puede también considerar como el héroe (aunque la expresión preferible es la de antihéroe, por su «descalificación» social, psicológica, moral, y económica), como «sujeto de penetración» (frente a la coordenada femenina que intenta ejercer sobre él su posesión sexual y respecto a Bruno-crítico[11]), y además —según la teoría de la información— como *emisor*, como fuente de un mensaje dirigido preferentemente a un interlocutor especial, Bruno.

Tomemos ahora en consideración el aspecto de mayor interés. Él es el protagonista de tres diversas comunicaciones rituales que desarrolla con Bruno; diversas en función de la intensidad comunicativa ascendente y progresiva que él imprime al mensaje, y que aumenta hiperbólicamente en cada encuentro, llegando a su *Spannung* durante el último. El proceso que Johnny genera y que resulta marcado por las tres comunicaciones rituales se puede definir como «proceso catártico» en el cual el músico lanza a Bruno un mensaje lleno de delirios, de visiones incomprensibles y notablemente irrespetuoso, con y durante el cual él intenta purificarse, intenta expulsar de su ser, esos obstáculos, esas percepciones ocultas que lo oprimen, y compartirlas con ese interlocutor que es incapaz de comprenderlas y, por lo tanto, de aceptarlas en su globalidad.

Pareciera que Johnny considera a Bruno como el ser capaz de entenderlo, su *Doppelgänger*, su correlato, por lo tanto durante cada comunicación ritual intenta proponerle un cierto tipo de mensaje, absurdo y totalmente irracional, pero que es portador de un sentido profundo y activo. Pero el crítico es incapaz de recibirlo en su plenitud a causa de la distancia que existe entre los dos y por el temor que el *jazzman* le provoca con sus propias percepciones y alucinaciones. De todas formas el acto comunicativo reviste una notable importancia, porque no se limita

---

[11] Bruno quiere «penetrar» al otro-Johnny para entenderlo y conocerlo, pero sin llegar a conseguirlo plenamente; mientras lo que denomino «coordenada femenina» (refiriéndome a Tica y a Dédée) quiere ser «penetrada» por Johnny.

al simple paso de una señal y al intercambio de experiencias excepcionales, sino que encierra en sí un *acto catártico*.

Como se habrá entendido, todo este proceso se logra expresar a través de un movimiento ritual. Por lo tanto se puede conjeturar que la ritualidad, o sea ese aspecto ceremonial y repetitivo que marca el ritmo de la comunicación Johnny/Bruno, carga el mensaje, lo enriquece de un conocimiento suplementario respecto a aquel puramente informativo y codificado por el mensaje en sí. En otras palabras, la ritualidad difunde «sentidos simbólicos y/o profundos», prolonga el mensaje, o sea, lo connota. De esta manera se logran evocar y liberar otros niveles de significación, otros niveles semánticos que enriquecen y valoran la historia. Johnny y Bruno ya no son solamente un *jazzman* y un crítico, sino que representan otra(s) cosa(s). Es así como el lector logra percatarse de que la realidad es mucho más compleja que lo visible, o lo material; que es una entidad polisémica y que para superarla, trascenderla, hay que alejarse de la ilusoria y limitada apariencia del mundo fenoménico, y una vía posible es la de desbaratar el lenguaje.

Pasemos ahora al segundo sujeto, explicitando la relación recíproca que entreteje con el sujeto protagonista. Intentaré considerar las tres comunicaciones rituales desde otra perspectiva, la de Bruno, definiendo además el proceso que él determina.

En el ámbito del universo del discurso él ocupa dos categorías diferentes: la de narrador que configura el relato y la de segundo personaje más importante después de Johnny, es, pues, el deuteragonista.

En cuanto personaje activo y dinámico tiene una actitud que no es siempre clara y que varía en función de las situaciones y del contexto, y en dependencia del actante con el cual se relaciona, actúa como adyuvante o como oponente y esta condición resulta ser más evidente al relacionarse con Johnny.

Esta antinomia es mantenida durante todo su proceso en cuanto actante, y se resuelve definitivamente al final de la obra, concretamente durante la novena unidad, cuando se presenta como: adyuvante de sí mismo, defendiendo el libro de los supuestos ataques, y de la contra-teoría de Johnny, y oponente al mundo del *jazzman* que evidentemente rechaza porque no logra participar de ello y entenderlo.

Bruno, en cuanto actante, determina un «proceso de autodefinición» durante el cual progresivamente se autodefine resolviendo la doblez de sus propias acciones respecto al protagonista. Como se puede entender, las esferas de acción que el protagonista y el deuteragonista definen y delimitan están en correlación, pues entre el proceso catártico y el proceso de autodefinición se establece una relación recíproca. Entre los dos personajes y sus esferas, pues, ocurre lo que recita de manera inteligible el epigrama de Martialis: *Difficilis facilis, incundus acerbus es idem: nec tecum possum vivere nec sine te*. Ambos se atraen rechazándose en un *chassé-croisé*, sin poder compenetrarse, como dos líquidos con diversa densidad o como los planos diferentes de una alegoría; y ni juntos, ni separados pueden vivir, porque constituyen un único signo.

El autor, a través de la pareja de oposición Johnny/Bruno, nos propone un modelo dicotómico y/o antinómico en el cual ciertos acontecimientos están presentados desde una doble perspectiva[12]. En efecto, al reduplicarse las perspectivas, los puntos de vista, el mundo que el universo del discurso evoca, resulta ser más amplio, más extenso, más rico; y si incluimos en este modelo la ritualidad, el mensaje se carga de un conocimiento suplementario. Dicho de otra manera: gracias a la ritualidad se logra liberar la «multiplicidad semántica» que la obra encierra, con la consiguiente explosión del poder catalizador que el texto esconde.

BIBLIOGRAFÍA

BARTHES, Roland: «Introduzione all'analisi strutturale dei racconti». En: VV. AA., *L'analisi del racconto*. Ed. Bompiani, Milano, 1969.

CORTÁZAR, Julio: *Las armas secretas*. Editorial Cátedra, 12ª ed., Edición de Susana Jakfalvi, Madrid, 1993.

ECO, Umberto: *Opera aperta*. Ed. Bompiani, 3ª ed., Milano, 1995.

GIORDANO, Carlos: *La literatura social en la Argentina (1920-1930)*. Ed. Mit, Cosenza, 1983.

PIGLIA, Ricardo: *Respiración artificial*. Editorial Pomaire, Buenos Aires, 1980.

WELLEK, René y WARREN, Austin: *Theory of Literature*. New York, 1963.

---

[12] Todo esto nos permite ubicar a Johnny y Bruno en una posición «perspectivista» en el sentido que le confieren Wellek y Warren en *Theory of Literature*. Quiero decir que ambos personajes nos ofrecen una diferente perspectiva de los hechos.

COLABORADORES DE ESTE VOLUMEN /
COLABORADORES DESTE VOLUME

PRISCA AGUSTONI

Hispanista suiza, actualmente está terminando el master en estudios de género en la Universidad de Ginebra. Como poeta ha publicado el libro *Traduzioni, Traduções* (Mazza, Belo Horizonte, Brasil, 1999) y el libro *Inventario di voci* (Mazza, Belo Horizonte, 2001). Ha traducido al español al poeta brasileño Edimilson de Almeida Pereira para la antología *Dançar o nome* (Ed. UFJF, Juiz de Fora). También ha traducido, al italiano, una selección de poemas de Ana Cristina César y Alejandra Pizarnik, publicados en la revista suiza *Bloc notes* N°43, y al portugués textos de Marina Zvétaieva y Alfonsina Storni (inéditos). En Brasil publica cuentos para la alfabetización de los niños.

JOSÉ ARAÚJO

Roteirista, produtor e diretor de cinema brasileiro. Bacharel e mestre em Cinema pela San Francisco State University, realizou os filmes *As Tentações do Irmão Sebastião* (2002), *O Sertão das Memórias* (1997) e *Salve a Umbanda* (1986). Recebeu vários prêmios, entre os quais, em 1997, o do Melhor Filme Latino-Americano, em Sundance, EUA, o prêmio Wolfgang Staudte do Festival de Berlim e o Prêmio do Júri do Festival de Cinema de Friburgo, Suíça. *O Sertão das Memórias* está na lista dos 150 melhores filmes dos anos noventa da revista *Film Comment* (Julho/Agosto, 1997). Vive em Fortaleza, Brasil, e Nova Iorque.

GISELA CÁNEPA KOCH

Antropóloga peruana y profesora del área de antropología en el Departamento de Ciencias Sociales de la Pontificia Universidad Católica del Perú. Obtuvo su licenciatura en antropología en esta misma institución y realizó estudios doctorales en antropología en la Universidad de Chicago, Illinois (USA). Ha obtenido las importantes becas Century Fellowship de la Universidad de Chicago, de la Wenner-Gren Foundation y del Consejo Latino Americano de Ciencias Sociales-CLACSO. Es autora de *Máscara, transformación e identidad en los Andes* (PUCP, Lima, 1998) y ha editado *Identidades representadas: performance, experiencia y memoria en los Andes* (PUCP, Lima, 2001). Ha dirigido cuatro documentales para la serie de Video-Etnográficos del Centro de Etnomusicología Andina de la PUCP y el CD-ROM Multimedia *Música y ritual en los Andes peruanos* (PUCP, Lima, 2001).

ROCCO CARBONE

Estudioso literario italiano y poeta, es doctor en *lingue e letterature straniere* por la Università degli studi della Calabria (Cosenza, Italia), donde ha trabajado como colaborador en la cátedra de lengua y literatura española (Prof. Eleanor Londero) y como tutor de lengua italiana. Se ocupa de literatura argentina contemporánea y actualmente está preparando su tesis de doctorado sobre el narrador Roberto Arlt bajo la dirección de Martín Lienhard. Su libro *Finzione e realtà. «El perseguidor» di Julio Cortázar fra interpretazione e lettura* se publicó en 2001 con el sello de Rubbettino Editore.

MARIA CLEMENTINA PEREIRA CUNHA

Professora do Departamento de História da Universidade Estadual de Campinas (Unicamp) e pesquisadora do Cecult (Centro de Pesquisas em História Social da Cultura), vinculado ao Instituto de Filosofia e Ciências Humanas daquela Universidade. É autora de *O espelho do mundo. Juquery, a história de um asilo* (Paz e Terra, Rio de Janeiro, 1986), *Cidadelas da Ordem. A doença mental na República* (Brasiliense, São

Paulo, 1989) e *Ecos da Folia. Uma história social do carnaval carioca entre 1880 e 1920* (Companhia. das Letras, São Paulo, 2001).

Alexis Díaz-Pimienta

Narrador, poeta, investigador y repentista cubano, es profesor titular adjunto del Instituto Superior de Arte (ISA), La Habana, así como director de la cátedra experimental de poesía improvisada y subdirector del Centro Iberoamericano de la Décima y el Verso Improvisado. Ha publicado catorce libros de diferentes géneros (poesía, ensayo, novela y cuento), con los que ha ganado numerosos premios nacionales e internacionales. Su obra ha sido traducida al inglés, francés, italiano y alemán. Ha impartido cursos y conferencias en universidades de Cuba, Colombia, España, Portugal e Italia, además de seminarios en importantes instituciones docentes y culturales como el Colegio de México y el Instituto Indigenista (en México), el Real Conservatorio Superior de Música de Madrid y el Centro de Documentación Musical de Andalucía.

Stefan Hofer

Licenciado e investigador suizo de literatura germánica y latinoamericana. Docente de literatura germánica moderna en la Universidad de Zurich. Iniciador y coordinador del proyecto de ICT (= Information and Communication Technology) «Vom 'wilden' Lesen zur wissenschaftlichen Textanalyse und -interpretation», que procura aprovechar los medios de comunicación para la enseñanza de los estudios literarios, en la Universidad de Zurich. Actualmente está preparando su tesis de doctorado sobre el escritor austríaco Peter Handke.

Yvette Jiménez de Báez

Estudiosa literaria mexicana, profesora-investigadora en El Colegio de México (CELL), con especialidad en literatura mexicana (poesía y prosa moderna y contemporánea), y en Lenguajes populares y tradicionales. Dirige el Seminario de Tradiciones Populares (Fonoteca y Archivo de apoyo a la investigación y Proyecto de la décima y la glosa en

México, Puerto Rico y otros países hispánicos) y la Serie Lenguajes y Tradiciones. Autora de varios libros, entre ellos *Juan Rulfo, del páramo a la esperanza, Espiga de Junio. Poesía de Carlos Pellicer, Julia de Burgos. Vida y poesía* (en coautoría), *Historia y ficción en la narrativa de José Emilio Pacheco*; *La décima popular en Puerto Rico, Lírica cortesana y lírica popular actual*, y de artículos especializados como «Tradición e identidad: Décimas y glosas de ida y vuelta»; «La Fiesta de la topada por el camino de la migración»; «La Fiesta en México: Tiempos y espacios entre la vida y el espectáculo»; «Tradicionalidad y escritura en las décimas y glosas de México y otros países»; «Historia política y escritura en La sombra del caudillo», «*Los de abajo* de Mariano Azuela: Escritura y punto de partida».

EMMANUELLE LAFRANCE

Licenciada en Estudios Hispánicos y Latinoamericanos por la Universidad de Montréal, está por terminar su maestría en la misma universidad con una tesis sobre la danza andina de la Diablada. En 1999 completó un posgrado en Estudios Latinoamericanos en la Universidad Andina Simón Bolívar (Ecuador), y en 1997 realizó un trabajo de investigación en Puno (Perú) sobre las máscaras usadas en la danza-ritual de la Diablada para el seminario internacional de SUM Canadá (Servicio Universitario Mundial). Actualmente trabaja como redactora técnica en el departamento español de la compañía Bigknowledge, especializada en cursos de e-Learning, y enseña el español en diversas compañías.

SILVIA HUNOLD LARA

Professora do Departamento de História da Universidade Estadual de Campinas (Unicamp) e pesquisadora do Centro de Pesquisa em História Social da Cultura (Cecult), vinculado ao Instituto de Filosofia e Ciências Humanas da mesma universidade. É autora de *Campos da Violência. Escravos e senhores na capitania do Rio de Janeiro, 1750-1808* (Paz e Terra, Rio de Janeiro, 1988) e organizadora de *Ordenações Filipinas, livro V* (Companhia das Letras, S. Paulo, 1999). Mais recentemente, publicou «Legislação sobre Escravos Africanos na América Portuguesa», in: José Andrés-Gallego (coord.) *Nuevas Aportaciones a la Historia Jurídica de Iberoamérica* (Fundación Histórica Tavera/ Digibis/ Fundación Hernando de Larramendi, Madrid, 2000) (CD-Rom).

ELENA LAZOS CHAVERO

Bióloga y antropóloga mexicana; licenciatura en biología (UNAM), maestría en antropología social (ENAH). Doctorado en antropología y socio-economía del desarrollo en la École des Hautes Études en Sciences Sociales, Paris, Francia (1992). Profesora e investigadora del Instituto de Investigaciones Sociales, UNAM. Docente en el Departamento de Antropología de la Universidad de Zurich, Suiza. Autora de tres libros y una treintena de artículos. Entre las publicaciones más recientes se encuentran *Miradas indígenas sobre una naturaleza entristecida: Percepciones del deterioro ambiental entre nahuas del sur de Veracruz* (UNAM, México, 2000); «Sentir y percepciones de las mujeres sobre el deterioro ambiental: Retos para su empoderamiento»; «Azares y devenires de las familias rurales del sur de Veracruz frente a su futuro ambiental». Responsable de varios proyectos, entre los últimos, «Sembrar alternativas: la construcción colectiva de la nueva responsabilidad social sobre los recursos naturales en la Sierra de Santa Marta, Veracruz». Ganadora de la Beca CLACSO (2002) para la investigación «Dimensiones sociales de la biotecnología».

MARTÍN LIENHARD

Estudioso literario y etnohistoriador suizo, profesor de literatura hispanoamericana, española y luso-afro-brasileña en la Universidad de Zurich. Entre sus libros destacan *La voz y su huella: escritura y conflicto étnico-social en America Latina, 1492-1988* (Premio Casa de las Américas 1989, Horizonte, 3a ed., Lima, 1992), *Testimonios, cartas y manifiestos indígenas: desde la conquista hasta comienzos del siglo XX* (Biblioteca Ayacucho, Caracas, 1992) y *O mar e o mato - Histórias da escravidão: Congo-Angola, Brasil, Caribe* (UFBA, Salvador da Bahia, 1998), recientemente traducido al francés bajo el título *Le discours des esclaves – de l'Afrique à l'Amérique Latine* (L'Harmattan, Paris, 2001).

MARIO R. LOARCA PINEDA

Psicólogo social guatemalteco, docente universitario e investigador. Ha trabajado para diversas organizaciones en México, en actividades relativas a la educación y las migraciones. En Viena, Austria, colaboró con el Instituto Austríaco para América Latina en calidad de docente e investigador. Publicó diversos artículos, entre ellos «El sentimiento regional en los Altos de Guatemala» y «El fin de la época cafetalera en la región suroccidental de Guatemala» (ambos en el CESLA, Varsovia). Publicó el ensayo «Nosotros los Ladinos/Ustedes los Indios» en *La memoria popular y sus transformaciones* (Editorial Iberoamericana, Madrid, 2000). Actualmente es profesor en la Universidad Rafael Landívar, Quetzaltenango.

ANDRÉS MEDINA HERNÁNDEZ

Etnólogo mexicano, egresado de la Escuela Nacional de Antropología e Historia, doctor en antropología por la Universidad Nacional Autónoma de México, ha realizado investigaciones etnográficas en diversas regiones indígenas de México, particularmente en Chiapas; asimismo ha trabajado en investigaciones sobre la historia de la antropología en México (véase su libro *Recuentos y figuraciones*, UNAM, México, 1996). Su más reciente publicación, *En las cuatro esquinas, en el centro* (UNAM, México, 2001), versa sobre la etnografía de la cosmovisión mesoamericana. Actualmente trabaja en la etnografía de las poblaciones de raíz mesoamericana engullidas por la mancha urbana de la Ciudad de México, los llamados Pueblos Originarios, y de sus impactos en la cultura urbana.

ANTONIO MELIS

Etudioso literario italiano, profesor de la Universidad de Siena y traductor al italiano de obras de la literatura latinoamericana. Es autor de numerosos trabajos sobre J. M. Arguedas y otros escritores andinos. Dirige el *Anuario mariateguiano* (Lima). Entre sus libros destacan *Mariátegui, José Carlos, 1894-1930. Correspondencia, 1915-1930* (Lima, Empresa Editora Amauta, 1984) y *Leyendo Mariátegui: 1967-1998* (Lima, Empresa Editora Amauta, 1999).

JULIO MENDÍVIL

Músico, investigador y escritor peruano. Ha sido asesor del área de investigación del Centro de Folklore de la Universidad San Marcos y tutor de etnomusicología en el Instituto de Musicología de la Universidad de Colonia. Ha publicado numerosos artículos en diversos diarios peruanos así como en diversas revistas latinoamericanas y alemanas. Su libro de cuentos *La agonía del condenado* salió en 1999 con el sello de Edc en León, España. En 2001 apareció el libro *Todas las voces: artículos sobre música popular*, publicado por la Biblioteca Nacional del Perú.

JESÚS MORALES BERMÚDEZ

Escritor y antropólogo mexicano, reside en San Cristóbal de Las Casas. Se formó en Querétaro (filosofía) y México D. F. (antropología). Pasó varios años entre los choles y otros grupos indígenas de Chiapas. Actualmente se desempeña como profesor universitario y está al cargo de varios proyectos del Instituto Chiapaneco de Cultura. Entre sus libros destacan *On o t'ian: Antigua palabra - narrativa indígena chol* (UAM, Azcapotzalco, 1984), *Memorial del tiempo o vía de las conversaciones* (INBA/SEP/Editorial Katún, México, 1987) y *Ceremonial* (Consejo Nacional para la Cultura y las Artes/Dirección General de Culturas Populares, México, 1992), *La espera* (Cifra Ediciones Limitadas/Instituto Chiapaneco de Cultura, Tuxtla Gutiérrez, 1994) y *Divertimento* (UNI-CACH/Verdehalago, Tuxtla Gutiérrez/México, 2000).

MARIBEL PARRA DOMINGUEZ

Candidata al título de PhD en Literatura española en Boston College y Teaching Assistant of Spanish en la Universidad de Harvard. Temas de investigación: acercamientos antropológicos a los estudios literarios, tensiones regionales en el surrealismo español así como la relación entre estética y política en el género testimonial. Publicó, en co-autoría con Richard Rosa (Stanford University), «Idioma defectuoso, pensamiento defectuoso. El concepto de lengua como aparato ideológico», en *Actas del VI Simposio Internacional de Comunicación Social* (Santiago de Cuba, 1999).

EDIMILSON DE ALMEIDA PEREIRA

Poeta, professor no Departamento de Letras da Universidade Federal de Juiz de Fora. Pesquisador de cultura popular e cultura afro-brasileira. Dentre os livros editados em co-autoria destacam-se os de ensaios: *Ardis da imagem: exclusão étnica e violência nos discursos da cultura brasileira*. Mazza Edições/ PUC-MG, Belo Horizonte, 2001 e *Flor do não esquecimento: cultura popular e processos de transformação*. Autêntica Editora, Belo Horizonte, 2002.

JEAN MUTEBA RAHIER

Jean Muteba Rahier nació en el Congo, de un padre belga y de una madre congolesa. Obtuvo su doctorado de la Universidad de Paris X, en Nanterre, en 1994. Es profesor asociado de antropología y de estudios sobre la diáspora africana en el Nuevo Mundo en la Universidad Internacional de Florida, en los Estados Unidos. Desde 1984 investiga varios aspectos de la vida de la diáspora africana en el Ecuador. Ha publicado sobre poesía oral, concursos de belleza, festividades y sexualidad. Entre sus publicaciones constan los libros *La Décima: Poesía Oral Negra del Ecuador* (1987) y *Representations of Blackness and the Performance of Identities* (1999). Está actualmente preparando un libro sobre la fiesta afro-ecuatoriana de los reyes para la University of Illinois Press.

ERNST RUDIN

Hispanista y anglista suizo, enseña literaturas hispánicas en la Universidad de Friburgo, Suiza. Es autor de *Tender Accents of Sound: Spanish in the Chicano novel in English* (1996) y de *Der Dichter und sein Henker: Lorcas Lyrik und Theater in deutscher Übersetzung* (2000). Está preparando una monografía sobre el teatro cubano del siglo XX.

CARLOS RUIZ RODRÍGUEZ

Licenciado en etnomusicología por la Escuela Nacional de Música de la UNAM, su tesis de licenciatura lleva el título *Sones de artesa de San*

Nicolás Tolentino, Guerrero. Desde hace más de tres años trabaja como investigador para el proyecto en la fonoteca de El Colegio de México (dentro del Seminario de Tradiciones Populares del Centro de Estudios Lingüísticos y Literarios). Ha publicado el artículo «Apuntes sobre el baile y la música de artesa de San Nicolás Tolentino, Guerrero» en Yvette Jiménez de Báez (ed.) *Lenguajes de la tradición popular: fiesta, canto, música y representación* (El Colegio de México, México, 2002). Su tesis de licenciatura se encuentra en revisión para ser publicada en la serie *Lenguajes y Tradiciones* del Seminario de Tradiciones Populares de El Colegio de México.

LÍDIA SANTOS

Professora associada de Literatura Brasileira e Hispano-americana na Universidade de Yale. Autora do livro *Kitsch tropical: los medios en la literatura y el arte de América Latina* (Iberoamericana, Madrid; Vervuert, Frankfurt, 2001) e co-autora dos livros *Passions du passé: récyclages de la mémoire et usages de l'oubli* (Harmattan, Paris, 2000), *Barrocos y modernos: Nuevos caminos en la investigación del barroco iberomericano* (Vervuert, Frankfurt; Iberomericana, Madrid, 1998) e *Séductions du kitsch: Roman, art, culture* (ZYZ, Montréal, 1996). Ganhou em 1992 o primeiro Prémio Guimarães Rosa, oferecido pela Radio France Internacional para escritores latino-americanos de língua portuguesa. Como contista publicou *Los huesos de la esperanza* (1994) e *Flauta y cavaquinho* (1989).

YASMINA TIPPENHAUER

Nació en Bogotá (Colombia), de nacionalidad haitiana y suiza. Vivió en Colombia, Swazilandia, Mozambique, Perú, Siria, Italia y Suiza. Licenciada en Letras de la Universidad de Ginebra, donde acaba de defender su tesis de doctorado titulada *Negros, negritudes, poesía en la literatura iberoamericana y antillana de entreguerras*. Se benefició de una beca del FNSRS (Fonds National Suisse de Recherche Scientifique) que le permitió investigar en la Universidad de Princeton (New Jersey) y en diferentes universidades del Caribe. Colabora actualmente en la edición de las obras completas del poeta haitiano Jacques Roumain (Ed. Archivos). Participa activamente en la organización de actividades culturales en diferentes asociaciones culturales de la ciudad de Ginebra.